LA VIE LÉGALE

"Domaine français"

DU MÊME AUTEUR

MYRHA TONIC, coll. "Laureli", Léo Scheer, 2011.

ISBN 978-2-330-14435-7

DOMINIQUE DUPART

La Vie légale

roman

ACTES SUD

JOSÉPHINE

On était jeune On ne savait pas
On avançait sur le canal
D'un mauvais pas

I

Le 12 novembre 2001, une jeune héroïne des temps modernes piétinait en compagnie d'autres héros et héroïnes des temps modernes sur l'esplanade de la Préfecture du Nord. Elle faisait la queue dans le froid d'une nuit finissante enchaînée à une longue file de personnes, tous âges, tous sexes, toutes nationalités, devant les guichets de la Préfecture, qui étaient tous fermés à cette heure, parce que l'heure, c'est l'heure, et que les guichets de la Préfecture du Nord, ça ouvre que pile après 8 h.

Personne ne connaît le véritable nom de cette jeune héroïne des temps modernes, si ce n'est son mari, qui était tout aussi jeune qu'elle, qui avait eu accès à sa véritable identité, en dépit de sa profonde ignorance de ce qu'avait été la vie de sa femme avant, quand, pour savoir, il aurait fallu voyager dans un pays où on voyage seulement armé de fusils d'assaut, de chars et de drones, ce qui ne l'avait pas empêché de continuer de l'appeler Joséphine, le prénom sous lequel elle s'était présentée à lui dans la vieille caravane où, si jeune, elle travaillait déjà dur pour se sortir, à force d'attraits, d'efforts et d'épargne, de la jungle humide du Nordaisis. Dans cette jungle humide, Joséphine avait atterri deux ans avant de rencontrer ce futur mari, qui n'était qu'un jeune marlou revêtu tous les jours gris de l'hiver et de l'automne du même manteau taillé en loden râpé, étonnant, en totale contradiction avec ses occupations sociales de jeune marlou faisant de toute sa vie une misère de trafics et de larcins au bord d'un canal déshérité, le canal du Nord, encore et toujours hébergé chez sa mère, encore et toujours créchant en jeune adulte dans l'unique chambre du F2 loué par sa mère sur les bords d'un canal depuis sa naissance.

À ce stade, il est encore trop tôt pour évoquer la mère du jeune marlou en loden râpé, une mère qui s'appelle Madame Dabritz et qui est, plus pour très longtemps, semble-t-il, secrétaire Admissions et Scolarité au Département de Français Langue Étrangère (FLE) de l'université du Nord, Département qui a vocation à enseigner la langue française à des étudiants étrangers, mais, puisqu'elle s'appelle Madame Dabritz, et puisque le jeune marlou, son fils, prénommé Guillaume, surnommé Loulou, porte son nom, cela fait que nous savons au moins ça, que, depuis qu'elle est mariée à Guillaume Dabritz, la jeune héroïne en attente sur l'esplanade de la Préfecture du Nord pour obtenir un rendez-vous à l'issue duquel elle obtiendra *sans nul doute* – c'est la loi – sa carte Vie Privée et Famille (VPF), Art. L313-11, Code de l'entrée et du séjour des étrangers et du droit d'asile, peut d'ores et déjà répondre au doux patronyme de "Joséphine Dabritz", dans la rue, à la banque, chez le médecin, à l'ANPE, au guichet de la Préfecture du Nord ("Madame Dabritz, que puis-je faire pour vous ?"), ou, hélas, bien avant de toucher au graal du guichet de Préfecture, au cours du contrôle d'identité qui allait funestement advenir sur l'esplanade en question, alors que la file qui faisait la queue était encore et toujours immobile occupée à se les geler, pieds et reste, dans le froid glacial de cette petite aube de journée d'automne.

Un automne particulier dans le monde. Des bords de l'Indus qui hydrate tout le Pendjab pakistanais jusqu'à la ville qui ne dort jamais, bâtie sur un ancien territoire indien à l'embouchure de l'Hudson sur l'Atlantique où, à 9 h 16 GMT/UTC-5 ce jour-là, un avion va s'écraser à nouveau, ça fait 5 avions maintenant, où, aussi, une jeune Française prénommée Blanche, 63 jours *avant* ce jour du 12 novembre 2001, était assise sur son canapé devant la téloche à regarder défiler des images de cratères fumants qui lui avaient fait se mordre la lèvre supérieure jusqu'au sang d'avoir migré au mauvais moment de l'autre côté de l'océan. Un automne particulier dans le monde entier. Dans le Nouveau Monde, dans l'Ancien Monde, jusqu'à Khwājah Bahā ud Dīn, province de Takhar, Afghanistan, une ville pas plus grosse que Béthune, en passant par Kaboul, même si le grand jour mondialisé de Kaboul allait advenir que dans 24 heures, le 13 novembre 2001, jour de l'entrée des Américains dans la ville, ville ouverte, ville soumise, à l'issue du contrôle de routine qui allait advenir sur cette esplanade de Préfecture du Nord, et il n'y aura donc pas ici l'injure écrite d'expliquer comment, pourquoi, à quelles fins, cet automne de l'année 2001 a été si particulier dans le monde pour tous.

Pendant que la jeune héroïne des temps modernes n'en peut plus d'attendre l'ébranlement de la file qui signerait heureusement pour elle la fin de cette nuit difficile, à distance, quatre soldats Vigie Pirate, jeunes, le regard fermé, la nuque baignant dans la fraîche brise du matin, piétinent eux aussi sur l'esplanade. Vêtus de treillis camouflage en plein centre-ville, ces quatre soldats patrouillent, godillots lourds aux pieds, Famas en bandoulière. Leurs quatre corps sont moulés d'étoffes kaki marron noir beige à destination des savanes, steppes, forêts, déserts, mais là, sur l'esplanade, devant la Préfecture, on ne voit qu'eux.

Perpendiculairement à ces quatre patrouilleurs feuillage et terre, un jeune homme tenant à la main un sac plastique peu lesté marche en direction de la file. Il marche sans inquiétude. Revêtu de son loden râpé, coutumier et étonnant, Guillaume Dabritz cherche sa femme. Depuis la veille au soir, 22 h GMT/UTC+1, sa femme fait la queue dans une certaine solitude devant la Préfecture. Les places sont chères devant la Préfecture du Nord et mieux vaut se mettre dans la file la veille du jour d'ouverture pour être certain de toucher aux guichets avant la fin du jour.

Au milieu de l'esplanade, Joséphine Dabritz, congelée par la nuit, regarde le ciel. En regardant le ciel, elle pense. Elle pense à sa future Carte VPF qui, *sans nul doute* – c'est la loi – lui facilitera la vie et il y a intérêt que ça marche. Cette future Carte VPF avait été la véritable raison secrète de son mariage avec Guillaume, secrète pour l'administration française, secrète pour Madame Dabritz, la mère de Guillaume, puisque les deux jeunes tourtereaux n'avaient pas songé à informer Madame Dabritz de cette heureuse union civile, et donc, *a fortiori*, n'avaient pas songé à l'informer de leur choix de détourner fonctionnellement l'institution du mariage à fin d'obtention frauduleuse de papiers *tout ce qu'il y a de plus légal*, dissimulation coupable, dont la contrepartie existentielle commençait déjà, menaçante, à se pointer sous la forme d'un semi-gros oiseau noir ahanant lourdement des ailes dans les airs en direction de ces deux jeunes et spéciaux tourtereaux du Nord, et malheureusement aussi en direction de la tête de Madame Dabritz. Joséphine tape ses pieds contre le sol pour les réchauffer.

Routine de la patrouille. Routine de la misère de la queue devant la Préfecture. Routine du soutien apporté par un mari à sa femme. Routine. Routine. Rien de saillant, rien de notable, non, rien, logiquement, ne devait advenir sur cette esplanade, ce 12 novembre 2001, mais soudain, imperceptible battement d'ailes de l'oiseau noir, invisible, la surface de l'esplanade se déchire. En même temps qu'elle se déchire, se distordent les quatre rues automobiles qui l'enserrent, s'évanouissent sous le ciel qui pèse les briques rouges qui grimpent sans flamboyance en façades autour de l'esplanade, désormais éventrée, élargie, étalée sans bords jusqu'au Nouveau Monde, si on avance raide dos à la Préfecture jusqu'à la côte, enfin, cap vers le large, plein Ouest, Manche épicontinentale, Grand fond Hurd, Mer Celtique, avant les mille lieues Atlantique marines à tirer à travers l'océan mondial dont l'eau, sombre, turbide, clapote furieusement sous le ciel, forts remous en profondeur aussi, des failles sous-marines de 6 000 mètres dans les tréfonds vert bronze fangeux glauque desquelles iront courir bientôt d'énormes câbles blanchâtres, mais là, c'est encore trop tôt, d'un continent à l'autre, les flux sont très lents, eau indifférente au bouleversement planétaire qui agite la surface de la terre, Nord et Sud, Est et Ouest, sans considération de rien, car le monde est en guerre. Les quatre patrouilleurs qui avaient repéré le jeune homme en loden sur l'esplanade décident soudainement de le chasser au pas.

Pas un bruit autour d'eux.

Excepté le corbeau noir égaré dans la ville, tous les oiseaux sont repartis vers les régions chaudes.

Les feuilles des arbres sont tombées.

Le jour se lève.

Autrefois, encore lycéen, Guillaume Dabritz, prenant brièvement conscience de la vacuité de sa vie au bord du canal du Nord, avait songé à s'engager dans la Légion étrangère de l'Armée de France, mais aujourd'hui, le jeune homme en loden qu'il est devenu est terriblement placé du mauvais côté de l'uniforme. En face, le chef de patrouille est un jeune super-légal. Il est aussi d'ascendance légale pure et ça, ça veut dire que les deux parents du chef de patrouille sont deux super-légaux aussi. Ce statut le rend proche de Guillaume Dabritz. Proche seulement. Guillaume Dabritz est super-légal mais il n'est pas d'ascendance légale pure. À vue de nez, c'est un 2e génération. Peau claire mais teintée. Cheveux très noirs. Mais la file, qui l'observe, à défaut de dormir, n'en est pas certaine. Treillis ou loden, rien ne distingue Guillaume Dabritz, Joséphine Dabritz, des quatre patrouilleurs à Famas et à gros godillots, au final. C'est le même état de la peau qui court chez les garçons, de joue en joue, sans considération d'uniforme, jusqu'à la peau de Joséphine même, à moins que, peut-être, non, on ne sait pas, la peau de la jeune femme soit un chouïa plus fine, mais à peine. Dans leurs regards à tous les six brille la même implacable nuance de détermination qui tranche avec l'extinction des pupilles ternies par la fatigue et le froid de la nuit du Nord qui caractérise les regards de la file.

Pour survivre aux longues heures de veille passées devant la Préfecture, la file a essayé de réinventer le sommeil, elle a réactivé des vies anciennes de l'homme, quand les organes vitaux tournaient au ralenti et qu'il était impératif d'économiser son énergie vitale, en raison de la rare nourriture disponible, de la violence des efforts à accomplir pendant les périodes d'éveil. Les fauves brûlent aussi une énergie intense à la course. Tous ceux qui composent la file entrent dans la Préfecture dans un état de grande anxiété. Pour ça, faut que les guichets ouvrent, c'est pas avant 8 h. Les canards sauvages ne dorment que d'un seul œil, le sommeil voyageur passe naturellement en eux, d'un œil à l'autre, il fait le tour de leurs membres, de leurs organes. Les canards sauvages dorment en remuant les palmes, dorment en suivant la course du soleil, dorment pendant des centaines de kilomètres au-dessus de l'Atlantique. Mais, tandis qu'une partie de leur cerveau dort, l'autre demeure en éveil et les guide pour esquiver à temps les prédateurs, les avions de ligne, les vents violents, et, depuis quelques jours, les bombardiers qui volent à même hauteur qu'eux Direction la guerre. Le jeune homme en loden *alias* Guillaume Dabritz, hominidé de sexe masculin bien nutri, n'est pas un canard sauvage qui fuit à vitesse rapide dans le ciel l'hiver du Nord de l'Europe, il ne perçoit donc l'arrivée de rien du tout. En pleine conscience de rien, il avance dans le Schwartz éventré de l'esplanade Direction la catastrophe.

Mais Dieu-Allah-God soit loué, le Nord est en France. Le 20 septembre 2001, le Conseil Justice et Affaires intérieures s'est réuni. Le 21 septembre 2001, le Conseil Européen s'est réuni. Objectif : construire un nouvel espace de liberté, de sécurité et de justice étendu à l'Europe entière, qui coïncide, entre mille autres, avec cette esplanade du Nord. Guillaume s'inquiète néanmoins. Sa bouche se serre. Comme Blanche, il y a 63 jours, il se mord la lèvre en regardant tout autour de lui sur l'esplanade. Une lèvre qu'il a légèrement bifurquante, à la différence de Blanche, dont la lèvre, quoique violemment mordue il y a 63 jours, n'a jamais bifurqué, elle. "Face aux activités secrètes, il est nécessaire de découvrir ce qui est caché." Que cache ce jeune homme qui n'est visible à l'œil nu et qui nécessite d'ouvrir les pans de son loden ? Quel secret miroite derrière ces beaux yeux noirs en amande qui guettent sur l'esplanade de la Préfecture sous leur couronne de cils frémissants ?

Guillaume lève la tête. Il frémit. Il se met à courir. "Malheur !" se dit la file. Au loin, la silhouette de Joséphine lui fait de grands signes de bras. Le jeune homme court vers elle. Les pans de son loden volent. Les quatre patrouilleurs ont changé de cadence. Il se passe qu'ils sont lancés après Guillaume. Une course lourde. Les quatre patrouilleurs font du bruit avec leurs godillots dans ce matin calme de Préfecture. L'idée d'être chassé semble si absurde à Guillaume qu'il décide de ne pas tenir compte de ces quatre chasseurs feuillage et terre si pittoresques dans ce décor exclusivement composé de dalles, briques, plates-bandes nues, car, pas un, un seul, rien qu'un misérable brin d'herbe sur le sol de l'esplanade qui pourrait servir d'offrande expiatoire à l'oiseau noir perdu dans les airs et, Guillaume, donc, de poursuivre sa course, légère, amoureuse en direction de

Joséphine. Joséphine fait signe avec le bras à Guillaume mais elle ne veut pas prendre le risque de perdre sa place, car les temps sont durs, la file n'est pas tendre avec les distraits, les relâchés, et perdre sa place serait, après cette nuit de veille passée à attendre, un désastre digne d'un Waterloo trempé dans de la Bérézina tourbillonnante glaciale, en compagnie d'épouvantables glaçons charriés acérés, tranchants comme des sabres. Le 22 septembre 2001, un drone américain s'est écrasé sur le territoire afghan. Le 7 octobre 2001, les bombardements aériens et les tirs de missiles de croisière ont commencé d'écrabouiller la terre. Ça y est, une nouvelle guerre a commencé, une guerre de conquête à la Napoléon qui aurait bu un tout petit verre de bourgogne coupé d'eau de trop, Napoléon, Prince Liberté.

II

Les images des retrouvailles des deux jeunes mariés sont captées par des caméras de surveillance disposées tout autour de l'esplanade. Ces images sont enregistrées au moyen d'un système de visionnage automatique qui les retransmet en direct à l'Hôtel de police, tout proche. Elles sont cause de la visite très prochaine que patrouilleurs et jeunes époux vont recevoir sur l'esplanade.

Les quatre patrouilleurs encerclent le jeune homme avec lenteur. Les Famas ne sont pas pointés sur lui mais le chef de la patrouille tient plus serré que les autres ce fusil d'assaut français calibre .5,56 × 45 mm OTAN qui impressionne si fort les enfants et les voyageurs. L'un des quatre patrouilleurs fait mine d'écarter les pans du loden. La bouche de Guillaume s'ouvre et se ferme. Sa tête tourne à droite et à gauche. Aussitôt, inquiète, Joséphine quitte la file mais elle laisse son sac dans la queue pour marquer sa place. Alors, les quatre patrouilleurs l'entourent elle aussi. Elle aussi, elle doit entrouvrir les pans de sa veste, enlever son écharpe. Blancheur de sa gorge entre ses vêtements d'hiver. Les patrouilleurs regardent. Soudain, le loden de Guillaume vole en l'air, jeté avec force par Guillaume par-dessus tête. Le manteau fait un cercle dans le ciel et s'écrase dans la poussière. Les patrouilleurs sursautent, délaissent aussi sec la blancheur de la gorge de Joséphine. Pourquoi il balance son manteau en l'air comme ça ? Est-ce qu'ils ont trop regardé la fille ? Ou peut-être que… Tous, ils abaissent la pointe de leur Famas en direction du manteau. Mais non, c'est ridicule, cette tache verte par terre, c'est rien, rien qu'un affreux manteau râpé sali de poussière. Les patrouilleurs interdisent à la jeune femme d'aller ramasser le loden.

La bouche de Guillaume s'ouvre et se referme. En réponse, le chef des patrouilleurs dit quelques mots. Les quatre patrouilleurs se scindent en deux groupes. Deux Famas pour le jeune homme. Deux Famas pour la jeune femme.

Là-dessus, quelques silhouettes sportives vêtues de couleur bleu sombre débarquent au petit trot. La qualité du silence qui entoure leur arrivée est bonne. Aussi sec, quelques hommes de la file s'effacent par l'arrière. Les hommes en bleu ne comprennent pas ou font mine de ne pas comprendre que les affaires personnelles de la fille sont dans le sac qui est posé dans la file, et désormais même un peu en décalé de la file, car la file avance, elle avance maintenant, lentement, en direction des guichets, elle avance. Il est 8 h 30 à la Préfecture du Nord. Joséphine n'est pas autorisée à aller chercher son sac. Désigné par elle, le sac à main, un sac de femme banal, noir, avec une petite peluche accrochée à l'anse, est finalement rejoint par trois des quatre hommes en bleu qui se sont ajoutés aux patrouilleurs. Les trois hommes en bleu regardent le sac de femme. L'un d'entre eux le saisit, l'inspecte, le retourne. Toutes les affaires du sac tombent par terre. Un petit carnet rose. Des feuilles volantes. Des mouchoirs. Tout paraît étrangement ruiné et sale.

— Et vous faites pareil à votre femme chez vous, quand elle ne répond pas à vos ordres ? Vous lui balancez ses affaires par terre ? Belle mentalité !

Les yeux de Guillaume, des yeux en amande, étincellent. Sa lèvre supérieure bifurque fort.

— Je vous ordonne de laisser tranquille cette jeune femme, qui est ma femme et qui est étudiante, car elle doit déposer une demande de rendez-vous à la Préfecture.

Et sa bouche, à nouveau follement bifurquante, crache :

— C'est très important pour sa situation !

Un peu à distance des hommes en bleu, les quatre patrouilleurs forment une haie d'honneur assez décorative sur l'esplanade. Ils écoutent. Ils regardent. La préhension du Famas s'est un peu relâchée chez leur chef. Les jointures de ses doigts respirent désormais mais il se demande s'il doit intervenir. Le chef des patrouilleurs est choqué par le geste du policier qui a renversé par terre toutes les affaires de la fille. Outre que ce n'est pas le protocole, ça fait désordre, et surtout, ça ne se fait pas.

Malheureusement, en parlant, Guillaume a porté atteinte à la dignité et à la fonction d'un des hommes en bleu. Outrage à agent. Art. 433-5, Code pénal. En mentionnant un possible comportement sexiste envers sa femme légitime chez cet homme en bleu en plein exercice de ses fonctions, Guillaume a offensé une créature déjà très contrariée de se sentir désavouée par le chef des Rambo. Car les regards que le chef de patrouille fait peser sur les hommes en bleu depuis qu'ils ont renversé les affaires de la fille sont explicites. Quand il ne regarde pas les hommes en bleu, le chef de patrouille regarde la fille. Manifestement, elle n'est pas de la haute, et elle n'est pas d'ici, se dit le chef de patrouille et, c'est vrai, Joséphine Dabritz, cette fille, n'est ni de la haute, ni d'ici. Elle se tient sur l'esplanade, indéfinie, avec une allure. Sa chevelure sombre est coiffée, encore, en dépit de sa nuit. Son léger corps penche vers la gauche, léger, léger, cette courbure, et aussi qu'est-ce qu'elle est fine de taille, note le chef de patrouille. Pourtant, le chef de patrouille ne décèle rien de juvénile dans cette finesse de Joséphine, qui demeure totalement immobile sur l'esplanade, le regard tourné vers le lointain. Pour tous les habitants de la file, sauf pour elle, depuis qu'il a été 8 h 30, ce lointain a disparu. Les yeux de Joséphine se sont posés une seconde, une seule, sur l'homme en bleu qui s'est déclaré outragé par Guillaume. La profondeur sombre de ses yeux tranche avec le regard furibond de l'excité, qui est vraiment donc son mari ? se demande le chef de patrouille. Le chef de patrouille note qu'il a aussi droit à quelques regards de Joséphine, que des regards en vision large.

Quand l'outrage à agent est notifié, Guillaume éclate de rire en levant les bras au ciel. Coïncidence, au moment où il éclate de rire, le sac plastique peu lesté qui pendouille à son bras capte l'attention du policier outragé. Le policier outragé dit quelque chose en montrant le sac.

— Ce sac contient quelques victuailles destinées à ma femme qui doit avoir très faim avec toutes vos conneries !

Au mot “conneries”, le policier tire aussi sec sur le sac, un sac plastique fin fabriqué pour résister à rien, un sac gratuit distribué en grandes surfaces qui contient quelques pains au chocolat industriels en sachet, une brique de jus d’orange et une banane. Tout le contenu du sac tombe à terre. Guillaume hurle.

— SALOPERIE DE CONNARD DE TA RACE !

Les quatre hommes en bleu sautent en coordonné sur Guillaume. Guillaume se ramasse sur le sol, se relève. Comme pour défendre chèrement sa vie, Guillaume bouge fort jambes et bras, alors qu’il sait, il sait que c’est pas du tout le problème, défendre chèrement sa vie ou quoi, mais ça fait rien. Et, avec les gesticulations, sa bouche crache racaille comme Allah-Dieu-God. Les quatre patrouilleurs Vigie regardent et écoutent. Tu vas finir au trou, toi, tu le sais, tu le sais, que tu vas finir au trou…, soupire le plus jeune des quatre patrouilleurs, qui est aussi le plus timide. Ce niveau d’ordure, c’est de l’art. En même temps, j’ai déjà entendu ça quelque part. Le jeune patrouilleur secoue la tête. Il se met à fixer avec un œil concentré ses phalanges régulièrement alignées sur la crosse de son Famas. Trop tard. Sur l’esplanade, tombent, comme en fatalité, une enfilade de Tours pauvres, immatérielles, en provenance d’il sait très bien où, comme un décor naturel qui se serait enclenché à l’automatique dans son cerveau de patrouilleur qui n’a pas toujours été, loin s’en faut, rien qu’un cerveau de patrouilleur et c’est le cas pour tous ses camarades Vigie également. Décidément, les hommes en bleu habitent tout pareil le monde, le Nord, le Sud, les Tours, les esplanades, et ça fait chier, merde. Pour chasser les Tours pauvres, le jeune Patrouilleur timide regarde en direction de Joséphine. Ses yeux font le tour de la chevelure qui bouge un peu dans le vent, rien sur la chevelure, chevelure nue, mais au-dessous des mèches sombres, au bout du cou, passé le menton un peu rentré en arrière sous l’effet de la peur ou du froid, le visage de la fille fait peine.

Pendant ce temps, le jet de Famas verbal qui s’expulse en continu de la bouche du garçon terrifie la file qui s’est rapprochée de la scène. “Tu me tues”, crie le regard du policier outragé à Guillaume qui hurle. "Tais-toi", crie une vieille femme à Guillaume. Joséphine regarde le fichu rouge qui recouvre les cheveux de la vieille. "Oui Tais-toi Espèce de con", reprend un autre de la file, un grand gars déjà bien voûté, déjà bien vieilli, recouvert d'une grande parka noire à capuche. Sûrement un ouvrier dans le Bât' ? Le fichu rouge et la parka noire se rapprochent. "Regarde-nous. Nous aussi, nous avons été jeunes. Nous aussi, nous avons été forts." Guillaume tourne la tête vers l'illégal qui lui parle et qui pourrait être son père, un jeune père, certes, mais son père tout de même *silence* et puis, il lève les yeux au ciel, courbé comme il est sous l'effet de la torsion imprimée à son corps par deux des hommes en bleu, et il crache à la face du policier outragé.

— Oooooh, *fait la file*

Le chef de la patrouille, qui ramassait les affaires de la fille (son Famas raclait alors à terre sans élégance pour elle car il avait dû poser un genou sur l'esplanade pour les ramasser), se relève. Il regarde le visage de Joséphine et il voit la même chose que le Patrouilleur timide, mais chez lui, c'est pas les Tours de nulle part qui prennent toute la place, c'est autre chose. L'effet que produit ce visage tout plissé de femme, comme mordu directement par les coups des hommes en bleu sur Guillaume, est aussi immédiat qu'intérieur chez le chef des patrouilleurs, et il ne bouge pas. Devant, Guillaume a recommencé à bouger comme un furieux dans tous les sens les jambes et les bras mais cette fois en mode horizontal, écrasé dans la poussière de l'esplanade tel un vermisseau coupé en quatre. Il hurle de l'inarticulé avec ce timbre curieux du cri des hommes. Les hommes en bleu sont en train de lui faire une double clef, aux bras et aux jambes. Un genou pointu et cruel enfonce aussi impitoyablement son dos dans les dalles grises. La file gronde.

— Vous lui faites mal !

Joséphine crie toujours. Le chef de patrouille ne bouge toujours pas mais le cri de Joséphine le fait sursauter et ses yeux clignotent maintenant comme deux ampoules dans la nuit. Il a l'idée de mettre une main sur l'épaule de la jeune femme. Il renonce. Joséphine se tait. En apparence, elle ferme les yeux. En vrai, elle scrute par en dessous ses cils le loden râpé de Guillaume qui attend par terre qu'on le sauve de l'esplanade. Pour faire rempart aux cris poussés par Guillaume, Joséphine se concentre sur le loden. Le loden. Le loden. Si les hommes en bleu ont l'idée de fouiller le loden… Soudain Joséphine sent que quelque chose dans l'air a tourné sur l'esplanade, en plus que sa surface soit labourée de risques en tous genres depuis 5 minutes. Elle relève la tête. Le chef des patrouilleurs avance en direction du policier outragé.

— Il y a un problème ? *demande le policier outragé*
— Oui, *répond le chef de patrouille*
— C'est quoi le problème ?
— Toi.

Sur la face de Guillaume, les yeux frémissants se sont fermés. Sa bouche gémit maintenant. La file gémit avec lui. Joséphine regarde. Guillaume. Guillaume s'enfonce dans la terre. Joséphine commence à se sentir physiquement mal. Elle oublie le loden. Ses regards font à toute vitesse la navette entre Guillaume et le fichu rouge de la vieille. La parka noire à capuche, elle, a disparu. Joséphine recule vers les patrouilleurs en se tordant les mains et les caméras de surveillance transmettent sans émotion le désespoir qui suit le délit de rébellion, Art. XXXX, commis par Guillaume dans l'air froid de cette matinée du Nord. Le policier outragé regarde fixement le chef de patrouille. Joséphine a l'impression que le chef de la patrouille a oublié qu'il tenait en bretelle un sacré gros impressionnant et mortel Famas capable d'exploser en bouillie la tête d'un humain et elle le regarde en dépit de sa nausée quand il commence à avancer en direction du policier outragé. Ça lui rappelle des choses. Qu'est-ce qui se passe ? C'est un militaire, un militaire en mission. Qu'est-ce qui lui prend ? Comme Joséphine, tout le monde s'interroge. Tout le monde regarde. Tout le monde s'inquiète. Le policier outragé fait mine de déplacer sa main vers son flingue de service. Un autre des policiers lui hurle dessus en voix de tête :

— Surtout Surtout Ne fais pas ça Surtout ne dégaine pas C'est toi qui serais dans ton tort, dit-il, devant ce gros bourrin de sa mère avec son gros Famas de merde !

— Et ça m'avancerait à quoi d'être en tort si je suis troué par le Famas d'un Rambo complètement dingo ?

— Espèce de con Hé les gars Calmez-vous Merde !

C'est un autre homme en bleu qui vocifère mais qui, vociférant, sans se gêner, continue de tordre ignoblement les bras du Guillaume qui gémit maintenant en voix de tête. Joséphine cache sa tête entre ses mains.

— Vous avez mangé de la vache enragée ou quo… tente un des policiers

— Tagueule sale con !

— Mais tu comprends pas qu'il faut que tu te la fermes ! Que tous vous devez vous la fermer Fermez vos gueules !

Maintenant, le chef de patrouille s'est comme bizarrement statufié sur l'esplanade. Autour de lui, les façades se sont évanouies, la file s'est vaporisée, Joséphine a disparu. Tandis que son buste et ses bras de chef de patrouille sont comme figés dans une sorte d'immobilité anodine (le Famas n'a pas bougé), tout le bas de son corps s'est mis en position. Sa jambe gauche est lancée en avant, tendue fortement. Sa jambe droite, elle, est tendue agressivement en arrière, décalée en tension vers la droite. Position de tir ? se demande la file. La tête de Joséphine a disparu entre ses bras, sous ses coudes, presque au niveau de son ventre.

Et la main du policier outragé s'éloigne de son arme de service. Ses deux bras s'écartent de son corps. Il baisse la tête. Il souffle. Il regarde sur le côté. Fuit le regard du chef de patrouille dont les yeux clignotent toujours comme deux ampoules dans la nuit. Maintenant, Joséphine se concentre sur les chaussures des hommes. Elle observe la différence caractéristique de forme entre les chaussures montantes des policiers et les chaussures montantes des militaires. Les godillots des policiers sont plus souples. Ils sont aussi plus fins. Les godillots des patrouilleurs lui rappellent des souvenirs.

Le chef de patrouille est devenu fou à lier, peut-être, c'est possible, c'est vrai, mais cet engagé super-légal en tenue feuillage et terre, bien noté par sa hiérarchie, n'a rien commis de répréhensible, concrètement, à part placer ses jambes en position et fixer du regard le policier outragé. Terrifiée, la file retient sa respiration. Qu'est-ce qui lui prend, au chef, de se chauffer comme ça ? s'énerve de son côté le Patrouilleur timide. Il fait peur à tout le monde en se mettant en action comme ça, ce con ! Quand je vais raconter ça à ma mère ! Ces chiens de flics de leur mère Quand je pense que *coup de pied venu d'on ne sait où dans les côtes de Guillaume*

— Tais-toi connard !

hurle un policier qui vient de s'asseoir sur les jambes tordues de celui qui est devenu un interpellé.

Et l'interpellé se tait.

— Connard toi-même !
lui dit le Patrouilleur timide qui se rapproche.

Ça va jamais s'arrêter ? murmure Joséphine.

— Arrêtez de vous insult-, Écoutez, les mecs C'est pas le moment On est du même bord, dit une voix.

— Faut croire que non, *rétorque le Patrouilleur timide*

Sirènes. Le cou de Joséphine, comme celui d'un cygne, se déplie de dessous ses bras. Le corps de Guillaume reste écrasé sur la dalle grise. Sur ses tempes, la pulsation du sang bat fort dans une grosse veine. Tout à l'heure, son regard annonçait le feu et maintenant son regard est mort. Depuis qu'il a été immobilisé, les hommes en bleu sont calmes. Guillaume aussi est calme. Il ne crie plus. C'est qu'un gosse, se dit Joséphine, et en plus il va falloir que je raconte toute l'histoire à sa mère. Des lambeaux de leur vie à tous les trois, Guillaume, Madame Dabritz et elle, une vie vécue à grande distance de la Préfecture, sur les bords du canal du Nord, s'invitent dans la tête de Joséphine. Elle jette un coup d'œil sur le loden. Tout le monde a oublié le tas de tissu dans la poussière, sauf elle.

En face, le chef de patrouille est calme. La statue du tireur en position a disparu de son corps. Il fait quelques pas, le cou étiré en l'air, comme si c'était tout à fait naturel de manquer de défoncer pour rien en 3 secondes la gueule d'un flic. Joséphine le voit s'avancer avec ses gros yeux globuleux posés sur elle. Avec intelligence, elle repère les yeux globuleux, et puis elle baisse les yeux. Elle reçoit l'autorisation de partir.

— Dans le panier à salade Tu deviens marmelade, *chantonne le Patrouilleur timide*

Joséphine écoute et regarde le gars en treillis camouflage qui chantonne en serrant fort son Famas. Le Famas paraît grand sur lui. Les yeux de Joséphine glissent sur la fragilité de sa nuque disparue sous le col de la parka militaire. Presque de la même couleur que Guillaume ou la peau de Guillaume est plus pâle, peut-être ? Joséphine ramasse ses affaires. Elle ramasse aussi le loden. Rien ne semble avoir bougé. Tout a aussi été très bien arrimé à l'intérieur ce matin. Les épingles à nourrice ont pas lâché. Les sachets suspendus dans la doublure du manteau sont toujours là. Ils sont destinés à la vente du côté du hangar brûlé sur le canal, là où les hommes en bleu s'aventurent pas. Joséphine ramasse le loden. Elle le met sur son bras et, désormais, elle le porte avec élégance, sur le modèle de Cary Grant qui porte un pardessus dans *La Mort aux trousses*. Toute seule, elle avance dans la lumière vide de l'esplanade, le manteau VRP de son mari VPF replié sagement sur le bras. Joséphine s'éloigne, les hommes en bleu fourguent Guillaume dans la camionnette. Plus personne ne fait attention à Joséphine. Seuls les yeux globuleux du chef de patrouille la regardent toujours. Elle l'oublie en lui tournant le dos et elle se casse.

III

Longtemps, le chef des patrouilleurs mate la fille au loden transformée en silhouette qui danse dans la lumière du matin qui se lève. Le corps de Joséphine Dabritz balance sur l'esplanade, au-dessus des dalles grises de l'esplanade. Le cirque triste des façades rouges l'accompagne. Trouble de la perspective. Aube vaporeuse. Ses cheveux noirs et brillants volettent. Loin d'elle, en tas, Guillaume attend toujours. Ses yeux sont clos. Des croûtes de sang se sont amalgamées de bave et de poussière sur ses lèvres. Le dessin de sa bouche bifurquante n'est plus visible. Mais il respire. Les hommes en bleu ont vérifié. Il sera dans la rue, libre, dès ce soir. Le Patrouilleur timide détourne la tête. Le chef de patrouille repositionne la bandoulière du Famas sur son épaule. Tout autour, tout doucement, la file avance. De temps en temps, un visage de la file pivote, jette un coup d'œil sur le groupe. Dos à la file, le Patrouilleur timide regarde le panier à salade rouler en direction de l'Hôtel de police.

Dans la fourgonnette des hommes en bleu qui emmène Guillaume au poste, c'est l'heure de la détente.

— Putain J'ai vraiment cru que tu allais te faire trouer par le Famas de ce cosmonaute de merde ! *Bruit de la fourgonnette Brrrrrr Mauvais amortisseurs*

— Des mecs comme ça qui patrouillent dans des rues normales avec des tas de gens normaux Putain C'est pas possible Pas le Far West ici Dude Mec *silence* Je sais pas moi *Brrrrrrrr*

— Tu vas faire un rapport ?

— T'inquiète *Brrrrrrrrr*

— Au début, Kelkal Il était gamin au lycée *regard en direction de l'arrière vers Guillaume* T'es pas un peu le petit frangin de Kelkal La loque Non ? *silence*

— Nous, on n'a qu'un tout petit flingue mais on a l'expérience, on sait que l'esplanade C'est pas le maquis Pas la jungle

— Non Mais les mecs dans les bureaux Faut qu'ils fassent gaffe à qui ils envoient en circulation pour Vigie Pirate Je te dis Moi *en se penchant à nouveau vers Guillaume* Ça va La loque ?

— Mec C'est fini Kelkal Kelkal C'est le passé T'as un train de retard

— Un avion de retard *silence*

— Trois avions de retard *silence*

— Quatre

— Cinq

— Cinq ?

— Il y a eu un nouveau crash ce matin

— Merde !

silence silence silence Un peu à l'écart, le chef des patrouilleurs observe aussi le panier à salade qui se casse, mais surtout, il ne peut pas s'en empêcher, il regarde la fille, toujours. Dans la lumière, les cheveux de Joséphine ont pris des reflets roux. Le chef des patrouilleurs ne quitte pas des yeux cette nouvelle couleur qui frite dans la lumière, et puis merde, voilà, hélas, ça devait arriver, aussi, au coin de la rue, au bout de l'esplanade, Joséphine disparaît.

IV

Pendant ce temps, ça n'allait pas très fort non plus pour la mère de Guillaume, qui s'appelle Madame Dabritz, qui était déjà en train de sauter dans le tramway sans conducteur Direction université du Nord, alors que Joséphine, elle, trottait le plus vite possible pour rentrer dans le F2 tout en calculant qu'elle serait arrivée alors que Madame Dabritz serait déjà partie, ce qui était une bonne chose car elle n'avait pas la force de lui expliquer tout tout de suite, pourquoi Guillaume n'était pas avec elle, pourquoi, pourquoi, chez les flics ? Et pourquoi ? Et puis il fallait planquer le loden chez la vieille du 1er qui recevait un bon paquet de fric par mois uniquement pour que le loden stagne dans son placard à aspirateur pendant les breaks du commerce, la "nounou du loden", comme ils l'appelaient, Guillaume et elle, Quand elle vivait encore dans la caravane, Joséphine fourguait les petits sachets dans un sac plastique qu'elle fermait fort avec un élastique et puis elle le déposait à distance dans un trou pré-creusé derrière dans le bois.

Dans le tramway sans conducteur, tout le monde est serré.

— Tu trouves pas qu'elle en fait un peu trop celle-là ?

La phrase tombe. Madame Dabritz attend que la phrase tombe. Depuis deux mois, du relief avait surgi entre les gens, c'est vrai. Madame Dabritz reçoit la phrase avec calme. Elle a reconnu la femme qui a parlé par-dessus son épaule. C'est la nouvelle vacataire spécialiste de Mallarmé qu'on a casée chez eux pour faire du FLE. Madame Dabritz, dans sa jeunesse, avait elle aussi fait des études de Lettres et puis quand elle s'était retrouvée licenciée sèche de l'entreprise Belluc, alors que Guillaume était encore tout petit, un grand malheur dans sa vie, elle avait postulé pour le Secrétariat dans l'université même où elle avait fait ses études : l'université du Nord. Et elle aussi, comme la spécialiste de Mallarmé, on l'avait casée dans le FLE. Au Secrétariat. En même temps qu'elle lui parle, la jeune vacataire désigne du menton "celle-là", qui est une femme voilée jeune, très enceinte, et qui voyage debout, collée à une autre voyageuse, à quelques pas des deux femmes. Depuis deux mois, l'amabilité, c'était devenu fragile. Sur le visage de quelqu'un, une ombre passait et cette ombre, insidieuse, transformait tout. C'était le même sourire et c'était pas le même sourire. Silhouette, voix, allure, rien n'avait changé en apparence, et pourtant :

— Tu trouves pas qu'elle en fait un peu trop celle-là ?

silence silence silence Celle qui a parlé se tait. Elle fixe au hasard un type assis sur le côté. La voilée enceinte regarde ses mains. Le type regarde la spécialiste de Mallarmé. Il regarde aussi la voilée et il dit : "Mais qu'est-ce que vous croyez ?" *Maintenant, il ne regarde plus que la spécialiste de Mallarmé Il répète* : "Mais qu'est-ce que vous croyez ?" La spécialiste de Mallarmé regarde autour d'elle. Son regard glisse sur la femme voilée. "Que dites-vous, Monsieur ? Pardon ? – Je dis : Qu'est-ce que vous croyez ? – Heu, je ne crois rien du tout, Monsieur, pardon. – Vous croyez que je vais me lever ? – Pas du tout, Monsieur, je ne crois rien du tout. De quoi parlez-vous ?" *La spécialiste de Mallarmé ne sait pas quoi dire Elle regarde Madame Dabritz Elle est désemparée* "Vous croyez que je vais me lever ? répète l'homme. – Mais pas du tout, Monsieur, répète la spécialiste. – Vous croyez quoi ? – Je vous l'ai dit, Monsieur, je ne crois rien du tout. Je voyage dans le tramway sans conducteur comme vous. Je vais travailler comme vous. – Vous croyez que je travaille ? – Mais oui, Monsieur, pourquoi pas ?" *Madame Dabritz regarde plus profond dans son sac* "Vous croyez que tout le monde travaille ? Vous croyez que tout le monde a un travail ? – Mais je suis désolée pour vous, Monsieur, si vous n'avez pas de travail. Croyez bien que je suis désolée. – Vous croyez que tout va bien pour tout le monde comme pour vous ? – Mais non, Monsieur, je vous assure que pas du tout. Je sais que la vie est difficile, croyez-le bien. D'ailleurs, je vous souhaite un bon courage, Monsieur." Le tramway sans conducteur s'arrête. Des gens descendent. La jeune voilée enceinte descend avec eux. Des gens montent mais personne ne se met entre la spécialiste et l'homme qui restent face à face. Madame Dabritz suit la femme voilée du regard. L'homme aussi. "Vous croyez qu'on n'a pas besoin d'autre chose dans le Nord ? – Mais si, Monsieur, tout à fait. Il faut que les politiques se réveillent. Je suis d'accord avec vous. Il faut que... – On n'en a rien à foutre des politiques, vous entendez ? Vous entendez ? – Oui, Monsieur, j'entends. – Je leur pisse à la raie, moi, aux politiques", dit l'homme, bien fort. *La spécialiste de Mallarmé regarde elle aussi dans son sac* "Si ça ne vous dérange pas, je vais reprendre ma conversation avec ma collègue, Monsieur." Madame Dabritz la regarde. C'est bien la première fois que la spécialiste de Mallarmé la considère comme sa collègue.

Le tramway s'arrête. Les deux femmes descendent. L'homme ne dit rien. Peut-être qu'il les regarde partir. "Je comprends qu'il se soit énervé, dit la spécialiste, s'il a cru que je voulais qu'il se lève. – Pourquoi ? demande Madame Dabritz. – Je n'ai pas à lui faire la leçon. S'il ne veut pas se lever pour céder la place à une femme enceinte, c'est son droit. – Oui", répond Madame Dabritz. Madame Dabritz fait de gros efforts pour trouver son ton le plus neutre. "C'est son droit de réprouver une femme qui met un foulard, qui donne à ce point un signe de soumission tangible aux hommes. Moi, ça me gêne aussi. – Oui, répond Madame Dabritz, d'une voix encore plus neutre. – Après on s'étonne que les extrêmes rencontrent tant de succès dans le Nord. – Ah", dit Madame Dabritz. Madame Dabritz s'allume une fine à la sortie du métro. "Tu veux parler du mouvement des Antihunistes ?" elle demande calmement à sa nouvelle collègue. En même temps qu'elle pose la question, elle évalue mentalement en fumant l'espace qui la sépare du Hall D où elle sait qu'elle partira dans la direction contraire de la spécialiste de Mallarmé, qui ne met jamais les pieds au Secrétariat, elle, logique. "Entre autres. Oh tout ça, ça m'est égal, moi, tant que chacun respecte la loi de la République, ajoute la spécialiste. – Bonne journée, Blanche", répond Madame Dabritz.

Madame Dabritz commence par viser l'esplanade de l'université pour faire le "grand tour". Faire le grand tour, ça veut dire arriver le plus tard possible au bureau partagé. Elle commence à grimper les marches de la passerelle balancée au-dessus de la 3-voies qui file le long des logements sociaux et aussi de la maternelle qui accueille les enfants qui logent dans les logements sociaux. En haut des marches, elle repère un petit groupe d'étudiants qui discutent en entourant un homme plus âgé au crâne entièrement chauve et aux lunettes noires un peu épaisses. "Quand c'est insupportable, on ne supporte plus." Et l'homme éclate d'un rire sonore. Un air sympathique, le bonhomme, quoique doté de la tête de Fantômas. Tous les étudiants autour de lui discutent avec la plus vive animation. Madame Dabritz ralentit son pas, pour les dépasser le plus lentement possible. Tout spectacle de rue lui paraît passionnant, maintenant qu'elle sait qu'elle doit se retrouver dans la partie du bâtiment de l'université où se trouve le Département de FLE dans un délai de 20 minutes grand grand maximum, sinon elle sera en retard. Fantômas discute avec les étudiants avec l'air de la plus vive animation aussi. Sur son épaule, pendouille une sacoche en cuir usée très démodée, ouverte, pleine de papiers. Madame Dabritz tourne la tête en arrière au moment de dépasser le groupe pour les perdre de vue le plus lentement possible. Le rire de l'homme inspire naturellement de la sympathie, même à une femme comme elle qui est en train de se mettre en retard à une convocation de la Valsini. Madame Valsini est la responsable pédagogique du Département. Fantômas et les étudiants parlent sans discontinuer. Personne parmi eux ne semble attendre quelque chose. Ils sont libres, se dit Madame Dabritz.

Elle s'arrête. Elle repart dans le sens inverse. Elle a décidé de redescendre les marches de la passerelle balancée au-dessus de la 3-voies pour prendre "le petit tour", le "petit tour", ça veut dire le raccourci qui fait arriver au Département par l'arrière, par la haie des peupliers qui bordent le parking sur lequel donne la cafétéria orange. Quand son pied touche la dernière marche de la passerelle, le groupe disparaît de son champ de vision.

On ne pouvait pas nier ce qui se passait depuis pas mal de temps à l'université : rien. Excepté le renforcement de Vigie Pirate, tout était toujours calme. Il y a quelques années encore, Madame Dabritz avait eu du mal à pénétrer un jour jusqu'à l'esplanade tant le barrage des étudiants était fourni en tables, chaises, et étudiants, moins d'étudiants que de tables et de chaises, tout de même, car ce n'était plus la grande époque. Alors, pour quand même aller bosser, en dépit de tout, elle avait ouvert le "petit tour" qui sinue entre les grillages de la cité des logements sociaux, les murets de l'école maternelle, ceux de l'école élémentaire, le long des bosquets clairsemés derrière lesquels est aussi établi depuis des lustres le camp miséreux des Roms, et avec, par-derrière encore, le terrain des Tours et des voitures brûlées : l'inconnu. Et Madame Dabritz s'était glissée entre les peupliers qui faisaient haie jusqu'au parking. Depuis, à force de passages, le talus en terre était devenu glissant et il fallait bien prendre appui avec le pied sur la grosse racine pour ne pas tomber dans la boue et se retrouver de l'autre côté.

Par la suite, Madame Dabritz avait été chargée d'indiquer ce chemin à tous les Chinois du Département FLE car la majorité des étudiants du Département vient de Chine, et il faut les aider à se repérer, surtout au commencement, à leur arrivée dans le Nord, Région Nord. Les Chinois stagnaient, démunis, silencieux, devant les portes vitrées enfouies sous les affiches, les autocollants, les amoncellements de chaises au sommet desquels quelques étudiants se perchaient toujours. Ils regardaient. "On bloque les ascenseurs à 30 et on se retrouve avec 40 000 étudiants en grève", avait entendu un jour Madame Dabritz, dans un couloir, dire un étudiant debout en tablier de cuisine derrière une table recouverte de plats de légumes. Tout ça, c'était il y a un petit moment déjà, admet Madame Dabritz. Par exemple, personne n'avait encore entendu parler de Péko et de "la république de proximité" qu'il voulait bâtir à toute berzingue dans le Nord depuis qu'il avait été élu comme nouveau maire.

V

“Avant”, la nuit, Loulou, le fils de Madame Dabritz, traînassait sur le canal. Mais Madame Dabritz, sa mère, espérait toujours que jeunesse se passe pour Loulou, comme jeunesse était passée pour elle au moment de l’amour avec le père à Loulou. Et c’est pourquoi elle avait encouragé la relation entre Loulou et la petite étudiante du Département. Joséphine s’était présentée à Madame Dabritz en bas de son immeuble, un soir. Nul ne sait comment elle avait déniché l’adresse du domicile de la secrétaire à laquelle elle avait téléphoné au printemps dernier. La nuit était tombée. Madame Dabritz, qui aime à longer l’eau quand elle rentre du travail, marchait au bord du canal et s’apprêtait à traverser le quai jusqu’à son immeuble quand, tout à coup, une forme debout était sortie du noir devant elle.

Des larmes sur les joues pâles de Joséphine.

Tout de suite, Madame Dabritz avait capitulé.

Pendant une semaine, la petite avait dormi sur un matelas posé par terre dans le salon à l’opposé de la banquette à fleurs qui servait de lit depuis toujours à Madame Dabritz. Elle repliait draps, couverture, tout à sa place, tous les matins, jusqu’à ce que… Du jour au lendemain, assez rapidement en fait, Loulou avait cessé de se répandre sur le canal à la nuit tombée pour rester dans l’appartement avec Joséphine. La nuit, il s’était mis à dormir, sur le modèle d’eux tous, les citoyens normaux, les diurnes assimilés du Nord, dans l’unique petite chambre du F2 qui donnait sur le canal. Il dormait en compagnie de sa "Chérie Joséphine". "Chérie Joséphine", c'est un peu long à prononcer mais c'est adorable, pensait Madame Dabritz. C'est le petit nom de l'amour. "Chérie Joséphine" déteste la nuit. Ses yeux clignotent dès que le jour décroît. Loulou avait abandonné la nuit pour Joséphine.

"Chérie Joséphine" mange l'assiette collée à la bouche. La fourchette aide à laper vite. Tous les soirs, à table, un peu cachée par la carafe, Madame Dabritz les regarde tous les deux, les amoureux du canal, comme elle les appelle. Joséphine. La courbe de ses lèvres. L'intensité de ses yeux. Ses yeux brillent toujours, même quand elle s'adonne à une occupation très humble, comme par exemple ramasser les miettes de pain tombées par mégarde de sa bouche pour les ravaler d'un coup de langue.

Dans le F2 des Dabritz, à table, le soir, très peu de poulet marengo dans les assiettes, c'est vrai. Plutôt des conserves. Des plats déjà préparés. Des raviolis. Sinon Madame Dabritz apprécie les épinards, les courgettes, les pois chiches, les coquillettes, et autrefois, une fois par semaine, c'était la petite cervelle d'agneau servie avec le filet de beurre chaud, rien qu'au fils Loulou, parce que c'était prouvé bon pour l'intelligence.

Les yeux de Joséphine scintillent indépendamment de son mental. Avec un regard pareil, on ne doit pas s'ennuyer, vraiment, se dit Madame Dabritz. Les yeux de Joséphine changent des yeux ternis, cernés, sans cesse brouillés par les difficultés de la vie, changent des yeux colorés faussement en lesquels le don de voir en grand s'est affaibli. Tout juste, parfois, se dit Madame Dabritz, quand Joséphine marche, si Joséphine opère une douce oscillation de la hanche, et alors, cette douce oscillation, en sus d'être l'indice que Joséphine avait, sans doute, autrefois, bénéficié d'une rééducation de la hanche dans sa vie d'avant (mais à la suite de quoi ? d'un accident ? quel accident ? quand ?) incarnait en mouvement son désir d'être, et c'était adorable. Sous le pied gauche de Joséphine, Madame Dabritz avait noté la nano-talonnette, mais, très vite, s'était évanouie d'elle l'inquiétude ressentie à la découverte de cette infirmité. Rien, vraiment rien, oui, rien qu'une anomalie dans l'ensemble d'un équipage bâti sinon gracieux, très gracieux même. Le lendemain, sur l'esplanade de la Préfecture du Nord, le chef des Rambo pratiquerait aussi le même regard appuyé sur Joséphine que celui de Madame Dabritz, quand il en aura à ce point marre qu'il voudra exploser à l'arme de guerre la tête du flic outragé.

Indeed, Madame Dabritz, Joséphine, quand elle ne s'appelait pas encore Joséphine, ne s'est jamais beaucoup ennuyée dans sa vie. Aujourd'hui, la veille de ce 12 novembre 2001, alors que ça pète grave à Kunduz, assise à table dans la diagonale de Madame Dabritz, le pied pressé en secret entre les cuisses de Loulou, Joséphine mastique doucement. Depuis qu'elle a quitté la petite caravane, elle apprécie de dormir au sec. L'humidité du ciel pèse fort sur le Nord, dans la jungle du Nordaisis, et, au fond de la jungle humide, la petite caravane était garée depuis déjà fort longtemps quand Joséphine s'était retrouvée casée dedans avec sa patte boiteuse. L'humidité du Nord avait eu largement le temps de faire son chemin à l'intérieur. Joséphine presse doucement son pied entre les cuisses de Loulou. "Encore un peu d'épinards, Joséphine ? demande Madame Dabritz. – Avec plaisir", répond Joséphine. Et Joséphine presse. Ni Joséphine ni Loulou ne savaient que Madame Dabritz avait rencontré le père de Loulou dans une gare. De l'autre côté, derrière la carafe, Madame Dabritz, elle, ne savait pas que Loulou avait rencontré Joséphine dans une caravane.

Au commencement, ce commencement de Madame Dabritz, un commencement d'après la caravane, un faux commencement donc, Madame Dabritz avait conventionnellement rencontré Joséphine par téléphone alors qu'elle tenait son poste quotidien de secrétaire Admissions et Scolarité au Département. Cette rencontre téléphonique conventionnelle avait eu lieu au printemps. Printemps 1999. Ce qu'avait fait, par la suite, Madame Dabritz, était tout simple. À la suite de cette rencontre téléphonique qui s'était très bien passée, elle avait favorisé l'admission dans le Département de l'étudiante étrangère anonyme en attente de documents officiels qu'était Joséphine, pour elle, à cette époque-là. Car, dans les années 2000, pour étudier en France, il faut obtenir depuis son pays de résidence un Visa de long séjour valant titre de séjour (VLS-TS). Durée : 12 mois. Art. XXXX, Code de… Or, dans le cas du dossier de Joséphine, manquaient cruellement les traductions officielles des diplômes déclarés ET le cachet du service de l'ambassade du pays qui reçoit la demande. Normalement, une fois le cachet ultra-fétiche repéré, Madame Dabritz tape la touche F14 de son clavier pour valider le dossier. Ce qui veut dire que quand le cachet manque, Madame Dabritz ne tape pas la touche F14 de son clavier parce que sinon ça va pas. Et c'est aussi un client de perdu pour le Département, ce Département qui offre aux étudiants étrangers (majoritairement des Chinois) des formations en FLE tout ce qu'il y a de plus payant. En ce qui concerne Joséphine, sans la connaître du tout, Madame Dabritz avait néanmoins, sans raison, tapé la touche F14 de son clavier, alors que manquait le cachet fétiche, sous la promesse, bien sûr, que ce cachet fétiche arriverait très vite dans la boîte aux lettres en compagnie des traductions officielles des diplômes. Quand on vient d'un pays comme ça, c'est normal que ça mette parfois du temps, s'était vaguement dit Madame Dabritz en raccrochant le combiné. Ou peut-être qu'elle ne s'était dit rien du tout. Il s'était donc passé que Madame Dabritz avait fait une exception pour cette voix inconnue dans le combiné au timbre si particulier. Très vite, ensuite, Madame Dabritz avait oublié son élan de générosité informulé, et aussi elle avait oublié Joséphine. Et le cachet n'était jamais arrivé. Et les traductions officielles non plus.

Jusqu'ici tout est plausible, aussi plausible qu'une reconstruction rétrospective de faits aussi anciens puisse être plausible, deux ans auparavant, quand la personne qui se les remémore a participé à leur élaboration. Et ensuite ? Ensuite, plus tard, en toute conscience, parce que Joséphine, de voix particulière, étrangère, inconnue, au téléphone, s'était entre-temps métamorphosée en amoureuse de Loulou parlant un bon français dans son F2, Madame Dabritz avait favorisé différemment, disons *très* différemment, le projet d'une jeune femme bilingue résolument déterminée à reprendre ses études en France. À cette fin, Madame Dabritz avait ficelé autre chose : elle avait ficelé à l'aide de Joséphine un dossier parfaitement complet (à déposer également à la Préfecture du Nord) en vue d'obtenir une Carte de séjour temporaire mention "Étudiant" : une autre voie possible d'accès à l'université du Nord, Art. XXXX, Code de...

À propos de ce nouveau dossier, sa hiérarchie avait informé Madame Dabritz que traînait dans les cartons un sérieux projet de changement de procédures. Au gouvernement, on souhaitait que ce soit la Préfecture où se situe l'établissement d'enseignement supérieur qui délivre le titre désormais, et non, comme c'était encore le cas jusque-là, la Préfecture du domicile de l'étudiant. Pour Joséphine, hébergée chez les Dabritz, cette modification de la procédure ne changeait de toute façon rien. Madame Dabritz avait donc attrapé une Attestation de réussite à l'examen dans un dossier d'étudiant chinois quelconque (elle en avait pas mal en magasin), elle l'avait photocopiée et puis elle avait ensuite tipexé sur la photocopie le nom de l'étudiant chinois, ensuite elle avait rephotocopié le tout et puis elle avait inscrit dans la case vide celui de Joséphine. Dans la cuisine, Madame Dabritz avait observé le résultat près de sa fenêtre qui donnait sur le canal avec un peu de fierté. Qui était en mesure d'opérer parfaitement ce travail de micro-faussaire, mieux qu'elle-même, employée comme elle était au Secrétariat d'Admissions et Scolarité du Département ? Personne. Dans le cas de Joséphine, ce qui avait coûté le plus cher avait été la traduction certifiée conforme à l'original mais Joséphine avait trouvé très vite comment faire pour se la procurer : en payant, ce qui avait signifié pour elle passer par quelques circuits obscurs à l'époque et qui le sont restés depuis, et c'est tant mieux, pense Madame Dabritz, car si tout le monde faisait pareil, le Département ne s'en sortirait pas, peut-être, ou peut-être que si ?

Et pendant que Madame Dabritz se pose toutes ces questions, en surface de la table, Joséphine mastique toujours ses épinards, des épinards auxquels elle fait à chaque fois honneur, ce qui fait plaisir à Madame Dabritz qui la regarde sans se lasser soir après soir mastiquer ses épinards de derrière la carafe, elle, Joséphine. Outre la caravane, ce que Madame Dabritz ne savait pas non plus, c'est que, pour payer, Joséphine avait dû emprunter. Tous les autres documents (l'extrait d'acte de naissance, le visa étudiant-concours, le justificatif de ressources, 615 euros/mois minimum, le justificatif de couverture sociale, les trois photographies) avaient dû eux aussi être financés par les circuits obscurs. Seul le certificat d'hébergement avait été gratuit. Et pour cause.

Toutes les deux, Joséphine et Madame Dabritz, étaient donc endettées, mais dans des circuits différents. Madame Dabritz, c'était l'usure institutionnelle avec l'Agence située sur le canal et Joséphine, c'était la bonne vieille usure d'autrefois dans les campagnes, qui se tient aussi dans les villes, et qui s'appelle l'usure privée, et c'est pourquoi le loden râpé de Guillaume s'activait beaucoup depuis deux ans dans les alentours du hangar brûlé.

Pour revenir au premier commencement, le commencement de la caravane, il faut revenir un bref instant dans la jungle humide du Nordaisis, quand c'est la tombée du soir et que Loulou marche dans le noir entre les petits points rouges des cigarettes qui tremblotent autour de lui en direction de la caravane, les cigarettes fumées par les autres, car il est encore tout jeune, ils le portent, ils le poussent, ce soir, c'est son tour, il a économisé pour ça. Tous, ensuite, une fois la porte de la caravane refermée, ils disparaissent en étourneaux nyctalopes et bavards avec des rires assourdis par la nuit humide et les arbres. Ils se dépêchent. Ils rentrent sur le canal, la route est longue à travers la jungle humide du Nordaisis, pas de transports en commun dans la jungle humide du Nordaisis.

— Hé Loulou ! Courage Loulou ! Tu vas découvrir la femme Loulou ! La femme Loulou La Meuuuuuf Youhouuuu !

Gare et caravane.

— Encore un peu d'épinards, Joséphine ?
— Avec plaisir.

Et Joséphine presse.

Dans sa jeunesse, Madame Dabritz aurait pu choper bien autre chose dans le baba que Loulou, quand elle avait fait l'amour trois nuits de suite avec un inconnu dans une chambre située à l'arrière de l'ancien Hôtel de la Gare. Parce que l'épidémie avait déjà bien commencé mais personne ne le savait à l'époque. Ensuite, elle en avait parlé aux copines sur le banc où elle avait pris l'habitude de se faire bronzer avec elles après la sortie d'école, quand l'horizon de Loulou, c'était pas pointer à l'ANPE mais jouer devant elle dans le bac à sable. Le banc était situé après l'entrée du square, à droite d'une petite fontaine qui a tari depuis, qui a été démontée par la Mairie. Mais les copines s'en foutaient de l'épidémie, surtout Clémence. Clémence avait disparu. Et Madame Dabritz n'avait plus jamais entendu parler d'elle.

Loulou. Un accident survenu dès la troisième fois, qui avait été aussi la dernière fois avec l'homme. Une aventure d'amour vécue avec un haut fonctionnaire de nationalité tunisienne délégué au service de l'État français rencontré au buffet de la gare à l'occasion d'une grosse grève des transports. Un "massacre pour l'économie", avait dénoncé l'exécutif à l'époque.

Un verre de vin reposait devant elle, la jeune, la très jeune et très belle Madame Dabritz, égarée dans la ville au buffet de la gare. Par les portes battantes du buffet, le bruit des voitures qui tournaient en rond sur la place dehors parvenait jusqu'à l'homme qui la regardait, qui avait fini par changer de place, tellement il la regardait. C'est si rare une très jeune femme qui boit du vin dans un bar à 19 h, le soir, quand c'est la grève, quand le hall s'encombre de voyageurs et de valises, quand c'est le chaos, et que, surtout, il y a une jeune femme à admirer dans ce paysage, elle, Madame Dabritz. Des valises s'entassaient le long de tables qui n'étaient plus débarrassées depuis des heures. Des annonces de haut-parleurs vibrionnaient dans le hall. Les annonces se contredisaient toujours. Plus personne n'entrait dans la salle d'attente qui était si pleine qu'on y respirait mal. De temps à autre, un mouvement de foule en direction d'un quai bouleversait tout le décor.

Vêtue d'une robe bleue, son sac à main posé sur la table à côté d'elle, la très jeune Madame Dabritz était assise, immobile.

Vision de l'homme en costume qui traverse le buffet de la gare pour l'approcher.

Vision de l'homme dont le costume glisse comme une silhouette années 1950 pour se rapprocher de la jeune femme.

Un homme déjà marié et, plus grave, déjà père. Deux enfants. Mais un homme aussi brave, responsable, très désireux de rapatrier son bâtard Loulou auprès d'Aimée, sa femme, pour l'élever comme son fils. Et il s'était fait pressant tout de suite quand il avait appris la nouvelle. Il avait aussi menacé de déclarer le gosse avant sa naissance en lui disant qu'elle serait pas capable de l'élever toute seule, alors que chez lui, c'était une vraie famille, l'enfant aurait tout ce qu'il faut pour devenir un bon petit gars. Tous ses enfants avaient fait de bonnes études. Et puis, enfin, c'était son fils. Mais Madame Dabritz n'avait pu se résoudre à céder l'enfant. Et il avait fallu couper tous les ponts. Car elle avait pris peur quand il l'avait menacée de porter plainte pour déni de paternité et même il l'avait menacée de venir voler le gosse.

Madame Dabritz avait chéri Guillaume dès avant sa naissance. Guillaume était né le visage marqué d'une minuscule malformation de la lèvre. "Elle se résorbera avec le temps, très tranquillement, rien de grave, chère Madame", l'avait prévenue le Chef de service, qui lui avait rendu visite en compagnie de la psychologue de la Maternité et l'infirmière spécialiste de l'allaitement. Pour travailler en harmonie avec le bébé sur sa difficile préhension du tétin. Pour arriver à faire téter Guillaume, Madame Dabritz devait en effet glisser son doigt entre le sein et le bas de sa bouche, afin que la tête du nourrisson pivote dans le bon sens. Ensuite, Guillaume le ferait très vite, sans aide, comme une deuxième nature, avait expliqué le Chef de service à Madame Dabritz. Madame Dabritz avait émis le souhait d'allaiter. Louable souhait pour une jeune femme qui, seule, toute seule, avait accouché d'un bébé légèrement teinté, ne recevait aucune visite, ne semblait pas avoir de compagnon = zéro père pour l'enfant, plus susceptible donc d'être déprimée qu'une autre post-parturiente.

Heureusement, la faim féroce imposée par leur condition de mammifère aux enfants nouvellement nés est une puissante modalité d'adaptation aux aspérités du réel type naissance sans père. Boire, boire. Boire, à n'importe quel prix. Et téter de côté en pivotant sa tête en forme d'obus réversible grâce au doigt de sa mère posé au bord de la corolle allaitante n'avait pas posé de problème à Guillaume.

Mais, Madame Dabritz l'avait aussi compris par la suite : si l'infirmière spécialiste de l'allaitement s'était déplacée en compagnie du Chef jusque dans sa chambre, c'était aussi parce qu'elle et son enfant avaient été identifiés comme une famille à risques par le staff. Du fait de sa situation, de sa solitude, elle aurait pu tout simplement laisser crever le bébé en argumentant après coup d'un blocage de la nutrition ou d'une nutrition mal conduite en raison de la petite malformation de la lèvre chez le nourrisson.

Les circonstances particulières qui avaient conduit à la conception de Guillaume s'étaient traduites par l'écume sociale d'une vérité à jamais échappée des deux amants, à jamais échappée de leurs deux corps qui avaient fait follement l'amour trois nuits dans une chambre pas très luxueuse à l'arrière d'un hôtel de gare. Cette vérité avait percé l'obscurité qui accompagne les mystères de la Conception, mystères jamais disparus, qui s'étaient étendus à tous les individus même, alors qu'auparavant ils touchaient seulement les exceptionnelles naissances, type Jésus-Christ, Mahomet ou Kaspar Hauser. Et cette vérité était parvenue, par le biais de formulaires administratifs, à la connaissance des praticiens de l'Hôpital du Nord, ceux-là doués désormais d'un savoir incontestable sur ce que les deux amants étaient devenus à la suite de leurs trois nuits d'amour : un "parent isolé" + une "case vide".

Le staff éprouvait aussi une autre inquiétude concernant la susdite déviation mineure de la bouche de Guillaume. Les femmes et les hommes sur la terre s'émeuvent quand se manifeste sur le corps d'un enfant l'image d'un signe : ainsi des enfants nés "coiffés", c'est-à-dire nés avec un morceau du placenta sur la tête qui fait comme un petit chapeau ou comme un petit voile étrange, étonnant, singulier, dès la naissance, comme ça. Casanova dit que ces enfants qui naissent "coiffés" sont voués à connaître un destin étonnant.

VI

Aux yeux de Péko, le nouveau maire, c'était archi-faisable de repartir à la reconquête des territoires non mixtes socialement de la République, et il avait été élu pour ça, pour cette promesse de reconquête sociale. Entre autres, cette reconquête, ça concerne ce canal du Nord qui file deux étages en dessous de l'unique chambre de ce F2 quelconque dont la porte vient de se refermer tôt dans la soirée de ce dimanche 11 novembre 2001. La porte de la chambre s'est fermée tout de suite après le dîner, parce que, demain, très tôt, Madame Dabritz doit être au garde-à-vous dans le bureau de la Valsini, responsable pédagogique du Département. Elle a été convoquée en urgence. En passant, elle s'inquiète à ce sujet. La porte de l'unique chambre du F2 s'est fermée tôt, aussi, parce qu'encore plus tôt, dans la nuit, avant 22 h, Joséphine va ressortir sur la pointe des pieds de la chambre, passer en catimini à côté de la banquette sur laquelle Madame Dabritz gît tous les soirs endormie, pour quitter l'appartement et marcher jusqu'à la Préfecture afin de prendre rendez-vous, pour obtenir sa carte de Vie Privée Familiale, existence de ladite carte dont Madame Dabritz est à mille lieues de se douter étant donné toute l'énergie qu'elle a dépensée pour faire aboutir l'autre dossier de Joséphine, le dossier étudiant, et on sait maintenant comment. Ce dont elle ne se doute pas non plus, Madame Dabritz, c'est qu'en plus de sa convocation à elle, Joséphine elle-même, ainsi que la nouvelle vacataire spécialiste de Mallarmé prénommée Blanche, vont elles aussi, très bientôt, toutes les deux, être convoquées par Madame Valsini. Dans l'ordre. Toutes les trois vont passer dans le bureau de la Valsini, qui est une rousse flamboyante et aussi une historienne qui fait beaucoup d'administratif désormais, une ancienne spécialiste d'Attila et des invasions Huns qui pratique aussi un peu d'histoire napoléonienne.

Dans la chambre de ce F2 quelconque qui est, comme toutes les habitations du canal, dans le collimateur de Péko, deux corps sont maintenant allongés. Joséphine et Guillaume. Il fait nuit, nous sommes en novembre 2001 mais, pour ces deux corps, la lumière du printemps dernier et du printemps encore d'avant pleut toujours dans la chambre. La lumière est chaude. Tout autour, les rideaux sont baissés. Le bruit de la rue flotte, transparent, vaporeux, léger. Difficile de républicaniser le ciel, le vent, le bruit de l'eau, Monsieur Péko. Le bruissement du vent dans les feuilles des arbres plantés au bord du canal est ténu. Les arbres ont bien grandi. La ZUP Nord est un succès. Avant, des enfilades de pavillons ouvriers en ruine qui remontaient à loin. Le hangar napoléonien brûlé résiste. De la boue profonde. Des rats vivants. Territoire abandonné. Mais les habitants qui sont arrivés avant Péko et qui sont des habitants comme les autres persistent à vivre là, avec leurs enfants, avec leurs familles, dans cet immeuble à loyer modéré au bord de l'eau, cet immeuble qui restera toujours moche, mais qui est maintenant caché par les feuilles des arbres plantés deux ans avant Péko et qui ont bien grandi. Il est bientôt temps pour les deux corps de s'émanciper, de quitter le domicile familial, de gagner leur vie, de devenir autonome, mais c'est difficile.

Les *rumores*, les arrêts, les confidences, les pièces, les *tabulae* des serments, les preuves, les lieux, tout ce bric-à-brac avec lequel les discours s'écrivent, discours politiques, discours juridiques, discours militaires, et même les souvenirs de ces discours, flottent dans l'air printanier de la chambre, ce soir de 11 novembre, dans les manuels des militaires, dans les recueils de fragments de discours célèbres, dans la presse du Vieux Siècle, dans l'air chaud de l'unique chambre du F2, au-dessus des deux corps pâles et nus. Ils hantent les paroles prononcées dans les espaces publics, dans les conseils municipaux, aux guichets des préfectures, dans la cafétéria du Départements FLE, sur les esplanades, dans les bureaux administratifs, dans le bureau de la

Valsini. Ils flottent comme flotte le bruit de la rue, léger, transparent, dans l'air de la chambre qui circule entre deux bouches ouvertes qui mêlent leur souffle.

Les draps s'enroulent autour des deux corps. Il passe le bras sur elle. Elle a 20 ans ou On ne sait pas si elle a 20 ans ou Si elle a plus de 20 ans, ou Si elle a moins de 20 ans. Dans les administrations, ils se trompent toujours avec leurs tests osseux. Ils n'arrivent pas à dater les squelettes de tous ces enfants qui arrivent de partout, si bien que, derrière la porte, au-delà de la masse d'air chaud concentrée qui gonfle dans la chambre, en dépit des menaces qui pèsent sur l'avenir comme un orage d'été, les pas de Madame Dabritz, la mère du garçon qui vient de passer son bras autour des seins de Joséphine, vont et viennent doucement, dans le F2, pour ne pas les réveiller. Madame Dabritz veille en hauteur sur les bords incertains du canal du Nord, bords incertains de tout. Derrière elle, la banquette fleurie qui lui sert de lit dans le salon depuis des années s'est détachée de ses contours. Toute la nuit du canal, la nuit de l'eau et du ciel du canal, a envahi la pièce et fait disparaître la banquette fleurie sur laquelle Madame Dabritz ne songe toujours pas à s'allonger pour dormir. Dehors, vers la droite, les crêtes dessinées du hangar qui a brûlé et qui n'ont que l'apparence de la solitude car toute une vie s'agite au pied de ses murailles encore debout, une vie qui fuit le jour. Vers la gauche, un rideau d'arbres jeunes qui fait face à la boulangerie martyre du quai car, en avance de son temps, le temps de Péko, elle offre trop de tentations aux habitants qui passent devant sa vitrine pour ne jamais y entrer, mais qui regardent. Derrière la porte de l'unique chambre du F2, bien étanche, la lumière chaude qui règne résiste à la nuit et au paysage clapotant qui l'accompagne, paysage monotone, répétitif, mais aussi risqué, incertain, inquiétant, dans tous les cas, invisible à l'œil de Madame Dabritz qui, à défaut de dormir, guette à travers la nuit.

Guillaume vient de passer son bras autour des seins de Joséphine. Ils ont 20 ans et ils rêvent en dormant. Dans ce rêve, Napoléon ressuscité dans son désir de conquête n'existe pas, Monsieur Péko n'existe pas, et les loups sont des rats qui, en résistance à Péko, trottinent avec allégresse au bord du canal. Les routes solitaires à l'infini se déploient. Tout communique encore très bien mais, bientôt, pour lutter contre les trafics en tous genres, entre autres, les courses nombreuses du loden vert râpé à travers le chantier du hangar napoléonien brûlé, des grillages verts bon marché vont rendre étanches les blocs d'habitation méandriques construits sur les bords du canal, forçant les riverains à passer par l'arrière pour rejoindre l'avenue qui mène aux quartiers actifs, en se dépêchant, parce que ça rallonge le chemin. Pour l'instant, du réel au rêve, la température ne change pas. Elle est bonne. Elle enveloppe sans faiblir les deux amants dans la chambre.

Derrière la porte, la langue de Joséphine lèche aussi, et, en léchant, sur le côté rouge humide, à l'intérieur, sur le haut de la bouche, elle découvre une petite aspérité de chair en zigzag le long de laquelle elle s'introduit tout entière, elle qui s'est mise à lécher les dents, et, en léchant, ne sait plus qui elle est, où elle est, si elle darde dans une chambre chaude, dans une bouche, ou si elle nage dans un océan rouge à la rencontre de l'extrémité la plus fine de son corps à lui, sa langue aussi. Jamais sa langue n'avait été aussi concentrée, réduite qu'elle est à cet appendice tout petit qui frétille dans sa caverne à lui, désormais qu'elle nage librement dans un monde en lequel se concentrent toutes les terminaisons nerveuses qui la font tenir dans l'air chaud. Tout circule. Son corps est son seul corps. Sa langue est sa seule langue. Un corps ondulatoire, blanc, qui nage dans une caverne chaude. Ni haut ni bas. Aucun repère. Demeure la petite aspérité de chair qui guide sa langue le long de l'eau verte du canal, lui fait entendre qu'il existe un intérieur, et que, donc, logiquement, il existe aussi un extérieur, sous la chair, dehors, de l'autre côté, au bord de l'eau, dépassé le noyau en fusion, le volcan retourné dans les tréfonds, au centre rouge de la bouche, là où les enfants s'imaginent que les Chinois marchent la tête en bas, gravitation terrestre, champ magnétique, elle touche à une surface, sèche, l'envers de l'intérieur de la bouche, qu'est une peau d'homme jeune. Or, une forêt de piquants, souvent, affleure sur les peaux des hommes et, maintenant qu'elle est libre, sa langue sait qu'elle pourra aussi goûter cette herbe dure qui pousse sur la peau. Ce baiser, c'est une chanson qui se défait sans se défaire, la terre qui tourne sans tourner, sauf que la terre s'arrête toujours de tourner. Et c'est affreux. C'est comme mourir. C'est pire que mourir. Comme si, s'arrêter de s'embrasser, c'était vivre, mais vivre une vie morte, moins vivante qu'une mort. Est-ce elle qui ne veut plus vivre que comme ça, embarquée dans des baisers sans retour ? Mais, quand ça s'arrête, ça veut dire toujours qu'il va l'ouvrir, sa bouche. Pour lui parler. Car Loulou adore lui parler. C'est bien simple, soit il lui parle, soit il l'embrasse. Mais elle, elle est plus lente que lui à passer les mondes.

Maintenant, à cette heure-ci, au pied du F2, le canal est vide.

Personne sous les arbres plantés au bord de l'eau, il y a dix ans, les arbres ont bien grandi, personne sur le terrain de boules, personne dans le parc d'enfants aménagé le long d'une rangée de buissons aux feuillages tenaces.

Personne devant la boulangerie à la vitrine défoncée installée au bord du canal par Péko, hé Péko, c'était trop tôt, le commerce a été dévalisé la nuit dernière pour la troisième fois cet automne, ensuite les voyous ont abandonné la caisse enregistreuse au milieu de la passerelle, ensuite la caisse a été ramassée par d'autres voyous, traînée jusqu'à un palier de l'immeuble du F2, toujours au bord du canal.

Personne au pied de la passerelle qui balance pas mal pendant les nuits de grands vents.

Personne pour rejoindre l'autre rive, rien, pas même un pauvre diable qui ferait consciencieusement son métier de diable : attendre qu'un infortuné ou qu'une infortunée s'aventure sur le chemin arrondi de la passerelle au-dessus de l'eau noire qui clapote et, en dessous, dans la masse liquide, quantité de ferrailles montées en squelette de tout et n'importe quoi, bagnoles, vélos, … leurs extrémités gluantes pointent souterrainement dans l'eau noire à destination des infortunés qui glissent sur la passerelle en courant pour rejoindre l'autre bord, rejoindre l'autre rive, en sécurité, de l'autre côté, de l'autre côté de la nuit du canal, de l'autre côté de l'eau noire du canal grâce à la passerelle – pour damner son âme.

S'il était là, ce diable embusqué aurait signé, il y a deux ans, un pacte avec un soldat qui aurait servi son roi jusqu'à l'impossibilité de le servir, corps kaput, blessure, fréquente dans les métiers de la guerre, ou armée en déroute, caisses vides, village affamé, un soldat qu'on aurait foutu dehors comme un animal de Brême, un grognard qu'aurait senti le vent du boulet, ça arrive, un grognard encore jeune, très jeune, assez habile pour sauver sa peau en vendant son âme au diable, et même, peut-être, si frêle, si vulnérable, si jeune comme il est, peut-être que c'est moins qu'un soldat, moins qu'un fugitif même, moins que ça encore, rien, personne, rien qu'une très jeune personne jetée comme un caillou sur une route pour rouler tant qu'il peut jusqu'à un rivage hospitalier.

Un caillou ou personne, ou peut-être l'intelligence d'une très jeune fille rusée qui habite le corps d'un jeune homme, l'intelligence d'une très jeune fille déguisée en jeune soldat pour franchir les frontières, pour franchir les montagnes. Beau comme une fille, comme on dit. C'est-à-dire ? Des cheveux coupés court, une bande serrée autour des seins, un pantalon militaire, une paire de grosses chaussures, un frêle jeune homme qui a voyagé longtemps sur des routes caillouteuses très peu sûres et qui a ensuite patienté longtemps, longtemps, au moins deux ans, dans la jungle du Nordaisis, dans le lointain proche de la masse d'eau vert et gris du canal du Nord, avant de passer de l'autre côté.

Ces routes d'avant l'eau gris et vert du canal ne ressemblent pas à des routes, ne ressemblent pas à des sentiers. Une épaisse croûte de neige recouvre ces routes, zéro perspective, terrain absent, roc nu et noir, neige, boue, loups des Indes, des maraudeurs qui fouillent loin, qui ne contribuent pas peu à l'inhospitalité fondamentale créée par ces fausses routes, le paysage, l'altitude mais qui, d'un seul coup, au bord du canal qui clapote, sombre, obscure, au pied du F2 derrière le rideau d'arbres jeunes, s'évanouissent, comme si elles n'avaient jamais existé, comme s'il n'avait jamais fallu les parcourir pour arriver jusque-là, dans cet arrière-pays de ville du Nord que borde jusqu'à la Manche une jungle peu lotie, humide, des arbres et des arbres, et qui est celle du Nordaisis.

À la place, que de l'eau trouble qui coule dans un quartier périphérique Nord récemment investi par un projet ZUP Nord que les habitants doivent à Monsieur le Maire qui s'appelle Monsieur Péko et dont l'élection a permis de tirer un trait sur 17 ans de malfaisance rose. Mais quoiqu'élu dans le Nord, Monsieur

Péko habite toujours à Paris-Centre. Il se rend une fois par semaine seulement dans sa municipalité, en voiture avec chauffeur. Avant, les routes très peu sûres, qui ne ressemblent pas à des routes, avaient traversé de grands bois solitaires et, encore avant, elles avaient tournoyé autour de sommets si inhospitaliers que les bourrasques solides de neige en rendent le franchissement presque impossible. “Si seulement !” *se lamente Péko dans sa voiture avec chauffeur* Si seulement le franchissement de ces sommets était presque impossible, mais non, et c'est pourquoi il existe des personnes, qui ne sont ni des soldats, ni des aventuriers, ni des fugitifs, ni même de simples personnes enregistrées, tamponnées, tracées par les employés des guichets de la Préfecture, qui touchent en assez grand nombre les bords du canal du Nord, au plus grand désespoir de Péko qui ne sait plus quoi inventer pour empêcher que ces ombres qui se prennent pour des personnes et qui valent à ses yeux moins que les cailloux sur lesquels elles ont marché pendant des centaines de kilomètres, ne s'installent dans les recoins du territoire placé sous son administration.

Pour l'instant, avant de parvenir à réussir à toucher à la passerelle, toutes ces personnes, qui ne sont pas exactement encore des personnes, dont fait partie, entre autres, celle qui sera obligée de vendre son corps au diable pour aborder sans crever la jungle du Nordaisis après avoir parcouru des milliers de kilomètres de routes, forment une longue file de traits noirs qui avancent lentement dans une tempête de neige. De tout petits traits noirs, des grains minuscules, des petits grains de riz noir qui se meuvent à peine sur un fond panoramique gigantesque dont l'image est tout à fait incertaine, en raison du travail de l'imagination qu'il exige, sans lui, rien de physique, rien de concret, ne peut se déployer en arrière-fond de ces petits grains de riz noirs à peine en mouvement derrière un rideau de giboulées monstrueuses, de fouettées venteuses presque aussi solides que tous les corps que sont, en réalité, ces lunules noires vivantes arc-boutées dans l'ascension, tout comme est incertaine la nuit noire de l'eau du canal du Nord sous les yeux de Madame Dabritz qui tentent de percer son incertitude obscure en attendant le sommeil qui ne vient pas. Une file allongée et tremblante. Une immense lenteur. Du romanesque Vieux Siècle, du grand cinéma même, mais les traits noirs qui luttent contre la montagne n'ont jamais progressé nulle part, sur aucun écran, sur aucune page, que sur cette route-là bordée de précipices qui tanguent. Parmi les traits noirs, le jeune soldat qui est une jeune fille avance au même rythme que les autres. Il souffre à égalité avec les autres. Mais, pour le voir qui progresse en souffrant direction canal, cette extrême lenteur qui est commune à toute la file qui grimpe dans le froid et le néant de la neige, ne suffit pas. Le sol glissant, la bise glacée, le mauvais équipement, mais aussi la fatigue, la faim, ça donne qu'il arrive que les plus petits, les plus fragiles de ces grains noirs vivants en mouvement glissent, tombent, tac, basculent dans un lieu horriblement excitant pour un romancier du Vieux Siècle et qui s'appelle la gueule du loup, car oui, là où le jeune soldat progresse avec d'effroyables difficultés, les enfants, parfois, glissent et sont dévorés par les loups, entre Gürbulak, Kapıköy et Essendere, entre Çaldıran et Başkale, loin, très loin de la Préfecture du Nord, de l'esplanade de la Préfecture du Nord, des Tours des Orgues dans le Sud où meurt lentement le légionnaire Belabed, du très bel appartement de Péko dans le centre, du quartier du canal où habitent Madame Dabritz et son fils Guillaume, beaucoup plus proche de Rachid qui arrivera tout à l'heure dans sa troisième vie pour faire l'ambulancier en Afghanistan, sur une ligne qui crête à 2 500/3 000 mètres d'altitude pendant 454 kilomètres. Du blizzard. Minimales hivernales à -46 °C. La neige rend la marche difficile, même au pas. Des heurts. Les chaussures, trop grandes ou trop petites. Les groupes de 15 à 40 personnes s'étirent en détresse à la verticale sur la pente qui monte en direction du col. La difficulté que représente pour les femmes, les enfants, tous âges, en plein hiver, l'ascension de cette montagne enneigée haute est inouïe. Enfin, après des heures d'ascension, quelques traits passent le col. On avance. Le jeune soldat trébuche. Il avance. Pendant ce temps, quelques loups trottinent à l'aise sur la croûte glacée. Des bêtes rouquines qui voyagent en meutes et qui sont infiniment plus rapides que le petit groupe qui, complètement à bout, s'écroule, termine la course à quatre pattes, car la descente, c'est encore plus dur. Les brigands ont l'habitude de ce qu'elle provoque. Le jeune soldat saigne horriblement du nez. Son sang coule, goutte sur la neige, gèle, en même temps qu'il progresse, face contre la terre. Tant de lenteur. Ses mains et ses genoux brûlent. Ses narines brûlent. Sa bouche aussi brûle. Il avance dans un océan de feu et de froid pour pénétrer coûte que coûte le canal remodelé par Péko, qui, super, super ferme sur les prix, a promis à répétition à tous les électeurs avant l'élection, à s'en faire péter la gorge de fatigue, qu'à l'avenir, s'il était élu, il y aurait désormais du monde et de la lumière au bord du canal, et on va aussi privilégier les débits de boissons.

Aucune éloquence chez le diable, celui qui attendait au pied de la passerelle, insensible au temps qui passe, au moment du pacte avec le jeune soldat, au bord de l'eau vert et gris du canal, avant que le soir ne tombe tout à fait, que l'air ne s'obscurcisse pour la nuit nouvelle, qu'une goutte de sang, une seule, ne perle entre les jambes du jeune soldat infortuné qui veut à tout prix passer de l'autre côté, encore jamais arrivé à destination, éternellement en marche, couché immobile sur un tapis roulant qui défile, mille ans d'immobilité et de voyage en pays hostile, soumis à la rapacité des brigands, plus bon pour le service de quoi que ce soit, même la rapine, en raison d'une jambe cassée, et donc, abandonné, blessé, près d'un dépôt d'ordures situé en contrebas d'une décharge sauvage, incapable de se traîner jusqu'à la route en raison de ce qui se révélera être plus tard une fracture multiple et ouverte de la jambe, horriblement assoiffé. Et pourquoi ne l'avaient-ils pas déposée directement dans la décharge ? Pourquoi ne lui avaient-ils pas aussi bien fracassé la tête ? C'est qu'ils n'avaient pas eu le temps, tous les molosses étaient là, la mâchoire claquante, autour de la camionnette, les molosses l'auraient dévorée, s'ils l'avaient abandonnée sur place, et puis, sa mort n'avait aucune valeur, en rien une péripétie monnayable pour ces brigands du Nord qui arrivaient tout au bout du voyage, juste avant le diable, car des bandes de brigands différents s'étaient succédé en une chaîne ininterrompue jusqu'au Nord, autre débarcadère, de territoire en territoire, en direction de Perfide Albion, marche en crabe, une série de zones qui partagent l'Europe autrement que les découpes frontalières. Ils l'avaient abandonnée. Comme si elle n'avait jamais existé, et peut-être, depuis qu'elle avait été jetée sur les routes, n'était-il question que d'une demi-vie à son propos, la vie d'un caillou, depuis son départ du village jusqu'à la négociation avec le diable souteneur au pied de la passerelle, ou ailleurs. Elle était couchée là, dans la fange, la tête effondrée sur sa poitrine. Des vagues de pensée avançaient dans sa cervelle rétrécie sous l'effet de la douleur. Pas de civière comme il faut mais transportée comme un sac de patates, et la jambe, la jambe démantibulée qui tressaute, le temps que le braquage de ferraille finisse, oh rien qu'un braquage d'arrière-pays de canal, dans la jungle du Nordaisis, rien à voir avec la boulangerie braquée pour la troisième fois au bord de l'eau cet automne qui clapote en bas de l'immeuble de Madame Dabritz dont les paupières palpitent enfin sous la fatigue qui rapproche le sommeil, rien de plus, non, mais un braquage qui tourne mal.

Le diable porte de grosses bottes, du kaki partout, des vêtements camouflage, arpente un paysage semi-urbain semi-forestier, une lampe de poche à la main, un sac à dos, une cagoule capuche, transporte avec lui de quoi relancer le jeune soldat dans l'existence *un silence* Le diable regarde autour de lui, regarde à droite et à gauche. Il observe le corps frêle jeté comme un sac entre les poubelles. Il a vu un cadavre. Il se rapproche. Attention, s'il se rapproche, c'est uniquement pour faire les poches du cadavre, un réflexe qui n'a pas d'âge, sur tous les champs de bataille, dans toute l'étendue du globe, pas seulement à Waterloo. Et parfois, le mort n'est pas mort. Il est même tout ce qui il y a de plus vivant, seulement il souffre du syndrome du vent du boulet qui le rend catatonique. C'est qu'il a senti un très gros coup de vent doublé d'un sifflement et que le boulet l'a frôlé et a explosé à proximité en l'abandonnant avec le fardeau d'un corps qui a fait la guerre et qui ne peut plus servir à autre chose. Ce n'est pas le cas. Sous les mains du diable qui fait les poches, explore, c'est un corps réellement blessé qui gît dans la poussière, même si cette blessure ne doit rien à la guerre, n'importe quelle guerre. Le diable heurte sa jambe. Elle hurle. D'effroi, il saute en arrière et puis, lentement, lentement, il se rapproche.

Elle doit sa survie à un hasard. La camionnette conduite par les brigands qui se cassaient à donf avec le cuivre dans la remorque en slalomant entre les molosses, a braqué, et c'était avant la hanche, aussi l'os fémoral est en miettes, mais elle est vivante. Le braquage de chantier, peu coûteux en années de taule, est toujours en mesure de rétrécir le temps de vie de ceux qui y participent, par exemple le temps de vie d'un petit guetteur comme elle oublié entre deux containers qui surgit dans la lumière quand il ne faut pas, quand la sirène d'alarme retentit, que les molosses sont lâchés, que le guetteur entend aussi la camionnette repartir sans lui, *cri cri cri ouaf ouaf ouaf ouaf ad lib. et des ZZZZZ, des ZZZZZ, de grands traits de lumières qui balayent le noir Elle agite ses bras en l'air Les phares figent son visage dans le noir* démarrage en panique, crissement, choc, hurlement, elle s'affaisse sur sa jambe en bouillie *claquement sec de portière* Un homme sort de la camionnette, l'attrape, la met sur son épaule, la pousse dans la camionnette en criant *ouaf ouaf ouaf un peu partout des molosses qui mordent le brigand qui court avec le corps sur ses épaules Elle perd du sang, ce qui semble énerver encore plus les molosses* elle hurle *bang coup de latte* démarrage, disparition dans la nuit, et puis, après la route qui file dans le noir, ensuite, l'arrêt définitif pour elle, la décharge, le diable en kaki qui se penche avec sa lampe de poche dans la nuit sur elle et qui la transporte jusqu'à l'hôpital du Nord avant de lui proposer, à l'issue de son rétablissement, un autre emploi que celui de guetteur au dernier échelon dans une bande de brigands, plutôt un emploi à fin de divertissements, et pour d'autres brigands, tout à fait différents, ceux-là plus calmes, plus jeunes, comme vous et moi, avec des baskets de marque, parfois, des blousons, un loden, même, et qui payent : quand on quitte les sommets inhospitaliers et qu'on entre dans le Nordaisis, ces brigands-là s'appellent des clients.

Allah-Dieu-God veut que le diable guette toujours en bordure des eaux courantes, toutes, des profondeurs souterraines aux éclats diamantés sillonnées par les vraquiers, grumes, céréales charbon minerai sable, les rouliers, les chimiquiers, les pétroliers, ces cargos qui épousent la courbure de la terre en transportant leurs centaines de milliers ou de millions de tonnes de marchandises et accostent à Hambourg, Rotterdam, Varna, Burgas, Limassol, Las Palmas, Barcelone, Valence, Algésiras, Cadix, Marseille, Le Havre, Caen, Cherbourg, Toulon, Gênes, Naples…

jusqu'aux ternes et sales canaux qui tranchent les villes et les distribuent selon deux rives, qui attirent, avant ceux qui sont destinés à les remplacer en vertu de leurs revenus plus élevés selon le programme de Péko, les somnambules, les voyous, les ivrognes, les hommes frêles, les exilés, les conspirateurs, les toxicos, et les filles. Et les herbes dans les clairières font aussi l'affaire. Les herbes hautes qui ondulent, leur mouvement accompagne un miroitement du soleil dans les feuilles qui sont piquetées de lumière sur les arbres qui poussent au bord de ces eaux courantes et de ces clairières. Le vent dans les feuilles caresse tous ceux qui avancent en direction de cette harmonie indéfinissable de mouvements et de lumières, qui avancent avec une détermination féroce, empruntant guets, ponts, tours, passerelles, cols, tous tenus par des brigands que la faim rend implacables, et très peu d'entre eux sont animés de l'ambition noble, et néanmoins relative, propre aux brigands de la montagne haute enneigée qui font du butin pour une guerre qui leur semble juste, en rapinant tous ceux qui veulent la passer, la montagne, pour atteindre le canal, comme, entre autres, la famille qui a payé pour que ce jeune soldat marche avec acharnement en compagnie de tous les traits noirs en direction de l'extrême bord septentrional du continent occidental

sur l'autre flanc Non non non non, c'est impossible car il voit mal sa mère *il rit* lui demander de se foutre dans une situation pareille *Même si autour Il n'y a rien ? Rien ? Rien à manger Rien du tout ? Rien Tu es certaine ?* et même, ça le fait rire d'essayer d'imaginer ça, sa mère a toujours fait tout pour lui, il est le trésor unique et précieux de sa mère, elle n'a que lui, et Guillaume comprend mal qu'une très jeune fille déguisée en jeune homme puisse être lancée par ses propres parents sur *Non mais tu te rends compte ? Elle sourit* sur une route hyper-dangereuse, plusieurs milliers de kilomètres, avec quantité de dangers de mort à la clef *C'est ouf ! s'exclame Guillaume qui se tourne vers la fenêtre L'eau du canal clapote en contrebas des deux corps* Guillaume percevait de la cruauté et de la barbarie chez ceux qui avaient jeté Joséphine sur les routes, mais il éprouvait aussi de l'admiration pour elle *Comment c'est possible ? C'est possible C'est tout* elle lui était apparue dans le paysage mafieux du canal comme un être dont l'être au monde lui semblait mille fois plus exaltant que le droit de vote dont il usait en s'abstenant et qui avait fait l'élection de Péko *et elle est aussi allongée nue dans son lit, pas ensanglantée, pas assassinée, pas démembrée, pas précipitée au fond d'une fosse pourrie* Sans doute, cette situation agréable est-elle à mettre au crédit de sa famille et de tous ces brigands ? *Guillaume entend du bruit C'est le corps de Madame Dabritz qui frôle la porte de la chambre Il se tourne Il fait chut chut avec le doigt*

Après deux années passées à travailler au bénéfice de l'homme en kaki qui l'avait sauvée de la décharge, enfermée dans une caravane de camping, pas grande, rayée marron orange, vieille, tanquée en bordure d'un bois clairsemé, avec évier, micro-réfrigérateur à surface marron, des alcools disponibles pour les clients, toujours la possibilité de boire un verre, payant lui aussi, avant et après, autour de la tablette dépliée, un jeté de napperon sur la tablette pour faire joli, et aussi les petits sachets stockés dans un trou creusé à même la terre, derrière, en sécurité, roulotte garée au fond d'un bois dans la jungle humide du Nordaisis, avant de les emmener par la main s'allonger sur la couchette au fond, sur elle surtout *sur l'autre flanc* Si je ne t'avais pas trouvée ? *Elle sourit*

VII

Dans sa vie d'avant, Joséphine a approché de très près le chef de guerre le plus remarquable de ces années 2000, celui qui a suscité jusqu'à la Catastrophe le plus d'admiration en Europe, auquel les services français avaient accordé toute leur confiance, un peu trop peut-être, avant que, de l'autre côté de l'Atlantique, ressuscité en président US, Napoléon ne balaye tout. Placée au dernier échelon d'une équipe junior de ravitaillement en eau d'une position, Joséphine, qui ne s'appelait pas encore Joséphine à l'époque, avait en grimpant dirigé ardemment ses regards de dessous le bidon d'eau posé sur sa tête en direction de l'homme au visage rasé avec le béret de laine à bords roulés qui recouvre légendairement la chevelure peignée. En ce temps-là, Joséphine était une petite fille marchant pieds nus sur la terre, capable presque de porter aussi lourd en eau que son frère, qui ne la quitte jamais des yeux quand ils sortent du village.

Les deux enfants avaient tout de suite repéré, en dépit des deux bidons d'eau, très lourds, qui coiffent leurs têtes, les cheveux gris qui tissent la chevelure peignée. La guerre dure depuis tellement longtemps. “Pour moi, ma vie entière, ce sera d'effectuer des tâches très dures, alors je préférerais autant me battre”, se dit Joséphine en portant et en regardant. “La canonnade, c'est moins désespérant.” Là-dessus, le bidon d'eau chancelle, paf, le précieux liquide en un instant est aspiré par la terre. Et tous les deux, ils doivent repartir le long de la corniche, longer à nouveau la paroi, redescendre le sentier, retraverser le petit chemin en contrebas, retrouver la citerne, remplir à nouveau à ras bord le bidon, et ensuite, refaire tout le chemin en sens inverse, en montée, cette fois. Joséphine a beau traiter par le mépris ses membres qui la portent, elle se sent elle aussi désespérément aspirée comme l'eau du bidon par la terre. Pour ne pas s'arrêter, elle ne quitte pas des yeux le cul de son frère qui ouvre la marche, réglant son pas sur lui. Mais presque au sommet, il avait fallu quand même s'arrêter tant leurs jambes à tous les deux tremblaient. Ensuite, après la livraison, les deux enfants s'étaient effondrés contre un rocher, d'où il leur semblait que la vue était la meilleure en plan fixe sur ce chef de guerre que tout le monde admirait tant dans leur coin de bled jusque lointainement en Europe, dans le Nord-Est, dans la ville européenne de Strasbourg. L'homme le plus important de la région, du pays, montagnes et vallées réunies.

Le chef admiré est assis sur ses talons. Il parle avec calme dans un combiné relié par un drôle de cordon tire-bouchonné à un appareil de téléphone orange. Un téléphone de combat. Les yeux exorbités, les deux enfants croient discerner dans sa bouche quelques mots de langue étrangère portés par le vent jusqu'à eux. Joséphine ne peut pas reconnaître que c'est du français car elle ne connaît pas encore la langue, ce sera, plus tard, bien plus tard, quoiqu'avant la Catastrophe, dans la caravane du Nord humide qu'elle apprendra par nécessité la langue de Molière. Surtout, elle ne songe pas, elle ne sait pas que ce chef de guerre a été lui aussi un enfant et, en tant qu'enfant, qu'il a été un assez bon élève au lycée français de Kaboul. Une prof de français qui l'avait eu en troisième, se souvient encore de son regard touchant, de son attitude réservée, de sa pâleur et de ses yeux qui lançaient des flammes quand ils abordaient en classe le sujet des fléaux qui ravagent le pays. Mais, pour ne pas déchoir, il ne levait jamais la main. Du coup, la prof ne lui donnait jamais la parole. Traumatisée par une étude lue par elle dans laquelle il était formellement établi que, tous sexes confondus, les enseignants interrogent 7 × plus les garçons que les filles, la prof de français avait résolu de faire zéro dérogation pour les garçons à Kaboul, aussi touchants et séduisants soient-ils. Égalité drastique de traitement, tout comme les filles, ils lèvent la main ou niet. Après, de retour en France, entrée en phase mature dans un grand lycée polyvalent du Centre, la prof s'était souvenue, bien sûr, de l'adolescent, et elle avait suivi avec passion, par fidélité envers ce pays remarquable, à la radio, dans la presse, à la télévision, les succès, les revers, toutes les péripéties de la guerre qui a été menée par cet ancien adolescent qui n'avait jamais, mais alors jamais, daigné une seule fois lever la main pour prendre la parole pendant ses cours.

Une volonté de représentation absente soutenue par une élégance informulable. Une élégance. Une beauté, pense Joséphine, qui était avant tout une petite fille de la campagne très sentimentale à l'époque. Chemise blanche. Veste militaire kaki clair. Tout impeccable chez lui. Et le chef de guerre fume. Une cheminée lente. Sans lâcher sa cigarette, de temps à autre, il se lève, et, en ces occasions, les deux enfants notent que, pour un montagnard, il est grand et mince, étonnamment. "Combien il se tient droit en marchant, différemment que de nos parents qui avancent complètement cassés, courbés, contrefaits, soumis comme ils sont à une vie de labeurs incessants", se disent les enfants en admirant le chef de guerre. Cette allure est un signe d'élection, à coup sûr. Le chef aimé se lève. Il se tient sur la corniche. Ses yeux gris guettent la montagne. La montagne ressemble à un gros talus boueux à peine pentu. "Ce n'est pas comme en bas, chez nous, dans la vallée, où il y a de la végétation, il y a des herbes, des ramures", se disent les enfants. Le gros tas boueux fume aussi mais il fume, lui, aléatoirement, en divers points. Le chef de guerre observe avec un court télescope binoculaire ces fumerolles blanches qui s'élèvent par à-coups dans le ciel.

Ce chef guerrier aux yeux gris, fumant, vivant, mais qui va bientôt être mort, parle d'une voix douce. Pas comme les parents des enfants qui crient tout le temps sur les plus jeunes au village, et ce n'est pas grave. Avec sa voix douce, le chef donne des ordres dans le téléphone orange qui agissent en décalé sur les fumerolles blanches du lointain. Les fumerolles blanches auréolent toujours plus haut le tas boueux à peine pentu en face. Une blancheur clairsemée et indistincte. Au loin, une basse continue rappelle le bruit d'un torrent. C'est la canonnade. Les enfants écoutent et regardent. Le futur mort aux yeux gris déplie une carte, l'examine avec une grosse loupe. Il boit aussi un verre d'eau surgi de nulle part.

Un grand oiseau des montagnes plane au-dessus d'eux tous, les militaires, les enfants, les montagnes, les vallées, les fumerolles. Les deux enfants jurent en regardant l'oiseau qu'ils continueront de toutes leurs forces toute leur vie d'offrir le secours de leurs faibles bras à cet homme si concentré, dont la mission ici-bas, pour le Conseil Européen basé à Strasbourg, est une course à la liberté menée au moyen des armes. Chacun contribue à sa place. Tout le pays est en guerre, même les enfants, les arbres, les ramures, les chèvres, même l'eau. Et le pavot. Dans son élégance discrète, le chef guerrier est à leurs yeux l'incarnation de la force quand elle est transmuable en justice. Cette idée, qui vient d'en haut et du Nord-Est de l'Europe, subliminalement, les aide.

Après le 3 nivôse 1800, rapport à l'élimination des chefs de guerre, les méthodes avaient beaucoup changé.

Ainsi, les deux conspirateurs de l'attentat dit "de la machine infernale" ont voulu eux aussi infliger la mort à un chef de guerre despotique au nom honni par tous, et pour cause, et nous avons nommé Napoléon, mais ils ne voulaient pas pour autant sauter avec le despote dans leur feu d'artifice sanguinaire, ils ne voulaient pas finir avec le gros tonneau à vin bourré de poudre qui devait sonner la fin d'un despotisme d'autant plus inique qu'il tenait le langage de la liberté. Ils se sont donc enfuis, loin, très loin. Alors que les deux comparses qui ont réussi à faire sauter la tronche au grand loup gris à la cigarette fumante, Prince des montagnes et vallées reculées, chef militaire admiré des enfants, de l'Europe, le seul des chefs de l'histoire de tous les brigands du monde jamais convié à une table de négociation par Youri Andropov, eux, ils n'ont pas hésité à se faire sauter en bouillie en compagnie du chef de guerre au béret de laine des montagnes.

Sous l'effet du souffle provoqué par la machine infernale, en 1800, alors que Napoléon se rendait en sommeillant à un concert de *La Création* d'Haydn, une rue entière de Paris s'est écroulée. Quantité de blessés. Des tas de morts aussi, dont une jeune fille âgée de 14 ans, vendeuse de petits pains, fille d'une marchande de 4 saisons. Indemne dans son carrosse, Napoléon, toujours vivant, a écumé de rage. Et il a ensuite usé avec stratégie de cette rage pour donner le coup de grâce à l'opposition républicaine démocratique de ce Vieux pays qu'est la France. Vibrionnant de colère, dressé comme un coq sur le pavé de la rue détruite à côté de son carrosse, on raconte qu'il a grimpé sur un tonneau de vinasse qui avait roulé jusque-là sous l'effet du souffle de l'explosion et qu'il s'est écrié :

— Tant que cette troupe de brigands s'est attaquée directement à moi, j'ai pu laisser aux lois le soin de les punir ; mais puisqu'ils viennent, par un crime sans exemple dans l'Histoire, de mettre en danger une partie de la population de la capitale, la punition sera aussi prompte que terrible. Assurez en mon nom le peuple de Paris que cette poignée de scélérats, dont les crimes ont déshonoré, dont les crimes ont failli déshonorer la liberté, sera bientôt réduite à l'impuissance de nuire !

Depuis le sommet plat du tonneau rempli de vinasse, 130 opposants sont condamnés par Napoléon à la déportation. Sans procès. Aux Seychelles à bord de la corvette *La Flèche* et de la frégate *La Chiffonne* et aux îles de Ré et d'Oléron, au fort de Joux. Le Prince des montagnes, lui, sans avoir le temps de protester, de supplier, de pleurer, ou de dégainer, de se jeter en avant en mode lutte ou encore de s'évanouir à la façon d'un archange dans les cieux, explose, le 9 septembre 2001, deux jours avant la Catastrophe, en gerbes sanglantes qui ont ensuite funestement versé au-dessus de l'Afghanistan. Et la terre aspira son sang.

Une foule ensuite sur les lieux de l'attentat. Tout le monde fait silence et tout le monde parle à la fois. Des voitures passent et repassent. Toutes les salles de rédaction mondiales ont envoyé quelqu'un. L'autoroute de l'information est parvenue jusqu'à la position de guerre, qui est devenue une scène de crime. Dans un coin, face à une autre caméra, plus clémente, un homme parle avec précipitation :

— I wasp setting hère. He Lougheed. He drink tea. And for first time I fêle That his hairs is more white. I feel he's going to be old... I'm sur that if I lost my all relatives, all, included my family from my father to my small son, it wasn't that important to me as I lost my leader. He was my leader. Second, He's always be my leader actually. He was the only one able to serve the country, to serve the people… and we lost him

"Il est mort à 10 heures ce matin (05 h 30 GMT) dans un hôpital de Takhar rapatrié de Khwājah Bahā ud Dīn." Au cours de ses funérailles, le fils de ce chef de guerre mort pulvérisé par une caméra de faux caméraman bourrée d'explosifs, son fils, âgé de 13 ans, encerclé d'hommes barbus en pleurs, fait une déclaration solennelle à la foule : "Je veux suivre la voie de mon père. Je veux rechercher l'indépendance de mon pays." Dans le Nord de l'Europe, une main vieillie d'enseignante tourne un bouton de radio et fait silence.

VIII

65 jours plus tard, Madame Dabritz attendait l'heure exacte de sa convocation en urgence pour toquer à la porte du bureau de Madame Valsini, responsable pédagogique du Département.

Et elle toqua.

— Entrez, Madame Dabritz.
— Bonjour, Madame Valsini.
— Refermez la porte, s'il vous plaît.

La Valsini referme son journal *Soupir de la Valsini qui replie son journal* Elle regarde Madame Dabritz. Elle l'invite à s'asseoir. Madame Dabritz s'assoit. En s'asseyant, elle jette un regard par la fenêtre sur le ciel du parking au-dessus des peupliers. Elle ne voit rien dans le ciel. Elle croise ses jambes.

Elle attend.

Soudain, ni l'une, ni l'autre, n'y songent, à quelques arrêts du tramway de là, la Préfecture a ouvert ses portes, et ça, ça veut dire qu'il est tout juste 8 h, ce qui est tôt pour être en poste à l'université du Nord, enfin, peut-être pas pour une secrétaire mais pour une responsable pédagogique, certainement.

Mais non, c'est faux, Madame Dabritz rectifie dans sa tête, souvent la Valsini arrive dans son bureau tôt le matin et elle en repart toujours tard, le soir.

Enfin, il n'en reste pas moins que la situation est tout à fait inhabituelle. Et c'est bien ce caractère inhabituel qui inquiète Madame Dabritz. Elle attend toujours les jambes croisées sur sa chaise en formica face à la Valsini.

D'abord, une convocation. En réalité, une façon de faire étonnante entre deux collègues qui se croisent tous les jours de la semaine plusieurs fois par jour, sans compter les repas du déjeuner pris ensemble au self, secteur enseignants et administratifs, simplement séparé du secteur étudiant par une mince cloison amovible en accordéon mais séparé.

Ensuite une convocation en urgence.

Tout cela n'augure rien de bon.

Le vent qui redouble dans les peupliers du parking n'est pas là pour rassurer non plus Madame Dabritz.

Tout arrive vraiment de nos jours, même ce qui ne devrait pas arriver, à New York, au bout du monde, et maintenant dans ce bureau pourri et glacé, on se demande quand ça va s'arrêter, ce type de cours des choses, tout est de plus en plus rapide ou c'est moi, avec l'âge, qui respire de plus en plus lentement, peut-être ? se demande Madame Dabritz. Dans ce bureau pourri et glacé, université du Nord, Nord, Europe, il souffle comme un vent de défaite, admet Madame Dabritz.

Madame Dabritz décroise, recroise, ses jambes.

Pourtant, convoquée comme je suis par cette sale vache de Valsini, je n'ai rien à craindre, car j'habite en France, divague Madame Dabritz, j'habite pas dans une vallée perdue pilonnée depuis 3 jours par des bombardiers, j'habite dans le pays des Droits de l'Homme.

Oui, ceux qui sont convoqués dans le bureau pourri et glacé de la Valsini n'ont rien à craindre, sauf s'ils ont commis le mal à l'université du Nord, alors pourquoi cette fine sueur qui perle le long de la gorge de Madame Dabritz sous son fin chemisier bleu à collerette ? La Valsini scrute la secrétaire. Le mal, à l'université du Nord, comme dans toutes les universités de France et de Navarre, c'est trois choses exclusivement et exclusivement trois choses. Troubles dans le fonctionnement de l'établissement. Fraude à l'examen. Fraude à l'inscription. Art. L811-6 + Art. 2, Décret n° 92-657 du 13 juillet 1992, Code d'éducation.

— Je vous écoute, Madame Valsini.

Madame Valsini regarde par la fenêtre.

Décidément, les frimas de l'automne brouillent les surfaces grises des bâtiments en accord avec le sale moment qu'elle doit passer.

— S'il vous plaît ?

Madame Valsini fourrage dans un tiroir. Elle ressort de l'opération avec un livre et deux chemises en papier peu volumineuses qu'elle dispose sur son bureau avec une application qui frise la lenteur. Et puis, elle se lève. Elle marche jusqu'à la fenêtre. Elle regarde dehors.

— Un instant, s'il vous plaît.

Il y a quelques années, la Dabritz était venue la trouver avec un minuscule diplôme en poche, un diplôme "Écritures de l'argumentation" qui avait sanctifié il y a des lustres un ensemble d'acquis fragiles à l'université du Nord et au moyen duquel la Dabritz avait tout de même réussi à se faire embaucher dans une entreprise de chaufferie, chez un certain Belluc, jamais entendu parler, s'était dit à l'époque la Valsini. Cette dame, encore un peu jeune, Madame Dabritz, s'était retrouvée sur le carreau, sans droits au chômage – une sombre histoire – avec un fils à charge qu'elle élevait seule, et pourtant, la Valsini s'en souvient, en raison de son passé d'ancienne étudiante de l'université du Nord et aussi en raison de ses années d'expérience en spécialité compta apprise chez Belluc, elle avait chaleureusement soutenu la candidature de Madame Dabritz.

Si la Valsini avait su !

En face, Madame Dabritz est toujours riche d'une connaissance, disons profonde, du Belluc de la PME chaufferie qui avait été autrefois son patron. Par exemple, ce n'était pas de la peur qu'elle avait éprouvée avec Belluc au cours de son ultime dernier rendez-vous avec lui avant la catastrophe mais du dégoût, parce qu'ignorante comme elle était des choses de la vie, elle ne savait pas encore, concrètement, physiquement, ce que ça signifiait tout à fait de partir au chômage sans droits. Autre souvenir, un matin, alors qu'elle travaillait depuis quelques semaines dans la PME, Belluc avait surgi dans le couloir, comme il faisait toujours, en silence. En face, Madame Dabritz avait réussi à se coller à temps contre le mur pour que, surtout, surtout, pas le toucher, pas le frôler, rien, avec son gros ventre de Guillaume à venir. Belluc lui avait lancé avec l'aplomb d'une bête :

— Ah ! Mais c'est la bonne Madame Dabritz ! Vous avez bien baisé, Madame Dabritz ?

Ensuite, 7 ans de bons et loyaux services, et, encore ensuite, la merde, pour, aujourd'hui, terminer à nouveau comme une cloche déguisée en chemisier bleu à collerette, dans ce bureau de la Valsini situé au-dessus de la cafétéria orange. Quelque chose me dit que je vaux mieux que ça, se dit Madame Dabritz.

Règlement à l'amiable, oral, dicté par Monsieur Belluc en considération des 7 années de bons et loyaux services avérés de Madame Dabritz, car, Madame Dabritz avait été une employée remarquablement discrète pendant ces 7 années. Outre qu'elle avait encaissé en silence pas mal de bonnes blagues et de saloperie de touche-touche dans le couloir, elle avait aussi été coulante sur pas mal d'irrégularités étalées jour après jour sous ses yeux. Fausses factures. Arnaques à l'URSSAF. Pots-de-vin. Manipulations frauduleuses en vue de récupérer les chantiers des municipalités. C'était la grande période des Roses en ce temps-là. Rien que la routine, en fait, la routine d'une PME de chaufferie qui veut survivre dans le Nord avec 17 salariés, avec aussi, en prime, à sa tête, un salopard dégoûtant aux mains baladeuses. Très jeune au moment de l'embauche, Madame Dabritz n'avait pas eu la présence d'esprit de collecter les preuves de ces irrégularités et, sans surprise, l'apprentissage de la malhonnêteté était entré en elle comme dans du beurre. Et puis, elle s'était retrouvée à la rue, avec son gosse, comme un sac.

La Valsini secoue sa belle chevelure rousse.

Dehors, il fait moche.

Elle voit que la Valsini se redresse en tenant à la main une feuille. La Valsini pose la feuille sur son bureau entre les deux chemises, un cran au-dessous en direction du livre. Elle tourne la feuille dans sa direction. Madame Dabritz regarde le livre et les deux chemises sur le bureau. Elle regarde la feuille. Elle voit une croix. Dehors, des sortes d'oiseaux noirs crient sur les branches des peupliers *Non, non, non, non* Elle est assise en face de sa croix, de l'autre côté du bureau de la Valsini, "du côté de l'abîme", n'est pas loin de penser Madame Dabritz, mais elle ne le pense pas tout à fait encore, il se passe que Madame Dabritz est toujours en attente, elle attend que les prémices d'une compréhension profonde de sa situation irriguent les circuits de son cerveau. Pour l'instant, la connaissance de sa situation est encore engluée dans le passé soumis à Belluc, elle flotte toujours au niveau de ses branchies d'autrefois, quand l'homme était encore poisson et qu'il respirait par ces ouvertures-là, dont le bas du cerveau est le seul vestige, et si on l'endommage, les parois du cou palpitent en forme de branchies humaines, mais là, chez Madame Dabritz, aucun endommagement, juste une fibrillation intense qui se traduit par une soudaine et multi-source sudation très odorante, sur son ventre, dans le haut du dos, sous les oreilles, dans son cou, advenue déjà dans sa vie, une seule et unique fois, quand elle avait fait violemment l'amour avec le père à Loulou.

Je pue, pense Madame Dabritz.

La sueur pisse le long d'elle pendant que la voix de la Valsini lui explique qu'elle, Madame Dabritz, a commis une faute très grave en prétendant que le dossier d'une étudiante était complet alors qu'il ne l'était pas, en commettant un mensonge délibéré envers sa hiérarchie, qui a mis cette dernière en difficulté dans des proportions que Madame Dabritz ne peut pas imaginer, et qui ne lui appartient pas d'imaginer, de toutes les façons, mais qui a trait à *une remise en cause de la crédibilité de la Présidence*

La phrase flotte entre les deux femmes.

— Cette faute nécessite le déclenchement d'une enquête administrative, Madame Dabritz.

La Valsini secoue sa chevelure rousse C'est donc bien une défaite, clignote le bas du cerveau de Madame Dabritz, avec encore plus de sueur qui se répand sur elle et qui tache salement son chemisier. En attendant, dans l'attente du déroulement de l'enquête, une lettre va être déposée dans le dossier de Madame Dabritz. La lettre expose les motivations du déclenchement de l'enquête.

— Pour que tout soit bien clair, Madame Dabritz.

La feuille bouge. Elle quitte le rebord du bureau qui touche presque la Valsini. Elle tourne dans les airs et elle avance diaboliquement en direction de Madame Dabritz. Madame Dabritz observe la feuille se tourner dans le mauvais sens, le sens de l'abîme, le sien.

C'est la lettre.

Alors, *Coup de chevelure rousse* comme dans un rêve, Madame Valsini explique à Madame Dabritz pourquoi la faute qu'elle a commise est très grave du point de vue de la loi morale en soi et aussi, tout bêtement, du point de vue de la justice de ce pays. Elle explique pourquoi, elle, Madame Valsini, est dans l'obligation – rien de personnel – d'avertir la Préfecture des agissements de Madame Dabritz, car la Valsini agit toujours ainsi, de telle manière que sa volonté soit la même, quelle que soit la situation concrète, quelles que soient les personnes impliquées.

— Vous, par exemple, Madame Dabritz ! C'est la Préfecture qui décidera quoi faire, mais vous devez reconnaître que vous êtes – c'est une vérité indépassable – fonctionnaire de l'État français, et que vous aviez pour mission d'être irréprochable, en ces matières délicates, encore plus que, je ne sais pas, moi, un teinturier, ou un mauvais peintre *Mauvais sourire de la Valsini* En tant que fonctionnaire de la République, vous représentez bel et bien la République, Madame Dabritz !

— *Madame Dabritz crie* C'est comme si j'avais brûlé un drapeau français en place publique, c'est ça ? Ou comme si j'avais exposé mes seins à une classe de collège ? *Les yeux horrifiés de la Valsini* Comme si j'avais chanté *Le Déserteur* le jour du 11 Novembre ?

— Ce qu'un fonctionnaire français accomplit dans l'exercice de ses fonctions à valeur d'exemplarité, Madame Dabritz !
— Mais quel crime ai-je donc commis ? s'exclame Madame Dabritz *Un soupçon de désespoir, feint, dans sa voix, gémit*

Madame Dabritz a retrouvé ses esprits.
Elle sue moins.
Que sait exactement la Valsini ?

— Je vous conseille de contacter le plus rapidement possible votre avocat, car l'Administration, si elle acquiert la connaissance d'un délit, est tenue d'en donner illico avis au procureur de la République. Et je doute que notre Préfet du Nord vous épargne.

Fin de la convocation.

Madame Valsini se lève.

— Vous m'excuserez ? J'ai du travail *La Valsini fait semblant de ranger son bureau Elle attend que l'autre se tire L'autre ne se tire pas Merde*

Madame Dabritz ne bouge pas.

— Madame Dabritz, cela ne vous dérange pas ? S'il vous plaît ? *Nouveau geste de la main gauche*

Madame Dabritz ne bouge toujours pas.

— Madame Dabritz !
— Oui ?
— Ne faites pas l'enfant. Vous croyez que toute cette histoire m'enchante ? Vous avez pensé à ma situation ? Qui est responsable de vous aux yeux du monde, ici, vous croyez ?
— Vous êtes responsable pédagogique et je ne suis pas étudiante du Département, que je sache !

— Non, mais vous l'avez été, Madame Dabritz, et vous savez très bien ce que cela veut dire. Il y a les droits et les devoirs. Les étudiants ont des droits. Mais ils ont des devoirs aussi. Comme celui de ne pas tricher aux examens *Chevelure secouée* Pour les adultes, c'est pareil. Je dirais même que pour les adultes, les devoirs sont plus grands car ils doivent donner l'exemple. Quel exemple donnez-vous, Madame Dabritz, à la jeunesse ? *Chevelure secouée* Vous croyez que vous lui rendez service à la jeunesse en agissant de cette manière ? S'il vous plaît, laissez-moi travailler maintenant *Geste de la main de la gauche en direction du plafond* Surtout, surtout, ne vous inquiétez pas pour moi ! Ah oui, je me sens très soutenue sur ce coup-là, vraiment, merci !

— Mais qu'est-ce que vous voulez que je vous dise !

— Mais Madame Dabritz, les preuves sont accablantes ! Écoutez ! Pourquoi on commence une enquête selon vous ?

— De toutes les façons, ce n'est pas la peine avec vous.

— Oui, partez ! *Nouveau geste de la main gauche, ferme, très ferme, en direction de la porte Madame Dabritz regarde dehors*

Alors qu'il n'était d'aucune naissance, Casanova jouta contre le Grand Panetier de la Couronne de Pologne, grand noble, valeureux militaire décoré de l'ordre de l'Aigle blanc, pas moins, dont le seul tort fut de lui adresser en public les paroles suivantes (une obscure affaire de femmes) : *"Quand un poltron a cédé, il fout le camp."* En français dans le texte. Autrefois, Madame Dabritz avait suivi un cours sur le texte qui raconte ça.

Madame Dabritz se gratte l'épaule, l'aisselle. Elle se penche, elle saisit la feuille, y jette un œil, la repose sur le bureau, elle se gratte à nouveau, pendant que Madame Valsini, un peu gênée, l'observe. En retour, Madame Dabritz regarde intensément la Valsini. Peut-être que la Valsini est en train de prendre une décision. Mais est-ce que la Valsini est capable de prendre une bonne décision ? En face, la Valsini pense à tout autre chose *Et si la Dabritz décidait de ne pas sortir de son bureau Et si elle décidait de faire un scandale ?* La bouche de Madame Dabritz s'élargit et forme un grand oooh prolongé et étrange. La Valsini est de plus en plus gênée. Elle observe les dents alignées moyen dans la bouche de la secrétaire. Des pensées ridicules la traversent.

Madame Dabritz bâille comme un grand fauve. La Valsini se met bizarrement à sentir ses pieds dans ses chaussures. *Et si elle me balançait sa chaise dans la gueule ? Merde*

— Il faut signer pour attester que vous en avez pris lecture, c'est-à-dire connaissance. Et ensuite, moi, je tamponne.

— Vous tamponnez ?

— Oui, je tamponne.

— Vous tamponnez quoi ?

— Je tamponne la signature.

— Ah vous tamponnez la signature ! Et avec quel tampon s'il vous plaît ?

— Le problème, c'est pas le tampon, vous savez, le problème, c'est plutôt l'absence de tampon *La voix de la Valsini est douce Madame Dabritz suit des yeux la main qui désigne un pauvre petit tampon misérable affalé sur un coin du bureau Elle étire ses bras Elle pousse sa chaise en arrière*

— Le tampon de la connerie ! *dit calmement Madame Dabritz*

— Madame Dabritz ! *La Valsini fait un gros bruit de chaise en soufflant* Je ne vous permets pas !

— On aura tout vu *Un silence* Un blâme ?

— Non, les blâmes, c'est pas moi, désolée.

— Je me doute. Je veux dire : à la clef ?

— Je ne peux pas vous dire.

Madame Valsini se lève. Elle marche vers la fenêtre pour ne pas regarder mais elle est obligée d'entendre Madame Dabritz qui part en faisant des bruits bizarres avec sa bouche.

IX

Depuis quelques jours, dans la presse, il n'est plus question que de l'université du Nord et de filières d'étudiants douteuses. Le nombre de personnes concernées par l'histoire est encore inconnu, mais l'affaire est grave parce qu'elle touche aux deux mamelles de l'université française, qui sont l'inscription et la diplomation. Déjà, les Antihunistes de l'équipe locale parlent publiquement de ce nouveau scandale, cette nouvelle manifestation de la gabegie ignoble qui règne dans le Nord, la gouvernance politique des Roses qui tiennent encore la Région, ce règne qui n'a désormais que trop duré, oui, vraiment, il est temps de les écraser tous, comme des crêpes molles, ça s'appelle l'alternance.

Rien n'est avéré, encore, mais les Antihunistes font déjà mousser habilement l'"Affaire" ; et c'est efficace, efficace comme la rumeur des alligators dans les toilettes de Rennes, ça, ça veut dire que ça marche. Année après année, les Antihunistes progressent dans le pays. Pour l'instant, ils gagnent que des petites communes, mais il y a un début à tout et la course à la victoire a déjà bien commencé. D'autant plus qu'une bande de Roses du service Action Culture de la Région a eu la riche idée – Ah, Ah, rigolent les Anthunistes – de financer une installation d'art contemporain sur la place publique qui fait beaucoup parler d'elle. L'installation consiste en un immense foulard tissé en cellophane de couleur tendu sur une armature de bambou suspendu face le centre commercial. Que le foulard soit peint aux couleurs de l'arc-en-ciel n'émeut pas le moins du monde les Antihunistes qui rigolent, tandis que les passants qui passent dessous s'interrogent sur le bien-fondé d'une telle installation dans un lieu qui a vocation d'appartenir à tous. Tout le monde s'inquiète déjà à la pensée que l'arbre de Noël bientôt installé à proximité sera forcément beaucoup plus petit que l'installation qui ne ressemble malheureusement pas à une cornette de bonne sœur dans *Les Flics à Saint-Tropez* et dont les couleurs règnent en maître dans certains quartiers malfamés de San Francisco. Et, à moins de faire fabriquer cet arbre de Noël traditionnel par des enfants et des femmes sous-payées en deux mois dans une usine chinoise, c'est vrai que ça risque d'être difficile de trouver une créature végétale plastique qui soit assez grande pour être susceptible de rivaliser avec ce foulard dont l'ombre multi-kulti avec des tendances pèse furieusement sur le centre commercial et sur l'avenir du Nord. Mais c'est rien, tout ça, rien du tout. Concernant le fond, concernant la filière des faux étudiants étrangers dans le Département de FLE, rien n'est articulé véritablement en réalité. Que du bruit, que de la présomption d'innocence en vrac, ça va retomber très vite, tout ça ? Pas certain. Avec les Antihunistes, ça risque vraiment de devenir un vrai problème et c'est ça le problème, "à moins que je ne tue tout ça dans l'œuf oui mais comment ?" se demande la Valsini en relevant la tête de son journal.

X

Trois jours avant la convocation de Madame Dabritz, le soir du 9 novembre 2001, Madame Valsini s'était rendue à la garden-party bi-annuelle donnée par le Préfet du Nord et sa femme dans la grande salle de l'étage de réception de la Préfecture. Elle s'y était rendue afin d'attraper quelques éléments de langage pour mieux entourlouper le niveau de hiérarchie à la Préfecture avec lequel elle traitait parce que quand on parle avec le loup, il faut savoir parler loup. Et, plus que tout, concernant le dossier du guichet délocalisé sur le campus, dossier politico-administratif qu'elle portait toute seule depuis une année, à bout de bras, Madame Valsini avait besoin de savoir parler loup.

Elle avait eu l'idée d'un guichet préfectoral délocalisé installé dans le campus à destination exclusive des étudiants étrangers du Département, quand elle était tombée l'année dernière, un matin, sur un papier important dans le journal. Sous le pseudo de "Joséphine", une des étudiantes du Département s'y plaignait ouvertement des heures sans fin qu'elle avait passées à faire la queue devant la Préfecture pour obtenir le récépissé qui faisait d'elle un être non assimilable à ces ombres errantes de la jungle pourchassées partout dès qu'elles mettent un pied au sec dans la ville. Séance tenante, à la suite de la lecture de l'article, Madame Valsini avait mené l'enquête dans le Département. Très vite, elle avait découvert qui était cette pseudo-Joséphine citée dans l'article. Sans surprise, il s'agissait d'une Première année, Niveau Avancé. Les Niveaux Avancés se repèrent vite. Outre qu'ils ne sont pas nombreux, ils se caractérisent par une façon de marcher, de se tenir, de parler. Tout de suite, on les sent évoluer dans le bain du Département différemment que les autres, les entrants, qui, très ignorants de la France, des coutumes de la France, ont beaucoup de mal à s'adapter (par exemple, les Chinois trouvent tous les étudiants français, sans exception, *très sales*, et ils ne peuvent aussi avaler ne serait-ce qu'*une seule miette* de nourriture étudiante du Nord, de la sorte de celle qui est disponible sur le campus, ce qui rend les déjeuners compliqués, puisqu'à proximité du campus, il n'y a aucun marché, supermarché, ..., excepté une minuscule supérette, pas tout à fait un long fleuve tranquille dans le quartier, cette supérette, qui plus est). Cette supérette avait elle aussi fait l'objet d'un papier dans la presse et Madame Valsini l'avait lu aussi, ce papier. Lorsqu'elle avait refermé son journal, elle s'était étonnée de ce ton en vogue qui montait, qui montait, partout, dans le Nord, c'était indéniable, et qu'y faire ?

> Les vigiles de la supérette K *** exercent un métier qui est devenu compliqué. À l'entrée, ils sont obligés de faire le tri sinon ils sont tous très rapidement débordés. "On fait comme s'il y avait un inventaire, comme ça on a un alibi pour les faire passer au compte-goutte", expliquent-ils. Et si le problème n'est pas dans le nombre, il ressurgit ailleurs. "On voit des clients qui venaient avant et qui ne viennent plus. Quand vous voyez une petite mamie entourée par des gens qui s'imposent à la caisse, vous comprenez qu'elle ne vienne plus." Sans parler des problèmes d'hygiène qui se posent forcément. "Il y a aussi l'exemple de cette dame qui vient au magasin avec son essuie-tout pour essuyer son caddie avant de le prendre, et même pour essuyer certains articles qu'elle achète."

À l'inverse des vigiles de la supérette, la Préfecture du Nord avait fait le choix du mélange, elle. Elle avait mélangé les étudiants du Département *avec* toutes les ombres du Nord, ce qui avait donné beaucoup beaucoup de monde devant les guichets sur l'esplanade. La pseudo-Joséphine du Département avait été ainsi dans l'obligation de faire la queue 43 heures (43 heures !) pour obtenir son récépissé. Et elle n'avait pas été la seule. En passant, Madame Valsini avait aussi découvert le grand mécontentement des Chinois du Département à ce sujet, eux qui n'avaient pas payé pour se faire pourchasser dans les rues sans récépissé, c'est certain.

> Notre envoyé spécial sur l'esplanade de la Préfecture du Nord a rencontré une étudiante dont le maintien tranche avec ce que nous venons de décrire. Sa silhouette se distingue des autres, puisque les autres se ressemblent toutes, anoraks, bonnets, fichus, fichus et foulards, foulards et fichus. Notre envoyé spécial a marché en direction de cette silhouette. Elle appartient à une grande nation. C'est la valeur travail qui compte pour elle. Travailler dur pour s'intégrer. Or, quelque part au milieu d'eux tous, les ombres du Nord, sur cette esplanade du Nord, cette jeune femme très digne a dû faire la queue immobile dans la nuit, seule, à trois reprises, en tout pendant 43 heures. 43 heures ! Elle a déclaré à notre journaliste qu'elle avait "honte pour la France". C'est pourquoi notre rédaction interpelle aujourd'hui les pouvoirs publics, la Préfecture, la municipalité. Ces étudiants qui étudient en France doivent-ils vraiment à jamais faire la queue dans un tel cloaque uniquement pour obtenir un récépissé ?

Aussitôt, Madame Valsini avait convoqué cette "Joséphine" pour entendre son témoignage complet sur cette dernière actualité dramatique pour le Département, ensuite, à toute vitesse, en courant dans tous les couloirs – Préfecture et université – elle avait monté ce projet de guichet délocalisé, ce qui avait conduit à un rapprochement du cabinet du Préfet et de la Présidence de l'université du Nord. Les résultats de cette initiative avaient été tout de suite très positifs.

À la garden-party du Préfet du Nord, presque une année après tous ces changements, Madame Valsini montrait à tous une mine sombre, preuve qu'en dépit de tout, tout restait compliqué et difficile pour tout le monde. Elle ne riait pas aux plaisanteries du Préfet du Nord. Elle n'était pas non plus passionnée par la toilette de la femme du Préfet du Nord, Léonore, que tout le monde s'accordait pourtant à trouver très élégante. Cette femme, élégante, donc, en remplissant les flûtes de champagne, travaillait, et même elle travaillait très bien. À ses côtés, son bras droit. Une femme aussi. Presque plus belle qu'elle. Aussi blonde que Léonore, la femme du Préfet, est brune. Et chacun sait combien les blondes sont irrésistibles, surtout en politique. Cette femme blonde, c'était Madame Figaro. Elle accomplissait en ce moment même une carrière fulgurante au sein de l'Éducation nationale. Hier, Madame Figaro travaillait dans un collège déshérité de la région Sud, un collège qui, en raison d'une exposition médiatique bien gérée, avait correctement fait avancer la cause Antihuniste. Aujourd'hui, grâce à son amie Léonore, elle avait été nommée à la tête d'une grosse cité scolaire périurbaine du Nord. Madame Figaro est très heureuse de ses nouvelles responsabilités. Elle travaillait désormais de concert avec Léonore. Elles planchaient toutes les deux sur ce qui a pour nom “Coopération des services”. En projet, beaucoup de choses.

Les deux femmes trinquent. Madame Valsini, elle, cherche seulement à se donner une contenance avec sa flûte. Elle se tient un peu en retrait, dissimulée derrière une plante en plastique à feuillage vert brillant et éternel. Derrière les grandes feuilles figées, la tenue de Madame Valsini est quelconque et elle s'en fout. Madame Valsini réfléchit aux deux dossiers qui ont été convoyés hier matin dans son bureau par un émissaire de la Préfecture du Nord. Elle a accusé réception de ces deux dossiers avec l'injonction de les consulter avant la réunion de concertation qui devait avoir lieu le lendemain au sujet du fameux dossier du guichet délocalisé de la Préfecture dans le campus. Parce qu'“en raison d'un emploi du temps saturé pour cause de Grand Camp des Clandos, une partie du travail de réflexion doit être menée en amont de la négociation”, lui avait expliqué l'émissaire de la Préfecture.

Madame Valsini avait posé des questions à leur sujet à l'émissaire de la Préfecture. Malheureusement, l'émissaire n'avait rien vu, rien entendu. L'émissaire ne savait rien, par principe, Madame Valsini savait cela. Mais peut-être savait-il des choses sans savoir qu'il les savait ?

— Monsieur Jeanneret était très pressé. Il m'a demandé de vous remettre les deux dossiers en main propre.

— A-t-il formulé un commentaire ?

— En s'approchant de la fenêtre, Monsieur Jeanneret a mentionné que les cieux s'assombrissaient au Nord.

— Le printemps les inquiète. Avec tout ce qui se prépare…, je les comprends. Vienne la nuit Sonne l'heure Les votes s'en vont Je demeure.

— Peut-être Madame.

L'émissaire était reparti.

Madame Valsini avait ouvert les deux dossiers.

Désormais, elle sait.

Elle sait pour les deux dossiers.

Elle sait pour le guichet délocalisé.

Les deux dossiers sont glissés sous son bras, alors qu'elle hallucine dans la garden-party du Préfet du Nord comme dans un cauchemar éveillé. Elle se prépare à livrer une bataille perdue d'avance le lendemain avec Monsieur Jeanneret, qui est de la Préfecture. La bataille aura lieu dans la petite salle qu'ils appellent tous entre eux le "petit bureau ovale". Bush, ses ennemis, c'est les Talibans, qui sont tous en train de se troglodytiser philosophiquement au Pakistan en attendant une meilleure heure. La Préfecture du Nord, elle, ses ennemis, c'est les clandos. Et les clandos se troglodytisent eux aussi philosophiquement dans la jungle du Nordaisis en attendant une meilleure heure, réfléchit Madame Valsini toujours en retrait derrière sa plante verte en plastique.

Après la confrontation dans le bureau ovale local du Nord, qui sera dure, très dure mais peut-être pas fatale, se persuade Madame Valsini en regardant autour d'elle les moulures toc de la salle de réception de la Préfecture du Nord, elle convoquera Madame Dabritz, la fameuse Joséphine et aussi la petite vacataire spécialiste de Mallarmé qui vient des USA et qui s'appelle Blanche. Dans l'ordre.

Une gorgée de champagne marine dans la bouche de Madame Valsini qui n'a pas le cœur à avaler quoi que ce soit au cocktail de la Préfecture mais qui ne peut se résoudre non plus à recracher cette gorgée de champagne dans la fausse terre de la plante en plastique, alors elle la laisse flotter funestement, dans la caverne de sa bouche qui mène à sa gorge.

XI

On recueille beaucoup beaucoup d'empreintes digitales à la Préfecture du Nord. Les circulaires des ministères laissent ces sortes de latitude aux préfets, paraît-il. Le Préfet du Nord et le Préfet de l'Est se connaissent bien. Même promotion de l'ENA. Promotion "Sherlock". Tous les deux ont en commun le même goût pour la lecture des romans policiers dont l'intrigue est fondée sur des découvertes scientifiques comme celle des dermatoglyphes. Ce qui distingue ces deux vieux amis de promo ? Le Préfet du Nord aime beaucoup Elvis Presley et, plus largement, la culture américaine, tandis que le Préfet de l'Est est plutôt soupe française. Mais ces deux préfets ne sont pas du tout deux fous furieux invraisemblables, comme il en peuple assez souvent les romans et les préfectures. Ce sont deux précurseurs qui s'agitent dans un sens qui porte le nom d'une convention, d'un règlement et d'un fichier. Convention de Dublin, 15 juin 1990 ; Règlement (CE) n° 343/2003 (Dublin II) ; Fichier Eurodac (CE) n° 2725/2000 De quoi s'agit-il concrètement ? D'harmonie. Harmonie des procédures qui empêchent les entrants de manifester à répétition leur désir de conquérir la vie légale. Harmonie d'une base de données organisée autour d'une unité centrale de reconnaissance dactyloscopique vouée à être disponible partout à la consultation. Dans l'harmonie, ce qui se passe : on entre dans la machine les dermatoglyphes fournis par les entrants et on regarde si ces derniers ne les ont pas déjà refourgués ailleurs, n'importe où, en Europe.

Comme tous les passionnés, ces deux préfets en font tout de même déjà un peu trop à l'automne 2001, même par rapport à l'avenir de leur pratique adorée – la faute à l'épouvantable et inimaginable accélération de tous les vents, il y a 62 jours, impossible de trouver refuge nulle part et, étrangement, l'accélération a aussi atrocement engagé un net recul dans plusieurs secteurs de l'activité humaine, dont la justice. Cependant, pour résister à l'assaut traître de tous les vents qui soufflent sur toutes les têtes, des vents bien plus dangereux que les froids d'antan qui, eux, sauvegardaient au moins ours, oiseaux, coquelicots, bleuets, forêts, solitudes, bois profonds, asiles, une seule attitude s'est révélée, sinon efficace, du moins praticable : rester debout, coûte que coûte, face aux bourrasques. Parmi les ombres du Nord, s'est donc répandu l'usage de la colle, mais aussi les brûlures pulpaires, et les plicatures. Les plicatures provoquent une rupture entre les dermatoglyphes, elles sont dues à la manipulation de produits chimiques altérants dans les chantiers. Un bon développement de la dyshidrose, aussi. La dyshidrose est une maladie génétique d'expression des dermatoglyphes qui complique le relevé des empreintes.

Amoureux fou des dermatoglyphes et de la soupe américaine, le Préfet du Nord est aussi un grand enthousiaste des tests ADN.

— Vous devez savoir, *explique le Préfet du Nord* au cours de cette fameuse garden-party assez sélect de la Préfecture au sein de laquelle on a invité tous les acteurs de la Région susceptibles d'avancer en concertation sur le problème des ombres illégales dans le bassin – dont Madame Valsini – car, avant la Catastrophe, l'actualité politique internationale, c'était déjà le Grand Camp des Clandos, la question de sa dispersion, ou encore "un appel d'air pour l'immigration clandestine", c'est pourquoi le service Communication de la Préfecture a fait le choix d'organiser une réception informelle : pour préparer la mise en place de futurs comités de concertation et d'action, c'est nécessaire, parce que, c'est vrai, ça commence à bien faire dans le Nord tout cette chienlit de métèques étrangers qui pourrissent le pays, mais aussi, on fait les choses bien dans le bassin, on brusque pas, on prépare, on anticipe, et justement, ça n'empêche pas, en même temps, de préparer un tout petit peu la suite aussi, car tous les jours que Dieu-Allah-God fait, le temps des élections se rapproche, même à la Préfecture – Vous devez savoir, *explique le*

Préfet du Nord, que les tests ADN sont des instruments extremly efficaces pour lutter contre l'augmentation des filiations de complaisance. Assemblée Nationale, Maîtrise de l'immigration (n° 57), Amendement Mariani. Dans certains pays, jusqu'à 80 % des actes civils sont des faux mensongers *mouvements des têtes* Croyez-moi ! Je raconte pas de conneries ! C'est pas bullshit ce que je dis *rires* promet le Préfet du Nord. Tous ces gens qui se pressent aux portes de l'Europe sont des irréguliers, par statut, mais aussi par identité, par nature Tutti frutti *rires* Parfois, ils ne savent pas qu'ils sont irréguliers ! *silence* Ils sont tous comme Aragon, persuadé, enfant, que ses grands-parents étaient ses parents, que sa mère était sa sœur et que son père était son parrain, qui était Louis Andrieux, ancien préfet de police de la ville de Paris-Centre *stupéfaction* Tous ces irréguliers veulent vivre aux frais de la Princesse. La Princesse, c'est moi. La Princesse, c'est vous. Et ça commence à bien faire, cette merde, vous trouvez pas ? *gorgée de champagne* Oui, bientôt, peut-être, sans doute, nous aurons la possibilité de proposer à l'assemblée une loi en faveur de l'établissement d'actes civils génétiquement codifiés pour tous les candidats à la vie dans ce beau pays qu'est la France *applaudissements brouhahas*

Les invités de la Préfecture sont momentanément invités à s'englouter un chti gâteau sec dans le gosier avant la reprise du discours de Monsieur le Préfet. Monsieur le Préfet est fatigué. La femme du Préfet, avec constance, souriante, toujours souriante, circule talons hauts, semelles rouges, entre les invités.

XII

Le Préfet du Nord s'est retiré dans une salle de repos adjacente à la salle de réception. Il a sorti un mouchoir de sa poche, il regarde sa montre, il s'éponge le front. Il boit aussi une gorgée d'eau au goulot d'une petite bouteille d'eau qu'il a trouvée par chance, déjà ouverte, traînant sur une table. Le Préfet éprouve un grand sentiment de soif. Une gorgée ne suffit pas. Il engloutit toute l'eau. Maintenant, il s'inquiète. Ça se trouve, lui, le Préfet du Nord vient de s'engloutir cul sec une énorme rasade de vieille eau croupie pleine de germes ! Il ne pense plus qu'à ça. Pour se distraire de son angoisse, le Préfet du Nord décide de penser à sa femme, Léonore, Léonore C*** née Varvaux de Zarzac. Il pense à elle en invoquant ses fesses fermes montées sur talons qui se trimballent en ce moment même dans la masse des invités de la garden-party pour aider à sa carrière.

Il pense que Zarzac est le nom d'un domaine viticole pas si petit que ça qui produit un vin en quantités pas si grosses que ça. La conscience du Préfet n'abordera pas ici la question des pesticides en Gironde. Le Préfet du Nord pense à sa femme Léonore. Léonore, si belle, si douce. Le Préfet du Nord pense aussi à ses enfants qu'il chérit et qu'il n'aurait jamais pu procréer sans sa Léonore. Il pense aussi qu'il n'a pu "aérer" la couche du petit dernier qu'une seule fois, à l'occasion d'un week-end passé à Venise en formation familiale resserrée, lui, Léonore et le gosse, l'enfant de l'amour, alors que le bébé était déjà âgé de 7 mois.

Le Préfet du Nord pense aussi que, lorsqu'il pense à sa femme, il pense toujours qu'il admire sa femme, et aussi qu'il dira toujours la vérité au sujet de sa paternité génétique et pragmatique.

Il n'a pas peur, oh non, de la commercialisation des tests en paternité en Europe, car il sait, lui, il sait viscéralement que ses 5 enfants, Louis, Elvis-Clint, Marie, Boniface et Lou-Sixtine, sont les siens, civilement et génétiquement Be mine tonight Léonore, si douce, si seule, si souvent, at home. Léonore, je vous aime. J'ai une chance folle de vous avoir épousée, vous savez ? En plus, vous acceptez de partager sans répugnance mes rêveries érotiques. Vous acceptez de me caresser dans la baignoire. C'est précieux. La politique, c'est un sacerdoce. Plus que ça, la politique, c'est le don de soi intégral, devant, derrière, à poil. C'est le tout donné au tout. C'est la vie au service de la vie. C'est aussi la recherche, épuisante, constante, exténuante, de solutions simples, aptes à concrétiser, dans la vie de tous les administrés nationaux de la Préfecture du Nord, des idéaux toujours plus ou moins liés à l'idée qu'on se fait de la grandeur de la France, et ça, c'est un métier, ça prend beaucoup de temps. C'est pour cette raison que nos 3 premiers gosses ont été placés en internat. Pour avoir le temps d'être. To be. Être un true politique.

Le Préfet du Nord, chaque fois qu'il pense à la beauté tendre de sa femme Kiss me my darling se félicite. Femme de Préfet, c'est un métier. La Femme de Préfet travaille. Quand il pense politique – pense le Préfet du Nord – le Préfet du Nord pense très souvent aux Roses qui tiennent la France. La politique est un combat. Vous vivez avec vos ennemis. Forcément, vous êtes obsédé par eux. Vous y pensez jour et nuit. Les seuls moments où vous n'y pensez pas, c'est quand vous orgasmez. Que pense le Préfet du Nord sur la gauche ? La gauche cristallise sur le Clando. Voilà ce que pense le Préfet du Nord. Moi, je me dis que mon épouse bien-aimée, qui prend si bien soin de nos 5 enfants si génétiquement légitimes et qui travaille en ce moment à verser du champagne dans des flûtes de la Préfecture, est mille fois plus rock que Jospin, cet idéaliste malhonnête qui manage si mal de cette masse d'irréguliers intégrés sortie du bois dans les 90's pour nous faire chier, nous tous, les fonctionnaires français chargés de la sécurité sur le territoire.

De petits groupes d'extrême gauche, souvent instrumentalisés par des formations étrangères, agissent. À Paris, ces insupportables excités tentent régulièrement d'empêcher l'expulsion des irréguliers à l'aéroport. In Memoriam Le 3e Collectif.

Ces excités sont toujours défaits. Les pauvres ! Ils s'agitent. Alors qu'on traîne leurs protégés par les cheveux par terre et que leurs têtes rebondissent comme une balle molle contre les pylônes. Ils finissent chaque fois la tête sous un coussin à s'asphyxier direction Home sweet home Le manque d'air, rien de plus efficace. Parfois, il y a des sidaïques *on disait encore, parfois, comme ça à l'époque* mais, ici ou ailleurs, personne ne les soigne, autant qu'ils retournent vivre encore un peu dans leur terre natale comme les éléphants. Parfois, il y a des situations pas faciles, m'a raconté cet ami, un ancien préfet qui n'est plus. Tous, les fonctionnaires, ils doivent rester très calmes, et aussi très déterminés, face à une petite foule qui n'a pas peur de monter à l'assaut, forte de l'impunité que la République garantit aux émeutiers. Surtout, cet ami m'a raconté qu'ils ne peuvent techniquement pas arrêter tout le monde et donc ils doivent ruser parce que, en définitive, l'avion DOIT décoller. L'avion doit décoller avec l'irrégulier qu'est plus qu'un saucisson ficelé en fond de cabine ahanant sous son coussin. Certains pilotes n'aiment pas voler avec ces saucissons ahanants auxquels on met du scotch sur la bouche mais il est souvent possible de s'arranger avec eux. Une nécessité, ce scotch. Les expulsés s'automutilent la langue, et il y a du sang, sinon.

Mais, même si l'État est derrière nous, on doit vraiment s'armer de protocoles pour que ce ne soit pas juste du Cayenne sauvage. D'abord, je commence par envoyer au Burel mes demandes d'éloignement de clandos. Le Burel, c'est un service wonderful pratique qui a été créé en 1994 pour centraliser les demandes des préfectures. Le Burel se charge ensuite de réserver les moyens de transport en faisant appel aux services de l'agence Marlson Wagon-lit Travel. Marlson Wagon-lit, c'est une agence très bien. Des gens très sérieux. C'est aussi un leader mondial spécialisé dans la gestion des voyages d'affaires. L'État paye pour la prestation *le Préfet du Nord poursuit sa méditation* Comme si on ne pouvait pas être heureux au cœur du beau continent noir. Zèbres. Éléphants. Mines d'or. Mines de cobalt.

J'attends une nouvelle loi relative à l'immigration, à l'intégration et à la nationalité, qui permette de repousser à cinq jours l'intervention du juge des libertés et de la détention quand un étranger est placé en rétention administrative, comme ça je pourrai faire monter en avion en moins de 24 heures tous ceux qui sont que des irréguliers et que j'arrête comme ça, au petit bonheur la chance dans les villes, à l'aube. Autrefois, ça s'appelait du vagabondage. Quand ils sont en groupe dans la jungle, dissimulés dans des fourrés, je ne peux rien faire mais dès qu'il y en a un qui s'égare dans la lumière, hop hop.

Léonore, je t'aime. Une ville, c'est comme une femme. On doit en prendre soin. Pour vider la ville de toutes ses verrues, ce que j'aimerais, c'est détourner un pouvoir très coercitif que la loi met à ma disposition et qui est celui d'expulser du territoire français tous ceux qui sont sans titre de séjour. Je ramasserais un groupe (genre 200-250 personnes) et je prononcerais une Obligation de Quitter le Territoire Français (OQTF) sur chacune d'entre elles. Art. XXX. Ensuite, pendant que la police les emballe tous, on se débarrasse dans les bennes de tout le matériel de survie et la bouffe qui est très souvent distribuée par les assoces. Je les ferais conduire en fourgon à Rennes, Metz, ou en région Parisienne, dans le CRA du Mesnil-Amelot. Bref, je les sors du Nord.

Depuis la circulaire, les irréguliers intégrés s'agitent moins cf. JORF n° 147 du 26 juin 1997 Il y a du progrès. Ils sont tous dans leur cave à ficeler des dossiers bidons de régularisation pour les présenter à la Préfecture. Mais, même rangés en file sur l'esplanade, je trouve qu'ils font désordre dans la ville. Qu'est-ce qui se passerait, si je déclarais devant micro que les irréguliers intégrés, c'est le Sida du Nord ? Sonnez trompettes ? La Vierge est prête ? Toute cette presse idéaliste, partiale, de gauche, me dégoûte

le Préfet du Nord regarde sa montre Non, non, le Sida du Nord, c'est pas les Chinois intégrés qui travaillent dans le noir, en silence, dans leur trou depuis des années, c'est pas les ouvriers du Bât' dans leurs chantiers, non, le Sida du Nord, c'est la canaille qui pullule à la surface. Imprévisibles, métamorphiques, ces petits êtres qui vivent dans l'ombre, peuplent la jungle du Nord, sans cesse, ma jungle, NOTRE jungle. La canaille, c'est tous ceux qui hantent les rocades pour franchir la Manche sous terre et qu'on ne cesse de doucher et redoucher au gaz lacrymogène républicain pour les faire sortir *À qui parle le Préfet du Nord ? Le Préfet du Nord regarde autour de lui Tant pis* Excusez-moi. Je vais trop loin. Je préfère dire "baigner" que "doucher" au gaz lacrymogène républicain. Pour des raisons évidentes. Car je sais de quoi je parle. Aujourd'hui, en France, on ne rafle plus, on ne participe plus non plus à un projet d'extermination absolue. Non, on se bat juste avec de pauvres petits moyens contre des étrangers qui sont eux aussi très pauvres.

Tous, ils ne veulent qu'une chose dans le Grand Camp des Clandos, c'est quitter le pays. On est d'accord, en fait, eux et nous. Et pourtant, on les asperge, on les tape, on les laisse croupir comme des chiens pour qu'ils ne passent pas la Manche. Pourquoi ? Avec notre gaz, nos brigades policières et nos chiens, on les empêche de se casser ! On est complètement siphonnés dans ce pays, on les empêche avec une très grande brutalité de faire ce que nous voulons tous qu'ils fassent. On veut qu'ils partent et on les tape quand ils partent. Comme des enfants-placards. C'est ça, la perversité infinie qui vient de s'inventer dans ce pays démoniaque de républicanisme tordu qu'est la France et que je chéris avec une grande ardeur. Ce pays finit par persécuter ceux-là mêmes qui s'accordent à son désir My only friend Il faudrait inventer un gaz qui fasse comme l'effet TASER pour qu'ils tombent tous comme des mouches sans douleur et en masse des camions et des fourrés sans avoir le temps de dire ouf ! Et ensuite on les transporterait tranquillos dans des petits hamacs sur l'île de Wellington. À défaut, on fait autre chose.

Là où ma police passe, la canaille trépasse. Parce que, sinon, ça s'appelle le grand come-back du bidonville. Il y a des gens normaux qui se transforment en parias rien qu'en vivant là. Par exemple, si moi, Préfet, je décidais de venir vivre sous tente Chuachua dans la jungle du Nord, je me transformerais en paria moi aussi. Ah ! Ah ! Ça m'amuserait bien de voir la Léonore, ma femme, ma bien-aimée, en tongs rouillées avec ses ongles de pieds transformés en grosses griffes noires de crasse. Et Léonore irait chercher de l'eau dans un seau rouillé à la source. Léonore croiserait de grands diables sur la route du puits qui seraient très gentils avec elle mais qui lui feraient quand même très peur "parce qu'on n'a pas les mêmes codes, tu comprends", et eux, ils observeraient avec curiosité cette grande bourgeoise qui regrette sa grosse montre pour femme et ses cosmétiques chers pour le bain et qui se traîne pour s'abreuver en savate jusqu'au robinet qui pisse de la flotte marron au fond de la forêt comme à NYC dans les meilleures années avec Woody Allen.

Ah oui ! Quelle rigolade. Et moi, déchu, moi, je serais accroupi sous un auvent de tente Chuachua, un auvent forcément détrempé de flotte, cela va sans dire. Je tenterais de cuisiner du boulgour à la froide eau. On s'amuserait bien. On ferait des photos. On ferait des "journaux de jungle". On fonderait l'ethnie "Neuilly" dans le Grand Camp des Clandos. On aurait un blog. On serait d'abord très minoritaires et puis après, très vite, on ferait école. Du scoutisme pour adultes. Du hard. Du dur. Du survivaliste pour privilégiés qui en a marre de payer pour avoir des sensations fortes. De très grands bourgeois façon Patriciens de la Rome tardive sur le point de se convertir au christianisme, seraient prêts à ramper toutes les nuits autour de rocades pour tenter de pénétrer dans le tunnel.

Parce que si on choisit de tourner en rond, on a une chance, peut-être, de s'en sortir ! Ah, le tunnel ! Quand on y pense ! Un tunnel ! La crème. Rien que la crème. La crème qui serait vautrée dans la boue. Et qui aimerait ça.

J'inventerais aussi des scarifications antirépublicaines sur les visages et sur les mains. On s'abîmerait les dermatoglyphes à dessein avec des opinels de luxe 13 carats. Ah Ah ! J'aimerais bien voir la tête du Préfet de l'Est dans ce cloaque désiré. On se battrait pour posséder des pinces à linge. Oriane (de Guermantes) pisserait dans des toilettes sèches, hop, la petite poignée de sable, tandis qu'Odette (de Crécy) traînerait son physique de Botticelli fatigué sur des rochers humides et glissants pour récolter de la mousse comestible avec Omega 3, loin, très loin de Maison Dorée. Il y aurait des batailles sanglantes dans les rocailles. Il y aurait des bêtes. Mais, à force, je me dis, les bidonvilles dans la jungle, ça pourrait devenir du peuplement alternatif avec des projets, des luttes, des programmes !

Nous, on attend toujours, dans l'angoisse, l'arrivée d'un grand Spartacus noir ou même d'un grand Moïse noir dans la jungle du Nordaisis qui cristalliserait la révolte. Il serait mis bas par terre, entre les feulllages de bambous du Nord, et puis, ensuite, il vivrait à moitié sauvage entre quantité de branchages feuillus avant d'être balancé dans un petit berceau construit en bois de cagette et mis à voguer sur le canal du Nord.

Et hop ! Il vogue parmi les détritus, et puis il est recueilli, proposé à l'adoption pour une famille d'anciens entrepreneurs du Nord très catholiques, très riches, qui ne voudrait pas se plier à attendre 7 ans un gosse et que ça ne répugnerait pas, la couleur. Il recevrait par la suite la meilleure des éducations. À l'adolescence, il sortirait même, tranquille, de jeunes blondes riches du Nord. Spartacus-Moïse-des-Irréguliers serait une sorte de Tolstoï français parvenu jusqu'au seuil de son illumination. Un grand bourgeois raffiné, revêtu de vigogne violette, se déplaçant en troïka dernier cri, en voitures anglaises, ou allemandes, avec des revêtements chics en fourrure épilée. Jamais une voiture française. Trop lentes. Même qu'en raison de l'excellence de sa scolarité, on l'enverrait en Angleterre et qu'il ferait, tranquille, des études médiocres à Oxford. Et puis, un malheureux jour, à la suite d'un dépucelage manqué avec une quasi de Harry, une petite Anglaise raciste de la haute, rouquine, perverse au regard trouble, un visage semé de taches roses, façon Gilberte période premières apparitions avec sa petite bêche, Spartacus-Moïse ferait une dépression et déciderait de rentrer sur le continent. Totalement désillusionné, il retournerait par le Tunnel, première classe, et irait s'établir en plein cœur de la jungle profonde du Nordaisis. Alors, sa destinée deviendrait grande. Tous, fascinés par lui, deviendraient disciples du grand Spartacus-Moïse-noir-des-Irréguliers. L'Angleterre, ce mirage, ils l'oublieraient. Ils décideraient de faire corps tous ensemble contre la France qui veut pas d'eux ! Ils décideraient de se procurer des armes ! Et ils feraient école dans la lutte. Tous les zinzins qui poireautent dans les huttes en buvant de la tisane à la sauge et en attendant l'insurrection qui passe se radineraient la tronche. Enfin, c'est le moment. Ils se bougeraient de leurs cabanes écologiques, de leurs châtaignes, de leur cure au jus de raisin et de leur savoir-faire militant. Ils décideraient de ne plus se cacher. Tous ensemble, ils marcheraient en masse et ils entreraient, têtes hautes, oriflammes, slogans et chants, dans les villes du Nord. Et là, moi, aussi sec je composerais le numéro rouge Plan Vigie Pirate Alerte Attentat "Écarlate" destiné à permettre une réaction rapide et coordonnée en cas de menace caractérisée ou d'action terroriste afin d'assurer la continuité des activités d'importance vitale. Et je les écraserais tous This is the end my friend Napoléon n'hésiterait pas à déporter tout ça à Cayenne.

XIII

Un corps se propulse avec violence hors du bureau de la Valsini. Par bonds, il se meut en direction du Secrétariat sans plus rien connaître de la direction du Secrétariat. Ce corps fuse en projectile fou de colère insensible à la conscience de celle qui s'identifiait parfaitement jusqu'à il y a peu à sa souplesse et à ses manques. Il se balance comme une masse au moyen de grandes enjambées désarticulées au point qu'il dépasse la porte du Secrétariat, continue droit devant jusqu'à défoncer avec violence la porte des toilettes. Aucune possibilité de se ressaisir devant sa propre image pour Madame Dabritz, puisqu'il n'y a aucun miroir dans les toilettes de l'université du Nord. Le corps part donc tout de suite dans le noir des chiottes les plus éloignées du couloir, avec l'espoir qu'on l'y laissera tranquille le temps qu'il faudra pour qu'il redevienne la personne qu'il était et qui s'appelle Madame Dabritz.

Madame Dabritz fond en larmes.

Et ensuite elle gémit dans le noir en maudissant la Valsini. Derrière la porte, pendant qu'elle pleure, elle entend des bruits de robinets et de chasse d'eau et puis elle reconnaît entre tous ces bruits de liquides sanitaires la voix de Caroline. Elle se redresse d'un seul coup depuis son fond du trou et elle jaillit devant les lavabos comme un spectre. Caroline pousse un cri.

— Mais qu'est-ce qui t'arrive ? Qu'est-ce passe ? Il y a un problème avec Guillaume ?

Madame Dabritz sanglote quelques instants et puis elle se calme en regardant le bon visage de Caroline qui lui sourit et qui lui tend ce qu'on tend en ce cas-là : des mouchoirs. Madame Dabritz se mouche bruyamment. Elle devine dans le regard de Caroline qu'elle doit être défigurée par les larmes. Elle hoquette. Elle tente de se calmer et puis elle réussit à faire un petit récit partiel de la convocation à Caroline.

Cette convocation dans le bureau de la Valsini avait sonné comme un désastre. Et le désastre était arrivé. Aussi téléphoné que possible, d'autant plus effrayant. Caroline, qui, comme elle, faisait partie du personnel non enseignant, avait tenté tant bien que mal de lui remonter le moral. Elle avait expliqué à Madame Dabritz qu'il ne faut jamais "accepter de subir", parce que sinon, c'est la mort. Madame Dabritz hoquetait doucement en l'écoutant et en se mouchant. Elle, qui avait à peine parlé, devait maintenant écouter Caroline malgré la panique qui lui déchirait le ventre en écho à son passé de démissionnée de la PME de Belluc.

— Il faut en parler à tout le monde. On a de la chance d'avoir encore des syndicats dans ce pays, alors il faut les faire bosser, avant qu'ils ne disparaissent tous, comme les majorettes, les pervenches, les pompistes, les guichetiers, tu comprends ? Si les syndicats n'avaient pas été là, en 1995, c'était la mort pour le régime de la sécurité sociale, mon mari qui est syndiqué m'a tout expliqué. En 1995, on disait que les grévistes des Transports publics faisaient mourir les sans-abris qui ne pouvaient plus se réchauffer dans le métro à cause d'eux. En 1995, on accusait les grévistes de la Poste d'empêcher les chômeurs de recevoir leur allocation. On reprochait globalement à tous les Français d'avoir "le goût du spasme"

Caroline en parlant avait sorti un nouveau mouchoir en papier de son sac. Elle le mit dans la main de Madame Dabritz.

— Le problème, c'est que ceux qui veulent entrer dans la lutte contre le grand patronat, ils le font pour de mauvaises raisons aujourd'hui. En 1995, on était tous unis. On était tous black, blanc, beur dans la lutte, car la maladie, ça s'arrête pas à la couleur de peau, mon mari m'a toujours dit La Sécu, ça concerne tout le monde. Aujourd'hui, la radicalité, elle passe par ailleurs, aujourd'hui, la radicalité, elle passe loin, trop loin, tu comprends ?

Madame Dabritz n'avait rien eu à répondre sur ce sujet à Caroline, parce qu'elle ne s'était jamais syndiquée et aussi parce qu'elle n'avait jamais réfléchi à tout ça mais, tout en écoutant Caroline, elle avait essayé de comprendre. Elle avait aussi eu très peur que tout recommence, comme à la suite de "l'incident" advenu dans la boîte de Belluc, que tout recommence en pire même, parce qu'elle n'était plus aussi jeune qu'à l'époque et que tout le monde sait aujourd'hui que plus on s'éloigne de la jeunesse, plus c'est difficile de retrouver du travail.

— Tu devrais appeler la permanence juridique de l'ASED pour lui exposer ta situation. Avant le licenciement, ne t'inquiète pas, il y aura la suspension. Heureusement, tu conserveras ton traitement pendant toute la durée de la suspension. Art. XXX relatif aux dispositions générales applicables aux agents contractuels de l'État. Mais si, par la suite, il y a poursuite devant le tribunal, zéro rétablissement de traitement à l'issue de la suspension à espérer et là, tu es dans la merde. Or, c'est vers le tribunal que semble s'orienter la Valsini, non ?

— Du moins, c'est ce que j'ai compris quand elle m'a dit qu'elle allait informer le procureur de la République de ma situation.

— Après la suspension, ensuite, tu as au choix : Rétrogradation. Abaissement d'échelon. Déplacement d'office. Plus grave : Exclusion temporaire de fonctions de plus de 8 jours, assortie, ou non, d'un sursis de la révocation ou du licenciement

Ensuite, Caroline avait demandé cash à Madame Dabritz si elle craignait la révocation pour son histoire avec la Valsini.

— En magasin, il me reste : licenciement, poursuites pénales, et inscription au B2 du casier.

— Mais de quoi tu me parles ? Tu crois que j'ai pioché dans la caisse ou quoi ? *La voix plaintive de Madame Dabritz résonne jusqu'aux lavabos*

— Pourquoi tu t'inquiètes alors ? Ce que tu peux être angoissée ! *avait rétorqué Caroline*

Madame Dabritz avait senti des tréfonds d'elle-même un retour possible et violent de hoquets humides et de sudation en écoutant Caroline. Tous ces termes en "-tion", révocation, suspension, inscription, rétrogradation, prononcés par sa bonne voix avaient provoqué en elle un contraste émotionnel bizarre. À la fois, ils lui avaient fait du bien en mettant une réalité concrète sur ce qui allait lui arriver et à la fois ils lui avaient fait du mal. Elle s'excusa et repartit dans les toilettes en lui disant qu'elle l'appellerait plus tard. Dans les toilettes, elle s'assit sur la lunette et se mit à passer en revue tout ce qu'il y avait dans son sac. Elle n'avait jamais raconté à Caroline la raison pour laquelle, autrefois, elle avait été aussi facilement sortie de l'entreprise de Belluc. Quand le temps des difficultés était venu, le délégué du personnel de la boîte ne l'avait pas aidée, c'est le moins qu'on puisse dire. Chaque fois qu'elle entrait dans une pièce, tranquillement, il sortait.

Elle se releva de la lunette.

Devant Caroline, elle avait aussi flouté le véritable objet de sa convocation par la Valsini. Pas question de parler de toute cette cuisine d'admission dans le Département. Les ombres du Nord, c'est comme le foulard, c'est une passe dangereuse dans les conversations. Finalement, elle prit la décision qu'elle n'appellerait pas Caroline le soir, en dépit de la gentillesse et de l'attention qu'elle lui avait témoignées dans ces toilettes sans miroir, toilettes aussi déprimantes que tous ces couloirs de l'université du Nord carrelés en blanc et gris dont elle était maintenant en train de raser les parois en se faisant la plus petite possible, surtout, surtout ne pas recroiser le diable à la chevelure rousse, en prenant à nouveau par le "petit tour". Fuir, là-bas, fuir mais où ? Au bord du canal ? Ah oui, beau lieu de fuite, vraiment, ruminait-elle en se mouchant encore.

Avec l'heure du déjeuner approchant, les couloirs s'étaient remplis. Self trop petit. Self trop loin. Pas assez de bancs, de tables, de sièges pour tous les étudiants qui devaient tout bonnement se ramasser par terre contre le mur carrelé pour manger leur rata préparé dans des bocaux la veille à la maison, et elle rasait donc non seulement les murs de ce foutu Département mais aussi des grappes de jeunes auxquels on ne songeait pas à aménager un endroit décent pour grailler, comme si ça allait de soi, de manger par terre toute sa vie d'étudiant le long de couloirs carrelés blanc et gris de haut en bas, comme un hôpital psychiatrique, depuis la réfection entière de l'université du Nord après les grosses vagues de mouvements étudiants qui avaient bien tout cradifié toutes ces dernières années, c'est vrai, mais en ce temps-là, au moins, c'était vivant. Le projet de canal rénové de Péko est partout, en fait, il envahit tout, il n'y a plus de dehors, il n'y a plus de dedans, reste que l'intérieur de notre vie à nous, misérable en ce qui me concerne, c'est comme le tramway sans conducteur, on se demande à chaque fois si le pilotage automatisé des machines nous conduira bien toujours où on lui demande. Madame Dabritz se faufila avec une grosse respiration entre deux peupliers nus, le long du parking, par-dessus l'énorme motte de terre glissante et boueuse qui faisait obstacle. Elle était encore souple. Elle était forte aussi. Elle aurait pu éclater la face de la Valsini d'un revers de bras dans ce bureau pourri et glacé si elle avait voulu. L'autre serait tombée à terre et Madame Dabritz l'aurait achevée à coups de pied. Coup d'œil sur ses pieds pleins de boue. Le fantasme de la Valsini, défaite, pourrissant au-dessus de la cafétéria orange lui avait fait du bien mais maintenant que ses rêveries de sang s'étaient dissoutes dans la terre, dans sa tête ne tournait plus que *ça va mal, mal, mal, mal, mal*. Elle sortit un mouchoir de son sac pour essuyer ses chaussures. Dans l'air, les oiseaux noirs avaient disparu. Par terre, très concentrés, deux enfants roms aux mains et au visage rouges de froid jouaient avec un papier d'emballage. Madame Dabritz détourna la tête.

XIV

Madame Dabritz n'en était pas à sa première défaite. Elle avait déjà frisé la catastrophe en se faisant sortir de chez Belluc pour vol. Démission. Concrètement, ça veut dire le chômage sans le droit au chômage. Démission reçue sous réserve qu'elle rende l'argent volé. Pas mal d'argent. 7 années de légère fraude comptable. Très peu de chose en réalité mais assez pour avoir pu partir en vacances tous les ans deux semaines au Portugal dans un petit hôtel avec Loulou. Pendant 7 ans, Madame Dabritz avait eu l'ingénieuse idée de surfacturer de quelques centimes les tickets de cantine qui étaient vendus aux salariés de la boîte. Avec un cutter, pendant des années, elle avait gratté obstinément le prix exact sur les tickets, et ensuite, avec la pointe fine d'un stylo pilote elle avait, tout aussi ingénieusement, pendant des années aussi, augmenté la somme due par les salariés qui payaient pour déjeuner. Une malversation financière à petite échelle, rien comparé à d'autres malversations dont elle avait lu l'histoire dans les journaux, par exemple, il y avait l'histoire de cette comptable de collège pauvre qui avait fabriqué de toutes pièces pendant des années des dossiers de boursiers fantômes et qui avait donc touché tranquillement pendant des années toutes les bourses de tous ces boursiers fantômes, mais elle, Madame Dabritz, c'était peut-être encore plus grave car elle avait arnaqué ses propres collègues dont certains étaient devenus ses amis. Finalement, elle s'était retrouvée seule, abandonnée de tous, à la porte de la boîte.

Elle avait été bien punie.

La perspective d'élever son fils dans ce nouveau régime d'existence, sans travail, sans amis, sans argent, sans parler de la disparition de ses parents survenue dans ces eaux-là, avec personne pour l'aider, personne, excepté Loulou, l'avait terrifiée. Et ce fut la dépression. Immédiate. Massive. Atomique. En prenant la porte de la PME de chaufferie, Madame Dabritz avait donc aussi pris dans la tronche une dose puissante de psychotropes. Tous les matins : Oxazépam 50 mg + Paroxétine 40 mg. Tous les soirs : Oxazépam 50 mg + 25 gouttes de Cyamémazine. La Cyamémazine, cette molécule, c'était parce que toutes les autres s'étaient révélées impuissantes à soigner la peur, immense, physique, phénoménale, que Madame Dabritz avait de finir à la rue. Rien, absolument rien, ne réussissait à faire disparaître en elle cette peur. Elle en voyait bien, et elle en voyait toujours, là, encore, tout à l'heure, au bord du parking, derrière les peupliers, quand elle avait pris le "petit tour", dans la rue, des femmes qui ont l'air tout ce qu'il y a de plus normal avec des enfants assis sur des cartons posés à même le sol. L'autre jour, le petit, sagement assis aux côtés de sa mère, dessinait de gros bonshommes tremblotants entre deux tas d'affaires pourrissantes. Et là, on ne parle même plus de l'esplanade devant la Préfecture ou du camp de romanos derrière les peupliers, on parle d'une rue normale avec des gens qui achètent des choses dans des commerces ! Madame Dabritz s'était bien répétée à l'époque que ça n'arrivait qu'aux autres, aux mauvaises gens, à tous ces Gitans malhonnêtes, et elle se le répétait encore en regardant l'eau du canal qui clapote *l'eau du canal clapote* Et elle passait son chemin. Mais c'est justement en repoussant, sans l'affronter, cette possibilité du destin, que je peux me faire rattraper par elle ! pensait aussitôt ensuite Madame Dabritz. Pourquoi serait-elle épargnée, elle, plutôt qu'une autre, orpheline de ses parents morts, avec zéro soutien, zéro, zéro comme elle était ? Ne pas fuir, surtout, se répétait Madame Dabritz. Arriver le matin à se laver les dents en souriant comme si tout était normal. Ne pas sauter la douche. Alors que depuis 3 jours, tout va très mal. Chapardages erratiques. Zéro fric. Cependant, affronter héroïquement l'éventualité de finir à la rue n'avait atténué en rien le drame vécu intérieurement par Madame Dabritz.

Plus elle réfléchissait, plus elle sombrait. Et s'il n'y avait eu ce drôle de masque sur son visage qui faisait peur à Loulou le matin au réveil quand il déboulait dans le salon du F2, personne n'aurait pu se douter que 5 fois, 10 fois, 50 fois par jour, Madame Dabritz fournissait un effort plus violent que Bonaparte qui était tombé dans un trou de boue en fin d'après-midi, quand il avait engagé la colonne malgré elle sous la mitraille sur le pont d'Arcole. La Grande Armée devait franchir l'Alpone, affluent de l'Adige. En face, Alvinzi, général autrichien, fait furieusement brûler la canonnade sur les französisch grenouilles régicides qui prétendent émanciper tous les peuples d'Europe mais c'est faux. L'effort phénoménal, physique et psychique, héroïque, cliniquement, vraiment, fourni ce jour-là par Bonaparte pour s'extraire du trou de boue dans lequel il s'englue, Madame Dabritz, elle, l'avait fourni depuis sa démission forcée plusieurs fois par jour, femme qu'elle était avec zéro entraînement sportif, encore moins militaire, montée sur demi-talons, en plus, elle avait que ça comme chaussures, bénéficiant de zéro soutien de la Grande Armée, ni grenadiers de tête, ni grenadiers de queue. Et elle avait fourni ces efforts seule, pour rien, juste pour atteindre l'heure suivante sur le cadran de son radio-réveil. Jamais la victoire de Bonaparte n'advenait pour elle. Inlassablement, Madame Dabritz s'élançait au-dessus du trou. Inlassablement, elle s'abîmait dans le trou.

Loulou, accroupi sur la moquette, le nez dans son bol de croquettes, avait matin après matin observé avec terreur l'engloutissement de sa mère qui disparaissait dans des draps défaits, trempés, avec un visage déformé sous l'effet de la terreur et de la souffrance, extrême, qu'elle éprouvait à être dans l'obligation d'être comme elle était devant lui, alors qu'elle désirait pas grand-chose, vraiment, vraiment rien, rien que réussir à lui sourire, un tout petit sourire, un seul, pour son fils, avant son départ pour l'école, pour qu'il ait pas le sentiment que c'était fini, pour lui, pour elle, mais non, impossible.

Et Loulou s'habillait tout seul, attrapait son cartable et s'en allait à l'école comme ça, bravement, mais c'était rien, ça, par rapport à ce qu'il avait vécu juste avant dans le F2 en assistant aux crises terribles qui abattaient sa mère et c'est pourquoi, une fois arrivé l'école, il vivait sur un rythme un peu trop rapide au goût d'eux tous, ses camarades, les maîtres et les maîtresses.

Madame Dabritz se réveillait tous les jours avant l'aube. Aussitôt, elle s'emparait d'un drapeau blanc brodé de losanges bleus et noirs, et elle déboulait à une vitesse de damnée sur le pont d'Arcole. Immédiatement, elle essuyait une pluie de mitrailles et elle se retrouvait tout de suite seule, perdue, et c'était atroce. Et elle ne comprenait pas pourquoi c'était si atroce parce que depuis le commencement, avant même de passer le pont, elle était déjà seule. Loulou ne comptait pas. Ils le lui avaient bien dit, à l'école, et ils voulaient le lui dire toujours mais elle ne répondait plus au téléphone pour des raisons diverses et variées dont la nécessité d'éviter justement ces coups de fil de l'école. Personne à qui emprunter 10 balles, pas bésef, pour aller boire un verre, ce qui lui aurait redonné le goût de l'Espérance. Curieusement, toutes les balles la transpercent tout le temps. Curieusement, elles ne la tuent pas. Tout de suite, au réveil, elle se dit qu'elle ne sera pas en mesure d'aller chercher Loulou à 16 h 30, alors que le gosse est pas levé encore et qu'elle est même la seule de tout le canal à être éveillée les yeux grands ouverts à cette mauvaise heure. Dès le matin, elle est dans le trou.

Il s'était passé, en fait, en Madame Dabritz, que la misère avait lancé un défi psychiatrique à la pharmacopée traditionnelle. Nul doute que la misère l'aurait finalement emportée si cela avait continué comme ça et elle aurait terminé le ventre flottant en l'air dans l'eau verte du canal *qui clapote toujours* Pauvre Loulou ! Avoir une mère qui finit comme ça, toute boueuse, dans l'eau du canal sous le pont d'Arcole ! Tu es comme la petite Patacula qui connaît les pleurs avant la joie, méconnaît son passé, fuit son présent, désire l'avenir, Loulou ! Heureusement, les prescripteurs d'aujourd'hui sont dotés de grands pouvoirs en matière de contre-attaque chimique. Monsieur Vadim, psychothérapeute, avait attentivement observé le fantôme féminin qu'était furieusement devenue sa patiente. Il l'avait regardée s'asseoir avec précaution, devant lui, dans son cabinet, cabinet très modeste, vieux lino, skaï écaillé, de tout temps, situé au rez-de-chaussée de l'impasse Saint-Augustin, celle qui, après la crémerie qui a fermé, borde l'avenue qui longe le canal. Monsieur Vadim observait ce fantôme constitué d'ombre et de coton qui se tournait les mains tout en bégayant l'histoire de batailles menées sur un pont au-dessus d'un terrain fortement marécageux *froncement de sourcil* si bien qu'en fin de consultation, jamais très longue, sans cesser de sourire, Monsieur Vadim avait prescrit à la Dabritz la matraque Cyamémazine. Seule, selon lui, cette matraque moléculaire était en mesure de fracasser la Routine Narrativ Sensoriel (RNS) épique et tragique vécue jour après jour par Madame Dabritz. Une molécule contre l'histoire. Une molécule contre les histoires racontées dans les livres. Efficace. Monsieur Vadim n'ose imaginer ses effets si on la fourguait à des bêtes, des rats, des corbeaux, des canards, toutes ces bêtes qui, elles, ne se racontent pas d'histoires, qui ne savent même pas que Napoléon existe.

À bout de forces, mais échappée de la crevaison dans le canal grâce à la molécule magique, Madame Dabritz avait fini par emprunter à l'Agence du Canal. "Mais je rembourse avec quel fric ?" s'était demandé par la suite Madame Dabritz, quand elle se penchait pour la forme au-dessus du précipice de sa dette. "J'ai emprunté parce que je n'avais plus de fric, justement !"

Acculée dans son impasse tragique, elle retrouva alors les coordonnées de l'homme de la gare. Il était toujours marié avec Aimée. Il avait aussi arrêté depuis longtemps sa carrière de jeune chercheur en modélisations mathématiques au sein d'un laboratoire secret-défense financé par le ministère de la Guerre. Tous, ils travaillaient à l'époque à la fabrication d'une image prototypique d'arme, sans savoir exactement de quelle arme il s'agissait, secret-défense, en raison d'un habile système de découplage des taches par ordinateur. En échange, leur recherche personnelle était financée par l'État. Madame Dabritz s'était imaginé tout à fait autre chose à l'époque.

L'homme de la gare, l'homme du passé, l'homme de l'ivresse et de l'amour avait bien vieilli, assis comme il était à nouveau devant elle, ce matin-là, à la terrasse du Terminus Nord où ils s'étaient donné rendez-vous. Mais il restait beau. Son regard s'était brièvement animé un instant en l'apercevant, elle, Madame Dabritz, son amour de l'ancien temps, son déraisonnable amour, assise, amaigrie, fière, 7 ans après leur rencontre, 7 ans après la naissance de Guillaume. Et il avait signé. La somme du chèque remboursait la dette. Elle desserrait aussi les griffes de l'Agence du Canal avec, en plus, une rallonge pour vivre le temps de retrouver un emploi. Les deux amants avaient bu une eau gazeuse en silence.

XV

Je vais pas changer de fils parce qu'il est pas le fils idéal. Guillaume-Loulou ne ressemble pas au "Loulou" du film. Le "Loulou" du film, il fait rien, il parle pas. Mais ce rien, c'est une résistance. Je sens pas de force de résistance comme ça chez mon fils. Je sens du néant. Mais je vais quand même pas le balancer, Loulou, dans le canal, comme un vieux clebs, tout ça parce qu'il veut pas gagner sa vie comme tous les autres qu'on est et qu'en plus il me ramène un autre fardeau à la maison qui risque de me faire couler !

Remarquez, face à cette eau trouble et sale du canal qui clapote, *clapote, clapote, clapote* je ne serais pas la première, moi, si ça me prenait, de le jeter dehors, mon fils, parce que, vu le nombre de gosses qui traînent la nuit sur les bords de ce canal pourri, ça veut bien dire que ça se fait d'abandonner son enfant quand il ne répond plus à aucune de vos espérances sociales *Madame Dabritz se passe une main sur la figure* Je ne vais pas m'en sortir. Ce n'est même pas la peine d'avoir peur. Ça ne sert à rien. C'est un fait. Je ne vais pas m'en sortir. La terre est vieille à celui qui crève la faim. Je connais. Je connus. On ne va pas déplacer le Fujisawa. On ne va pas changer le réel. Le réel, c'est que je vais couler. Il faut que je trouve comment changer le réel ? C'est ça. Je dois créer un nouveau réel afin de ne pas craindre sa griffe sous la porte. Pour ne pas couler. Couler dans le trou. Quel trou ? *Madame Dabritz lève la tête Elle regarde à droite, à gauche* Le canal, c'est le trou. Et Loulou ? Qu'allait-il devenir ? Loulou irait se faire foutre.

Madame Dabritz marche sur le pavé déjà vieilli des quais en cours de réaménagement initié par Péko. Elle ne daigne pas accorder un regard aux cafés qui ont nouvellement ouvert avec musique chic et transats en toile quand il fait beau au bord de l'eau. Leurs propriétaires font pression sur la mairie pour qu'un filtrage des eaux dégueulasses du canal soit installé, parce que la clientèle a perdu le goût du spectacle pauvre : cadavres de chats, poissons morts, rats vivants. Une double rangée d'arbres jeunes barre le paysage de la rive d'en face. Rien ne bouge. Les entrepôts sont des entrepôts. La tour est une tour. L'eau qui coule est l'eau qui coule. Même le canal, qui s'est transformé en marina partielle depuis Péko, ne bouge pas. Des détritus sont à jamais coagulés entre ces bateaux de plaisance mais les rats qui trottinaient autrefois en équipe par là ont disparu.

Les Muslims regroupés en association dans l'arrière-pays du canal s'en foutent eux aussi de la marina partielle de Péko. Eux, ils ne vont jamais par là. Ils fréquentent que les rades à l'arrière, du côté de l'autre hangar du canal et qui leur sert de mosquée. Cette mosquée-hangar a le vent en poupe, rien à voir avec le hangar napoléonien incendié il y a 10 ans et qui dresse toujours ses ruines noircies. Le problème pour les Muslims, c'est pas non plus les Loubavitch dans leurs préfas. Avec eux aussi, ça se passe bien. Ils s'ignorent et puis c'est tout. Tout le monde, Juifs, Arabes, Musulmans, Chinois, Renois, Blancs et Blanchis, regarde ses pieds sur l'avenue au niveau des bus et du métro pour arriver à l'heure au boulot. Les Muslims se battent sur d'autres dossiers. Les tox font partie de ce dossier. Ils en ont marre de ces tox fournis par le loden de Loulou qui font peur à leurs gosses sur les bords du canal. Ils ont compris qu'il fallait avaler la pilule de la marina partielle pour qu'on les laisse tranquilles au sujet du culte, mais ils ne veulent pas lâcher sur la question des tox.

Sur ce sujet, ils s'entendent pas mal avec Péko, ce qu'en face, chez les Roses, on digère mal, très mal. En face, les Roses ne comprennent pas comment, parmi les Muslims regroupés, il y en a eu tant que ça pour voter pour Péko. C'est vrai que, comme tout le monde, les Roses du canal déploraient la pente vertigineuse prise par la rue de la mosquée-hangar ces dernières années. Dans la partie moche de la rue, deux crans en dessous de la rue du F2 de Madame Dabritz, les boucheries hallal, les cantines de brochettes, les librairies-épiceries islamistes ne cessent d'ouvrir. De la concentration confessionnelle et culturelle à marche forcée dans ce tronçon de rue déshérité qui porte le nom de la fille d'un ancien cafetier Vieux Siècle qui date. La fillette s'appelait Myrha, un beau prénom grec, paraît-il, et ce beau prénom grec a été donné par le même homme à une enfant chérie et à un estaminet qui vend de la vinasse, comme c'est étrange. Les Roses déploraient la pente prise par le quartier mais ne vitupéraient pas comme les Antihunistes. Surtout, les Roses n'ont apporté aucune solution. Autrefois, des gens sirotaient dans cette rue de la piquette ou de l'alcool pur à verser sur du sucre, jusqu'à tomber des toits, jusqu'à crever, jusqu'à laisser leurs femmes pourrir dans un gourbi sous un escalier, et maintenant des gens, des gens très différents, y boulottent sous des téléviseurs qui parlent en arabe des brochettes de viande issue de bêtes qui ont été égorgées avec un couteau bien tranchant, que le sang jaillisse bien, parce que manger du sang, manger de la bête morte, manger de la bête assommée, de la bête étourdie, de la bête dévorée par une autre bête, de la bête sacrifiée sur des autels païens, ça ne va pas. Un jour, un conseiller municipal avait pourtant réfléchi à une stratégie pour accompagner cette terrible et effrayante dynamique d'islamisation en cours dans le bas de la rue en question. Selon lui, comme il avait tenté un jour de l'expliquer à une séance du conseil municipal, il fallait progresser sur les lieux de culte musulman :

— On ne peut pas laisser une partie importante de nos administrés continuer d'aller à la messe musulmane dans un hangar aussi puant que ce local dont vous connaissez tous l'emplacement, qui respecte zéro condition élémentaire de sécurité *Deux personnes se lèvent pour aller aux toilettes* Alors que les plus jeunes rejetons de cette communauté seront plus tard nos électeurs *Les deux personnes qui étaient sorties pour aller aux toilettes reviennent en discutant* Conseiller municipal pendant 4 ans, j'ai toujours été choqué que l'État, la Région, le Département, la Commune n'aient aucun problème pour payer l'intégralité des dépenses sur les églises, que ce soit la réfection du chauffage ou la rénovation du presbytère *Tout le monde discute avec tout le monde* Mais dès qu'il s'agit d'un lieu de culte musulman, c'est la croix et la bannière pour engager de l'argent public. Pourquoi ? Ces gens ont redressé ce hangar quasi de leurs mains pour pouvoir avoir un endroit à eux où prier mais personne ne veut engager un chouïa de financement public pour les aider, résultat leur mosquée-hangar, c'est trop petit et la moitié d'entre eux prient dehors dans la merde *Deux personnes nouvelles se lèvent à leur tour* Les sommes mises dans le culte catholique sont considérables *Quelqu'un fait tomber sa trousse par terre* Nous devons donc tirer la leçon de *Le maire sonne la fin de la réunion*

Ce jour-là, le conseiller municipal avait rangé ses affaires dans sa mallette semi-rigide avec une certaine lenteur et en se promettant de réinscrire la question à l'ordre du jour mais cette fois en tête de liste. Ce jour-là aussi, le maire rose ne savait pas encore qu'il présidait l'un des derniers conseils municipaux de son existence. Bientôt, Péko et sa bande trouveraient l'ensemble des bureaux entièrement vidés, tous les dossiers disparus, ou détruits, le grand ménage, plus un stylo, pas même un rouleau de papier-toilette pour la transition. Aucune archive. Rien. Les Roses ont mal calculé, et c'est Péko qu'a raflé. Et puis la marina partielle était arrivée.

Madame Dabritz se lève de son banc et entre dans une cabine téléphonique encore vaillante. Sur les conseils de Caroline, elle a décidé d'appeler la permanence juridique de l'ASED. À ses pieds, l'eau brillantée du canal miroite. Elle n'a pas d'avis sur la question de la muslimisation du quartier et du développement très spécial de la rue de la mosquée-hangar par-derrière, mais elle est bien obligée de constater que l'eau du canal miroite, ou clapote, c'est selon, toujours, toujours en continu, et aussi ça la déprime de la voir et de l'entendre clapoter ou miroiter comme ça toujours, indifférente à sa situation. Elle s'agrippe donc de plus belle au combiné devant cette eau malheureuse qui clapote et miroite avec fatalité contre des flancs de bateaux de plaisance gris et ternes et contre laquelle elle ne peut pas lutter *Son qui frite dans le combiné*

— Vous ne voulez pas franchir la ligne qui vous mettrait du côté des passeurs et des malhonnêtes, j'ai compris, merci, mais je fais quoi, moi, dans ma situation, avec cette étudiante chez moi et mon employeur qui me menace ?

— On lutte contre l'impossible mais on ne commet pas l'impossible, Madame, désolée !

— Oui mais je fais quoi, moi ?

Madame Dabritz note un numéro de téléphone sur sa main et raccroche. Elle sort de la cabine téléphonique. Elle décide de remonter le long de la masse d'eau courante jusqu'à son immeuble. Devant la porte d'entrée de son appartement, elle a envie que sa clef tourne dans la serrure mais la clef ne tourne pas. Elle lève la tête. Des bouts de meuble. Des vieux jouets. Des poussettes. Sur ce palier, certaines des choses semblent abandonnées depuis longtemps alors que d'autres semblent très récemment arrivées. Elle repère dans un coin une caisse enregistreuse rutilante mais totalement défoncée avec le tiroir-caisse ouvert. Que vient faire cette caisse enregistreuse rutilante défoncée sur mon palier ? Et soudain, c'est la nuit sans lune, une nuit nuageuse qui serait entrée d'un coup et qui aurait fait disparaître le monde. Tout est noir autour d'elle. Seules de petites lumières orange affaiblies ainsi qu'une sortie de secours clignotent dans le rien. Des odeurs de nourritures. Des buées chaudes. La poussière. L'odeur forte des détergents utilisés pour nettoyer les parties communes. Madame Dabritz cherche à se repérer dans ce noir sans fenêtre partout. La minuterie ou le gong du HLM. Toutes les 4 minutes, la défaite.

Madame Dabritz se fige. Quelque chose d'anormal est en train de se passer dans la nuit sans lune de ce palier. Des bruits de pas derrière sa porte. Loulou ? Loulou ? L'œilleton clignote rapidement dans sa direction. Des mots prononcés dans une langue étrangère. Debout dans le noir, elle se fige encore plus. Ce palier n'est pas son palier. Cette porte n'est pas sa porte. Cet appartement n'est pas son appartement. Tout de suite, elle recule en direction du rectangle lumineux de secours qui tremblote, et puis, sans se retourner, elle fuit à toute vitesse la nuit sans lune pour entrer dans une autre nuit sans lune. Elle dévale les marches de l'escalier. Le noir qui règne dans l'escalier lui fait peur. Elle sent comme une présence derrière elle. Un fou qui parle une langue étrangère pourrait surgir de ce noir et lui trancher la gorge ? Sans savoir, elle dépasse l'étage de la "nounou au loden" et elle se retrouve dehors, à nouveau, à jamais, pour toujours, au bord de la masse d'eau liquide du canal. Elle regarde un instant autour d'elle, oui, le décor n'a pas changé, c'est bien toujours le même canal, le même hangar incendié, les mêmes cafés, les mêmes arbres jeunes, les mêmes petits buissons qui poussent envers et contre tout. Comme sa situation n'a pas changé et est toujours merdique dans ce paysage qui est sa prison, elle décide de retourner dans l'immeuble, pour remonter au bon étage cette fois.

Dans le F2, c'est calme. À droite, le canal. À gauche, la chambre. Il fait encore un chouïa jour. Madame Dabritz sait ce que la porte fermée de la chambre signifie. "Ils" sont au lit derrière cette porte. Seuls les amoureux s'autorisent à faire comme ça, quand rien ne prédispose au sommeil, quand tout commande d'agir. Madame Dabritz jette des petits coups d'œil sur la porte de la chambre. Ça la gêne d'imaginer son fils faire l'amour dans sa chambre d'enfant alors qu'elle végète à rien penser dans le salon juste en face. Un instant, elle se demande si Joséphine n'est pas une recrue d'un parti de l'étranger. Oui, mais lequel des partis de l'étranger ? Pakistan ? Afghanistan ? Chine ? Libye ? Irak ? Algérie ? Une recrue discrète dont elle, Madame Dabritz, idiote et stupide comme elle est, a fourni sans le savoir la couverture légale. Une recrue destinée à participer à une opération de grande ampleur montée en vue de commettre un crime atroce en Europe, qui fera date dans l'histoire du terrorisme et qui est l'avenir d'Al Qaeda en Occident depuis la Catastrophe, alors que tous, on en est seulement à 65 jours après l'effondrement des deux Tours et on s'en remet à peine. En face, la porte fermée de la chambre d'amour ne reste pas plate comme une porte fermée est d'habitude plate quand on l'observe. Madame Dabritz décide de tenir compte de sa gêne de mère, légitime, elle remet sa veste, elle sort.

Dehors, elle décide d'appeler le numéro de téléphone que lui a donné la bénévole de l'ASED. Ça vaut toujours mieux que rien. "Un avocat spécialiste en droit des étrangers en tous genres qui vous donnera de bons conseils", avait dit la bénévole de l'ASED avant de raccrocher.

XVI

Au téléphone, avec l'avocat, face au canal qui clapote vert et gris, ça ne se passe pas exactement comme elle se l'imaginait. Le gars lui donne pas de rendez-vous mais lui propose une consultation juridique par téléphone. Comme *Allo Voyance* ou un *SOS* quelque chose qui serait payant, si ça existe un *SOS* qui soit payant, Madame Dabritz est pas certaine. La voix dans le combiné lui explique qu'elle a été obligée de mettre en place ce système parce que, sinon, pour elle, c'était que du travail gratuit avec des gens qui appelaient de cabines téléphoniques à n'importe quelle heure, des gens désespérés, souvent agressifs aussi, et qui parlent mal le français. Donc, pour survivre, la voix dans le combiné était désolée mais elle avait dû se résoudre à mettre en place ce système de téléphonie payante.

— Allo, Madame ?
— Je ne sais pas par où commencer, Monsieur.
— Vous pouvez commencer par me donner le numéro de votre carte bancaire, Madame.

Elle sort sa carte, articule le numéro, la date d'expiration, et les 3 chiffres derrière. Elle fixe aussi les arbres.

— Vous avez des papiers, Madame ?
— Oui, Monsieur.
— Vous appelez donc pour un proche ? Un membre de votre famille ? Vous êtes d'où ? Nationalité ? Ethnie ? Situation ? Enfants ? Vous êtes entrée en France en quelle année ?

Madame Dabritz se laisse glisser le long de la paroi en verre. Elle regarde la partie des arbres qui se situe au niveau de son regard. Assise par terre, elle voit que les troncs. Elle abandonne, et puis non, finalement, elle choisit de se concentrer sur les troncs. En fumant une fine, elle se met à raconter à la voix dans le combiné qui lui coûte du blé comment sa vie a basculé : la conversation avec Caroline, la convocation dans le bureau de la Valsini, le coup de fil à la bénévole de l'ASED.

— Vous avez appelé quand ? Tout à l'heure ? Vous avez dû avoir Jeanne au téléphone. C'est une bénévole de l'ASED. Elle a suivi la formation que j'anime à la Maison des Insurgés. C'est normal qu'elle ne sache pas quoi vous dire.
— Ah bon ?
— Vous relevez des susceptibles d'être inculpés pour aide au séjour irrégulier. Or, ce chef d'inculpation, pour être traité, malheureusement, nécessite d'être au fait d'une argumentation juridique très particulière.
— C'est-à-dire ?

Madame Dabritz fume sa cigarette fine. Elle voit des chevilles qui sortent de basket fluo avec des semelles épaisses et sales qui s'agitent au niveau de son nez. Madame Dabritz a aidé. Madame Dabritz aide toujours. Ce n'est pas le dossier d'inscription "arrangé" qui inquiète la voix dans le combiné, ça non, ça, c'est que de la fraude de base, qui va conduire peut-être à une "révocation", mais c'est rare. Ce qui inquiète la voix, c'est la visite domiciliaire. Car Madame Dabritz a ouvert les portes de son F2 à une personne non ressortissante d'un État membre de l'Europe en situation irrégulière cf. Art. L622-1, Code de l'entrée et du séjour des étrangers et du droit d'asile

— Les bras m'en tombent, Monsieur.
— Et que l'origine de cet hébergement soit une histoire d'amour vécue avec votre fils légitime Loulou âgé de 20 ans ne change rien, Madame.

Madame Dabritz allume une autre fine. Elle se passionne cette fois pour la densité variable de la fumée qui monte dans les airs et l'étouffe doucement. "Dans quelle merde je me suis mise ! pense-t-elle, en même temps qu'elle entend la voix de l'homme fondre dans le creux de son être intérieur. Je suis en train d'apprendre que je risque la guillotine parce que j'héberge une pauvre gosse abandonnée de tous." L'eau ne bouge pas. Les arbres ne bougent pas. La cabine ne bouge pas. Seule la lumière du jour autour d'elle lentement décroît.

— Pour que le certificat d'hébergement soit délivré, il faut que le logement proposé soit susceptible de proposer des conditions décentes d'habitation (superficie, sécurité, salubrité, confort). Art. L211-3, 4 et 5

— Mais nous l'avons le certificat d'hébergement ! Qu'est-ce que vous me racontez, Monsieur ?

— Et il faut savoir que la législation change tout le temps. Le nom administratif des documents change aussi. Chaque législation nouvelle efface les traces de la législation précédente. Pour les non-professionnels, c'est un casse-tête pas possible.

— Mais je vous dis que ce n'est pas le problème, le certificat d'hébergement, Monsieur, je vous dis que le problème, c'est le dossier arrangé !

— Laissez-moi vous raconter une histoire, vous voulez bien, Madame ?

L'avocat raconte une histoire qui sonne confuse aux oreilles de Madame Dabritz. Des amis turco-américains à lui qui vivent dans le New Jersey et qui louaient à des étudiants une chambre très bien mais en soupente avec une ouverture sur l'extérieur qui n'était pas réglementaire, si bien qu'un des étudiants locataires a refusé de payer le loyer et, ensuite, l'étudiant les a dénoncés à l'office du logement, aussi les amis turco-américains de la voix dans le combiné ont dû payer une amende et, bien évidemment, ils ont dû arrêter de louer la chambre alors qu'ils avaient besoin de ce complément de loyer pour payer leur crédit immobilier et surtout l'étudiant était coutumier de ce genre d'opération, il ne louait que des surfaces pas conformes pour ne rien payer et dénoncer ensuite les propriétaires. En écoutant l'histoire, Madame Dabritz se met à imaginer la justice sous n'importe quel format d'habitations, des greniers, des couloirs, des galetas, des débarras, des porches d'immeubles, des antichambres, des salles sombres avec des gens qui dorment par terre, des femmes en cheveux qui surgissent sans prévenir.

— Comme rien n'est organisé, on finit par se décourager, comme la législation change tout le temps, on finit par embaucher un avocat spécialiste de ce type d'affaires qui puisse vous aider à circuler dans toute cette géographie obscure.

"Nous y voilà !" pense triomphalement Madame Dabritz.

— Le certificat d'hébergement, c'est pour éviter le pire et, le pire, c'est les gens entassés dans des caves, dans des galetas *rajoute encore la voix dans le combiné* Vous ne pouvez pas imaginer les conditions d'hébergement, épouvantables, atroces, auxquelles sont soumis les irréguliers qui accostent aujourd'hui en Europe.
— Qu'insinuez-vous, Monsieur ?
— Je vous dis ça, Madame, parce que je sais pas dans quelles conditions cette Madame Joséphine loge chez vous, il ne faut pas le prendre mal.
— Vous faites fausse route, Monsieur !
— Ne croyez pas que la justice soit clémente en la matière. Je peux vous donner quelques exemples si vous voulez, qui vous donneront un aperçu intéressant sur les formes adoptées par le crime d'hospitalité. Le 12 mars 1986, un homme, à Nancy, a été condamné à 3 mois avec sursis pour avoir facilité les déplacements de certains étrangers non détenteurs de titres de séjour. Le 17 mars 1998, un autre homme, à Nice, a reçu 8 mois ferme pour avoir aidé ses frères à entrer en France. À Sarreguemines, le 4 octobre 1989, un homme, encore un autre, a été accusé de transporter à bord de sa voiture sa belle-mère, malade et au passeport périmé depuis 6 mois. Condamné à 2 mois avec sursis et à verser 2 000 francs d'amende avec sursis. Le 12 mars 1990, deux hommes ont pris 2 ans avec sursis et 50 000 francs d'amende pour avoir procuré un logement à deux ressortissants italiens

dépourvus de titre de séjour. Un gérant d'hôtel meublé, le 5 novembre 1993, un docteur en médecine et un interne au centre hospitalier, Pau, 27 avril 1994, ce concubin, Thonon-les-Bains, 1er juin 1994, mais aussi un employé de l'aéroport de Marignane, Aix-en-Provence, 27 juin 1994, deux frères à nouveau, à Agen, 13 septembre 1994, ce prêtre, cette concubine, ce chauffeur de taxi, ce propriétaire d'immeuble, ce boulanger, ce charcutier, ce papetier, ce marchand de bonbons, cette critique littéraire, ce pompier, cet employé de banque, eux aussi, ont été condamnés. Art. 21, Ordonnance n° 45. Vous êtes au parfum maintenant, Madame.

Madame Dabritz s'accroche au combiné pour ne pas sombrer. Elle ne pensait vraiment pas qu'un jour sa vie pourrait être connectée comme ça à des événements de ce type, comme on en parle dans les journaux, à la radio. Une grande fatigue. Elle distingue de moins en moins les contours des bâtiments qui fondent de plus en plus vite comme du sucre dans l'eau en face, par-dessus les bateaux amarrés, silencieux, vides, en attente.

— En 1997, juste avant la dissolution de l'Assemblée Nationale, vous vous souvenez ? Le programme, c'était contrôles de police, confiscation du passeport autorisée chez les irréguliers, relevé et mémorisation des dactylogrammes de tous ceux qui demandent un titre de séjour, confiscation du titre de séjour 1 an ou 10 ans aux employeurs de sans-papiers, non-renouvellement de la carte 10 ans pour ceux qui provoquent des troubles dans l'ordre public, consultation policière du fichier des dactylogrammes par la police pour les demandeurs d'asile. Mais ce n'est pas fini, Madame ! Comme c'est étrange, la politique *rajoute la voix dans le combiné* Tout change mais en même temps c'est toujours pareil, mais en pire.

Madame Dabritz fume cigarette sur cigarette et c'est tout.

— D'un autre côté, les clandestins ont pour eux qu'ils ont comme l'éternité devant eux pour trouver la brèche. Je vais vous raconter une autre histoire, Madame *La voix dans le combiné s'accélère* Casanova était un écrivain italien, qui écrivait en français et qui voyageait dans toute l'Europe, et qui aussi, avec les femmes, … mais enfin, ce n'est pas de ça que je veux vous parler, … Je ne sais pas si vous connaissez… Vous connaissez ?

— Encore heureux, Monsieur.

— Casanova finit par trouver un moyen de s'évader de la prison des Plombs à Venise au moyen d'un plat de macaronis bouillants recouverts de fromage qu'il pose sur une Bible de Taille Inhabituelle (BTI) qui venait de sortir en librairie et qu'il s'était procurée à dessein. On n'allait pas refuser à un prisonnier accusé de faire de la magie de lire une BTI. Dans cette bible, Casanova a creusé une cavité pour cacher à l'intérieur un esponton aiguisé avec lequel il allait pouvoir percer avec facilité le toit de sa prison pour se retrouver à l'air libre du ciel noir de Venise *L'avocat ralentit sa voix fébrile* Casanova croupissait depuis un bout de temps déjà dans une cellule sous les toits, une cellule brûlante infestée de puces qu'il devait partager avec un autre compagnon d'infortune, dans l'ordre, un espion superstitieux à la solde des Inquisiteurs, un vieux marquis gourmand, un prêtre frileux qu'il terrorise pour le forcer à l'accompagner dans son évasion *Silence* Ce que je veux dire, c'est très simple, c'est qu'on finit toujours par trouver une solution. Venez me voir à mon cabinet, vous allez voir, vous n'êtes pas toute seule.

— …

— Je me permets aussi d'attirer votre attention, Madame, sur le programme électoral de Lionel Jospin qui sera disponible pour tous, très bientôt, l'année prochaine, en mars, vous savez en mars prochain, c'est les élections. Lionel Jospin défend dans sa brochure le droit de vote des étrangers régulièrement installés sur notre sol depuis cinq ans. Quelque chose de solide, un peu d'espoir, sur lequel on peut compter, je pense. Allo Madame ? Madame ? Allo ?

XVII

Madame Dabritz entend le silence qui succède à la voix de l'avocat jospiniste et, dans ce silence, elle se dit que si ça continue à ce rythme-là, Joséphine, ça va plus être une Affaire, ça va juste être un numéro. Un numéro apposé à une ombre, et une ombre banale en plus. Sur sa poitrine, une sorte de lourdeur. Pèse. La suite de la fatigue qu'elle a ressentie tout à l'heure et aussi la suite de la peur absurde qu'elle a eue dans l'escalier de son immeuble. Mais dans la cabine téléphonique l'épisode avec la Valsini lui semble loin tout à coup. Et maintenant cette voix d'avocat qui lui déroule un paysage qui n'a rien à voir avec son paysage à elle. Elle est vraiment toute seule. Il n'y a pas de doute, il va falloir à nouveau se battre. Mais elle ne se lève pas pour se débarrasser de la lourdeur. Elle se laisse plutôt glisser complètement jusqu'à la terre. Elle desserre son chemisier par le bas. Elle passe sa main sous le tissu sur sa peau et elle dégrafe son soutien-gorge. Immédiatement, le soutien-gorge remonte. Maintenant, il gêne sur le haut remonté jusqu'à sa gorge. Elle est harnachée de vêtements qui la serrent. Elle voudrait se débarrasser de tous ces tissus qui l'empêchent de respirer et ensuite se coucher dans le noir, là, sur place, dans la cabine téléphonique, le dernier rade fréquentable du canal. Elle enlève son pull et puis elle remet sa veste mais ça ne s'améliore pas au niveau de la gorge et du soutien-gorge qui la gêne. Elle essaye de le retirer en le passant par une manche, comme lorsqu'elle était adolescente à la gym, qu'elle devait se déshabiller et que, elle et les filles ne se montraient rien, pas un gramme de chair, alors qu'elles étaient qu'entre elles, qu'aucune d'entre elles n'aurait osé regarder. Elle essaye mais elle n'y arrive pas. Elle essaye alors de l'arracher par le bas en comptant que les bretelles anciennes effilochées sautent mais la manœuvre ne marche pas non plus. Ses rêves de lingerie à dentelles et néanmoins accessibles se sont envolés. Pire, ils n'ont jamais existé. La terre est sphérique. Les hommes et les femmes ne peuvent pas se disperser à l'infini à sa surface. En écoutant l'avocat dans son bocal vitré, elle s'est mise à avoir froid, encore plus froid qu'avec la Valsini ou que dans le noir sans lune de son immeuble. Elle se roule en boule dans la cabine après avoir entouré sa tête de son pull. Elle ne voit plus le canal. Elle ne voit plus les troncs des arbres jeunes non plus. Elle ne voit plus rien. Et comme elle ne voit plus rien, elle se persuade aisément que, dans la pénombre qui descend sur la ville, personne ne la voit plus, personne ne fera attention à elle et, même si des regards devaient glisser sur elle, elle pense, avec justesse, que ces regards ne s'arrêteront pas sur elle, parce que c'est très courant dans le quartier les gens qui se roulent en boule sous les porches, sur les bancs, sous les buissons encore nains qui poussent, grâce à Péko, qui met la dose en fric pour que les buissons encore nains poussent, et aussi pour que ces gens-là, comme elle, justement, ce soir, c'est drôle, se cassent de honte en courant, parce que c'est en train de devenir beau, très beau, le long de l'eau qui file entre les deux berges du canal, grâce aux efforts de Péko, se dit Madame Dabritz qui fait tas humain dans la cabine. Roulée en boule, les yeux fermés pour oublier le réel, elle sait que personne ne peut la reconnaître. Personne de l'université du Nord n'a jamais habité par là et puis, même si la Valsini ou Caroline passaient par là, elles ne pourraient pas la reconnaître, roulée sur le sol comme elle est, comme une chose. Elle s'en fout, ça doit aussi arriver à d'autres, de se tasser parfois dans un coin de ville comme ça avec les yeux fermés sur le monde pour tenter d'être autrement. Elle sait qu'elle ne va pas rester là toute la nuit. Elle sait qu'elle doit rentrer faire le dîner à la maison. Elle sait qu'elle doit voir Loulou. Elle peut pas rester indéfiniment comme ça, alors que c'est ça qu'elle voudrait, s'oublier ici. L'humidité monte du sol, passe sous la fente de la porte vitrée, l'envahit par au-dessous, mais c'est rien, ça, par rapport à tous ceux qui dorment dehors. Elle n'est pas vraiment toute seule, en fait ? Sur son corps, les minces filets d'air lui confirment, si elle en doutait, qu'elle est effectivement affalée en boule, dehors, le long d'une masse énorme d'eau de ville mouvante qui porte les bateaux de la marina partielle et qui hydrate par en dessous les sales buissons nains de Péko. Elle sent l'eau dans ses os. Elle touche avec son front ses genoux et elle reste comme ça, en fœtus, elle attend, avec les bras enroulés autour de ses jambes que le temps passe tout autour sans elle. Elle frissonne. Elle sait que du dehors elle semble aller très mal et pourtant, en sentant passer sur sa bouche, sur ses yeux, dans son cou, sur son ventre, en continu, ces souffles de vent froid et humide qui ne trahissent pas, elle sent qu'elle remonte, elle sent qu'elle va mieux.

XVIII

Tout comme le chef des patrouilleurs l'avait prévu, Guillaume était sorti du poste le soir même. Du coup, la soirée avait été morose chez les Dabritz. Guillaume était rentré épuisé, courbaturé. Il était allé direct se coucher. Il avait besoin de se remettre. Car même pour un petit marlou comme lui, qui en avait vu d'autres, la séance avait été épicée tout de même. Rien que du très normal, mais faire un petit stage impromptu comme ça, pas prévu, chez les keufs-poulets, c'est jamais bon pour le moral, et puis il était resté quand même quelques heures durant menotté à un tuyau de radiateur sous les quolibets de toute l'équipe du commissariat, ce qui n'est pas bon pour le dos et tout le reste.

Les deux femmes avaient dîné en silence. Pas tellement le cœur à manger des épinards ce soir-là. Madame Dabritz ne savait pas ce qu'avait décidé la Valsini concernant Joséphine. Cela faisait deux ans qu'elle était bien intégrée dans le Département, qu'elle suivait les cours avec sérieux, qu'elle avait même été très bien évaluée dans le cours d'Initiation à la poésie romantique de la nouvelle vacataire. Peut-être que la Valsini prendrait en compte cette réussite pour ne pas faire peser sur Joséphine le travail de faussaire de Madame Dabritz ? Dans l'incertitude de l'avenir, Madame Dabritz avait décidé de ne rien raconter à Joséphine, et à Guillaume, mais elle avait tout de même, devant Joséphine seule, rouvert le dossier de la recherche d'emploi pour Guillaume, en lui demandant de la soutenir pour encourager Guillaume à aller pointer à l'ANPE, au moins pour demander l'allocation qu'on donne à ceux qui ne font rien, si elle existe. Madame Dabritz croit bien que cette allocation existe déjà, mais c'est pas certain, c'est de l'argent qu'on donne aux moins de 26 ans pour leur donner un coup de pouce, ou quelque chose comme ça, dans tous les cas, il faudrait aller au moins se renseigner.

— Parce qu'il est tout à fait possible, qu'un jour, subitement, on manque de beurre dans cette maison, Joséphine, tu comprends ? Personne n'est à l'abri de ça aujourd'hui et mieux vaut sécuriser les choses que se rattraper aux branches, tu ne crois pas ?
— Mais Guillaume travaille, il fait ce boulot de vigile, vous savez bien, au hangar incendié, vous savez bien !
— Mais il n'a pas de contrat, si je ne me trompe ?
— Non, tout se fait au black, ils embauchent à la journée pour surveiller la zone autour de l'incendie sinon il y a trop de squatteurs qui s'installent.
— Je sais, mais ça me rassurerait, s'il y avait un contrat signé, il ouvrirait les droits au chômage. C'est quand même fou que la Mairie embauche comme ça sans contrat des jeunes du quartier. Quel exemple ça donne !
— Il n'y a pas de projet de régularisation des vigiles du hangar incendié, enfin, je crois pas.

Sur cette note optimiste, Madame Dabritz s'était mise à débarrasser la table, tandis que Joséphine préparait pieusement un petit plateau dînatoire pour Guillaume. Joséphine ne se sentait pas non plus dans son assiette, non seulement en raison de cet épisode Vigie pirate qui avait mal tourné le matin, qui avait aussi été très éprouvant pour elle, mais il fallait en plus qu'elle reparte ce soir, toute seule, une fois Madame Dabritz endormie sur sa banquette à fleurs, pour aller recommencer la queue de la Préfecture, cette fois sans attendre des secours de Guillaume au matin car il n'était pas question de refaire les mêmes conneries, c'était trop risqué sur l'esplanade maintenant, surtout avec le loden lesté de toutes les marchandises, mieux valait qu'elle parte plus tôt, qu'elle reste seule ensuite au moment de l'ouverture des guichets, et c'est pourquoi, en plus du plateau dînatoire de Guillaume, discrètement, dans la cuisine, elle se préparait aussi un sac plastique pour tenir le coup dans le froid, ça ira toujours mieux avec un quignon de pain et un morceau de fromage.

Les images du nouveau crash qui étaient passées en boucle à la télé pendant la préparation du dîner devant les yeux hypnotisés des deux femmes n'avaient pas aidé non plus à détendre l'atmosphère. 265 morts encore. Aucun survivant pour un vol d'une durée de 2 minutes 24 secondes. Une histoire de vortex incompréhensible qui avait forcé l'avion à larguer son réacteur et à se transformer en crêpe de métal mélangé à des corps, et, en plus, une femme de ménage, qui avait survécu 63 jours plus tôt, une femme qui n'avait pas obéi aux consignes émises dans le haut-parleur de remonter à son étage de Tour travailler comme si de rien n'était pour ne pas affoler le monde, et qui, n'écoutant que sa peur, avait continué de dévaler les marches jusqu'en bas pour réussir à s'en tirer, avait aussi finalement trouvé la mort dans ce nouveau crash. Une histoire déprimante à entendre, vraiment. Enfin, il fallait ajouter à tout ça, au nouveau crash et à la perspective de cette nouvelle nuit de merde passée à faire la queue de la Préfecture pour Joséphine, la convocation qu'elle avait reçue de la Valsini.

Or, Madame Valsini, Joséphine la connaissait déjà car elle avait déjà été convoquée par elle, l'année dernière, en début d'année, alors qu'elle avait pointé "absente" à pas mal de cours, pas parce qu'elle avait séché avec ses autres camarades, uniquement parce qu'il avait fallu s'y reprendre à 3 fois pour faire la queue devant la Préfecture pour attraper le récépissé qui les protégeait d'être de pauvres choses à contrôler dans la rue sous un prétexte ou un autre et, ce jour-là, Madame Valsini l'avait écoutée avec attention, lui avait donné du soutien en lui promettant qu'il y avait justement dans les cartons un projet intéressant pour que ça change, cette situation des étudiants du Département sur l'esplanade de la Préfecture, même s'il ne fallait pas aller plus vite que la musique, cela veut dire que ça ne se ferait pas d'un coup de baguette magique et, en attendant, elle avait donné des consignes pour que les étudiants ne soient pas pénalisés dans leur contrat d'assiduité. Joséphine avait trouvé Madame Valsini plutôt aimable jusqu'à ce qu'elle s'enhardisse à parler de l'obligation qu'ils avaient tous de s'asseoir par terre pour déjeuner le midi. C'était Madame Dabritz qui l'avait encouragée à parler du problème à la responsable pédagogique, en se disant que, si ça venait des étudiants, la plainte aurait plus de poids, mais là, le visage de Valsini s'était fermé comme un rideau métallique d'épicerie en cas d'émeutes et elle lui avait sèchement répliqué sans la regarder que l'université du Nord, ce n'était pas une résidence 5 étoiles et que, si les étudiants français s'accommodaient des conditions, elle allait être en mesure, elle aussi, Joséphine, de s'en accommoder, ce n'était pas au-dessus de ses forces, ou si ? Et Joséphine s'était excusée. Ses excuses avaient aussitôt ramené le sourire sur le visage bienveillant de la rousse Valsini et, finalement, les deux femmes s'étaient quittées en bons termes. Maintenant, retourner voir Madame Valsini, sans connaître la raison de cette nouvelle convocation, surtout après toute une nouvelle nuit passée à faire la queue (le timing était court, elle était convoquée dans le bureau de la Valsini pour 10 heures, le 13 novembre), n'enchantait pas du tout Joséphine, sans compter le cours d'Initiation à la poésie romantique, son cours préféré, qu'elle allait forcément devoir à nouveau manquer, ce qui était un crève-cœur.

— Tu prépares dès ce soir ton déjeuner pour demain, Joséphine.
— Oui, je préfère m'avancer pour dormir un peu plus longtemps demain matin.
— Tu as raison.

Et Joséphine disparut dans la chambre. Quand elle était fatiguée, le soir, Madame Dabritz avait remarqué que Joséphine pouvait boiter doucement. Elle suivit des yeux la petite boiterie de Joséphine en direction de la chambre et puis elle détourna la tête en direction de la fenêtre.

Madame Dabritz s'était installée sur la banquette à fleurs qui lui servait de lit depuis longtemps maintenant, les yeux à nouveau fixés sur la porte fermée de la chambre de son fils qui, très vite, ne resta pas fermée comme une porte normalement reste fermée mais qui se mit à vibrer imperceptiblement sous l'effet de son regard de mère et sans doute sous l'effet d'autres choses aussi. De l'autre côté, par la fenêtre, elle pouvait observer les arbres de Péko. Les arbres de Péko poussent. Ils poussent toujours. Car il faut bien que les arbres poussent et que tout le reste suive. Avec Péko, on a le choix qu'entre le glauque et le clinquant. Pour remplacer le hangar napoléonien incendié qui habitait le canal de ses squelettes de murs noircis depuis des lustres, comme depuis toujours, maintenant, presque, avait été déposé il y a longtemps par l'opposition municipale, l'équipe à Péko justement, avant son élection, un projet d'auberge de jeunesse avec façade lumineuse électrifiée la nuit.

Et il était temps. Ils vivaient à proximité de ces ruines noircies depuis tellement d'années maintenant, tous, les habitants du canal, et ils ne se demandaient même plus quand le hangar serait reconstruit mais s'interrogeaient sur la nécessité de faire un bon ménage dans cette partie de canal très envahie de tox qui vivotaient dans la crasse et dans la misère avec de la poudre grise cramée fumée et donc des narines rouges enflammées qui pèlent entre ces ruines inesthétiques au possible (les Roses étaient d'accord avec Péko à ce sujet, sur la laideur épouvantable de ces ruines, un vrai paysage de guerre ressuscité en pleine ville, au bord d'un canal, au cours d'un temps d'archi-paix européenne, une véritable absurdité, tout le monde en convenait de part et d'autre de la table du conseil municipal). Les tox étaient heureux de cette friche anachronique à peine surveillée la nuit par deux vigiles (dont, supposément, Guillaume) qui faisaient leur métier à hauteur de la reconnaissance qu'un emploi comme ça leur permettait.

En repensant à Joséphine qui préparait avec application son petit sac de déjeuner pour le lendemain, Madame Dabritz se dit que, sans doute, elle n'était même pas en mesure de situer sa région d'origine sur une carte. Cette jeunesse qui était la sienne, et qu'elle partageait avec d'autres, passée si loin de son pays, si loin de sa famille (dont elle ne parlait jamais, pays et famille), semblait relever d'un romanesque qui ne pouvait pas cadrer avec leurs délimitations géophysiques communes à tous. Au point où on en est, elle pourrait tout aussi bien être une Ouïgour aux yeux d'or égarée au bord du canal, se dit Madame Dabritz. Les Ouïgours sont un peuple mal connu en France qui se localise originellement dans l'Ouest de la province de Gansu en Chine occidentale. Leurs ancêtres étaient des nomades Ding Ling. Ils se sont mélangés autrefois avec des Tibétains et des Mongols, ce qui explique leur tendance naturelle à la rébellion. Sur les photographies, ils ont parfois le nez droit : très utile pour se fondre dans la population en Occident. Dans le passé, ils pratiquaient une diète alimentaire à base de fruits séchés et de graines. Aujourd'hui, ils se nourrissent de riz et de maïs principalement. Les Ouïgours s'hydratent aussi avec du thé au lait. Madame Dabritz avait lu un article à leur sujet dans un vieux magazine de tourisme trouvé dans la salle d'attente du cabinet de Monsieur Vadim, impasse Saint-Augustin. L'avantage de considérer Joséphine comme une Ouïgour, une Ouïgour ou autre peuple équivalent c'est-à-dire quasi inconnu dans cette partie du monde qu'est l'Europe, c'était que, comme ça, Madame Dabritz pouvait accepter qu'elle échappe à toutes les considérations communes, bassement triviales, qui étaient celles de tous, pas seulement les siennes. Comment arriver à ramener la soupe à la maison. Comment faire pour que ton fils s'en sorte sans qualification dans ce monde qui ne favorise pas du tout les jeunes dans un présent de hangar napoléonien détruit par le feu. Comment faire face, en gros, à toutes les péripéties d'une vie normale. Au moins, comme ça, en Ouïgour, on comprend que Joséphine ne se pose pas de questions et qu'elle avance sans jamais tourner la tête en arrière, là où tous les gens comme moi, on passe toute la journée à faire la voiture-balai, le parapluie à toutes les conneries qui pleuvent sur la tête, et puis c'est tout, se dit Madame Dabritz. Le peuple ouïgour est un peuple qui aime danser, paraît-il. Tous les matins, tous les soirs, pense Madame Dabritz, je regarde Joséphine. Tous les matins, tous les soirs, je me demande qui est Joséphine. Et la seule chose qui soit avérée dans toute cette ignorance, c'est que, ni Loulou, ni elle, ne m'aident pour boucler le budget à la fin du mois, voilà.

Épuisée, Madame Dabritz étendit ses jambes sur la banquette à fleurs du salon, qui n'avait pas vibré depuis longtemps, elle, ça, c'est sûr, à la différence de la porte fermée de la chambre des deux tourtereaux du canal. Elle avait disposé ses bras le long de son corps un peu écartés et elle restait là, les yeux grands ouverts. Elle aurait peut-être pu avoir l'idée de faire une posture de yoga pour se débarrasser d'une partie de sa fatigue mais, depuis un peu de temps, déjà, les cours étaient devenus trop chers et, à moitié allongée comme elle était, là, de travers, c'était impossible. De toutes les façons, elle n'avait plus l'énergie suffisante pour se laisser glisser à terre, sur le tapis, et rendre un souvenir de yoga possible. Alors elle restait là, comme ça, dans le rien, sous le plafond du salon de son F2 au bord du canal qui lui servait depuis des lustres de chambre à coucher.

Maintenant, c'était très assombri dans le salon. Madame Dabritz regardait les silhouettes familières des objets et toutes les fois qu'elle posait son regard sur elles, elles lui paraissaient un peu plus noires. Au lieu d'allumer une cigarette, elle glissa la main sous la banquette et tira à elle une enveloppe en papier toute simple un peu chiffonnée recouverte de la sorte de poussière qui s'accumule sous les meubles dans les appartements, même quand on fait le ménage régulièrement. Elle attrapa le petit morceau de chose rose très clair friable qui attendait son jour dans le fond de l'enveloppe et, très vite, elle le mit sous sa langue. Les temps difficiles étaient advenus et la réserve prévue en cas des temps difficiles était aussi là. Presque rien. Saveur un peu âcre. Une béquille. Un peu de Népenthès, c'est bien, c'est nécessaire, parce qu'en plus de tout, l'amour, au sens physique et au sens figuré, ça y est, elle pense que pour elle, c'est fini, et pour de bon.

Le trafic de cerveau de Madame Dabritz se mit à ralentir en accord avec la couleur du ciel qui se rassemblait de plus en plus derrière la fenêtre. La terre tourne à toute vitesse. La nuit infuse avec lenteur dans le F2. Dans son cerveau, le rose clair friable libère de la substance diffuse. Le printemps approche. Et il n'y a presque pas de vote sans mélancolie, pense Madame Dabritz. À ses paysans, en Normandie, Tocqueville indique sans états d'âme quel bulletin enfiler dans l'urne toute neuve de la République. Sur la banquette du salon, le corps de Madame Dabritz s'est figé. Immobile-fixe. D'autres phénomènes, délicats, précieux, agissent dans le cerveau de Madame Dabritz.

Richelieu était opiomane.

"Le lendemain, le terrible lendemain."

"N'aie pas peur de la peur."

Une autre phrase encore. C'est le père de Loulou qui lui parle. À ce moment-là, Madame Dabritz et lui ne faisaient encore que se contempler. Autour, la lumière était bleue. Ce bleu agrandissait tout. Il ne l'avait pas encore touchée. Il ne savait pas encore s'il allait céder au désir absurde d'effleurer sa robe, ou, en harmonie avec la brutalité du paysage, l'ambiance de grève dans le buffet de la gare, des valises, des sacs, des voyageurs, s'il n'allait pas prendre brutalement sa bouche et ensuite se casser sans se retourner. Un baiser, et ce fut tout. Pour faire face au trouble qu'ils éprouvent tous les deux, il lui parle. Tous les deux, ils ne se connaissent pas. Elle acquiesce. Tous les deux, ils ont peur. Elle acquiesce. L'homme se tait. Elle le regarde pendant qu'il se tait. Quelque chose est en train d'arriver dans sa vie. En bien ou en mal, qui peut savoir ? Un terrain. Un terrain dangereux pour lequel l'homme avait une feuille de route un peu difficile à suivre autrefois. Sa première mission. Quand il avait l'âge, ou pas loin, de la jeune femme qui le regarde, qu'il regarde. Cette jeune femme qu'il désire. La lumière est bleue. L'homme avait pensé que, de son désir d'être sur ce terrain dépendait le sort de l'opération et aussi il avait pensé que, du sort de l'opération, dépendait le salut du monde. C'était Bonaparte en Italie. Quand tout souriait à Bonaparte. Quand Venise était conquise. Quand Venise était libérée. Tout était lié, pour lui. Il était jeune, idiot, simple. En toile de fond, en plus de la lumière bleue qui enveloppe les deux amants, la grève est toujours là, qui en rajoute une couche. On pourrait écrire : "Une grève." Une grève pas facile pour le gouvernement. La grève ralentit le commerce. La grève prend en otage les travailleurs. Les grévistes ne sont pas solidaires de l'effort de croissance. Le droit de grève, on va le limiter sous peu parce que ça commence à bien faire toute cette modernité qui vieillit à toute allure. "Leur salut, lui dit l'homme, leur salut est dans cette grève." La très jeune Madame Dabritz se détend. Tous les emplois du temps sont chamboulés en temps de grève. Tous, ouvriers, patrons, étudiants, voyageurs, femmes, hommes, enfants, tous, sont fatalement concernés par les perturbations des transports. Les trains ne partent pas. Ou alors ils ne partent pas à l'heure. Ou alors ils partent en avance. Tout type de transport est affecté. Tout peut arriver. Elle sourit. Elle boit un peu de vin. La lumière est bleue mais surtout elle est de la même couleur que sa robe. Ce monde est une gare. Ce monde est une robe. Revêtue de ce monde, la jeune, la très jeune Madame Dabritz s'abandonne. Elle nage tout au fond du rêve de Madame Dabritz adulte allongée de travers sur sa banquette fleurie.

XIX

Madame Valsini referme son journal après avoir relu certaines phrases d'un nouvel article lui aussi très désagréable à lire, qui parle cette fois de cette créature de la préhistoire qu'est devenue, depuis 64 jours, Khaled Kelkal, celui de l'attentat à la station Saint-Michel - Notre-Dame, Paris-Centre, en 1995. Pour être bien certaine de saisir le parfum du temps qui flotte dans les airs, entêtant, dans la pièce de son bureau gris au-dessus de la cafétéria orange, elle relit ces quelques phrases.

> Qui a oublié la dernière vague d'attentats ? Pas nous. Beaucoup vivent dans la hantise que ça recommence, surtout quand on prend conscience de ce qui s'est passé de l'autre côté de l'Atlantique. Inimaginable. Personne ne sait pas pourquoi au jour d'aujourd'hui ils avaient commencé par assassiner l'un d'entre eux en 1995, un "cheikh", comme ils disent, qui était aussi nommé "l'imam Sahraoui". Le vieil homme avait 85 ans et il avait reçu une décharge mortelle de fusil de chasse en plein dans la gueule, c'est d'une barbarie inouïe et ignoble, ça se passe chez nous, ça pourrait se passer ici, dans le Nord. Peut-être qu'en ce moment même, parmi ces pauvres bébés portés par leurs mères épuisées qui titubent dans la queue nocturne devant la Préfecture du Nord, somnole un nouveau Kelkal ?

Les phrases du journal flottent dans la pièce pendant que Madame Valsini arrange de nouveau avec une grande lenteur les deux chemises en papier qui sont disposées sur le bureau devant elle. Elle s'empare du livre fermé sorti juste après les deux chemises pendant la convocation de Madame Dabritz, la veille, et qui attendait avec patience sur le coin du bureau avec le tampon qu'elle s'occupe de lui. Elle l'ouvre. Elle l'étale bien devant elle pour qu'il tienne ouvert sans son aide et puis elle lève la tête et elle regarde la forme debout devant elle qui s'appelle Joséphine Dabritz. Le visage de Joséphine est bien pâle. Pour la première fois, Madame Valsini avait noté la jambe gauche de Joséphine qui avait toujours un minuscule retard quand elle avançait.

Le 13 novembre, Kaboul tombe sans combats.
Le 23 novembre, Kunduz se rend après un siège.
Après, c'est la bataille de Kandahar, et après encore, la bataille de Tora Bora.

Mais pour l'instant, on n'est que le 13 novembre 2001, jour de la convocation de Joséphine Dabritz dans le bureau de la Valsini, université du Nord, Région Nord. Joséphine Dabritz est la petite Ouïgoure aux yeux d'or du canal, qui a marié le marlou Guillaume *alias* Loulou qui fait bosser son loden tous les jours entre les ruines noircies du hangar napoléonien incendié, pour gagner sa croûte, celle de sa femme, et, hélas ! aussi, très bientôt, celle de sa mère, en attendant de sombrer à pic dans d'autres circuits, plus obscurs que les circuits obscurs habituels mais ça sera pour plus tard.

Madame Valsini se lève, fait un petit tour dans la pièce pour se donner de la contenance et puis elle revient à sa place. Elle s'assoit et regarde en face celle par qui tout est arrivé ces derniers mois. La prise de conscience devant l'embouteillage devant la Préfecture en raison de cette saloperie de récépissé délivré au compte-goutte par des guichets encombrés aux étudiants. L'exemple qu'elle incarnait, elle, à ses yeux, Joséphine, pour porter son projet de guichet délocalisé à la Préfecture. La défaite, la grande défaite face à Jeanneret dans ce foutu "bureau ovale" de la Préfecture. Une défaite qui a fini par advenir, affreusement téléphonée, à cause d'elle, Joséphine, encore et justement.

Tout cela se bouscule dans la tête de la Valsini, et c'est pourquoi elle éprouve soudainement le désir féroce de remonter jusqu'aux racines du passé pour comprendre ce qui leur arrive à tous, à Madame Dabritz, Joséphine, et à elle, depuis 64 jours.

— J'ai beaucoup travaillé sur Amédée Thierry, un historien des Gaulois qui, lui, a beaucoup travaillé sur les sources latines qui décrivent les Huns comme une nation funeste et cruelle, avide, sauvage.

— …

— "Cette nation funeste et cruelle, avide, sauvage, au-delà de toute idée, est barbare pour les Barbares eux-mêmes *La Valsini lit à voix haute le livre ouvert sur le bureau devant elle* Son âme et son corps respirent la menace. Le visage des enfants, ordinairement si doux, est empreint chez elle d'un cachet d'horreur. Une masse ronde qui se termine en pointe, deux cavernes creusées sous le front et où on chercherait vainement des yeux, puis, entre les joues, une excroissance informe et plate, voilà la tête du Hun. La lumière n'arrive qu'avec peine dans les chambres étroites où l'œil semble la fuir, et cependant, il s'en échappe des regards perçants qui embrassent les plus lointains espaces. On dirait que ces points ardents placés au fond de deux puits compensent leur éloignement par une possession plus énergique de la lumière. *La Valsini observe la forme debout devant elle Les yeux de la forme debout sont tournés vers la terre* Entre autres, les Huns exerçaient sur la tête de leurs enfants nouveau-nés deux espèces de déformation. La seconde déformation consistait à pétrir le crâne des nouveau-nés en forme de pain de sucre."

— …

— Je sais que tout cela te paraît bien éloigné de ta vie d'étudiante modèle dans le Département.

— …

— Une héroïne des temps modernes. 53 heures de queue devant la Préfecture, m'avais-tu raconté l'année universitaire dernière.

— …

— Tu as aussi témoigné dans un journal de la "position inique" dans laquelle étaient placés les étudiants du Département obligés de faire ces 53 heures de queue alors qu'ils s'étaient inscrits comme toi à une formation payante de FLE chez nous.

— …

— En tant qu'indigène blanche et occidentale, sache que je ne me sens absolument pas envahie aujourd'hui par les Huns, mais mon problème, c'est que ceux avec lesquels je négocie l'ouverture du guichet délocalisé de la Préfecture sur le campus, eux, si.

— …

— Et encore, ils sont de vraies têtes pensantes, ces fonctionnaires-là, comparés à tous ceux qui vous reprochent de piquer le pain et le boulot aux Français.

— …

— Ces fonctionnaires sont à jamais prisonniers de l'aura terrifiante d'Attila. Les Huns faisaient tout à cheval. Ils dormaient à cheval. Ils se nourrissaient à cheval avec de la viande crue ramollie entre la selle et les poils de la bête *Les yeux tournés vers la terre* Les Huns refusaient de monter la femelle du cheval *Regard sévère de la Valsini sur la forme debout* Mais qu'est-ce… Mais que se passe-t-il ? Tu ne te sens pas bien ? Tu veux boire un verre d'eau ? Est-ce que tu veux t'asseoir ?

— …

Joséphine arrange sa chaise. Étrangement, être assise ne change rien. Un état général très médiocre a commencé à l'envahir. C'est le froid sur l'esplanade qui agit sur elle. Le quignon de pain, le bout de fromage emballés la veille au soir dans la cuisine de Madame Dabritz n'ont pas suffi. Sa vision se floute. Pour lutter, elle se raccroche au fait qu'elle a obtenu un rendez-vous pour février 2002 pour sa carte Vie Privée Familiale, ce qui est, en soi, une victoire. Et puis comme elle n'en est pas à sa première montagne franchie, elle attend en silence que ça passe. Elle attend que le froid passe.

— Quel mystère, tu fais, Joséphine. Tu as passé une mauvaise nuit ? Tu n'as pas déjeuné ce matin ? Tu es malade ?

— …

La Valsini se lève. En même temps qu'elle est debout, elle montre à Joséphine les deux chemises en papier qui sont posées devant elle sur son bureau.

— Deux documents qui ont été réalisés à la Préfecture et qui ont été rangés dans deux dossiers différents avec deux numéros de dossier différents.

— …

— Je crois que tout est clair, maintenant, entre nous ?

— …

— Ah, tu ne sais pas ? La bonne plaisanterie !

— …

Les yeux tournés vers la terre Le grand froid de l'esplanade du Nord est tout à fait chez lui maintenant chez la Valsini. Il vient de la nuit. Il vient de la nuit de l'esplanade. Il était passé entièrement dans le corps de Joséphine, et maintenant, il règne en maître dans la pièce. Il règne en raison des difficultés économiques de la Présidence qui se bat avec le service technique pour que les radiateurs fonctionnent. Le froid fige tout. La Valsini. Joséphine. Le bureau. Les deux chaises. Le parking.

— Un froid épouvantable, ça veut dire, en ce qui me concerne, c'est-à-dire en ce qui concerne mon bras de fer avec la Préfecture sur la question du guichet délocalisé, que tous on nage en plein désastre *La Valsini se frotte les bras* Un guichet délocalisé, c'est un bâtiment de la Préfecture qu'on installe hors du bâtiment de la Préfecture. Pas la peine d'en dire plus, on ne l'obtiendra pas pour le campus. Qu'en penses-tu, Joséphine ?

Devant le silence de Joséphine, après l'invasion des Huns, la Valsini décide de changer de sujet. Le froid des radiateurs l'inspire différemment. Elle va raconter l'épopée de la Bérézina au pâle fantôme boiteux assis sur la chaise en face d'elle. Au matin, l'Empereur donne l'ordre de détruire le pont construit en toute urgence pendant la nuit sur la Bérézina. La Bérézina est une rivière en crue tumultueuse, glacée, bordée de traits et d'ombres noires. Les traits et les ombres noires, c'est tout ce qui reste de la Grande Armée au bord de la Bérézina. La situation est désespérée L'aube russe aura raison de l'Empire. L'ennemi, ce sont les Cosaques. De terribles cavaliers. Presque des Huns. Des champions de la guérilla qui excellent à tuer. Des portraits de Napoléon circulent. Le désastre est si grand que la capture du grand homme est certaine.

XX

La forme assise commence à discerner dehors, par la fenêtre, au-delà du parking, derrière les peupliers, une sorte de ligne un peu trouble. Un horizon brouillé qui se masse au-dessus d'un sommet très pointu de montagne au pied de laquelle roule une rivière-torrent méchante, peut-être celle dont parle la Valsini dans le froid du bureau. Les lignes cassées, rugueuses, des pentes de la montagne sont presque visibles depuis l'intérieur de la pièce, et ensuite, c'est l'eau qui bouillonne toute noire, et encore ensuite, c'est la plaine blanche, plaine blanche après plaine blanche. Napoléon est un type fini au bord de la plaine blanche. En dépit des bulletins de victoire, les guerres de conquête, à terme, ça donne toujours que de la merde, même la blitzkrieg en 1940, ça a été de la merde pour les salopards qui ont cru tenir la victoire à l'époque, mais ça, tout ça, la forme assise n'y songe pas en face de la Valsini, elle songe juste que dans la situation où elle est, il suffit d'attendre que la convocation passe pour que la montagne du moment disparaisse avant la prochaine qui prendra la place car, personnellement, c'est plutôt montagne après montagne que plaine après plaine pour elle. Dans le bureau froid, la Valsini raconte que le pont qui va sauver les ombres de la Grande Armée est une prouesse d'ingénierie inouïe. Il a été bâti en une nuit sur le gué de Stoudianka par un ingénieur qui s'appelait Éblé et dont l'histoire raconte qu'il est mort d'épuisement à la tâche. Il a été construit par-dessus une rivière en crue large de 100 mètres à 75 km à l'est de Minsk et tout se passe du 26 au 29 novembre 1812. Plus que 13 jours, et cela fera presque deux siècles que la défaite de la Bérézina a eu lieu. Tu entends,

Joséphine ? Depuis des jours, continue la Valsini, travestis en colporteurs, des agents missionnés sillonnaient la plaine en chasse de renseignements, visitaient les villages, tentaient d'établir des contacts avec les brutes épaisses qui étaient seules en mesure de survivre dans ce bled glacé de la Bérézina *alias* Russie Blanche, 40 % de forêt primaire irradiée par 400 × Hiroshima en 1986 *La forme assise face à la Valsini regarde par la fenêtre* Heureusement, à l'époque de la Bérézina, les agents cheminent sans craindre ni radiations ni KGB entre les arbres dénudés. Zéro araignées géantes encore. Zéro loups aveugles. Zéro bouleaux boules sans feuilles. Zéro animaux frémissants prospérant dans la forêt irradiée. À tout prix, les agents doivent trouver une solution pour sauver l'Empereur, si possible aussi, la Grande Armée, le reste, la population civile qui les accompagne, femmes, enfants, épouses, domestiques, vivandières, cuisiniers, ingénieurs, comédiens, on ne sait pas pour eux, ni une priorité militaire, ni une priorité économique, ça s'appelle un dégât collatéral, explique la Valsini *Un torrent glacé et marécageux roule entre la Valsini et Joséphine L'eau fait un bruit énorme en s'écoulant en accord avec les glouglous des radiateurs* Le paysan buvait. Tassé aux côtés d'une créature, le paysan buvait. L'agent l'avait tout de suite repéré en poussant la porte du saloon russe. Difficile de repérer dans ce corps affaissé revêtu d'une énorme pelisse qui semble mi-tricotée mi-tissée un partisan clandestin du Prince Liberté mais l'agent connaît son affaire. Pour "approcher", il y a des protocoles. Éloigner les créatures, toutes les créatures, susceptibles de donner l'alerte, par exemple, celle qui est assise en ce moment même aux côtés du paysan. Le visage de la créature est recouvert de croûtes dégoûtantes. La créature inquiète l'agent. Qu'est-ce qu'une femme même hideuse, même descendue tout en bas d'elle-même, et encore plus bas même, si c'est possible, peut faire dans un endroit pareil ? C'est peut-être une prostituée abîmée par une vie épouvantable ou une anarchiste engagée dans l'activisme militant au service du peuple russe qui aurait mal tourné en préparant la révolution à venir, comment savoir ? Le paysan parle un peu. Lui et sa famille, ils avaient à eux qu'une seule bête. Et la bête est morte. Le paysan s'est endetté lourdement pour racheter une autre bête. L'agent écoute avec attention le paysan, médusé qu'il est par les croûtes qui étoilent le visage de la femme qui est toujours assise à ses côtés. Chaque croûte dégoûtante semble un œil pour l'agent. La bête est une femme. Or, on doit tout craindre d'une femme, surtout quand la vie a fait d'elle une bête, c'est-à-dire une femme qui n'a plus rien à perdre *Coup d'œil de la Valsini sur Joséphine* Une affranchie ou un débris, l'avenir le dira, bon, espérons le plus tard possible, quand je me serai tiré du saloon, angoisse l'agent. Нам нужно идти, finit par déclarer l'agent au paysan avec une voix douce, pour accélérer la transaction. La douceur de la voix qui parle au paysan, tu l'imagines, Joséphine ? Yeux mi-clos au milieu de toutes les croûtes, la créature regarde l'agent. Le paysan livre l'emplacement du gué de la Stoudianka. Un murmure. Un mince filet. L'agent sort de dessous sa pelisse un portefeuille, mais, finalement, chez lui, la cupidité est plus forte que la peur et il paye moins que prévu. Le paysan prend l'argent, il compte, il lève un œil sur la crapule en face de lui mais il ne saute pas sur elle pour l'étrangler à mains nues. La créature lève un sourcil, se gratte une croûte. Et puis elle se gratte une deuxième croûte. Enfin, elle se gratte l'aisselle. Elle semble se concentrer sur ses deux mains qui sont comme deux pattes posées sur la table. К черту éructe pour finir la créature en direction de l'agent. La créature parle d'or. Peut-être qu'elle a jeté un sort à Napoléon ? L'agent sort. Dehors, la neige et le vent fondent en avalanche, sombres jours, il neige, il neige toujours. Ouf, Napoléon est sauvé. La porte du saloon se referme *La Valsini s'agite* L'agent galope dare-dare sous les cimes feuillues puis Napoléon commande dans l'urgence à Éblé un pont pour franchir la rivière sur ce gué inconnu des Cosaques qui guettent. La nuit durant, les restes de la Grande Armée passent la Bérézina. À l'aube, Napoléon ordonne de faire sauter le pont mais auparavant, grand prince, il a accordé quelques heures, quelques heures terriblement insuffisantes, au reste qui attend dans l'ombre glacée. Des milliers de femmes, d'enfants, de blessés, attendent le signal pour franchir le gué, tandis que la crème de la crème de la Grande Armée galope déjà de l'autre côté de la rivière en crue. Tout. S'arrête. À. La. Bérézina. Hier la Grande Armée et aujourd'hui Troupeau. Des masses noires. Des trous de ténèbres. De-mor-tels-blocs-de-gla-ce-s'entre-choquent-violem-ment-dans-la-ri-vière.

Tous, le rebut qu'ils sont, tous les petits points noirs étoilés, tous, ils sont prêts à s'élancer. "C'est la Bérézina", ça désigne tout ce qui va se passer à ce moment-là.

Napoléon est déjà loin. Emballé dans une caisse de voiture en planches de sapin assemblées à la hâte, il glisse à grande vitesse sur la neige. Il faut dire qu'on a proclamé la nouvelle fausse de sa mort à Paris-Centre. On lui fait le coup à chaque fois à l'Empereur. La voiture-traîneau est bien déglinguée quand, incognito, Napoléon finit par toucher Varsovie.

Une servante polonaise s'essouffle. Elle fourrage dans l'âtre. Elle fait du feu avec du bois vert. Dans toute cette fumée épaisse, un homme entièrement recouvert d'une énorme pelisse fait les cent pas. Une étoffe verte imprimée de magnifiques brandebourgs en or habille cette pelisse. Tête coiffée d'un capuchon haut et bottes enveloppées de fourrures. C'est lui, le Tyran de l'Europe. Pour l'instant, le Tyran de l'Europe n'a pas chaud-chaud en dépit de sa pelisse de luxe, tout comme Joséphine sous son petit blouson frissonne dans le bureau froid de la Valsini. Il fait sacrément frisquet à Varsovie en novembre, s'étonne Napoléon. Napoléon attend avec impatience le bol de soupe qu'il a commandé pour son souper. Napoléon a aussi fait réveiller en pleine nuit celui qui tient le rôle de correspondant français en poste dans le bled car il déteste s'alimenter seul. Et il lui faut aussi toujours, c'est la règle, de la vinasse chambertin pour accompagner son repas. Le chambertin, c'est du bourgogne très cher. Si on veut connaître le goût de la victoire qu'avait en bouche le Napoléon des Marengo, Austerlitz, Iéna, Friedland, Wagram, boire un bon vieux chambertin hors de prix est la bonne manière. Désolé, le correspondant est vraiment désolé, mais là, tout de suite, à Varsovie, pardon, il est tard, le correspondant n'a pas à disposition de bouteille de chambertin qu'il pourrait proposer à l'Empereur. Napoléon est déçu. La conversation entre les deux hommes a tout de même lieu. Elle roule sur les chevaux cosaques. Les chevaux cosaques résistent aux températures les plus basses. Leurs sabots sont naturellement petits, durs, pointus. Avec leurs sabots, ils grattent jusqu'à 3 mètres sous la neige pour retrouver l'herbe congelée en dessous. Les spécialistes disent qu'ils sont de la même souche asiatique que les chevaux montés, dans l'ordre, en leurs temps, par Sarmates, Alains, Huns, Avars, Khazars, Petchenègues et Coumans. Ils sont aussi un mixte pas stabilisé de races karabakh, kabardin et donskoï, peut-être aussi de prjevalski, le cousin mongol de l'ancêtre du cheval moderne, Napoléon mélange un petit peu tout dans son enthousiasme pour les montures cosaques qui lui fait oublier la torpeur sopo de son commensal correspondant. Ces bêtes viennent des steppes qui filent à droite de l'Oural, un grand massif montagneux bien connu des géographes, les steppes sont d'immenses étendues herbeuses qui conduisent jusqu'au bout du monde connu, et, là-bas, les chevaux sont considérés comme des hommes libres. Qu'en dites-vous Monsieur le Correspondant ? demande Napoléon pour la forme *petit gorgeon de vinasse polack* Mais Monsieur le Correspondant n'en dit rien. Monsieur le Correspondant a sommeil. La vérité, c'est que Monsieur le Correspondant se fout complètement des canassons, des canassons cosaques en particulier, de tous les canassons en général, et puis, il n'a pas compris ce qu'étaient devenus tous les Français partis pour suivre la Grande Armée poursuivis justement par tous ces canassons cosaques au poil dru pas dru c'est pas tout à fait le problème, pense-t-il malgré tout en dépit de sa fatigue, dans la plaine blanche, c'est pas grave, l'Empereur est fatigué, on verra demain.

Aujourd'hui, les soldats de l'Opération "Infinite Justice" en Afghanistan sont incomparablement mieux équipés que les soldats de la Grande Armée. Drogues. Aviation militaire. Drones. Lunettes de vision nocturne. 200 hommes des Royal Marines Commandos. 300 hommes des Special Forces. 100 hommes des Deutsche Special Forces. Jospin a fourni le *Charles de Gaulle*, un pétrolier ravitailleur, un sous-marin, et un aviso en mer d'Arabie.

Maintenant, Joséphine, assez discuté de tout et n'importe quoi. On attendra plus tard que cette guerre en Afghanistan tourne à la déroute comme la campagne de Russie il y a plus de deux siècles. Pour le moment, je vais aller droit au but avec toi.

XXI

— Tu as déposé deux dossiers à la Préfecture.
— Non, non, *fait la tête de Joséphine*

Comment ça "non, non" ? Tu te fous de ma gueule ? Tu n'as pas déposé DEUX dossiers à la Préfecture, peut-être ? Malheureusement pour toi, j'ai les preuves de ce que j'avance *La Valsini frappe de ses deux mains sur le bureau* Pas étonnant que tu aies fait la queue trois jours, trois nuits, Joséphine, devant la Préfecture. La belle connerie de ta part de déposer deux dossiers ! Comme si changer d'identité en ouvrant un nouveau dossier, c'était intelligent par les temps qui courent. Ces deux dossiers que tu as déposés à la Préfecture témoignent d'une extravagante connerie. La tienne ! Je me demande si tu lis les journaux. C'est une consigne qu'on donne aux étudiants du Département d'acheter le journal tous les jours et d'en lire ce qu'ils en peuvent tous les jours. Parce que quand on court un peu, tous les jours, tous les jours, on court un peu plus ? *Général Valsini marche avec rage le long de son bureau gris* Et moi, moi qui avais parlé de toi à la Présidence et à la Préfecture. Trois nuits à camper comme une pauvrette sur cette affreuse esplanade de la Préfecture du Nord pour obtenir un récépissé ! Les étudiants du Département, c'est 300 légaux. Mes services évaluent à une petite cinquantaine le nombre des irréguliers qui se dissimulent parmi ces 300 légaux. Nous devons traiter ce nombre. Je ne te demande pas de me donner des noms *Silence* Je te demande simplement si tu es au courant qu'ils existent *La Valsini regarde fixement le haut du crâne de Joséphine* Il y a qu'il faut que je trouve une solution, Joséphine.

Tu sais qui c'est notre préfet ? Tu as déjà entendu parler de lui ? *Général Valsini retourne s'asseoir* "Dabritz." Pourquoi ce nom, Joséphine ? Pourquoi te faire appeler "Joséphine Dabritz" sur ton dossier de demande pour la Carte Vie Privée et famille ? Tu ne t'es pas mariée avec le crevasson de fils de la secrétaire, j'espère ? Tu avais tous les noms possibles à ta disposition et tu as choisi le nom de famille d'une vulgaire petite secrétaire comptable responsable Admissions et Scolarité. Vous êtes de mèche ? Qu'est-ce que tu crois ? La Dabritz, elle va payer pour ça. Tu m'écoutes ? Tu as déposé successivement DEUX dossiers, un dossier pour une carte de Vie Privée et Famille (VPF), un dossier pour une carte de séjour temporaire mention "étudiant". Tu pensais bêtement que tu mettais deux chances de ton côté, sans songer qu'en faisant comme ça que tu te carbonisais. Car, comment croire que tu viens direct de l'étranger pour apprendre le français dans le Nord, si tu prétends dans un autre dossier que tu habites dans le Nord depuis 12 mois, avec ton mari ? *La forme debout qui s'appelle Joséphine bouge* Comment vous faisiez au début pour faire crac crac, le mari et toi ? Par gestes, par signes ? En petit chinois ? Un mari dont je me demande bien s'il existe, vu que tu as pris le premier nom de famille qui passait, celui de la secrétaire ! Tu as déposé à la Préfecture du Nord deux dossiers différents sous deux identités différentes. C'est d'une bêtise abyssale, Joséphine. Et le printemps qui approche. Tu sais ce qui se passe ce printemps dans ce pays ? *La Valsini veut en finir* Je déteste la fausseté, Joséphine. Je déteste les transfuges déguisés en héroïnes de mauvais roman *Chevelure rousse* Je peux te dire que tu es foutue dehors ou alors que ça va arriver très bientôt pour toi. Fraude à l'inscription, ça s'appelle. La Sécurité sociale, c'est fini. Les études, passeport pour l'avenir, c'est fini *Chevelure* Je t'avertis que les choses vont commencer à aller mal, Joséphine. Une série de sanctions pénales et administratives est sur le point de s'abattre sur ta tête à toi, toi, Joséphine, toi qui te croyais surhumaine à l'administration française *Chevelure* autonome face aux règles, face à toutes les règles, mais tu avais tort. J'ai le regret de te le dire, mais tu peux désormais faire tes bagages pour retourner là d'où tu viens, Joséphine, porte ou fenêtre, ça m'est égal.

XXII

L'ordre règne dans le bureau de la Valsini. Les chaises. Les radiateurs froids. Les murs. La fenêtre. La peinture grise. Tout le reste a disparu. La montagne. La rivière. La forêt. Le bordel sans contours avait laissé place au gris sans ombres. Joséphine avait ramassé son sac, la petite peluche accrochée à l'anse avait balancé un instant dans le vide, et puis elle avait disparu elle aussi. Par la porte.

Pendant un petit moment, le regard de Madame Valsini avait erré dans le bureau. Vers le haut. Vers le bas. À cette occasion, ses yeux avaient rencontré la petite poubelle qui l'accompagnait au ras du sol depuis des années, depuis qu'elle avait eu le droit d'occuper ce bureau solitaire en devenant responsable pédagogique, depuis qu'elle avait reçu la jouissance exclusive de ce mobilier de bureau solitaire, dont elle, la petite poubelle.

Avec soin, Madame Valsini avait rangé tout son matériel de convocation dans les tiroirs. Tout était net. Après, elle avait grignoté une petite barre de céréales et elle s'était plongée dans son agenda. Sans fléchir, elle avait passé l'épreuve de la garden-party, l'épreuve de la réunion dans le petit bureau ovale, l'épreuve des trois convocations. Il était midi et on était bien le 13 novembre 2001.

BLANCHE

Elvis amoureux
de sa voix
S'empara d'Écho
oh la démembra

I

Blanche s'était laissée tomber sur son canapé au bord du gouffre. Et maintenant, elle croupissait devant des images fumantes qui alternaient en rafales avec des plans aériens de la ville.

Le grand incendie de la Tour n° 1 avait commencé.

Tout semblait voué à se carboniser.

Une odeur de ce qu'on peut imaginer au cours d'un incendie de la Tour la plus grande du monde au moment où la bouche rouge d'une présentatrice télé indique en direct que "40 000 personnes" sont enfermées au-dessus des étages explosés par "l'impact".

Et, au-dessus de la tête de Blanche, qui s'anéantit dans l'apocalypse en dur, en vrai, avachie sur son canapé, Président Bush vole, assis dans un siège d'avion fuselé. L'avion est spécial. Il peut se faire ravitailler en plein air, voler sans discontinuer pendant un tiers du tour de la terre. Il est presque aussi bien équipé que le carrosse spécial de Napoléon qui s'est lourdement fait rapiner autrefois à Waterloo.

"President Bush is survoling Nebraska in his Jet invisible special The protocol of survival My GOD" Quand la bouche rouge de la présentatrice articule "A-TO-MIC", fortement, Blanche frémit :

— Nooooon Non Non Ce n'est pas possible *oh my god oh my god oh my god psalmodie la bouche rouge à l'écran BÂM Un avion*

UN AUTRE tape la Tour n° 2 en direct Oh Non ! PAS POSSIBLE *crie Blanche*

Les feuilles des arbres rougissaient.

C'était l'automne.

Par la fenêtre, tout en mangeant un yaourt comme une petite vieille pour récupérer, Blanche voit que du noir tourbillonner au loin.

II

Là-dessus, elle avait dû faire face à une épreuve presque aussi immensément pénible. Après le black-out complet des communications téléphoniques, des voies de communication internes et externes à la ville, dans le tombereau de messages de soutien, de consolation, d'horreur, d'incrédulité et d'angoisse qu'elle avait reçus de l'autre côté de l'Atlantique, elle avait très vite repéré celui qui lui annonçait, sans émotion apparente, qu'elle avait été finalement choisie pour effectuer des vacations dans le Département de FLE de l'université du Nord, Région Nord, de l'autre côté de l'Atlantique. Une telle "opportunité" ne se représenterait pas deux fois en ces temps de cruelle pénurie de postes pour des gens comme elle et elle avait pris son courage à deux mains et décidé de rentrer pour terminer un travail de large ampleur entamé sur Mallarmé, un poète dont elle aime beaucoup la poésie. Pour Blanche, il était temps de rentrer. L'Amérique, c'était fini. "Pour moi, et aussi pour un sacré nombre de personnes", s'était-elle dit pour aller à la pêche au courage qui lui manquait cruellement pour survoler les 6 000 km d'Atlantique et de terres émergées jusqu'au Nord de la France, Région Nord.

Maintenant, Blanche doit très prochainement embarquer dans un avion identique à ceux qui viennent de se faire exploser sur les deux Tours, Pentagone, terre dure. Elle regarde son billet : elle est programmée dans le vol AB***1219 qui doit décoller à 10 h 57, ce jour du 12 octobre 2001, 32 jours après la Catastrophe. Elle tousse. Elle blêmit. Elle se met en route, c'est-à-dire qu'elle commence à se traîner très lentement le long d'un tapis roulant qui semble en panne tellement il avance pas. Il y a des papiers par terre et, le long du tapis roulant, des plantes en plastique vert qui semblent mortes. Autour d'elle, la lumière est jaunâtre. Cet aéroport, c'est une décharge, pense-t-elle, et à la pensée qu'elle va bientôt devoir décoller de cette décharge à bord d'un avion A300B4-605 immatriculé N84054, 4054 propulsé par des moteurs General Electric CF9-76G2A4, elle n'a qu'une envie : vomir. Elle regarde autour d'elle. Cette atmosphère de décharge, c'est plus actuel que la vieillerie lyrique, c'est certain. Tout ça, qui gazouille dans de la lumière d'or, soleils couchants, bruyères en fleur, trou de rivière, haillons d'argent, qu'est-ce qu'on en a à foutre maintenant ? Blanche pose un regard vide sur la plante en plastique mort qu'elle vient de dépasser sur un tapis roulant qui roule à la vitesse d'un escargot malade. Au-dessus du végétal éternel, l'écran des vols en partance envoie des signes. “Bientôt ! Bientôt !” Elle détourne le regard et elle avance car elle est bien forcée de continuer à avancer.

Dans ce décor d'aéroport, tout semble péniblement se survivre. Blanche regarde autour d'elle et tout ce qu'elle voit fait signe vers un véritable effondrement de l'intérieur. Tout est encore debout mais, en réalité profonde, tout a explosé en milliards de débris. Tout l'espace est sacré. Fonte. Béton. Cadavres. Vapeurs. PVC. Tout ça lui est rentré dans le corps. Blanche tousse. Elle se dit que tous, comme elle, sur le tapis roulant, sont incorporés de Ground Zero et glissent sans retenue vers l'avant avec Ground Zero en eux en toussant à l'intérieur d'eux-mêmes. Et tous, ils vont survoler l'Atlantique incorporés comme ils sont. Blanche lève les yeux au ciel tout en continuant de glisser au ralenti vers le décollage, une main posée en apparence tranquille sur la rambarde qui glisse elle aussi en accord avec le tapis roulant. Elle regarde. Au-dessus d'elle, c'est le volume vertical et étagé du Terminal Europe.

III

Elle est allée au bout du tapis roulant et elle s'est arrêtée devant un tas de cadavres de bouteilles d'eau. Elle est à l'arrêt. Immobile, elle a fait la queue pour montrer son passeport à une hôtesse aux yeux soulignés d'immenses cernes de fatigue.

Maintenant ça repart.

En même temps qu'elle avance, elle aperçoit au loin les portiques de sécurité. Leurs silhouettes de monolithe gris argenté insinuent qu'est peut-être enfouie, dissimulée en elle, une arme de petite taille type lame de rasoir, cutter, ou aiguille. Et c'est vrai, quand elle y pense, que quelque chose d'aiguisé, petit, petit, pourrait reposer là, dans ce repli le plus secret de son corps, comme, par exemple, disons, au hasard, une épingle à nourrice ? “Je déconne complètement”, se dit-elle. Et elle continue à avancer, toujours la mort dans la tête, en direction des portiques. Elle songe à un stage d'anti-arachnophobie dont elle avait entendu parler quand elle était étudiante en Allemagne à l'université Karl Marx-Uni-Trier sur les bords ondoyants de la Moselle, un concept progressif terrifiant dont le clou était de se retrouver allongée nue avec quelques araignées domestiques vivantes disposées artistiquement sur le corps pour apprendre à vivre en contact physique avec elles. “J'y suis maintenant.”

Pas mal d'entraînement aurait été requis en amont pour qu'elle y arrive, avec la seule pointe d'une épingle à nourrice, à éborgner une hôtesse du vol AB***1219, si elle avait dû s'y coller franchement, au concept progressif terrifiant du crime en vogue aujourd'hui. “Pour s'habituer aux araignées du présent, ces inhumanités de froids assassins, je ne vois qu'une seule solution d'ordre psychique : faire semblant d'en devenir une.”

Bondir. Le bras tendu en prolongation de l'aiguille. Tac. Tac. Tac. Sur la zone cible perforée. Carotide. Shuto. Toute ta main fait l'araignée sur le visage de l'hôtesse. Et ça y est. Le Styx est traversé, L'hôtesse du vol AB***1219 est perdue.

Tout en faisant la queue, Blanche s'imagine en toussant remonter la bande et repasser lentement de l'autre côté. De l'autre côté de l'Atlantique. De l'autre côté de l'araignée. De l'autre côté de la vie. De l'autre côté de la mort.

Ça y est.

Elle y est.

Elle est à la défense.

C'est elle que l'araignée va attaquer maintenant.

Dans un avion, très peu d'espace. La péripétie fantasmée est délicate. Mais elle ne lâche pas. Elle s'y colle avec acharnement. "Je rends hommage aux victimes."

En uniforme d'hôtesse, dans son avion imaginaire, Blanche trottine sur de petits talons rouges et allègres. Au niveau des seins, elle porte un plateau sur lequel elle a disposé mentalement une micro-bière en canette et un sachet de cacahuètes. La micro-bière en canette, c'est pour un voyageur de la bisness qui se trogne tout ce qu'il peut et qui a déjà commis trois gestes déplacés envers ses collègues femmes, Mentalement, Blanche se cale aussi sur les fesses un petit bouclier invisible. Un coussin péteur ? "Qu'il essaye voir, un peu, ce connard, ce gougnafier de sa mère, de me toucher le cul ! C'est lui qui va se la prendre dans l'œil l'aiguille de l'épingle à nourrice !"

Mais le globe de l'obsédé éclate comme un fruit mûr un peu trop tôt dans le fantasme, Blanche n'a pas le temps de se mettre en garde contre l'agresseur véritable, le costaud, qui se pointe dans l'allée. Plateau bien tendu, elle sursaute. Une forme noire, énervée, bancale, avec du kaki aussi comme couleur, cette forme, elle ne sait pas où, a surgi là, dans la travée entre les sièges, et réclame. "Encore un dingue ! Encore un dingue à gérer ! Marre de ce boulot, où il faut gérer des dingues à 15 000 pieds pour un salaire de merde !" *dzouing dzouing* La forme noire vachement excitée hurle des paroles incompréhensibles. "Et en plus, il va falloir rester polie, pas grogner, pas crier, pas taper", se dit Blanche qui tient mentalement son plateau imaginaire beaucoup moins droit dans la file qui piète devant les portiques. "C'est inter-mi-na-ble."

Blanche redresse son plateau et esquisse sur ses lèvres un début de sourire commercial en direction de la forme noire qui gigote en continu devant elle, en même temps, pour se donner du courage, elle pense à sa prime de fin de mois. Si seulement ! Oh mais non, elle n'a pas le temps de penser à sa prime imaginaire de fin de mois, Blanche, pas le temps de redresser son plateau non plus ou d'ébaucher un sourire commercial quelconque, pas le temps même de tousser... Seul son petit cœur, dans l'horreur, se trempe, et c'est pour le pire. Deux mille fois plus rapide qu'un stimulus visuel en cours de reptation immatérielle sur un nerf optique tout ce qu'il y a de plus banal, la forme noire, vague greffe d'Iznogoud et d'inconnu, saute en l'air et lance son bras en avant en direction d'elle. L'araignée pointe sa minuscule aiguille, coupe, et transperce. C'est l'estocade de l'araignée noire de l'inconnu qui vient de s'enfoncer dans la tête de Blanche. Elle panique. "Dans mon globe, l'aiguille s'enfonce."

Blanche suspend l'action en balayant d'un revers mental farouche le fantasme de la forme noire araignée qui hurle des choses dans une langue incompréhensible. Peine perdue. L'action reprend sauvagement dans l'avion imaginaire. La forme noire enfonce l'aiguille dans son œil. En artiste escrimeur. Bras gauche tendu avec élégance en arrière, Blanche entend aussi un bruit de plastique mouillé, à mi-chemin entre beurre et plastique mouillé *sssssss*, *fffffff*, *pif*, *paf*, et l'aiguille éclate le globe, perce la pupille, s'enfonce, s'engloutit dans la pupille, continue sa trajectoire, vitesse impériale, vitesse de propulsion maximale, vitesse de la mort qui tue, et qui tue. Dans sa tête, elle hurle. Elle hurle à destination de tous les voyageurs, qui hurlent en réponse. Tous, ils vont y passer. Tous ! Elle hurle aussi à destination du monde entier contre cette forme noire, maléfique, étrangère, qui interrompt si injustement, si férocement, sa vie. "Noooooooooon !" Blanche hurle mentalement le plus fort qu'elle a jamais hurlé dans sa vie. "La forme noire ne me volera pas mon cri !"

Son hurlement fait trembler la carlingue de l'Airbus, fruit d'une collaboration entamée après-guerre entre un paquet de constructeurs européens, croit-elle vaguement se souvenir dans la queue à l'arrêt devant les portiques de sécurité. L'hôtesse imaginaire fait de très grands moulinés avec ses deux bras, à moitié affalée comme elle est déjà, la pauvre bête trottinante en talons rouges qu'elle n'est plus, touchée à mort, sa jambe gauche tordue sous elle, à moitié déjà affalée sur la moquette qui tapisse de tout temps, depuis sa fabrication dans un hangar de mécanique aérospatiale basé, Blanche ne sait pas où, en Europe ? le plancher du coucou Airbus, qu'elle hait plus que tout, plus même que la forme noire qui la tue en gigotant avec une férocité incroyable.

Concrètement, elle ne voit plus rien. Qu'est-elle en train de devenir de l'autre côté du noir ? Qui est-elle devenue de l'autre côté de son œil crevé ? Elle devine, suspendu, le plateau retourné qui saute en l'air, les cacahuètes qui sautent aussi, la microcanette en arc-en-ciel, tout fait *pschitt*, nuage de cacahuètes salées, les cacahuètes sont ivres, elle sent que, rendues ivres par l'intense degré de crapulerie terroriste qui caractérise ce crime immonde dont elle est la victime, misérable, elle, Blanche, innocente, spécialiste de la réception de Mallarmé dans le Nouveau Siècle, salut, qu'elle pense, Blanche, cette écume, vierge vers

Elle meurt.

Elle regarde autour d'elle. Tout le monde avance autour d'elle. Pas question de rater l'avion. Elle actionne le muscle de sa cuisse en avant toute, pour embarquer Direction Fin des haricots au-dessus de l'Atlantique.

IV

Si Blanche avait voulu vraiment s'en sortir contre sa forme imaginaire, elle aurait dû travailler en amont les techniques de survie qui correspondent à sa personnalité profonde. L'autre nom pour la personnalité profonde, c'est "personnalité cryptique". Les traits typiques de la personnalité cryptique sont des caractéristiques archaïques anciennes qui ont été judicieusement formalisées en profil animal de traditions venues droit direct d'Asie.

Et c'est ainsi qu'approximativement, Blanche, avec ses petits talons rouges d'hôtesse qui trottinent, peut être évaluée à 65 % rat, 20 % singe, 15 % tigre, alors qu'elle se considère plutôt dans la vraie vie à 50 % singe, 35 % tigre et 15 % rat : on doit cette mauvaise évaluation à sa formation littéraire qui a tendance à augmenter dans le mental des qualités héroïques largement sous-estimées dans la vie courante. Et c'est pourquoi les réactions défensives des personnes du type de Blanche sont très souvent inappropriées en cas d'affrontements, de luttes physiques, parce que leur volonté fantasmée les jette dans le combat avec un corps en grande contradiction avec leur personnalité profonde et cryptique. Mais c'est trop tard. Blanche est obligée dans son avion imaginaire de se battre en tigresse mentale alors qu'elle est seulement dotée de réflexes de rate et de guenon, et donc, elle fait n'importe quoi, elle tente de se jeter en avant, par exemple, avec son œil crevé, contre la forme noire déchaînée alors qu'elle aurait dû s'agripper à sa cheville en primate évoluée et le mordre en rongeuse aux dents aiguisées afin qu'il perde l'équilibre, pour lui arracher juste après la carotide avec ses ongles.

Le 22 décembre 2001, 93 jours après la Catastrophe, Richard Colvin Reid a pourtant trouvé beaucoup plus fort que lui : deux hôtesses de l'air, bien réelles, elles, cette fois. Alertée par une légère odeur de brûlé, Hermis Moutardier croit tout d'abord en la présence d'un fumeur contrevenant, un pauvre tox moderne qui essaye de cloper la tête plongée entre ses genoux. Elle se rapproche, courroucée. Elle comprend très vite qu'il s'agit d'autre chose. Son sang ne fait qu'un tour et elle se jette sur lui. En retour, Reid, 90 kg, 1,93 m, la balance puissamment en arrière. Hermis Moutardier hurle. Cristina Jones débarque. Du haut de ses talons, elle se jette à son tour avec puissance sur Reid qui répond avec une volée de coups en grognant férocement. Un voyageur, parmi tous les autres, est frappé au cœur par ces grognements inhumains qui retentissent dans toute la carlingue. Par la suite, ces grognements le hanteront tous les soirs, pernicieusement, au crépuscule. Reid se débat violemment contre les deux femmes et il arrache le pouce de Cristina avec ses dents. Quelle force brutasse de mâchoire cela exige d'arracher un pouce humain avec ses dents, même un pouce de femme, plus fin, plus doux, plus flexible ? Reid croque dans le pouce. Du sang. Du sang. Du sang. Tout le monde crie. Heureusement, Hermis Moutardier, en guenon habile et rusée, qui semble posséder comme un étonnant temps d'avance sur le drame en cours, a l'idée lumineuse de balancer de la flotte sur les chaussures du monstre. Ensuite, un simple coup d'extincteur et une seringue sédative ont raison de cette bête sauvage qui avait perversement trafiqué ses pompes en vue de commettre un massacre épouvantable.

Or, il pleuvait ce jour-là sur la ville et il s'était passé que la pluie et la transpiration des pieds du monstre avaient humidifié le lacet-mèche relié au détonateur situé sous le talon de la chaussure gauche de Reid.

Le 12 octobre 2001, quand Blanche touche enfin aux portiques de sécurité après avoir fait longuement la queue, manquent donc encore deux mois pour que tout change au niveau des pieds dans les aéroports, et tout ça à cause de l'ignoble Reid. Dans deux mois, une voyageuse anonyme pourra s'inquiéter publiquement sans passer pour une farfelue de son désir de porter des chaussures de cyclistes en avion. "Est-ce que les cales métalliques sur les semelles vont faire sonner le portique à la police des frontières de l'aéroport ? Pour éviter des tracasseries, peut-être devrais-je laisser mes chaussures dans le bagage de soute et monter dans l'avion avec des tongs/espadrilles légères ?"

Oui, tout le monde trouvera tout à fait normal de se balader les doigts de pied à l'air dans les aéroports, tout le monde, excepté les mauvais coucheurs qui protestent à propos de tout, tout le temps, pour rien. Entre autres, ce particulier français, qui a adressé aux députés français une pétition citoyenne en ligne contre "tous ces contrôles tatillons" destinés "à faire du chiffre" qui encouragent les voyageurs à favoriser le train. Et, dans toutes ces chaussures contrôlées dans ce proche avenir du vol de Blanche, on trouvera énormément de choses suspectes qui voyageaient auparavant en toute clandestinité au ras du sol des aéroports et des avions. À la suite du 22 décembre 2001, dans des chaussures de voyageurs, on trouvera : des échantillons d'uranium 308, des circuits électriques, des batteries, 152 g d'héroïne enroulés dans du plastique noir, un nécessaire à maquillage, un smartphone démonté, et aussi de l'argent, beaucoup d'argent. Oui, tout ça, ça se passera au rayon "semelles". Semelles creusées. Semelles trafiquées. Semelles anormalement lourdes. Mais aussi, on interdira l'embarquement à des chaussures de tir modèle Ground avec laçage facile et semelles orthopédiques et anti-dérapantes, et aussi à des stilettos à talons pistolets qui sont comme des talons aiguilles de James Bond Girl kitsch dont le talon est moulé en forme de pistolet plus vrai que nature quoique d'un modèle ancien et démodé, peut-être un révolver Browning M1910 15 cm, dont un exemplaire coûta autrefois la vie à Paul Doumer, ancien président de la Troisième République, en France.

Avec 6 signatures au compteur, la pétition du mauvais coucheur anti-contrôles tatillons aéroportuaires pèse moins lourd que l'expérience qu'a faite cet autre voyageur à propos de ses chaussures quand il a été confronté à une brigade d'agents de la sûreté travaillant à l'Aéroport du Centre en France. Il s'était passé que ce voyageur avait rechigné à enlever ses pompes au moment de toucher au poste filtrage du Terminal 2B. Et il avait rechigné parce qu'on le lui avait demandé à lui, "aléatoirement" et "spécifiquement", *aléatoirement et spécifiquement*, … "Oh oh oh ! Comme c'est étrange, ce nouveau régime de vie qui combine le hasard et la prédestination à propos de mes pompes", s'était dit ce voyageur. Ce voyageur se posait des questions légitimes. Malheureusement il avait adressé ces questions légitimes aux agents de l'Aéroport du Centre avec un peu trop de vigueur, et, en réponse musclée, ces agents lui avaient collé tout un surcroît de contrôles de sécurité, comme le très fameux protocole Anti-Drogue qui consiste à retirer chaque objet du bagage cabine pour le contrôler à l'aide d'un moyen manuel de détection. Et, avec le temps que ça avait duré, malheureusement pour le voyageur, l'avion avait décollé. Mais aussi, dans la continuité, les mêmes agents avaient passé ses bagages au Ionscan, un procédé de surveillance très efficace qui détecte d'éventuelles traces d'explosifs, au cas où, en plus d'être trafiquant de came et mauvais coucheur, ce voyageur serait un terroriste.

Ah mais les chaussures, c'est rien, rien du tout, ou en tout cas pas grand-chose, en plus de la ceinture, des clefs dans les poches, des téléphones, des ordinateurs, des gels douche, des tubes de crème, des pinces à épiler, tous les instruments contondants, tout le reste. Blanche n'a pas de problème avec les procédures. Elle se rapproche des portiques de sécurité dont elle ne perçoit pas qu'ils sont déjà des modèles assez anciens, des modèles Jarped KF34550I. D'assemblage facile, le Jarped KF34550I est doté de 13 niveaux de détections disposés le long de ses deux portants profilés métalliquement. Au moyen de ces 13 niveaux de détection, les agents de la sûreté visualisent avec précision à quel niveau du corps du voyageur suspect se localise le problème métallique, et ça, ça facilite la fouille, ça la rend plus rapide, parce qu'en dépit de tout, des attentats, des expulsions, les avions DOIVENT décoller, et à l'heure, en plus.

Non, beaucoup plus difficiles à manipuler que les chaussures, trafiquées ou non, sont les prothèses, les pansements, les moignons. Une autre voyageuse, amputée d'une partie de la jambe droite, encore en convalescence, pas encore de prothèse, a été non seulement forcée d'enlever son unique chaussure mais aussi de souffrir une palpation très douloureuse de sa plaie encore ouverte mais sous pansement et ce pansement, c'était un problème, ou plutôt une menace. Ce sont des agents de la sûreté aéroportuaire de l'Aéroport du Sud qui ont agi de cette manière, conformément aux nouvelles recommandations en vigueur. "Il y a du monde. Je viens d'être amputée. Je pleure."

Et pire encore, s'il est possible, que les pansements et les moignons, il y a aussi les parties secrètes, celles qui, de tout temps, ont aidé les hommes et les femmes à assouplir quantité de régimes de sécurité extrêmement rigoureux en dépit de l'invention de multiples examens d'observation humiliants et ignobles, et dont même Blanche a cru pouvoir imaginer qu'elles pouvaient accueillir des armes mortelles, petites, fines, mais mortelles. Celles-là aussi, ces parties secrètes, il convient de les sécuriser pour la survie de tous, en plus des pieds, des moignons, des prothèses, des chaussures, des sacs, des biberons, des téléphones, des ordinateurs, sinon, cela peut très mal se terminer, en témoigne la péripétie délirante de l'épingle à nourrice qui a été élaborée par Blanche en approche de Jarped KF34550I, Blanche qui est dotée d'un cerveau qui aime à lire des poèmes, et pourtant.

Très bientôt, dans l'avenir du vol de Blanche, les Jarped KF34550I laisseront donc la place – pour certains vols – à des scans corporels. Avec les scans corporels, on voit tout ! Tout, tout, tout ! La forme de *tous* les organes. L'image se floute, quand même, à ce niveau sensible du sexuel organique, mais sinon, l'image d'un scan corporel, ça montre très clairement TOUT des corps nus. On discerne tous les replis de chair. Un dessin très fin. Or, personne, semble-t-il, n'a envie que de parfaits inconnus, des agents de la sûreté aéroportuaire payés au rabais, se repaissent de l'image de leurs organes sexuels, même floutés, même pour des raisons de sécurité aérienne, et surtout pas ces deux femmes qui ont été privées de leur vol parce qu'elles ont toutes les deux refusé cette épreuve. *Aléatoirement* choisies par les agents, elles ont dit merde. Le strip-tease sécuritaire, c'était pas pour elles. Déjà qu'elles n'aimaient pas montrer le bout de leur nez à n'importe qui, on n'allait pas, en plus, exiger d'elles qu'elles autorisent à tous un visionnage scan rayon x de leur kiki ?

V

Beaucoup de bruit tout autour de Blanche qui fait toujours la queue devant un portique Jarped. Un mélange de bruits habituels d'aéroports et de temps nouveaux qui recouvre en nappes tout le paysage. Dans ce paysage écrasé, Blanche observe l'homme qui marche devant elle. L'homme est un homme aux cheveux ondulés portés à l'américaine, ça veut dire plus longs qu'à l'européenne. Les muscles qui saillent sur son torse et ses épaules indiquent aussi que c'est un pur représentant de l'américanité WASP qui prend soin de son corps avec des crèmes. Un flux de perceptions traverse Blanche, en même temps qu'elle observe l'homme. Elle se dit que dans le film *À bout de souffle*, le héros a déjà le corps américain, en fait, en dépit de tout de ce que le film abomine de l'Amérique. Ce qui reste de sûrement français, c'est seulement la voix, le phrasé, et peut-être aussi la scène où il se rase devant la glace, ou alors quand il clope dans la chambre.

Blanche détaille le corps de l'homme. Elle tousse. Elle note la haute taille dont la minceur complète avec art le haut de la silhouette musculeuse. En descendant et en montant le regard, elle repère aussi la ligne parfaite des bras jusqu'à la montre, avant la jointure du poignet, qui fait comme une tache noire, une araignée sophistiquée, sexy. L'homme masculin mésomorphe idéal, mais aussi banal, est debout devant elle. Et il en court comme ça, très fréquemment, tous les jours, sur les sentiers de Central Park, elle le sait, à plusieurs occasions, elle a pu les contempler slalomer avec aise entre les feuillages argentés des buissons et les luisants branchages des arbres qui miroitent au soleil au bord des immeubles riches. Blanche se dit que, malgré tout, l'homme a quelque chose de classique en lui, quelque chose du classique américain de l'époque, et donc, vite, elle s'imagine que l'homme travaille dans le cinéma. Elle surimprime aussi sur son corps celui de Richard Gere dans *Pretty Woman*.

Elle le regarde. Elle ne cesse de le regarder. Elle préfère l'imaginer finalement en cinéaste plutôt qu'en acteur. C'est plus noble, cela correspond mieux à son statut social à elle et à son élégance physique d'homme qui s'épile avec un corps musclé juste comme il faut. Et il y aurait même en lui, en dépit de sa vêture sport, un homme revêtu d'une chemise blanche allure Vieux Siècle, si on n'y connaît rien au Vieux Siècle, si ce n'était faire injure aux hommes de ce temps qui portaient pantalon ajusté, chapeau haut, tout taillé en drap de laine mat, excepté le gilet qui brille et la cravate qui flamboie, quand ce n'était pas l'habit militaire, bicorne, plumet. À un ami qui gémissait de devoir se promener en forêt coiffé d'un chapeau haut de forme, Mallarmé a déclaré : "Songez qu'il commence la colonne d'atmosphère que chacun d'entre nous doit supporter." Personnellement, Blanche trouve qu'imaginer cet inconnu comme un Richard G. Mallarmé dans la queue devant les portiques Jarped l'aide fortement à supporter la colonne d'atmosphère qui s'est très fortement alourdie au-dessus de sa tête, au-dessus de la tête de tous, depuis 32 jours. Elle se détend un peu. Elle met un peu de côté l'aéroport et elle s'imagine ce voyageur mallarméen en plein travail pour son prochain film. Dans ce petit cinéma qui tourne, qui tourne, dans sa tête, Richard G. Mallarmé parle en baissant la tête, c'est normal, il s'adresse à un plus petit que lui. Cet homme, plus petit, cherche à lui plaire. Il porte qu'une chemise froissée. En face, impeccable, repassée, la chemise de Richard G. Mallarmé brille d'une blancheur colgate. Blanche a toujours aimé les hommes en veste, les hommes en chemise. Comme ce sont les yeux, les cheveux, la couleur de la peau qui comptent pour l'homme plus petit, Blanche délaisse la chemise froissée. L'homme à la belle chemise est un bel homme qui vient de France, ou d'Amérique, peu importe. Il a de l'argent. En face, l'autre est vraiment tout petit. Richard G. Mallarmé plisse les yeux d'attention. Il prend des petites notes mentales en écoutant l'homme plus petit, qui lui répond avec le plus grand sérieux.

Grand sérieux ou grande rouerie ? Dehors, crépitent dangereusement les balles. Des balles crépitent. Des balles crépitent donc ? Blanche lève la tête. Non. Rien ne crépite dans l'aéroport. Tout est calme. Les deux personnages, le grand et le petit, ont disparu de la tête de Blanche, reste devant elle, bien réel lui, ce voyageur bisness class qu'elle se remet à observer. L'intensité de son regard a faibli un peu. En plus du décor, du paysage, de la file, des portiques, Blanche tousse. La peur revient, peur elle ne sait même plus de quoi, peur de prendre l'avion, peur d'un attentat possible, peur du terrorisme mondial, peur de finir aussi comme une vieille rate dans le Nord, puisqu'elle a été larguée il y a quelques semaines par l'Orphée aux doigts de rose américains dont elle ne peut même plus prononcer le nom dans sa tête tant elle ne se remet pas de ce grand malheur.

Soudain, l'homme réel baisse la tête. Il regarde vers le bas. Pendant qu'il regarde vers le bas, Blanche note en frémissant qu'une de ses mains se pose sur ce qui repose à l'entrecuisse en dessous de son jean. Blanche, l'esprit rendu vacant par la peur, se met à penser furieusement à ce qui doit palpiter, vivant, sous l'étoffe du jean. Elle détourne les yeux des iliaques de l'homme qui ont commencé à saillir au-dessus du jean. Trop tard. L'ondulation de la ceinture se défile des passants du jean qui revêt les cuisses de l'homme. Oublié, le fantasme de l'épingle à nourrice enfouie en elle pour s'en tirer quoi qu'il arrive, Blanche se met à sentir des picotis dans son sexe jusque dans ses jambes en regardant ce commencement de déshabillage qui sonne tout à coup comme une fête sexuelle. Elle ferme les yeux.

L'homme dépose sa ceinture dans un bac en plastique blanc. Le bac en plastique blanc indifférent à la chair entame une course molle et lente en direction de la boîte noire qui précède Jarped. Imperturbable, élégamment débraillé, presque alangui, l'homme suit le bac des yeux, tandis que Blanche s'imagine que cette tranquillité qui le caractérise, c'est du flegme. Nonchalance. Sexy. Américaine. Que le fantôme de Mallarmé R. Gere se tartine le corps de crème, soir et matin, en courant comme un cinglé à Central Park, maintenant, elle s'en fout, ce qui compte, c'est que sa fixette érotique paralyse comme il faut la Catastrophe à venir qui infuse, maléfique, par en dessous, dans son cerveau, dans l'air, partout, à mesure que l'embarquement se rapproche. Le bac en plastique blanc glisse toujours. Des techniciens de la sécurité en cravate noire, chemise bleu clair enfilée conforme dans le pantalon, s'affairent autour de la boîte noire qui avale les uns après autres tous les bacs en plastique. Des Noirs. Des Latinos. Inexorablement, les bacs en plastique blanc progressent. C'est comme une cérémonie, pense Blanche. Tous, ils avancent. Tous, ils se rapprochent des portiques.

VI

Avant le décollage, affalée sur sa tablette, Blanche peut sentir contre son flanc la chaleur de celui qui est son voisin le plus proche, et qui, en plus d'être encastré comme un hareng dans la même rangée de sièges qu'elle, est un parfait métèque.

Notable par sa corpulence, elle l'avait vu qui poireautait tout à l'heure devant le comptoir d'embarquement dans une file de voyageurs parallèle à la sienne. Blanche l'avait tout de suite repéré ainsi que tous les voyageurs normaux qui prenaient le même vol qu'elle. Le métèque est désespérément endomorphe et, en plus, il porte un gros turban de couleur sur la tête période *Indiana Jones*. C'est toujours étonnant de croiser un personnage de cinéma égaré dans la vraie vie, surtout quand on le croise en rang dans une file de voyageurs tous plus suspects les uns que les autres, s'était dit Blanche sans états d'âme en longeant la file parallèle. Blanche, elle, fait partie des normaux. Elle n'a aucune inquiétude à ce sujet, elle. En cet automne 2001, la couleur de ses cheveux, la complexion de sa peau, les poèmes de Mallarmé sur sa table de chevet, sont trois signes indiscutables de normalité. Ils lui permettent de circuler en toute liberté dans cette décharge finissante d'aéroport défoncé.

À sa place, Turban, insensible au quota d'anormalité évalué à l'arrache tout à l'heure, par un agent de la sécurité sans sécurité sociale, évaluation qui lui a valu l'humiliation de poireauter longtemps dans la file des suspects avant d'embarquer, se prépare à vivre 6 heures de vol aux côtés d'une voyageuse qui, déjà, par peur, presque, le hait. Turban vaque. Turban enlève ses chaussures *Coup d'œil oblique de Blanche sur les pieds de Turban*

Turban se vaporise la gorge. Tous ces gestes, anodins, glacent Blanche. Rien à voir avec le loden et les santiags en cuir d'autruche qui sont à venir dans la cafétéria orange du Nord que ce turban, ce pantalon large, cette chemise colorée. Tout fait horreur en lui. Blanche ne se reconnaît pas. Plus les gestes de Turban sont anodins, plus elle se sent mal. Comme si elle était enceinte, presque. Elle a mal à ses muscles, elle éprouve une nausée à l'intérieur d'elle et, en même temps, elle a très mal à ses omoplates, à ses clavicules, à ses dents, aussi, elle serre fort ses dents dans sa bouche, tellement elle se sent mal.

Turban ne vient pas seulement de prendre place à côté d'elle *Elle se répète en boucle* Turban vient de s'asseoir sur quelque chose d'INTERDIT *Quelle horreur, ça tombe sur moi* Médusée, elle a vu ce quelque chose d'INTERDIT s'engloutir sous lui et, maintenant, ses paupières palpitent de terreur. Elle est affalée sur la tablette. Son chemisier de voyage la serre horriblement aux poignets. Elle sent que c'est le début de quelque chose mais quoi ? Qu'est-ce qui est en train d'arriver ? Tout n'est pas arrivé déjà ? Qu'est-ce qu'elle va faire ? Dénoncer Turban ? Ou laisser, et mourir, peut-être ? Elle ressent comme sous la raie de ses propres fesses la dentelle ondulée du couteau de pique-nique en plastique qu'elle a vu de ses yeux vu s'engloutir sur le siège sous le gras fessu du cul de Turban. Entamer une pomme, découper du jambon, *a fortiori* exploser une jugulaire, avec ce couteau de dînette inoffensif, relèverait de l'impossible, c'est vrai, seulement voilà, tout est possible aujourd'hui, dans le Nouveau Monde, dans l'Ancien Monde, en Afghanistan ou ailleurs *Et que faisait ce couteau en plastique sous ce siège si ce n'est agir en signe de quelque chose oui mais en signe de quoi ?* aussi Blanche oublie-t-elle définitivement Richard G. Mallarmé qui se touchait tout à l'heure dans son jean et se met-elle à frémir à la pensée d'un carnage possible dans l'avion.

VII

Déjà, à Paris, il y a six ans, Blanche imaginait qu'elle repérait à temps un colis suspect dans le métro qui aurait pu faire du mal à tous. Vite, elle sautait hors du wagon. Vite, elle explosait la vitre d'urgence située sur le quai. Et tous les voyageurs de la rame en étaient sauvés grâce elle.

De plus en plus souvent, il lui arrivait aussi de regarder des types, jeunes ou vieux, qui se trimballent dans le métro avec de gros sacs plastiques lourds et elle a le sentiment qu'elle n'est pas la seule à les regarder en état d'alerte comme elle fait. Plus le type est avachi et miséreux, plus elle a peur. Parfois, Blanche craquait. En douce, elle changeait de wagon.

Automne 1995. Ça se passait à peu près comme ça à Paris et pas seulement pour Blanche. Une Allemande avec banane sur le ventre remplie de papiers d'identité et de fric en petites coupures se fait bousculer par trois voyageurs dans le métro. Assise à l'écart de sa grosse valise, elle met du temps à comprendre que ces trois voyageurs parisiens sont en train de reconnaître à leur façon qu'elle est un être humain qui existe dans le monde et pas seulement qu'un porte-monnaie qui déambule entre deux boutiques. Elle s'en prend, la touriste, mais comme l'incivisme n'est pas encore tout à fait de mode dans les discours, excepté en banlieue pour tataner les collégiens mal élevés, et aussi, comme dans le wagon, presque personne ne parle ni anglais ni allemand, entre Français, on s'en tient qu'à quelques épithètes modestes pour prouver à la touriste qu'elle existe bien dans le monde. Cette Allemande doit comprendre qu'elle doit pas lâcher sa valise de trois centimètres parce que, sinon, tendanciellement, ça crée un nouveau colis suspect, et ça, c'est épuisant pour les nerfs des Parisiens qui en ont marre de poireauter pendant des heures dans de longs boyaux noirs et puants. Les "accidents de voyageur", c'est long et chiant. Les grèves, c'est long et chiant. Une action de déminage, c'est long et chiant. Tout le monde a autre chose à faire qu'à s'inquiéter comme ça, pour rien, si souvent. Cette femme doit vraiment venir de Pétaouchnock pour pas être au courant qu'à Paris, tout ça, le risque, le danger niché sournois dans une poubelle moche mais hors de prix, dans un objet aussi commun qu'une pauvre valise de touriste, c'est devenu très sensible pour tout le monde. Dans la ville, il y a des gens qui bossent, et ils sont fatigués, ces gens qui bossent, de rentrer à pas d'heure en sillonnant lentement dans de longs tunnels obscurs et angoissants.

Debout, adossé à un strapontin, un jeune homme soupire. Il lève les yeux au plafond. Il désapprouve. Ces trois voyageurs ont tellement peur que ça pète dans leur petit wagon perso qu'ils n'ont pas hésité à bousculer une touriste qui n'a commis aucun crime, alors que, vraiment, le problème est ailleurs. D'un côté, tout le monde pète de trouille que ça pète tout le temps n'importe où, mais, de l'autre côté, tout le monde s'arrange du modèle social français qui prédomine et qui fait que ça pète partout, justement.

— Faut pas s'étonner que ça pète comme ça dans le métro, vu le niveau de pression dans la cocotte sociale *conclut intérieurement le jeune homme*

Et aussi, toujours dans le wagon :

— C'est pas bon de s'en prendre comme ça, à une ressortissante d'un pays qui est un allié de choix en Europe.

Cette dernière pensée, ce n'est pas le jeune homme qui la pense, mais une dame, une vraie dame. Elle n'a rien à voir avec le jeune homme mais elle est assise dans le métro de tout temps à côté de lui. Elle fait partie du décor. Cette dame est pragmatique et bien élevée, contrairement au jeune homme, qui est plutôt du genre enthousiaste et aérien. Aucune agitation apparente ne témoigne des pensées qui traversent en rafales le cerveau du jeune homme. Elles n'en rayonnent pas moins avec force jusqu'à la dame bien élevée assise à ses côtés dans ce wagon de métro parisien.

— On ne me fera pas croire que la responsabilité de ces actes sanglants ignobles que sont ces attentats de 1995 incombe à la France. Les enjeux réels sont de la géopolitique, que ça plaise ou non Que peut la France contre le Groupe Islamique Armé (GIA) ? *C'est ce que se dit, avec force, la dame bien élevée*

Bien élevée, oui.

Idiote, non.

Pendant ce temps, la touriste allemande est horrifiée par le degré de brutalité ambiante qui règne dans ce cher pays qu'est la France. Pendant une année, elle a économisé pour partir en vacances dans la Capitale de l'Amour et, aujourd'hui, des loques françaises au chômage, des créatures assistées, sûrement financées par la participation du deutschemark à l'euro, la font passer pour une poissarde incivique, tout ça parce qu'elle s'est assise à deux strapontins de sa valise dans le métro ! Mais la touriste allemande ne regrette pas le déplacement. Chez elle, les bords de la Moselle, c'est joli, mais un coucher de soleil sur la Seine, quand la noire nuit descend sur les flots miroitants, c'est autre chose. L'eau de la Seine laiteuse, serpentine, verte, clapote dans Paris.

Ce jeune homme, si vertueux, posé dans ce décor si parisien, n'est sûrement qu'un très jeune type, rien qu'un provincial qui vient tout juste de débarquer de sa brousse dans la ville. Il ne peut pas savoir. Psychiquement et physiquement, sa personnalité profonde n'a pas été entamée par les deux séries d'attentats qui ont précédé les attentats de 1995. Pour lui, tout est neuf. Il ne sait pas que, 1995, Kelkal, 25 juillet, 17 h 30, une bombonne avec des écrous à la station RER Saint-Michel - Notre-Dame, 8 morts, 117 blessés + 17 août, dans une poubelle, place Charles-de-Gaulle, 16 blessés + 26 août sur la ligne TGV Sud-Est, tentative avortée + 3 septembre, marché du boulevard Richard-Lenoir, 4 blessés, une cocotte-minute, toujours avec des écrous + 4 septembre, dans une sanisette, place Charles-Vallin + 7 septembre, 16 h 35, une voiture piégée garée devant une école juive à Villeurbanne, 14 blessés + 6 octobre, jour de l'enterrement de Kelkal, avenue d'Italie, 12 blessés + 17 octobre, 7 h, rame de RER C, entre Musée d'Orsay et Saint-Michel, 30 blessés, lieu identique au premier attentat daté du 25 juillet, lieu anniversaire, oui, ce jeune voyageur impétueux et insolent ne sait pas que tout ça, c'est déjà du passé réactivé deux fois pour les habitants de Paris.

1980. 1986. 1995. 2001. Dans les journaux, tous ces retours sanglants du passé, les journalistes appellent ça des "vagues", mais ça pourrait s'appeler surtout "la marée". Grosse amplitude de la marée qui grignote des deux côtés toutes les côtes de l'Atlantique depuis un mois. Les falaises s'effritent. On perd du sol. Du cosmos spécial, teinté de rouge, recouvert d'une épaisse couche de boue qui se mélange à de la flotte tempétueuse, lourde, épaisse, qui justifie peut-être qu'on s'énerve, qu'on se lamente, comme ça, de temps à autre, contre un Turban dans un avion, contre une touriste à grosse valise rose dans un métro.

VIII

3 octobre 1980, une synagogue, rue Copernic, 4 morts, 46 blessés + 29 mars, train Toulouse-Paris, 5 morts + 22 avril, 33, rue Marbeuf, devant les locaux de *Al Watan Al Arabi*, 1 mort, 6 blessés + 9 août 1982, un restaurant, rue des Rosiers, 6 morts, 22 blessés.

Première vague.

Deuxième vague.

23 février 1985, magasin Marks & Spencer, 1 mort, 18 blessés + 9 mars, cinéma Rivoli Beaubourg, 18 blessés + 7 décembre, double attentat des Galeries Lafayette et du Printemps Haussmann, 43 blessés + 3 février 1986, galerie marchande de l'hôtel Claridge, Champs-Élysées, 8 blessés + une tentative d'attentat dans les toilettes de la tour Eiffel + 4 février, librairie Gibert Jeune, 5 blessés + 5 février, magasin Fnac Sports du Forum des Halles, 22 blessés + 17 mars, un TGV, 9 blessés + 20 mars, galerie Point Show des Champs-Élysées, 2 morts, 29 blessés + une tentative d'attentat dans le RER à Châtelet + 4 septembre, tentative d'attentat dans le RER à gare de Lyon + 8 septembre, bureau de poste de l'Hôtel de Ville, 1 mort, 21 blessés + 12 septembre, cafétéria Casino, La Défense, 54 blessés + 14 septembre, Pub Renault sur les Champs-Élysées, 3 morts, 1 blessé + 15 septembre, services des permis de conduire de la Préfecture de Police à Paris, 1 mort, 56 blessés + 17 septembre, 17 h 20, dans une poubelle, devant Tati, 144, rue de Rennes, 7 morts, 55 blessés.

Troisième vague.

Quatrième vague.

En 1980, Blanche est âgée de 8 ans. Quand son père l'emmène chez le dentiste de la rue Sainte-Isaure, Isaure, une oubliée martyre décapitée dans une grotte de l'époque ancienne, elle voit que des barrières en fer sont installées devant la synagogue et elle voit aussi que des patrouilleurs en tenue kaki avec des petits bérets montent la garde devant. Tout autour, sinon, étrangement, il n'y a rien, rien d'autre de la guerre, qui apparaît. Que ces barrières de fer. Ces patrouilleurs habillés en kaki. Son père ne fait aucun commentaire. Il change de trottoir. Il serre sa main. Il marche vite. La petite fille est obligée de passer au trot pour le suivre mais cela ne l'empêche pas de tourner la tête tout le long pour pouvoir continuer d'apercevoir les barrières, les soldats, le plus qu'elle peut et le plus qu'elle peut, c'est jusqu'à la porte du dentiste, après le buisson de lilas. Après, c'est un autre monde. Une sorte de corridor sombre qui débouche sur un siège de dentiste délirant. D'abord, la pointe de la technologie dentaire quand elle était enfant. Ensuite, une antiquité terrifiante conservée dans la salle d'attente quand elle y revient, adulte, pour passer à la mollette sur un autre siège, au tour duquel c'est d'être à la pointe, avant forcément de rejoindre plus tard, dans le futur, le catalogue des antiquités terrifiantes, comme l'autre. Quand ils ressortent du corridor sombre, tous les deux, le père et la fille, le père la réconforte et elle, elle attend de se remettre. Dans Paris, régulièrement, les poubelles disparaissent.

Les disparitions de poubelles se jouent ailleurs que dans le quartier Sainte-Isaure, situé loin des côtes, pas susceptible d'être baigné des vagues sanglantes du temps. Si Blanche appuie sur la touche rewind, fading decrescendo arrière, elle atterrit pas loin dans le passé. Blanche atterrit en octobre 1941. Octobre 1941. Un attentat est perpétré par une officine d'extrême droite contre la synagogue de la rue Sainte-Isaure. Tout se brouille, alors, Elle cherche, elle cherche sur la bande, Paris change mais les cibles ne changeraient pas ?

Dans ce paysage privé de poubelles auquel elle accède, par métro, Blanche circule aussi avec son père pour lire tous les samedis après-midi, allongée sur la moquette verte qui tapisse l'espace de lecture réservé aux jeunes lecteurs dans la Librairie des Halles. Sur le quai du métro, une foule dense. De la musique sort par bouffées des ghetto-blasters. L'ambiance est aux nattes, aux couleurs de la Jamaïque. Il y a encore des sièges tout le long des murs. Quantité de sièges. Des sièges de couleur orange, ou rouge. Le père déteste l'ambiance, à chaque fois, il dit que toutes ces flemmasses, faudrait les mettre vite fait au boulot, avec un bon coup de pied dans le cul. Plus tard, heures de pointe, en semaine, elle voyage seule pour aller au collège puis au lycée, station RER Port-Royal. Plus tard encore, elle se rend au Quartier latin, station RER Saint-Michel, pour étudier. En 1982, Blanche est âgée de 10 ans. En 1986, Blanche est âgée de 14 ans. En 1995, elle est âgée de 23 ans. Aujourd'hui, en 2001, elle est âgée de 29 ans.

Aujourd'hui, les vagues se rajoutent étrangement à la marée. Elles se rajoutent par l'arrière. Ces vagues anciennes charrient sur leurs crêtes des bidons plastiques crevés, des ordures, des bombinettes au plastic. Les écrous. Les clous. Les boulons. Les bombonnes. Le soufre. Le potassium. La poudre. Les vagues anciennes semblent à Blanche de véritables Attentats Volants Non Identifiés (AVNI). Désormais confrontés comme ils sont à la puissance des avions incendiaires, Blanche n'arrive pas du tout à réenchaîner ces AVNI au présent. Les AVNI filent au-dessus des flots. Les AVNI sont des soucoupes perdues dans sa tête. Elle ne les ancre pas bien dans la terre. Poubelles. Souterrains de métro. Vulcain. Pas Hermès. Perséphone. Pas Athéna. Elle n'arrive pas non plus à imaginer un magasin Tati qui serait situé dans le quartier du Montparnasse et qui vaudrait le coup d'être bombiné par des groupes armés aussi mystérieusement siglés que CSPPA (Comité de Solidarité avec les Prisonniers Politiques Arabes et du Proche-Orient), PDL (Partisans du Droit à la Liberté), FARL (Fractions Armées Révolutionnaires Libanaises). Elle ne comprend pas bien l'intérêt de faire sauter des bombes sur les Champs-Élysées. Et aussi : comment Kelkal a-t-il pu se laisser repérer par des cueilleurs de champignons en forêt ?

Toutes ces vagues anciennes parlent une langue étrangère mais c'est toujours de la falaise qui s'effrite, des coulées de boue inopinées entre des buissons de ronces dépourvues de fruits qui poussent à l'ombre des falaises. Tous les buissons de ronces rendent la remontée impossible, quand, par malheur, on s'engage sur une pente à vue de nez praticable, mais ce n'était qu'une illusion, c'était le vent du large qui avait mis le regard trop loin et la ligne pâle et vide de l'horizon avait trompé. Panique, on se rend compte que remonter est impossible, le haut de la falaise est encore tout près, mais hors de portée, déjà, avec le vert profond sombre de l'herbe frémissante qui appelle, coincé, immobilisé comme on est au bord du vide entre les rochers, avec, en contrebas, les récifs et la mer.

Blanche avait regardé, un jour, une vidéo assez chaude de l'attentat de la rue de Rennes. Mais tout comme elle avait été passionnée dans le film *Masculin féminin* par le Paris en nocturne contrasté noir et blanc provoqué par le halo des réverbères, le Paris de la jeunesse du père, ce jour-là, elle avait été seulement intéressée par les couleurs et les formes qui faisaient comme un paysage nostalgique en arrière-fond des civières, des corps couchés sur le sol sous des couvertures, des passants aux regards perdus. Elle avait compulsivement regardé les immeubles, les magasins, les formes, angles droits, toits aplatis, tous les contours d'une ville ancienne, évidemment disparue, qui engloutissaient l'attentat dans l'oubli.

La vague 2001, plus forte, plus puissante, plus spectaculaire que toutes les vagues qui ont précédé, porte Blanche toujours plus en arrière à la vitesse d'un supersonique malade et, quand les Amerloques, ces imbéciles naïfs, s'étaient résignés à instituer le contrôle systématique des sacs à l'entrée des bâtiments publics et que les agents de sécurité s'étaient mis à forcer tout le monde à ouvrir jusqu'aux moindres de leurs trou-trousses, poudriers, porte-monnaie, toujours avec un air soupçonneux, Blanche avait eu envie de leur hurler de rire à la gueule.

IX

Toute la carlingue de l'avion tremble. C'est le climax d'avant l'élévation brusque des roues. Ça y est, ça décolle. Blanche appelle l'hôtesse. L'hôtesse arrive, visiblement très contrariée d'être dérangée au moment du décollage. Que se passe-t-il ? Blanche lui explique que le type qui est assis à côté d'elle *Coup de menton vers le Turban* got a big plastic knife under his popo and that she must ask the sherif to come very quickly so that we could verify if it's dangerous or not.

— Stand up for a moment please ? *ordonne l'hôtesse à Turban*

Rien ne se passe. Blanche a dans les oreilles le grondement de l'avion qui décolle. Toute la carlingue vrombit.

Sans regard pour Blanche, Turban se lève.

Et le couteau en plastique est là.

Doucement, il brille sur le jacquard peluché du siège.

Turban est debout, coincé en chaussettes entre deux rangées. Ses yeux sont mi-clos. Le monde ne semble plus exister pour lui. Comme ils sont enfilés comme des sardines dans les rangées, les autres voyageurs sont, eux, violemment projetés dans l'impuissance et la terreur sans l'espace pour le manifester. Dans l'avion, le silence qui s'installe est épais. Dans tout ce silence, une voix sans organe circule en infra entre tous les voyageurs. La voix répercute tout ce qui se passe au niveau de Turban. Avec des manques. Tout juste si les voyageurs comprennent qu'un turban trône sur la tête du gars qui a été sommé de se lever. Parmi eux, en bisness class, Mallarmé R. Gere plonge le nez dans son

WQ US. Il ne bouge pas. Dans le silence, les bruits qui persistent sont des bruits de vol. Tout le reste a disparu de la bande.

L'hôtesse, qui est une rousse à chignon, pose un regard dur sur le couteau en plastique qui repose sur le siège de Turban. Elle le fourre dans sa poche. Elle se casse.

Quelques secondes après, au-dessus de la tête des voyageurs, le voyant CEINTURE clignote rouge. Sans se regarder, Turban et Blanche se re-saucissonnent sur leur siège. Quelque chose d'indéfinissable flotte dans la carlingue, qui pompe, invisible, le mental des voyageurs. Les travées entre les sièges sont vides. Le silence pèse sur toutes les têtes. À cet instant, le nez américain de Mallarmé R. Gere hume l'air, car c'est de cette façon que Mallarmé R. Gere guette le futur proche dans la vie. Un scratch de haut-parleurs. Le pilote. Que dit le pilote ? Tout le monde doit rester attaché parce que tout le monde doit rester attaché. C'est tout.

Immobile, sans tourner une seule fois la tête vers Turban, dont elle sent l'existence, son flanc est collé à son flanc, Blanche se représente l'avion qui vole dans l'espace. Un mignon museau fuselé en aluminium façon Concorde. Un peu trop façon Concorde, elle trouve, elle a honte d'être à ce point franco-française. Elle infléchit légèrement la courbe. Elle grossit un peu le nez. Mais c'est plus fort qu'elle. Le bec de l'avion, elle est forcée de se le représenter très mince, tendu, piqué vers l'avant, parce que, décidément, elle est française, et que tout ce qu'elle aime dans l'aviation civile, c'est le design à la française. Une nostalgie de salle obscure. Une cascade de formes élégantes, fuselées, racées. Et aussi une blancheur, comme une énigme de cinéma. Des couleurs crème. Une farandole de couleur crème. Quantité de formes douces et belles. De la moquette épaisse. Crème aussi. Elle s'enfonce dedans jusqu'au mollet. Du vrai luxe d'hôtel. Du parfait décor pour créatures costumées en hôtesses de l'air qui auraient toutes le front bombé et les cheveux lissés en arrière de Romy Schneider période femme mûre. Des blondes claires, maquillées. De gros chignons plantés en haut des crânes. Sous-pull blanc à col retroussé collant près du corps glissé sous l'uniforme. Le joujou en aluminium flotte dans l'atmosphère immobile et blanche.

Maintenant que j'ai fini de traverser l'époque poubelles piégées et bombes artisanales, j'entre dans l'ère Tours, trains, avions, avant de subir la vague égorgements, lapidations, décapitations et en attendant les tirs aveugles, les gilets explosifs, les camions fous. Les hommes du IVe siècle s'étaient préparés à la fin de l'Empire. Ils avaient établi que l'effondrement était proportionnel au degré de pourriture ambiant. Alors pourquoi s'indigner jusqu'au bout du trafic brutal des esclaves dans les ports de l'Afrique romaine ? Pourquoi, alors que 12 000 Vandales traversent gaiement le détroit de Gibraltar pour tout bousiller sur leur passage, poursuivre des missions diplomatiques de la dernière chance, traiter avec des militaires qui ne maîtrisent plus rien, parler à tous, écrire jusqu'au dernier souffle ? La seule chose dont je suis absolument certaine, se dit Blanche, c'est que jamais la France ne partira en guerre contre The Axis of Evil, parce que jamais, le gouvernement français n'arrivera à être aussi con que le gouvernement américain.

Malheur !

En dépit du soliloque fébrile, la peur de Blanche assise aux côtés de Turban s'emballe. Corps démantibulés. Crânes explosés. Yeux qui jaillissent d'orbites violacées. Bébés qui hurlent. Lentement, des larmes perlent à la pointe de sa double rangée de cils, une anomalie génétique qu'elle partage avec Liz Taylor. Seule, Blanche sera. Seule, Blanche mourra. Seule, démembrements, pulvérisations, giclements, elle subira. Seule, dans l'Apocalypse. Arcturus azur. Mars écarlate. Si seulement elle pouvait supplier quelqu'un, une hôtesse, un stewart, un voisin, un gosse, n'importe qui, de l'achever purement, simplement, avant que tout commence. Elle n'a pas peur de la mort mais elle a une peur panique de la pulvérisation de son corps dans un air irrespirable.

Elle pleure *Coup d'œil à son voisin* Elle se ressaisit. Difficile de demander à Turban de bien vouloir lui faire la faveur de l'étrangler en cas de crash. Et pourtant, Turban ne rêve sans doute que de ça… lui faire la peau, l'éviscérer sauvagement, elle, Blanche ! Blanche tousse. Elle renifle. Tout en reniflant, elle sent qu'elle va descendre encore plus bas, si elle ne décide quelque chose, n'importe quoi, pour enrayer le vent du pire qui va tout écraser sur son passage. Encore un peu et elle va se mettre à supplier en anglais le Nazi qu'elle imagine survivre à perpétuité en Turban assis à côté d'elle. Elle ferme les yeux. Elle ouvre les yeux. Elle. Quelque chose se passe en elle. Elle n'arrive pas à penser en dehors de sa peur. Est-ce que cette impossibilité s'est mise en place quand elle était encore petite, quand la peur éprouvée par le père de la voir sauter comme un bouchon de champagne dans le métro lui rentrait dedans comme dans du beurre ? Depuis quand, ça se passe ? Depuis le premier attentat de la première vague ? Ou depuis la chute des Tours ? Goutte d'eau. Goutte de feu. Goutte de métal fondu. Poussières brûlantes. Jour après jour, le ciel noir. Et il ne manquait donc plus à l'avenir que ce foutu couteau en plastique blanc sur le jacquard peluché du siège, sous les fesses de Turban.

La chèvre. L'idiote. Elle a commis une erreur. Elle aurait dû garder secrète l'existence du couteau en plastique sous les fesses de Turban. Comme ça, si les circonstances devaient l'exiger, elle aurait encore la possibilité de demander à Turban qu'il la tue. Crac. De ses mains épaisses, il briserait sa frêle nuque. Et si Turban se révélait incapable de l'étrangler, par lâcheté, par humanité, par manque de savoir-faire, elle serait toujours en mesure de glisser sa main, de la plus fine ossature qui soit, dans la sienne, molle et grasse, pour se débarrasser de la trouille immense qu'elle a de se pulvériser si haut. Même les grands migrateurs au battement d'ailes puissant et rapide ne volent pas si haut, et que c'est triste, n'est-ce pas, de mourir dans un lieu du cosmos déserté par les oiseaux ? C'est aussi cette tristesse qui fait couler de chaudes et grasses larmes sur les joues pâles de Blanche. Elle pleure. Elle crache. Elle tousse. Finalement, elle se mouche avec ce qu'elle a à portée de main, c'est-à-dire pas grand-chose, une pub sur papier ou un sac vomitoire, elle regarde pas, elle se fout de ce dans quoi elle se mouche, elle a juste terriblement besoin que l'ennemi massacreur pose un regard de bonté sur elle.

Pendant ce temps, deux rangées plus loin, un vieillard à la gueule mauvaise l'observe se moucher et, en l'observant, il ne prend pas la peine de dissimuler le dégoût qu'il ressent pour elle. In gun we trust, pense le vieillard à la gueule mauvaise qui attend avec impatience l'arrivée du shérif du vol. Qu'on en finisse une fois pour toutes avec ce gros plein de soupe à turban. Dans un avion. Dans un engin projectilaire. Qui parade. Qui pompe l'air de tous. Ce turban, c'est qu'un drapeau ethnico-religieux terroriste qui nous pompe l'oxygène. Il faut en finir.

Blanche sanglote toujours.

Quelque chose se passe.

Tadam !

Turban a tourné la tête en direction de Blanche. L'ennemi identifié a pris acte du désespoir de sa cible. Le turban de Turban la regarde. Le turban de Turban, c'est le troisième œil. Du troisième œil perce un rayon Oméga vibrionnant d'ondes étranges, violettes, qui s'engluent dans les larmes de Blanche. Blanche a le sentiment de jouer sa vie. Elle plonge ses grands yeux humides dilatés par les pleurs dans ce cône sur-cyclopéen à la couleur veloutée sombre qui la regarde, qui vient de loin, qui ne se réduit à rien. En regardant Turban avec ses yeux vibrionnants – Blanche, pour y parvenir, actionne intensément ses globes oculaires depuis l'intérieur de ses orbites, ce qui n'est pas chose facile – Blanche sèche ses larmes. Elle ne hoquette plus. Elle nage dans les tréfonds d'un Turban infini et inversé, sans bords. Après un petit moment passé comme ça, finalement, Blanche prend son courage à deux mains, sa bouche s'ouvre et articule silencieusement :

— Would you be kind enough to strangulate me in case of crash, Dearest ?

Blanche soupire. La conséquence de ce soupir, c'est qu'elle réussit à fermer les yeux. Elle tousse. Elle soupire. Elle tousse. Elle reste un petit moment comme ça, toujours à tousser et soupirer par la gorge, par la bouche, par ses yeux fermés aussi, et puis elle s'autorise à penser à celui auquel, jusqu'à ce moment, elle s'était justement interdit de penser, celui qui s'appelle Marc Ribot, second prénom Moïse, qu'elle a rebaptisé dans sa tête Elvis parce qu'il lui fait le même effet qu'une chanson d'Elvis, un effet d'une puissance inimaginable et qui est cause que sa vie sentimentale est devenue elle aussi un grand cratère sinistré.

X

cling
cling cling
cling

Des mains, petites, pour un guitariste, calleuses à force de gratter jour après jour sur des cordes de grosseurs différentes, parfois de très grosses cordes, des cordes d'avant l'invention des slinky skinky strings, collantes collantes cordes, par Ernie Ball, qui ouvre un magasin pour vendre tous les calibres de cordes imaginables dans la petite ville de Tarzana, dans les environs d'Hollywood, ça se passe peu après la guerre de Corée. Des doigts étirés en boyaux très fins très étroits de guitare cling kiss oh Ah Blanche, qui n'entend que cling à la guitare, résonne des souvenirs des kisses des glissements de ces deux petites mains sur les cordes qui s'étirent dans sa gorge, autour d'elle, la ficellent serré, du o de la bouche au o de ses fesses, la transforment en long boyau noir continuum ooooooh Maintenant qu'elle est comme morte sur son siège d'Airbus qui fonce dans la nuit noire, elle se laisse aller à cet amour perdu qui ne reviendra plus. À côté d'elle, une petite fille folle gouverne dans la nuit l'engin projectilaire comme une brute Direction Nord, université du Nord, Europe, oh oui, ça peut que mal se terminer tout ça oh oui kiss cling Ah Ah oh oh La radio est allumée. Les cling passent. Les cling chutent.

Blanche est un chien. Elle trottine sans force. Sa langue pend de sa gueule. Sa laisse à boucle d'or traîne derrière elle. La chienne de Ribot. Elle renifle des naseaux. Elle attrape une poignée de peau et de poils bas sur son poitrail et elle la mordille. Elle jette des regards coulants en arrière. Sur le côté, une silhouette petite, massive, concentrée, joue. Il accompagne le *Cantique des cantiques* orchestré par Zorn, un autre musicien, un multi-instrumentiste celui-là. On est au Tonic, une ancienne distillerie transformée en lieu d'expérimentation musicale. C'est une cave comme un bloc de béton évidé tendu de velours rouge classieux bientôt balayé, anéanti, neutralisé, par la descente des énormes avenues bordées de cubes gigantesques qui consacrent petit à petit le règne d'un Pharaon tout-puissant sur la ville.

Ces masses minérales énormes, elles sombrent sur la Ville basse. Inexorablement, elles sombrent et, en sombrant, elles écrasent tout. Tout, tout le temps, s'écrase toujours dans ce bled. Quelquefois, c'est spectaculaire. Quelquefois, c'est lent. Prochainement, le Tonic disparaîtra sous une petite tour en verre fumé de couleur verte, et c'est une petite épicerie qui prendra le relais, du côté des avenues A, B, C, dans le bas toujours, à l'ombre des Tours, petite jauge, 20 personnes max, assises sur des chaises pliantes, parce que Zorn n'est pas seulement un musicien et un compositeur virtuose, c'est aussi un mécène. Pour aller aux chiottes, il faut traverser la scène. Au mur, des photographies noir et blanc. L'une d'entre elles représente Ribot Elvis Moïse. Aucune harmonie entre la longueur des jambes et la taille surgonflée du poitrail sous la veste. Trente années se sont abattues sur le guitariste. Le chien fatigue, toujours debout sur ses pattes arrière dans le noir du concert. Blanche s'imagine que Ribot peut la reconnaître nue sous ses poils, dressée sur ses deux pattes arrière, Naïve Blanche. Tes poils cachent tout. Elle penche sa tête entre ses deux jambes. Entre ses pieds, son sang coule. Des poils noirs sont éparpillés sur le sol blanc. Une salle de bains. Une baignoire. Une autre baignoire. Un fond d'eau grise croupit à l'intérieur. Dans l'eau, des restes solides. Impossible de toucher cette eau immobile qui sèche entre les roseaux dans laquelle s'est baigné Elvis. Son pied levé, blanc, recule. Mais les petits poils noirs bouclés éparpillés dressés sur les parois blanches ont permis de dénuder le sexe de Blanche. Fourrure. Blanche tire la langue. Elle s'observe dans la vitre d'une cabine téléphonique. Le reflet chien vient de très très loin. C'est un chien qui trottine à l'aube sous la pluie grise. La bête frappe de ses pattes rythmées le trottoir de la petite rue d'une ville côtière. Blanche grelotte, adossée à la paroi en verre de la cabine. La bête avance. La bête fait un brusque écart. Quand Blanche y pense. Un bâtard. Un bon vieux bâtard qui trottine le matin vers la mer. La gorge de la passagère Direction Nord se serre. D'autres larmes coulent. Maintenant, tout est advenu et Blanche entend que la guitare est une voix placée très bas, au niveau du bas-ventre, qui oriente le corps tout entier dans le sol. Une fin de puissance. Une direction non cumulative. Des vibrations sont captées par des microphones, sont transformées en signaux électriques, sont retrafiquées à l'amplificateur. Les vibrations agitent l'air. Elles deviennent des mots qui sont coupés des lèvres et du cœur *Froid froid cœur* There was a time when I believed that you belonged to me but now I know your heart is shackled to a memory *Froid froid cœur* Lenny Breau a fait quelque chose de très beau de cette chanson *Froid froid cœur* Ses deux parents étaient chanteurs de country western, pré-country même *Froid froid cœur* Cette chanson était un hommage triste qu'il leur rendait tous les soirs dans le Maine autrefois. Ils n'étaient pas grand-chose à l'époque quand ils la jouaient. Ribot l'a rejouée le jour de la fermeture du Tonic en protestation au règne de Pharaon tout-puissant qui écrase sans pitié tout ce qui s'organise en zones de survie à l'ombre des Tours. Les vibrations reviennent pour dire à Blanche qu'elle doit retourner à elles. D'entre les morts, elles reviennent, abîmées, amputées. Des formes revenantes. Elles butent dans Blanche et elles la projettent au-delà de Ground Zero car la disparition est un rythme.

Elvis I could die
de ta voix
Des ah dans le hall
I could die pour toi

Deux boules mousse dans ses oreilles, Blanche sombre. Elle a retiré ses lunettes. Elle se tient le plus loin possible de Turban, dont le corps, le visage, les mains, les jambes, les cils, la poitrine, sont toujours aussi immobiles. Elle et lui sont les seuls dans l'avion à croupir comme ça, coupés de tout, oubliés du monde. On n'entend plus les moteurs. Ils flottent dans du rien, de l'air, du vide, du néant *Oh vraiment ! Tu exagères Ce n'est pas si dangereux Tu n'aimes pas risquer ? Tu n'aimes pas marcher sur la falaise ? Tu n'aimes pas que le monde change ? Tu veux que tout reste immobile Tu veux que tout soit comme tu veux que ce soit Tu t'ennuies Tu attends que ça vienne Forcément, tu avances* Le vent souffle. Un rêve se lève. Le rêve, c'est un homme. Il s'est relevé de l'amour très, trop, rapidement, elle pense, et maintenant, assis sur le rebord du lit, il manipule une ceinture. Il la manipule très banalement puisqu'il se rhabille. C'est un homme de petite taille. Tous les deux viennent de faire l'amour mais il ne semble pas à la voyageuse qu'ils soient plus proches, et même il lui semble que c'est fini entre eux deux, aussi impossible soit-il, puisque tu ne termines pas l'amour comme ça, à chaud, jamais, après que ça soit juste terminé d'être fait, quand les corps sont encore frissonnants, les souffles mêlés, surtout sans dire un mot avant de le faire, parce que sinon ça voudrait dire qu'elle, elle l'a fait avec lui sans savoir que c'était la dernière fois alors que lui, il savait. C'est insupportable. Dans les tréfonds de son rêve, elle en tremble. Elle ne croit pas qu'il puisse exister pire catastrophe qu'une explosion en plein vol et, en même temps, dans son rêve, elle se dit qu'elle préfère endurer cette monstruosité d'apocalypse plutôt que d'endurer ce qui serait plus terrible encore, dont elle ne réchapperait pas, elle le sait, et qui est que lui savait que c'était terminé pour lui et pour elle, alors qu'elle, elle ne le savait pas. Il savait qu'il allait lui faire l'amour pour la dernière fois. Et il l'a fait. Pas par générosité, ou elle ne sait quoi d'autre. Non. Juste pour pouvoir prendre son plaisir d'elle une dernière fois, même si, à l'insu d'elle. Et c'est pourquoi il a dissimulé que c'était fini, parce que sinon elle aurait été paralysée, elle aurait refusé, elle aurait pleuré, elle ne sait pas, mais elle se serait rendue inbaisable d'une manière ou d'une autre, et ça, ce n'était pas possible. Cette simple pensée qu'il ne pourrait pas jouir d'elle, alors qu'il en avait la possibilité, lui était insupportable. Il a préféré jouir. Puisqu'elle le voulait, encore et encore, puisqu'elle acceptait de jouer avec lui la dégradation lente de leur amour. Ces derniers mois, ils s'étaient avilis tous les deux à continuer de le faire, dès qu'ils le pouvaient, pour conjurer la fin programmée en mode fatal. Il ne pouvait se passer d'elle. Elle ne pouvait se passer de lui. Dans le rêve, l'homme à la ceinture lui parle avec douceur. Il lui dit ne pas oublier ce qu'il lui dit. C'est vrai. Pour l'éternité. Quelque chose de simple, et de juste, quelque chose qui lui prouve qu'aussi loin d'elle qu'il lui semble, par la langue, par sa vie, par la décision qu'elle présume qu'il a prise et qui la sépare d'elle, il la connaît toujours. Quelque chose qui pourrait l'aider si elle devait vraiment s'y coller, à l'Apocalypse. Blanche dort en l'air dans la nuit. L'avion explose.

XI

Là-dessus, quelque chose de plus sérieux, de plus concret, se passe dans l'avion. La tête dévissée vers l'arrière, un voyageur, plus jeune, zieute Blanche endormie. Il zieute Turban aussi. Ce voyageur s'appelle Emmanuel. En même temps qu'il les zieute, Emmanuel se souvient d'un film catastrophe qu'il a vu à la télé, il y a très longtemps, quand il était enfant. L'histoire se passe dans un avion. Une prise d'otages en plein vol qui tourne très mal pour les terroristes. À la fin, les terroristes sont neutralisés par des voyageurs. Des voyageurs sans compétences guerrières, des voyageurs de base, mais enragés, prêts à mourir pour survivre. Certains sont courageux. D'autres pas. Peu importe. Surtout, à la fin du film, péripétie improbable au temps où le film est tourné mais aujourd'hui crédible, les terroristes sont exécutés par les voyageurs. En plein vol. Par pendaison. Dans le dernier plan du film, on voit les corps qui se balancent, tandis que tous les voyageurs sont tête baissée.

— Une prise d'otages classique avec des revendications classiques ça serait chouette *déclare brusquement Emmanuel à sa voisine de gauche qu'il ne connaît pas*

— …

La voisine est anglaise. Elle ne parle pas français. Surtout, la voisine ne tient pas à sympathiser avec un Français dont l'anglais est, comme très souvent chez les Français, soit très sexy, soit ridicule, et là, elle a opté pour le ridicule. Diana est angoissée par cette annonce absurde faite par le pilote. Elle sait que

Turban n'est pas loin. Elle se demande quand le shérif va arriver pour lui faire la peau. Elle rêve qu'on entrave ce type aux mains et aux jambes, qu'on en finisse avec la merde de métèque qu'il est. Et puis elle aimerait dormir mais elle n'y arrive pas.

— S'il doit se passer quelque chose et que ce qui doit se passer est une prise d'otages classique Ce serait pas si mal Qu'en pensez-vous ? *insiste le voyageur français qui s'appelle Emmanuel Emmanuel se sent très seul*

— Won't you shut it up ?

— Vous, les Américaines, vous êtes impossibles *Emmanuel est français Il n'a pas reconnu l'accent british* Pires que ces Allemandes qui ont bravement tenu tête aux Russes en 1945 *Emmanuel soupire* Malheureusement pour moi, j'apprécie ce genre de femmes et ce goût que j'ai pour elles me fait souffrir.

— Please !

Une hôtesse est là. Une autre hôtesse. Celle-là est plus classiquement belle que la Rousse à chignon de tout à l'heure *C'est Emmanuel qui remarque* Elle est apparue au niveau de Turban, une main posée sur l'accoudoir de son siège, l'autre posée en travers de la poche gauche de sa veste. L'hôtesse est immobile. Turban ouvre les yeux. L'hôtesse se penche. Elle parle. Turban fait répéter l'hôtesse et puis il fait non avec la tête. L'hôtesse répète sans s'énerver. Elle lui dit que, s'il n'obtempère pas, le shérif viendra et que ça se fera tout de même. Sa responsabilité à lui en tant que voyageur, c'est que ça se passe bien dans l'avion, qu'il n'y ait pas de panique, sinon les conséquences seraient graves. Le vol doit rester calme. C'est impératif. Avec une voix douce :

— Do you get it ?

Turban ne répond pas. Peut-être qu'il attend que ça se passe. Peut-être qu'il attend l'atterrissage. L'hôtesse répète son petit discours. Son ton est très persuasif. Elle a un sourire doux. À nouveau, elle attend un moment qu'il se passe quelque chose. Il ne se passe rien. Elle s'en va.

Trois personnages sont maintenant debout dans la travée au niveau de Turban. Deux femmes. Un homme. L'homme est habillé en civil. Il est petit. Un crâne chauve. Une veste bleu marine avec un écusson façon collège anglais cousu au-dessus de la poche droite. Ce que cette veste sert à cacher renfle légèrement comme un sexe au repos sur son côté droit. La première hôtesse, la Rousse à chignon, est derrière lui. À la main, tournée vers le sol, elle tient une hache. La hache de bord *La hache de bord, présente dans tous les équipements d'avions, est destinée à attaquer les garnitures en plastique en cas de feu ou à permettre de s'extirper de l'avion en cas de crash* Tout le monde a les yeux rivés sur cette belle femme rousse au regard dur qui tient une hache à la main.

La Rousse attend. Tout le monde attend.

— Impossible n'est pas français À cœur vaillant rien d'impossible À l'impossible nul n'est tenu J'aime celui qui rêve l'impossible *bégaye Emmanuel, terrifié, qui projette aussi sur la scène des images flash de la Rousse en petite culotte*

Emmanuel se reprend. Sa voisine lui jette un coup d'œil coloré d'une bonne dose de haine recuite. Peut-être qu'elle a perçu ce qu'il avait fantasmé dans sa peur, peut-être qu'il l'a dit à voix haute ?

— Damned, *s'angoisse Emmanuel*

L'homme à l'écusson de collège anglais sort un insigne de sa poche.

— Sire, would you like to stand up, please ?

Le shérif parle à Turban à haute et intelligible voix. Vous n'avez pas le choix, Monsieur. Il faut obéir, Monsieur. Tout ça, soudainement, c'est trop pour Turban. Les trois créatures inflexibles qui lui font face en hauteur. La hache. L'écusson. Le discours prononcé à voix haute. L'arme visible sous la veste. Turban se lève. Un moment, il tangue. Enfin, il se met à rassembler toutes ses affaires. L'hôtesse blonde ouvre la cabine au-dessus de sa tête et prend son bagage cabine dans les bras. Turban tient ses chaussures à la main. L'hôtesse blonde propose avec gentillesse de l'en débarrasser. Sans attendre sa réponse, elle lui prend les chaussures des mains. Turban laisse faire. Quatre personnes sont maintenant debout dans la travée. L'hôtesse. Turban. Un shérif en civil. L'autre hôtesse *Musique de transformation* L'hôtesse qui ferme le cortège, c'est la Rousse. En marchant, elle traîne la hache par terre. La hache, lourde, dessine un léger sillon dans la moquette sous le cul de la Rousse. Le léger sillon se maintient un temps, et puis, fatalement, poil après poil, la moquette se redresse.

Blanche entrouvre un œil. Elle les voit tous les quatre s'immobiliser au niveau du rideau de séparation, entre classe éco et bisness. Les deux boules mousse qu'elle a clouées tout à l'heure au fond de ses deux oreilles pour décrocher de l'histoire y sont toujours. Blanche serre fort ses lunettes dans ses mains. Elle tousse. Les deux hôtesses regardent Turban. Le shérif en civil aussi. Il parle à Turban. Il lui parle à voix basse. Le shérif en civil semble vouloir insuffler du courage à Turban. Il pose une main sur son épaule. Il attend. Blanche, Emmanuel, sa voisine anglaise, le vieillard mauvais, tous les voyageurs qui ont droit au paysage, tout le monde regarde, tout le monde attend. Les autres, les riches, ceux qui sont massés à l'avant, derrière le rideau, attendent eux aussi, mais eux ils sont totalement dans le Schwartz visuel, ils souffrent beaucoup plus que les autres.

Deux mains tendues au bout de deux bras qui paraissent longs se posent sur la tête de Turban. La tête est toute petite. Très peu de cheveux. Les yeux de Turban clignotent. Le shérif attrape le turban. Turban regarde le sol. Son gros corps semble diminué sans sa coiffe. Le shérif tourne le turban, le sonde, l'inspecte. Finalement, il le déroule. Ça fait bien jusqu'à 8 à 10 mètres de tissu qui s'épanchent sur la moquette au-dessus de l'Atlantique, se dit Blanche.

XII

Automatiquement, la série des cours les moins attractifs du Département avait été transmise à Blanche et elle avait aussi sec embauché à l'université du Nord, heureuse d'échapper à un poste dans un collège sinistre de banlieue, du type du collège Brassens situé près de la cité des Orgues, dans le Sud, ce collège dont tout le monde avait entendu parler dans les journaux, avant la Catastrophe, et qui l'avait fait angoisser rien qu'à l'idée qu'elle pourrait y enseigner. Elle échappait par la même occasion à la perspective d'un nombre annuel épouvantable d'heures de transport pour joindre un de ces collèges ou de ces lycées plantés aux confins de ces territoires perdus de la République combattus dans le Nord par Péko, des heures de transport au cours desquelles, tête courbée, épuisée, on corrige des copies sur ses genoux, et aussi, pour survivre à ces heures de transport, il faut avoir l'intelligence de se positionner correctement sur le quai, être aux aguets quand la machine roulante arrive, pour choper une place assise et ne pas finir écrasée avec tous les autres, debout, qui peuplent les transports en commun, tôt le matin, tard le soir, dans le monde entier.

Tout cela, en embauchant dans le Département de FLE de l'université du Nord, Blanche l'avait évité. Après ce vol de retour épouvantable au cours duquel elle avait bien cru qu'elle allait crever sous le poids de sa propre peur, ça avait été la moindre des choses de pouvoir se passer de regarder deux fois par jour débouler d'un tunnel une machine encore soufflante de vitesse dans l'atmosphère puante d'un boyau d'une quelconque gare, mal ventilée, des sortes de carrières en longueur, avec souvent d'immenses poutrelles métalliques suspendues au-dessus de quais, toujours sous-éclairés, quelques sièges, çà et là, encore, où s'asseoir en bordure des escalators, près des poubelles.

Blanche avait fait cours et elle avait appris à apprécier Joséphine, cette étudiante dont le profil différait de ceux des Chinois du Département, étudiante discrète mais assidue, qui apprenait par cœur tous les poèmes du cours, conformément à sa requête d'enseignante, des poèmes du patrimoine scolaire dont la liste lui avait été donnée avec la fiche du cours. En apprenant tous ces poèmes, Joséphine avait dû progresser à grande allure dans son apprentissage de l'inconscient lyrique national.

Et maintenant, Blanche se rendait à un rendez-vous avec Joséphine à la cafétéria orange. Elle y allait, heureuse de faire la connaissance de cette étudiante au prénom si français, prénom archi-exotique, en effet, pour une étudiante étrangère inscrite en FLE.

XIII

Dans la cafétéria orange du Département, surprise, surprise, Joséphine n'était pas seule. Joséphine était "accompagnée" et de façon très très étrange, pas prévisible du tout. Blanche avait été étonnée de découvrir assis aux côtés de son étudiante ce répertoire si décalé, si vivant, qu'est Guillaume dans une université française. Et le caractère intempestif de ce répertoire si vivant lui avait fait brièvement oublier l'atmosphère morbide de l'époque. Blanche, qui avait survécu à tellement d'épreuves psychiques ces jours derniers, s'était jetée par désir de vivre aussi sec au-delà de cette mort qui guette partout pour observer cette impertinence tournée en corps qui s'agitait face à elle sur sa chaise. Elle s'était passionnée pour la découverte de celui qui s'était déclaré sans fausse pudeur le mari de Joséphine, un peu comme elle s'était passionnée pour Richard G. Mallarmé dans la queue devant les portiques, avant d'embarquer, la mort dans la tête, pour le Nord.

Sur le visage de Guillaume, Blanche avait tout de suite repéré la petite marque au niveau de la bouche, petite marque qui n'était plus une déviation mineure sur une bouche d'enfant depuis longtemps. "Guillaume" s'était présenté comme "un jeune entrepreneur". Santiags façon cuir d'autruche. Loden râpé. Étrange, ce loden. "Guillaume" n'avait pas retiré son loden à l'intérieur. Et toujours cette petite marque qui attirait électriquement le regard de Blanche sur sa bouche. Chez Guillaume, tout était en avant. Son corps était en avant. Son sourire était en avant. Il ne contrôlait pas non plus le niveau sonore de sa voix, comme les gens qui sont un peu sourds ou qui n'ont pas l'habitude de parler en public. "Guillaume", c'était un paysage tellement éloigné de l'université que la couleur orange qui recouvrait les murs de la cafétéria avait commencé à s'agiter sérieusement tout autour de Blanche avant de tourbillonner noir en accord avec le vent du Nord dehors.

— Vous habitez à Paris ? *demande finement Blanche à Richard G. Mallarmé au niveau des portiques*

— Not at all Pas du tout J'habite à New York Manhattan Et vous ? Excusez-moi *L'homme passe sous le portique Il lui fait un petit signe engageant de l'autre côté* Que c'est ennuyant Ces choses N'est-ce pas *Fort accent à la patate chaude*

— Oh Vraiment On met un temps fou pour prendre l'avion Maintenant *Elle tousse fort*

— Vous habitez à Paris ? *il remet sa ceinture, ce qui ne l'empêche pas de la regarder droit dans les yeux Elle frémit Elle tousse*

— Non, dans le Nord *Elle sent que ça se passe mal en arrière dans la gorge Elle fait un gros effort Elle se sert de la glotte pour que la toux s'arrête*

— C'est où ça ?

— Dans le Nord justement *Blanche récupère son manteau et son sac Elle se remet à tousser En face, elle perçoit que le voyageur mallarméen ressent mal le truc de la toux grasse*

— Mais il y a des avions qui vont jusque-là ? Dans les petites villes de la France ? *Air poli Blanche tousse*

— Ça dépend *Fin de la conversation*

Retour à la cafétéria.

Blanche se réjouissait. Quand Guillaume parlait, une sorte de fronce se formait entre ses deux yeux qui détonnait avec le calme de ses pupilles. Le contraste entre les commissures de sa bouche, ses lèvres en mouvement, toujours légèrement bifurquantes, et les deux points noirs fixes de ses yeux qui la regardaient sans émotion lui faisait un gros effet. Ce regard calme, un peu dur, lui faisait reconsidérer chaque fois l'ensemble du visage en complet détachement avec tout ce qu'il lui racontait à propos de Joséphine, dont le visage, par comparaison, au passage lui paraissait tout à fait morne, presque sans couleur, dans le décor de la cafétéria orange, ce jour-là.

Plus tard, à la différence de Madame Dabritz, Blanche n'aurait pas grand-chose à se reprocher à propos de cette étudiante qui aimait beaucoup ses cours, c'était visible. Joséphine avait demandé à parler avec elle de sa situation administrative et Blanche avait accepté. Ni plus, ni moins. C'est exactement ce que Blanche avait dit, la veille, à Caroline, l'autre secrétaire, la collègue de Madame Dabritz. Aux yeux de Blanche, Joséphine semblait sinon, à vue de nez, être une très bonne porte d'accès au réel, dans tous les cas, une porte toujours plus intéressante que le gros ressassement à l'œuvre dans les journaux sur la question des étrangers en France.

— Joséphine est ma femme *Guillaume met la main sur son épaule*
— "Joséphine", c'est ton prénom français C'est ça, Joséphine ?
— …
— Oui *répond Guillaume* Joséphine est positionnée pour obtenir un titre de séjour *Guillaume remet la main sur son épaule* Nous ne voulons prendre aucun risque
— De quels risques parlez-vous ? *demande Blanche*
— Nous veillons à ce qu'aucune démarche administrative ne soit entreprise contre elle *Blanche ouvre de grands yeux*
— C'est quoi le problème ? *Elle jette un regard sur Joséphine Joséphine a l'air fatigué C'est sûr*
— C'est un ensemble *répond Guillaume*

Mystère et boule de gomme autour de ce problème qui était "un ensemble". Joséphine était silencieuse, pommettes tirées vers le bas, bouche fermée. Rien à voir avec le visage habituel de l'étudiante, même si sa coiffure, un casque souple de chevelure sombre, le couronnait toujours. Son visage était comme détimbré. Pour Blanche, ça comptait plus du tout le gazouillage lyrique des fleurs et des arbres buissonnants. Devant les étudiants, elle privilégiait des morceaux poétiques qui témoignaient d'un peu d'énergie, des morceaux qui étaient susceptibles d'entretenir un rapport à l'ambiance du temps en dépit des ruisseaux ondoyants, ramées, océan chéri, flots harmonieux, nouveaux rivages, heures propices, rapides délices, etc., qui parasitaient. Depuis la Catastrophe, vraiment, difficile de croire en l'aube heureuse, le temps des promesses, les moments d'ivresse, l'heure fugitive. Rochers, grottes, forêts, c'était aussi fini. Avec Mallarmé, c'était différent, parce que c'était tellement obscur ce qu'il racontait que le paysage tremblait vite à la lecture.

Blanche avait agrippé son gobelet de café sur la table et avait aspiré la dernière goutte qui l'attendait au fond, goutte froide, âcre, rapidement dissoute sur sa langue, en regardant Joséphine pour tenter de percer le mystère de son effacement morne. Joséphine avait séché ce matin. L'année dernière, elle avait fait la queue 43 heures devant la Préfecture mais aujourd'hui, dans la cafétéria, devant elle, Joséphine ne frémissait pas, Joséphine ne soupirait pas, Joséphine était pâle dans la lumière orange. Derrière elle, affaissé, un tas de paninis attendait sur un comptoir une place dans la machine à chauffer capable de vibrionner 2,45 milliards de fois par seconde. Le gobelet de café vide sur la table ne frémissait pas non plus. Pâle dans la lumière orange, Joséphine partageait pleinement sa condition de non-frémissement avec le gobelet. Blanche devait l'admettre.

Sinon, on les observait avec attention dans la cafétéria. Tous les yeux étaient fixés sur celui qui n'avait pas seulement les yeux les plus vifs du monde, en plus d'avoir un corps ultra-dynamique, comparé à celui de Joséphine et au gobelet qui se dissolvaient ensemble dans la mollesse orange ambiante. En même temps qu'elle fixait la petite marque qui dansait pour elle sur la bouche de Guillaume, Blanche lui avait demandé, comme ça, mine de rien, de parler un peu moins fort, et là, d'un seul coup, ça avait été silence, merde, Guillaume n'avait plus parlé. À peine surgi, le silence s'était concentré dans les pupilles fixes de Guillaume qui dominaient maintenant tout son visage quand il la regardait. Un peu honteuse, Blanche avait plongé la tête dans son sac.

XIV

Blanche avait laissé derrière elle une ville sinistrée. Quand elle était partie, les drapeaux flottaient toujours en continu dans les rues, montaient, redescendaient les avenues, accrochés aux voitures, flottaient en guise d'hommages et en guise de menaces, en plus des camions de pompiers qui ressemblaient toujours à de gros jouets mais qui faisaient maintenant en plus sur les passants l'effet de corbillards pathétiquement repeints en couleur vive, depuis que les passants qui passaient connaissaient le nombre exact de pompiers morts pulvérisés sous des milliards de tonnes de débris alors qu'ils grimpaient quatre à quatre les marches dans les escaliers des Tours pour tenter d'éteindre les incendies provoqués par le “double impact”. Les drapeaux flottaient au vent comme dans un tableau impressionniste qui serait devenu triste. Des grands drapeaux. Des petits drapeaux. Leurs couleurs partout répandues dans la Ville basse, répandues presque tout pareil, quand même un peu moins, dans le milieu de la ville, ensuite, un cran au-dessus encore, soudainement dissoutes dans l'air, disparues, rien, dans la Ville haute. Dans la Ville haute, les habitants se sentaient beaucoup moins concernés qu'ailleurs, beaucoup moins qu'à Paris-Centre, beaucoup moins que, au hasard, même, dans le Nord, Région Nord, par cette tragédie qui avait touché essentiellement un monde inaccessible et abstrait, le monde de la finance successfull, tout au bout de la presqu'île du bisness américain, là où les habitants de la Ville haute, des habitants tout ce qu'il y a de plus normaux, des habitants qui s'entassent dans le métro en cherchant de l'air comme dans toutes les grandes villes dans le monde ne descendent pas, jamais, jamais l'occasion de descendre là-bas, et pourquoi descendre, quelle raison économique, quelle raison humaine, quelle raison pour descendre jusque-là où, comparativement à la Ville haute, presque personne ne vit en réalité, au bord de l'océan rendu sinon invisible par les Tours maintenant détruites, pour toucher au bord écrêté de la falaise, les vagues très très grosses, pente à pic, coulées de boue très meuble, aussi, par là ?

Très vite, la Ville basse avait reproché à la Ville haute un manque de solidarité certain observé à la suite d'un attentat qui avait quand même réussi, bizarrement, à faire correspondre aux ruines régulières normalisées coutumières, ruines des façades, ruines des trottoirs, ruines des poubelles, ruines sociales qui n'intéressent personne, ruines de la Ville haute, un gigantesque amas de ruines spectaculaires qui intéresse tout le monde, le monde planétaire hystériquement penché au chevet de la Ville basse crevée gravement en son centre, venteuse, minérale, dont les Tours masquent tout de l'océan, du ciel, de la lumière, parce que ce sont elles, les Tours, que tout le monde admire, ce sont elles, le sublime qui doit en faire baver, et pas le large, aussi, on prend le bateau pour être en mesure de les admirer en s'éloignant des côtes, en revenant de Staten Island, la perspective est bonne, les habitants de ce cher pays qu'est la France, comme Blanche qui vivaient là-bas ou comme ceux qui passaient en touristes, ne se lassaient pas de ce beau point de vue sur les buildings et sur les Tours.

Une ambiance God Bless America régnait dans l'atmosphère venteuse, une ambiance difficile pour Blanche, pour qui il va de soi que rien n'existe là-haut dans le ciel, ou alors que, si quelque chose existe, son existence ne doit en aucun cas intéresser le collectif, une ville entière par exemple, mais c'est seulement de l'autre côté de l'Atlantique, dans ce cher pays qu'est la France, qu'on est supposé tous penser de cette manière, traditionnellement, alors, quand elle habitait encore dans le Nouveau Monde, Blanche n'ouvrait jamais la bouche sur le sujet de peur de se faire insulter, et elle avait donc attendu dans l'angoisse qu'on connaît, mais aussi en silence, que ça décolle pour elle fissa Direction Europe.

Et, avec les drapeaux, des discours va-t'en guerre extrêmement agressifs essaimaient aussi dans la ville, fleurissaient dans les salons de gens très bien, insoupçonnables de quoi que ce soit, bellicisme, nationalisme, et autres, jusqu'à ce premier impact dans la première Tour, ces discours fleurissaient en accord avec le contrôle social qui s'exerçait dans les bus, dans le métro, jusque dans les écoles auprès des enfants et des enseignants, toujours ces foutus drapeaux, dans une ambiance, donc, qui planait et qui, tout en planant, baignait des pages et des pages de reportages qui racontaient avec énormément de détails les derniers moments des victimes, les dernières conversations des victimes, la vie désastrée des proches des victimes, en attendant l'arrivée proche de la psychose collective qui s'étoile Anthrax, un poison en poudre envoyé pour tuer par courrier qui avait gravement en son temps fait aussi flipper tout le monde mais que tout le monde a depuis oublié.

Il y avait eu aussi, de visible, en cours, dans la ville, un florissant bisness de cartes postales. Des photos de la Catastrophe façon instantanés de Pompéi sur lesquels les Romains auraient représenté le volcan en flammes avec la ville lentement ensevelie sous des emportées de grêlons cendrés à ses pieds. Sur ces cartes postales, les deux Tours étaient toujours scandaleusement verticales, flamboyantes. Leurs innombrables fenêtres empilées sur 110 étages jaillissaient encore dans l'air ensoleillé, mais, au-dessus, par le haut, des panaches de fumées noires, anomaliques, trouaient le ciel bleu (insolent ?), attaquaient l'image. Les photographes avaient parfaitement immobilisé l'auréole de chaleur qui tremblait autour des deux Tours. Tout tient solidement en apparence, tout se décompose à l'intérieur. Les grêlons de Pompéi avaient cédé la place à des milliards de nano-particules de diamètres inférieurs à 2,5 microns qui avaient voleté avec insouciance dans le ciel avant de former des poussières, des cendres, des fumées, des nuages énormes de poussières, de cendres et de fumées, car la suite logique du panache noir photographié avec art dans le soleil par-dessus le ciel bleu limpide pour faire carte postale était advenue. L'ombre était devenue la règle. Mais avant, le petit oiseau était sorti et avait rendu possible d'envoyer par la poste l'image des Tours impactées jusque très loin, de l'autre "autre" côté de l'océan, avec une petite correspondance écrite dans l'encart prévu à cet effet.

Ce n'était pas tout. Sur l'une de ces cartes postales, Blanche avait écrit en vitesse à destination d'une amie proche qu'elle toussait pas mal quand même et elle avait aussi décrit en trois phrases l'avalanche d'ex-voto qui désormais parsemaient la ville pour la transformer en cimetière à ciel ouvert. Blanche faisait au maximum de savants détours pour éviter Union Square, un lieu de révoltes dans l'ancien temps qui s'était spontanément transformé en lieu de prières et d'hommages. Arbres, bancs, pelouse. D'énormes écureuils de ville. Des bêtes bien nourries, indéniablement, se disait Blanche avant la Catastrophe, quand elle passait par Union Square et qu'elle observait ces rats rouquins à queue panachée gratter dans les poubelles qui débordent. Sinon, sur le quatrième côté de Union Square, tous les matins, tous les soirs, des chiens, beaucoup de chiens, des chiens de toutes sortes, de toutes races, mais toujours des chiens chers. Dalmatiens, dogs, bichons, bouledogues, cavaliers king charles spaniel, shihtzu, … tant d'autres chiens. Certains des chiens chers étaient hauts comme de jeunes poneys. Blanche n'avait jamais vu en vrai autant de canidés de si grande taille, de conformations si particulières, poils, textures, couleurs, fou, rien à avoir avec le toutou ou le clébard du coin, de l'autre “autre” côté de l'Atlantique, le chien moche qui fait sa vie modestement au bout d'une laisse.

Les ex-voto effaçaient tout. Ils effaçaient les buildings, les supermarchés, les chiens, les écureuils gros et gras. Ils écrasaient le folklore de la ville riche étalé en bordure de la Ville basse. Les ex-voto faisaient peur à Blanche. Ils avaient la forme d'avis de recherche rédigés à la hâte par des proches qu'on n'imaginait étrangement pas être les propriétaires de tous ces chiens qui coûtent un bras à Union Square, mais on ne sait jamais, Blanche ne pouvait pas savoir. Les avis de recherche étaient affichés sur les grilles, sur les lampadaires, sur les boîtes aux lettres, aux entrées des métros. Autant de petits portraits accrochés avec les moyens du bord, scotch, petites ficelles, agrafes, qui insistaient avec de grosses fautes d'orthographe, ou pas, sur les particularités physiques, taches de naissance, cicatrices, couleur des yeux, de ceux dont ils combattaient la disparition. Des signes particuliers qui faisaient penser à Blanche qu'un corps n'est jamais réductible à un autre corps, si elle en doutait, et ensuite, très vite, qui lui avaient fait pressentir que c'était déjà peut-être, en réalité, plus que des images de vies révolues, des portraits de corps désormais morts, en fait, qui s'affichaient comme ça, ouvertement, dans la ville, des corps difficiles à retrouver en raison de leur nature de corps traumatisé, explosé, comme cela arrivait auparavant seulement dans les guerres ou en cas d'accidents de voiture ou d'incendies. Et c'est pourquoi, peut-être, les proches, les familles, les grands enfants, les amants et les amantes avaient inséré dans les portraits des photos de tatouages marquant un bras, une épaule, une cuisse, comme des signes d'intimité et de reconnaissance destinés à identifier le morceau de corps de la personne disparue, se disait Blanche qui ne pouvait s'empêcher, lorsqu'elle était dans la rue, de jeter quantité de coups d'œil fixes sur ces "Missing", alors qu'il y avait vraiment zéro raison rationnelle de penser qu'elle ait croisé dans le passé ou qu'elle allait croiser dans l'avenir l'un de ceux qui ne saurait être, de plus en plus, jour après jour, rien de plus, rien de moins, qu'un fantôme des Tours. Cette archive fabriquée pour des morts considérés à mi-chemin du tombeau avait recouvert d'un voile triste la quantité infinie de panneaux qui avaient jusque-là agressé quotidiennement Blanche. Sur les bancs : "No-smoking bench, for residents only." Dans le métro : "Please use handrails, they are free." Dans les parcs : "If you don't clean after your dog, you don't deserve to own one", "Love your Pet, love your Park." Dans les rues : "Don't even think of parking here." Mais dans Ground Zero, panneau, pas panneau, tout ce qui est humain avait été écrasé, fondu, vaporisé. Tout ce qui est humain avait disparu. Pire, tout ce qui est humain avait été, en même temps qu'un nombre extraordinaire de matières toxiques, transformé en air à respirer.

Blanche avait commencé à tousser. Une toux pénible qui la rendait souffreteuse, et c'est pourquoi elle n'avait pas attendu d'être atterrie en France pour aller voir un médecin, aussi chère la consultation allait être, et donc, un après-midi, elle s'était mise en route dans la ville endeuillée en se disant que ce serait sa dernière course avant son départ définitif. Et, si elle n'avait pas toussé autant (elle toussait vraiment beaucoup), cette dernière course aurait pu sembler presque drôle, parce que se rendre à une consultation médicale dans une ville qui s'était transformée au même moment en tombeau de masse, tout ça en tremblant d'angoisse pour ses deux misérables petits poumons personnels dorlotés comme des caniches, cela ressemblait fort à une blague.

En traînant des pieds, elle avait fini par parvenir au pied de la Tour de bonne facture dans laquelle un ascenseur allait la transporter dans le cabinet de médecine moyenne auquel elle avait accès grâce sa sécurité sociale française adaptée pour l'étranger et qui lui rembourse presque rien. Les portes de l'ascenseur s'étaient rouvertes dans un tressaillement et elle avait observé devant elle le long couloir qui l'invitait à s'enfoncer dans l'étage.

XV

Elle tousse trop. Pas le choix. Elle se met à avancer dans le couloir faussement éclairé en jaune recouvert de faux marbre miroir serti de doré écaillé qui conduit inéluctablement à l'antre médical qui va la délester, c'est certain, d'une bonne centaine de dollars, minimum, mais qui est néanmoins perché au 27e étage d'une Tour tout ce qu'il y a de plus Gotham. Tout en avançant, elle se demande si, comme la dernière fois, dans la Tour, elle va de nouveau être forcée à assister à des pratiques de rejet de malades insolvables. Elle sonne. Elle pousse une seconde porte. En regardant ses pieds, elle part s'asseoir le plus loin possible du comptoir des secrétaires, et là, elle tourne la tête de côté pour éviter de les regarder, pour les oublier, pour couler son regard par la fenêtre dans le ciel qui absorbe tout, qui ne fait jamais défaut dans cette partie de la ville coincée entre Ville haute et Ville basse, en fait, c'est vrai, on ne peut pas le nier, Blanche pense, dès qu'on grimpe, le ciel est là.

En s'absorbant dans le spectacle du ciel qui est à tous, ce que cherche à éviter Blanche, c'est le spectacle des secrétaires en blouse qui gèrent les admissions, cad qui vérifient pour chacun des patients si les assurances sont en marche, sinon c'est la porte. La dernière fois, dans les brumes d'une grippe tellement forte qu'elle en vacillait sur pied, Blanche avait assisté à ce qu'il avait bien fallu identifier comme une résistance désespérée au système tentée par un malade sans assurance mais elle ne voulait pas y repenser. Elle entend au loin :

— Which assurance are you on please ?

Ensuite, elle sait. La secrétaire appelle l'organisme pour vérifier l'affiliation. Blanche tousse. Elle tousse. Pour tenir à distance le deuil collectif tentaculaire qui s'est emparé de la ville, elle se concentre sur sa toux. Cette société inhumaine qui refuse scandaleusement de soigner ses pauvres ! Quelle joie de ne pas être américaine ! Quelle joie de retourner en France ! Le Nouveau Monde, c'est le Vieux Siècle projeté dans l'avenir. Elle va s'échapper de l'avenir ! Elle va retrouver ses privilèges ! En vitupérant dans sa tête, elle se prépare à passer l'épreuve du tri qui va lui permettre de soigner cette toux qui la transforme en corbeau malade à la gorge bousillée. Des corbeaux, c'est vrai, on en voit dans la ville, éperdus, désorientés qui cherchent leur chemin. Et, en toussant, elle s'angoisse. Qu'est-ce qui lui reste comme bords de côtes ? Qu'est-ce qui lui reste comme pays ? Les vagues frappent, le vent souffle. Et pendant que les vagues frappent, que le vent souffle, elle tousse. Elle fait comme ça des allers-retours dans sa tête entre l'Europe et l'Amérique sans se résoudre à s'immobiliser d'un côté ou de l'autre, et puis, finalement, alors qu'elle a totalement oublié de veiller à ne pas observer le ballet des vivants et des ombres au comptoir des secrétaires, qu'elle a tiré la langue pendant 3 minutes à un médecin au regard franc qui lui a prescrit avec gentillesse de se procurer des pastilles en vente dans des épiceries qui vendent aussi des fleurs, des cafés, de la papeterie, des produits ménagers en vrac, alors qu'elle n'a plus de voix et que ça lui fait horriblement mal jusqu'au milieu des seins quand elle tousse, surtout, elle se sent très faible, elle repart dans la ville en direction de Union Square. Des bougies. Des jeunes toujours assis par terre autour des bougies dont les flammes tressaillent. Quand Blanche marche par là, vraiment, elle fait comme si elle ne les voyait pas, comme si elle ne voyait rien. Un peu plus bas, sur la 14e, c'est barré, et c'est morbide, cette barrière qui coupe le bas de la ville de tout le reste. Des cimetières de fleurs devant chaque caserne de pompiers. Les fleurs sèchent. Dans deux jours, elle est dans la Région Nord où les fleurs ne sèchent pas dans les rues parce que, dans les rues, il n'y a pas de fleurs.

Une fois rentrée chez elle après avoir longé une interminable succession de façades venteuses seulement interrompues de dais Ancien Régime tendus sur des piliers brillants surmontés de boules d'apparat pour le prestige des habitants qui logent à l'abri de portails fastueux en bronze vieilli encadrés de plantes qui poussent figées dans de gros pots massifs intransportables à mains nues, elle apprend en regardant la télé que des manifestations sont prévues pour lutter contre les frappes américaines au Pakistan. Elle apprend aussi que Ben Laden menace les USA de l'arme nucléaire et d'armes chimiques. L'info passe en boucle à la télévision sur des images de Tours qui s'effondrent, s'effondrent, s'effondrent, encore et encore. Elle s'arrête debout devant la télé.

Et c'est là que ça avait commencé à aller vraiment mal pour Blanche qui toussait mais qui avait, jusqu'à cette dernière menace d'attaque nucléaire, résisté plutôt vaillamment en toussant dans son appartement situé au 3e étage dans le Queens, contrairement à l'épouse du gardien de son immeuble au rez-de-chaussée, qui, employée pour faire le ménage dans les Tours, prenait journellement jusqu'à la Catastrophe la relève de l'équipe de nuit pour nettoyer les parties communes dans les étages. Des kilomètres de paliers, de toilettes, de couloirs, répartis sur énormément de hauteur étagée, deux fois, ça fait beaucoup de monde à prévoir pour le nettoyage, la nuit, le nettoyage, le jour, mais là, problème, regard vide, le lendemain, la relève est impossible, puisque l'équipe de nuit a disparu. Forcément, si les Tours ont disparu… Tout s'était englouti dans un grand écroulement fondamental qui avait enclenché en retour une cascade d'écroulements psychiques, dont celui de cette femme qu'elle connaissait, qui ne sortait plus de son lit parce qu'elle avait perdu TOUS ses collègues, dont certains étaient morts avec zéro traces sociales qui prouvaient qu'ils existaient avant de mourir. Perdus deux fois. Combien dans ce cas-là ? Combien ?

— You know how it goes… *lui confie son mari dans l'escalier Et les yeux du mari se mouillent* First, you work together, then you talk and finaly you become friend

— Yes, I know *répond Blanche*

Mais là encore, elle avait résisté, Blanche. Plus que quelques jours et elle serait loin de tout cet enfer. Malheureusement, pour quitter cet enfer, elle allait devoir endurer un autre enfer, prendre l'avion, et ça, ça n'allait pas être une partie de plaisir du tout, mais la libération semblait tout de même proche, très proche pour Blanche à ce moment-là de l'histoire, du moins c'était son sentiment. Quand, tout à coup, debout devant la télé qui passait toujours les mêmes images de corps qui tombent, sa tête était tombée comme un vieux hochet et elle était restée tombée comme ça, comme un vieux hochet, pendue, molle, sous la masse de sanglots convulsifs, secs, qui lui faisaient atrocement mal, tout en atterrissant bel et bien sur elle, eux, pas de déroutage de dernière minute, pas de weather report, de weather cancelled, pas de crash, elle était touchée, ça y est, et ses propres sanglots étaient en train de l'achever totalement. Sa tête tressautait par petits coups, tac tac tac, son nez et sa gorge expulsaient en grande quantité une bile morveuse, ça sortait, ça coulait, ça giclait dans ses deux mains réunies en coupe, comme si, penchée en avant, elle s'apprêtait à tremper la langue dans une source d'eau fraîche qui frémit pas loin, en accord avec son désir de fuir, une eau moussue sombre brillante, avec des bruits de vent dans des feuillages qui s'agitent avec légèreté et inconscience au-dessus de la source fraîche, sauf que là, la source, gluante, chaude, c'était elle.

XVI

Blanche relève la tête. Elle sourit au couple assis en face d'elle. Puisqu'elle y pense, Blanche se dit que peut-être, peut-être, tous ces gazouillis lyriques anciens qu'elle enseigne ne sont pas seulement des gazouillis, encore moins anciens, encore moins du Vieux Siècle, et que c'est peut-être ça, finalement, le secret de tous ces bons vieux gazouillis qu'on croit connaître par cœur et qui fait qu'on les lit toujours, un secret plus jalousement gardé que le tombeau de Toutankhamon ? Sur le parking tout proche, les grands peupliers effeuillés bordent le bâtiment. Avec un bâtonnet en plastique, Blanche touille le fond de son gobelet vide. C'était *avant* d'oublier Joséphine que Blanche avait eu l'idée que les gazouillis lyriques avaient peut-être une utilité pratique. Maintenant qu'elle a fait une croix sur son étudiante, son fond américain durement éprouvé par l'accélération planétaire des vents revient au galop.

— Est-ce que tu peux raconter comme ça s'est passé quand tu t'es rendue à la Préfecture, Joséphine ?

— …

— Joséphine est venue seule la première fois à 7 h du matin. Elle est venue ensuite avec une amie la deuxième fois à 5 h du matin. Elle est revenue une troisième fois à 23 h La veille.

— Mais c'est épouvantable ! *gémit Blanche* Trois fois. Dans le froid. Dans la nuit. Tout ça pour attraper un récépissé ?

— Oui.

— Vous avez peur que le témoignage de Joséphine joue contre elle quand elle retournera à la Préfecture en février ou en mai ?

— Oui ! *assène Guillaume*

— La question du titre de séjour, ça n'a rien à avoir avec la question du récépissé Il faut traiter les choses par étapes. Les problèmes du Département et les problèmes de Préfecture. Si vous voulez, je peux en parler à Madame Valsini ? *Tout le monde l'a obtenu ce récépissé Oui ou merde ?*

— Je préfère que ça reste entre nous.

Blanche regarde par la fenêtre. Si elle balançait le gobelet de café vide sur la tête de la muette et amorphe Joséphine, peut-être que le parking se transformerait en désert sombre et doux ?

— Je sens bien que Joséphine est fatiguée *Ton compréhensif*

— …

— La fatigue, c'est pas le pire Le pire, c'est l'incertitude Et l'argent aussi On croit qu'on est sorti d'affaires mais on ne l'est jamais vraiment Vous comprenez ?

— Je comprends. En même temps, la tranquillité à votre âge…

— Aucun rapport

— Je n'ai pas de CDI au Département *soupire Blanche*

— Ah bon

— Oui

Blanche fixe son étudiante avec un air de profond intérêt, au bord, comme elle est pourtant, de laisser totalement tomber l'affaire, abandon qui serait consommé un peu plus tard dans le bureau de la Valsini.

— On repart sur une nouvelle base D'accord ? Je t'encourage à renoncer à t'intéresser à tous les petits problèmes rencontrés par nos étudiants *Les petits yeux de la Valsini qui la guettent* Pour donner une chance à ton avenir dans le Nord D'accord ?

— D'accord.

Dehors, le vent souffle à peine. Le temps passe. Guillaume parle beaucoup en gesticulant. Blanche apprend que tous les étudiants du Département doivent accomplir de lourdes formalités administratives à la Préfecture. Il y a un manque de volonté dans notre pays pour accueillir les étudiants étrangers. Le traitement devrait être le même pour les étrangers comme pour les légaux. Les étrangers du Département sont des légaux, rectifie Blanche. Blanche apprend aussi que Guillaume et Joséphine sont frappés par la saleté des sanitaires. Et les étudiants doivent très souvent faire leurs besoins dans le noir. “Ressentiment” est le mot qui est utilisé par la Valsini pour désigner toutes ces plaintes sans intérêt qui sont formulées de temps à autre par les étudiants et les enseignants. Les étudiants français se plaignent mais ils sont aussi plus résignés qu'eux : en disant ça, Guillaume montre Joséphine.

Une petite Joséphine de pacotille. Une petite gâtée amorphe qui a besoin de lumière quand elle va aux toilettes. Blanche regarde le parking. Elle se demande comment elle a bien pu s'imaginer que Joséphine pourrait lui ouvrir les portes du réel. Au même moment, un soupçon affreux traverse Blanche. Le soupçon que tout ce que lui raconte le Guillaume ne compte pas. C'est du vent comme le vent qui souffle dehors. Le but exclusif de cette rencontre, c'est simplement qu'elle s'intéresse à eux, c'est qu'elle s'occupe d'eux. Parce que sinon, sans elle, ils sont seuls.

— Qu'est-ce que je peux faire pour faire cesser cet encombrement à la Préfecture ?
— On l'a obtenu, le récépissé ! *s'indigne Guillaume*
— Qu'est-ce que je peux faire ? *Elle tousse*

Blanche tousse. En toussant, elle se dit qu'elle doit absolument leur parler des élections qui arrivent en mars, l'année prochaine, mars 2002. En mars 2002, les cartes vont être rebattues. Dans un sens ou dans un autre, elles vont être rebattues. Pourquoi s'imaginer tout de suite que les cartes seront rebattues dans le mauvais sens ? Des solutions vont être trouvées. C'est certain. Des solutions élaborées par des professionnels. Pour tous les gens qui galèrent. Les étudiants. Tous les autres. Tous ces gens ne vont pas faire leur paquet pour repartir on ne sait où. Surtout avec ce qui se passe en ce moment en Afghanistan. La France, c'est une terre d'asile. On le lit tous les jours. On l'entend à la radio et à la télé, et elle, elle se souvient, on le lui avait assez dit, à l'école, à l'époque où elle allait avec le père chez le dentiste de la rue Sainte-Isaure, parce qu'elle avait les dents fragiles. Blanche ne parle pas de la rue Sainte-Isaure ni de ses dents fragiles à Guillaume. Pas plus que les autres, les Antihunistes ne veulent foutre le pays en l'air. Ils veulent eux aussi que le pays fonctionne, Qu'est-ce qu'ils peuvent vouloir d'autre ? Simon et Joséphine écoutent les phrases qui tombent de la bouche de Blanche. Blanche tousse. Elle cherche un mouchoir dans son sac. Pour cracher. Au moment où elle sort sa tête du sac, elle repère un coup d'œil jeté par Simon à sa Joséphine. Joséphine bat des cils. Simon regarde sa montre. Blanche s'essuie la bouche. Elle froisse le mouchoir humide, morveux, dans sa main. La pensée désagréable que Simon et Joséphine ont tout à fait perdu leur temps en voulant la voir, saute à la gueule de Blanche. Elle secoue la tête pour que la pensée désagréable s'éloigne en même temps qu'ils s'éloignent tous les deux vraiment.

XVII

Après la convocation chez la Valsini, tout comme Madame Dabritz avant elle, Blanche avait rasé les murs carrelés de blanc en regardant alternativement ses pieds qui se levaient et qui s'abaissaient et les grappes de jeunesse qui allaient et venaient autour d'elle sous les plafonds bas de l'université du Nord. Dans cette masse de jeunesse en mouvement, il arrive qu'un individu avance avec un peu moins de feu dans les mouvements. Souvent, il traîne derrière lui une valise à roulettes pleine de livres, et alors, à 99,9999 % de chances, c'est un enseignant ou une enseignante qui ralentit tout le couloir. Là, c'était Blanche qui avançait en direction du parking, mais zéro valise avec elle, car les poèmes, ça pèse pas lourd. Elle avançait vite pour fuir ses pensées, mais, quand même, elle se faisait sans arrêt dépasser par toutes ces grappes de jeunesses insouciantes qui filaient sous les plafonds bas comme des comètes, bruyantes, terrestres, avec des objectifs de cours à assister, de tambouilles à réchauffer ou d'amis à rencontrer, ce qui n'était pas le cas pour Blanche.

De l'autre côté du parking, quantité de bâtiments d'habitation avec quantité de fenêtres avaient décidé de prêter attention à elle. Avec leurs yeux éteints, il faisait encore jour, les immeubles la regardaient, tout comme la Valsini l'avait peut-être regardée depuis sa fenêtre entrer dans la cafétéria orange avec Guillaume et Joséphine ? Qui sait ? À moins que quelqu'un lui ait raconté des trucs ? Mais quoi ? Raconté quoi ? Blanche s'était mise à longer les peupliers en s'efforçant de ne pas trop penser à tous ces gens qui vivaient de l'autre côté de toutes ces fenêtres grises et éteintes, quand elle n'y était plus, au Département, déjà bien engagée sur le chemin du retour dans le tramway ou déjà réfugiée chez elle à se cuisiner un truc. Le matin, le soir, la nuit, ces gens vivaient derrière des rideaux ou alors ils vivaient derrière pas de rideaux, ou alors ils vivaient derrière un morceau de tissu bariolé déteint pendu de travers, suspendu, drapé-chiffonné de fortune, frontière entre le noir indistinct et le reste, le “reste” dans lequel elle, Blanche, est supposée marcher en direction d’un but, sans se préoccuper de ce qui se passe derrière les yeux éteints de tous ces immeubles d’habitation. En dessous, les peupliers bordaient toujours le parking à intervalles réguliers, comme mieux rangés que les fenêtres, presque. Blanche s’efforçait d’oublier. Au-dessus de sa tête, une formation d’oiseaux noirs filait dans le ciel. Les branches des peupliers s’étalaient par-dessus les fenêtres grises éteintes à rideaux et elles s’étalaient aussi par-dessus les fenêtres grises éteintes sans rideaux. La formation d’oiseaux était entrée dans la tête de Blanche. Elle faisait rien que naviguer dans la tête de Blanche.

Devant elle, le talus de boue défoncé qu’il faut enjamber pour aller jusqu’au tramway. Un gros nœud de racines noueuses, raboté par tous les pieds qui veulent fuir plus vite l’université. Une forme répugnante. Couleur plus claire que tout le reste. Filandreux. Nu. Tout autour, cailloux, mégots, papiers, débris végétaux. Cette masse éparpillée de toutes ces petites choses n’attendait rien, comme elle. Il y avait de la terre effritée. Il y avait des lignes. Écrasant une toux dans sa gorge, Blanche avait tourné le dos à la racine pour repartir dans l’autre sens.

MARIANNE-LALIE

Idiote,
il est trop tard !
Tu appartiens au sinistre sombre seigneur vêtu
de noir

I

Dans le quartier des Orgues où il vivait dans le temps, avant son engagement dans la Légion, Selim était encore mineur, ça remonte, mais c'était aussi hier, il faut dire, le temps s'étire, quand il avait surgi du néant pour tracer sa life sur la dalle de la téci, il y avait dans sa Tour, la Tour J, au 4e étage, une famille qui s'appelait la famille Belabed. Maintenant, le vieux Belabed vivait tout seul, mais avant, il vivait dans ce logement 1 % militaire à balcon surdimensionné avec sa femme, ses 7 garçons et leur fille chérie : Marianne-Lalie. Et en dessous, au 3e étage, c'était la famille Drine qui vivait. Jed le père, Fathia la mère, leurs 3 filles et leurs 3 garçons. Mais les deux familles ne se parlaient pas. Les Drine du 3e considéraient les Belabed du 4e comme des pauvres gens, et ils avaient suivi la maladie de la mère Belabed que de loin, jusqu'à sa mort, sans trop rien manifester, parce que le père Belabed était impossible et aussi parce qu'ils étaient tous trop préoccupés par la maladie qui touchait de leur côté la mère Drine, Fathia, une maladie pas mortelle, mais handicapante, un Parkinson.

En ce temps-là, et toujours encore, mais Selim n'habitait plus dans la Tour J, il avait emménagé dans le dortoir de son Rep depuis deux ans, un éducateur tenait encore le pavé, mais plus pour très longtemps, dans un local social encore ouvert au pied des Tours des Orgues, sur la dalle. Il s'appelait Rachid. Aujourd'hui, Rachid a disparu. Selim ne sait pas ce que Rachid est devenu. Il paraît qu'il est parti en Afrique, parti à la manière de ces médecins qui deviennent accros à la médecine de guerre. Avec le temps, la marge d'action était devenue étroite pour les travailleurs sociaux comme Rachid, et souvent, ces derniers choisissaient de s'expatrier pour effectuer un travail plus utile et efficace que tout ce qu'ils pouvaient désormais entreprendre dans ce cher pays qu'est la France qui ressemble toujours au cher pays dans le Vieux Siècle, à bien des égards, quand personne n'avait le droit de vote, et qu'il y en avait encore beaucoup que ça réjouissait. Guedin, non ?

— Dans ce pays même *racontait Rachid*

assis au milieu du local social toujours porte grande ouverte sur la dalle pour accueillir qui voulait entrer là et s'ennuyer à la lumière du jour en groupe avec Rachid. Par la porte, on apercevait le pied miroitant des Tours des Orgues. Souvent, Rachid était assis sur un banc posé de travers, une canette de soda bien calée entre les cuisses et, assis de cette manière, dans cette position, il s'adressait aux 4-5 pseudo-raclures en état de grande jeunesse encore, les dernières crapules de leur âge qui n'avaient pas encore trouvé de boss dans la cité, l'histoire d'un été. Que des crapules masculines car Marianne-Lalie Belabed, Grands Yeux Drine et ses sœurs, jamais elles n'entraient dans le local social des Orgues. Pour elles, ça se passait ailleurs, ça se passait déjà dans l'avenir de Rachid et de son local social. Ces 4-5 petits jeunes, c'était les seuls en journée à franchir la porte du local de Rachid. C'était qu'ils ne savaient pas quoi foutre de leur corps qui les encombre, où les mettre, tous ces corps, ces raclures des Orgues, et que le temps d'une minuterie de cave, c'est bien court, moins de deux minutes, deux minutes, c'est trop court pour vivre, même quand on n'a que 14 ans, qu'on ne tient pas en place, et puis, ça fout bien le bourdon de devoir appuyer toujours sur le bouton de la minuterie pour pas sombrer toujours dans le total noir du dessous des Orgues.

Ces 4-5 gosses, environ 14 ans, pas plus, peut-être moins, n'étaient pas autonomes encore. Ils rouillaient toute la journée au bas des Tours et sous les Tours. Même en bouffe, ils étaient pas autonomes. Et ils venaient tous zoner au local quand Rachid était de permanence.

— Au moins, avec Rachid, on est entre nous, nous qui ne sommes rien Rien Rien que des zombies

— Carrément Des Zombies ? Tu te mouches pas du pied Mec

— Hein ?

— Rien.

— Mais pourquoi les petites meufs Elles viennent pas ?

— T'es ouf ou quoi La Meuf Belabed et Les Meufs Drine C'est des filles bien Elles vont pas traîner avec nous.

Peut-être qu'ils se disaient ça avec d'autres mots, autrefois, les raclures du local à Rachid, mais toutes ces conversations, ces zones bavardes à rallonge dans le local à Rachid, depuis qu'il était aspirant-légionnaire dans son Rep, Selim, ça lui paraissait vieux, vieux, vieux de 107 ans au moins. Et aussi, la langue, ça se démode vide dans une cité, surtout quand tu passes à une ambiance vraiment différente, l'ambiance du militaire, tu oublies vite comment tu parlais avant, se disait Selim allongé sur sa paillasse, un petit lit droit, sous sa couette d'aspirant-légionnaire. Le soir, après l'extinction des feux, quand ils étaient enfin rangés tous dans leurs lits droits d'où souvent, il faut bien le dire, les pieds et une partie des mollets dépassaient, Rachid s'entraînait à la lampe de poche à faire des exercices de Droit constitutionnel, et alors, ça chauffait dans son crâne, ça chauffait tellement que des bouffées des Orgues remontaient du passé pour lui agiter ou lui apaiser le cervelet, c'est selon. Parce que, non seulement Selim était depuis deux ans en cours de recrutement dans la Légion étrangère, Armée de France, loin des Orgues, loin de la Tour J, loin de sa mère, des Belabed et des Drine (un recrutement, c'est long) mais, en plus de cette toute nouvelle vie hors des Orgues, il s'était inscrit en Capacité en Droit par correspondance pour respecter sa promesse, promesse faite à sa mère justement. Toutes les nuits, donc, Selim étudiait laborieusement son droit sous sa couette sur sa paillasse à la lumière d'une lampe de poche, et ça lui posait pas mal de problèmes, en fait, dans son Rep, en raison du surcroît de fatigue et aussi de ces bouffées des Orgues qui montaient en même temps que la fatigue dans sa tête.

Dans le local social, avant, Rachid leur racontait beaucoup d'histoires. Rachid était très attaché à la vie trépidante d'un poète qui s'appelle Lamartine et qui défendait le droit de vote pour tous contre ceux qui voulaient le droit de vote seulement pour quelques-uns. C'était quelqu'un qui avait la rage, à l'époque, Lamartine. Et aujourd'hui, Rachid, aussi, avait la rage, tout comme Lamartine. Et il voulait leur transmettre cette rage mais en modifié, en constructif, en plus ouvert sur l'avenir, pas seulement en plus ouvert sur la dalle des Orgues, qui n'en finissait pas, elle, malheureusement, de s'étendre entre toutes ces Tours ridicules construites en accordéon à moitié fini.

— Vous pouvez même pas imaginer ce que c'était *racontait Rachid* C'était guedin, en France, à cette époque-là
— Aujourd'hui, ça me paraît aussi assez guedin *rétorquait l'une des jeunes raclures en se tenant le ventre*
— C'est vrai C'est guedin aujourd'hui Mais, même si, aujourd'hui, c'est guedin Autrefois, c'était encore plus guedin

Selim avait du mal en écoutant Rachid à s'imaginer quelque chose d'encore plus dingue que la dinguerie ambiante dans le bled des Orgues, mais, tout en se roulant avec art son premier oinj de l'aprèm, il essayait. À ses yeux, les plus guedins de tous, c'étaient les Belabed, les fils Belabed, même si le père, dans le genre, était déjà parfaitement gratiné, même pour les Orgues. Un légionnaire en post-carrière SNCF aux mains rougies qui caporalisait ses fils comme un dingue, ses fils qui n'avaient pas, comme lui, fini dans l'armée, oh non, *rigole Selim* qui était justement en train d'apprendre sur sa paillasse militaire que les députés sont "députés de la Nation" et pas que des députés de leur bled de circonscription, du moins, c'est ce qu'il lisait dans son manuel Gicquel.

— Vous, plus tard, vous aurez le droit de vote *promettait Rachid en sirotant sa canette* C'est obligé D'une manière ou d'une autre, c'est obligé C'est oracle ce que je dis D'une certaine manière, il vous faut seulement attendre Il n'y a rien à faire Vous aussi Vous avez droit à votre part du gâteau N'oubliez pas C'est vrai que le "ghetto" c'est le "ghetto" C'est vrai que s'exerce sur vous une folie de représailles dont les membres de la BAC (FUCK

LA BAC) qui, toujours, vous traitent de sales métèques, ne sont que la plus visible écume C'est vrai aussi que, déjà, vous rêvez tous d'éclater un type des Assedic, oui, un type des Assedic, un bien con borné qui veut pas lâcher votre blé, tralala lalère *Rachid chantonne* Mais, même si c'est difficile à croire pour ceux qui nous gouvernent Votre jeunesse est une chance pour ce pays À l'ombre revient la lumière, à terme Souvent, comme vous, j'ai envie de fuir *ainsi parlait Rachid*
— C'est quoi les Assedic ? Moi, j'ai pas envie de fuir Je suis arrivé hier, Rachid ! *l'interrompait Selim*

Depuis son existence concrète de clando vécue en couple avec sa mère qui faisait des ménages soirs et matins toute la semaine pour pas grand-chose, Selim avait vraiment du mal à se projeter mentalement dans la question de l'urgence du droit de vote au temps de Napoléon et de Lamartine.

— Même si c'est complètement ouf, ici, je te l'accorde Moi aussi, je trouve ça ouf C'est quand même moins ouf que ça peut être ailleurs Déjà, vous avez l'eau courante Tu tournes à droite L'eau arrive Tu tournes à gauche L'eau s'en va *poursuit Selim*
— C'est vrai Mais on peut pas se contenter pour vivre d'avoir l'eau courante C'est pas possible À part ça *Rachid regarde autour de lui* Il y a pas grand-chose Les poubelles ne passent plus Les ascenseurs sont en panne Tout est vraiment moche

Pendant que Rachid parle, Selim, sonné par son oinj, oinj qu'il allait très bientôt gagner le droit de rouler et de fumer à la sueur de son front, contemple par terre les résidus de la cité collés sur le sol du local que Rachid passe sa vie à balayer. Parce qu'avant de guetter pour la France, Selim, très jeune, avait surtout commencé par guetter pour celui que tout le monde appelait "Master", un sous-boss des boss des Orgues perchés là-haut dans les Tours.

Rachid balayait pour faire quelque chose en plus de parler, parler, parler aux petites raclures de la cité. Il balayait les mégots. Et, pendant que Rachid parlait, et balayait, Selim, lui, étudiait le sol avec la précision hallucinée que donnent tous les oinj. Des papiers froissés. Des chewing-gums aplatis. D'autres occasions plus tard, où Selim, devenu jeune engagé dans la Légion, pourrait détailler comme ça des sols, parce que lorsqu'on est petit militaire, Selim allait vite le comprendre, on piète beaucoup sur des esplanades, des quais de métro, des quais de gare, des halls de gare, devant des administrations publiques, des hôpitaux, des préfectures, à chaque fois on fait le clampin sur des surfaces où il n'y a rien, ou que des petites choses, des petites choses à contempler : le détritus, le caillou, la lézarde, la fissure. Mais pour l'instant, l'ascenseur de la Tour J fonctionnait dans la téci des Orgues, c'était certain, il le savait : c'était le sien. Selim habitait dans la Tour J avec sa mère, au 7e étage. Dans un F3, sa mère sous-louait (sous-loue toujours) une pièce à une famille de Roumains qui sous-louait à une famille de Muslims qui louait à la municipalité. Et l'ascenseur de la Tour J, c'était rien qu'une boîte rectangulaire tapissée d'inscriptions qui s'ébranlait longtemps après la pression sur le bouton. La boîte sursautait quand elle passait les étages. La première fois qu'il était rentré là-dedans, Selim avait eu très peur que la boîte s'écrase avec fracas dans la cage, et que sa mère et lui s'en relèvent pas.

II

— Aucun avenir Il faut regarder la réalité en face On ne peut pas se contenter de ça, même si on vient de très très loin comme toi Selim Je connais des gens du bled des Orgues qui sont devenus riches en raison du trafic et qui sont partis vivre en Afrique du Sud Ils aiment la nature Ils ont fait installer autour de leur baraque une barrière électrifiée avec beaucoup de volts Tout le monde fait ça là-bas pour se protéger de l'intrusion des bêtes sauvages Tu vois ? Tu es en train de prendre ton petit-déjeuner, et là, paf ! Tu as un léopard qui s'électrocute en live devant toi *tout le monde rit* Belle mentalité *Rachid allume une cigarette* Je coule pas mal de chimie au fond de ma gorge Et vous ? *tout le monde rit*

— C'est reposant, Rachid Un keum comme toi, qui monologue comme ça C'est pas comme au collège, avec la prof de french, qui veut toujours qu'on participe T'es pas agressif T'es sympa T'as du euf ?

— Ça s'appelle avoir des convictions *répliquait Rachid* Si t'as pas de convictions dans la vie et que t'es pauvre, qu'est-ce qui te reste ? *les raclures se roulent un oinj* Vous allez être sauvés par le développement de vos organes Forcément Vous allez croître Forcément Vous allez devenir majeurs Vous allez grandir Donc vous allez finir par exister plus que maintenant C'est forcé Ça peut pas être pire que maintenant.

— Je te le fais pas dire, Rachid *répliquait Selim*

À Nogent, à la Légion, les recruteurs avaient été impressionnés par Selim. Ce très jeune homme leur avait raconté qu'il ne connaissait pas son âge exact. Devant eux, offert à leurs regards, il attendait qu'ils finissent de l'examiner, eux, les maquignons-recruteurs de l'Armée de France. Un musclé avec finesse que celui-là. Pas la natation, c'est sûr. Pas les machines de musclu, c'est certain. Des années de boxe thaï, c'était possible aux Orgues. Nom du club d'entraînement ? Inconnu. Selim est un fan de *Bloodsport*. En passant, on discute du film, comme ça, rien de personnel, on s'évalue, on passe un contrat avec un corps qui pense. Dida Diafat qui joue dans *Bloodsport* est né à Bab-el-Oued. Avec ses petites tresses, Diafat a été 11 fois champion du monde de la thaï. Énorme. Avant, il vivait dans la téci, tout comme ce jeune homme au corps frémissant qui fait mine de discuter avec légèreté de son idole. Il paraît que Diafat a rencontré Van Damme à Hollywood. On change de sujet. Déjà, "ils" sont pas rebutés par la thaï et ça, ça change, c'est bon signe, pense le jeune homme qui pense aussi que toute sa vie va changer s'il est habilité à passer les tests militaires et qu'"ils" le recrutent.

Ça change du mec de l'ANPE qu'il était allé rencontrer avant, avec, en couverture, les papiers d'identité d'un mec des Orgues qui lui ressemble, même âge, même coupe de cheveux, même regard. À la question posée par le mec de l'ANPE "Quel sport pratiquez-vous ?" Selim avait répondu avec fougue et innocence en s'étendant même sur la qualité des défis de vie offerts par les *eush eush* de la thaï. De la thaï, ça oui, il peut parler, du boulot de guetteur des Orgues, moins, forcément, et de Master, encore moins, c'est sûr. Et pourtant, ça aiguise bien le regard de surveiller un bisness qui rapporte 1 000 × plus qu'un salaire d'Anpiste. Le type avait levé les yeux au ciel :

— Vous voulez pas m'aider un peu ?

Il avait eu du mal à comprendre ce que voulait dire le type. Depuis quand il faut la jouer collectif pour se faire embaucher dans ce pays ? Est-ce qu'il ne faut pas plutôt être le meilleur pour les écraser tous ?

Zéro tatouage apparent, sur la nuque, aux avant-bras. Le contour des yeux est excellent. Le rictus autour des lèvres n'est pas encore trop durci en dépit de la face gonflée au niveau du pif, sans doute un mauvais coup, et aussi, sous la joue gauche, de la constellation de croûtes encore fraîches qui envoie des signes. Les cercles noirs marqués sous les yeux signent l'épuisement, le gars au bout du rouleau, mais s'il était pas au bout du rouleau, il serait pas là, alors ? C'est pas mal. On lui fait lever les bras. Aucune marque. On le fait se pencher en avant. Il se penche bien. Pupilles parfaites. Avec son sac de sport sur l'épaule, ses baskets de marque, son jean et son teint de banlieue tendance clair assimilé, Selim cadre à la perfection avec tout ce qu'on peut attendre de positif d'un mec comme lui. Aujourd'hui encore, s'il n'était vêtu d'un méchant uniforme et armé d'un Famas de mauvaise qualité, on le remarquerait à peine. Toute cette absence de signes, ou presque, c'est vraiment bon signe, se disaient les recruteurs de Nogent en le scrutant.

Les recruteurs hésitent. Outre le bon état physique et l'absence de marques toxicologiques, il faut un mental de fer pour tenir le coup avec cette vie nouvelle menée à la Légion, qui n'est pas une vie facile avec tous ces imbéciles casernés ensemble, ces dangers publics prêts à tout pour couper une tête en mission, la leur ou celle d'un recruté comme eux, tout, pourvu que le sang gicle, et il faut donc sans cesse dépenser de l'énergie à les briser pour arriver à maintenir les standards, ce qu'on attend d'eux quoi qu'il arrive, une mesure adéquate entre un capital de férocité entretenu et une capacité à contrôler la férocité, car les vrais molosses dingues, les bestiaux tout à fait sauvages, on ne peut rien en faire sur un terrain d'opération au final. L'année précédente, une avalanche déclenchée malencontreusement au cours d'une expédition nocturne lors du traditionnel stage d'endurcissement annuel dans les Alpes du côté de Saint-Gervais avait fauché 17 aspirants-légionnaires, 17 jeunes gens engloutis dans la neige au cours de ce stage de survie très dur, et les standards de discipline avaient donc été durs, très durs, à restaurer par la suite. Beaucoup étaient partis totalement dans le décor, en réel et au figuré, par exemple, certains étaient partis à moitié à poil dans la montagne pour retrouver les corps et les ramener, les corps, avant les secouristes, et il avait fallu leur courir après avec des torches dans la nuit pour pas qu'ils se jettent en plus dans un trou profond de crevasse pour se geler les couilles et ce qui leur reste de cerveau *les recruteurs regardent Selim* Pas mal de jeunes recrues, sinon, craquent, s'enfuient comme ça à moitié fracassés dans la brousse du pays. Très difficiles à rattraper par la suite parce qu'ils ont peur, peur de quand ils seraient à nouveau prisonniers dans le Rep et qu'il leur faudrait payer, forcément, pour la désertion. Et c'était donc un problème pour les recruteurs de Nogent d'arriver à choisir parmi tous les candidats les bonnes personnes sur qui, vraiment, ils étaient prêts à investir, d'autant plus qu'ils avaient moins les coudées franches qu'autrefois, au temps du recrutement du légionnaire Belabed par exemple, oui, les temps avaient changé, et fallait pas se planter au moment du recrutement. Être vigilant.

Et les recruteurs continuent donc, encore et toujours, de poser des questions pour le cerner, celui-là, ce Selim si parfaitement musclé et dur, des avalanches de questions auxquelles Selim répond vite car il n'hésite pas, lui, il n'a pas le choix. Tout, tout, plutôt que le Bât' dans le chantier perpétuel au bord de la 4-voies à proximité des Orgues, raconte Selim. Plutôt, oui, manquer de mourir dans une embuscade en pays chaud et hostile, plutôt manquer de disparaître dans une explosion accidentelle de grenade dégoupillée, plutôt risquer de laisser sa peau dans toutes les occasions possibles où l'on peut laisser sa peau quand on est engagé dans la Légion, car surtout, surtout, ce que Selim ne veut pas du tout, c'est vivre la vie pourave des forçats du Bât'. Cette vie, il avait eu le temps de l'observer depuis la fenêtre de son 7e étage avec les grues noir et jaune qui tanguaient pardessus tous les travailleurs en parka sans casque dans le vent des Orgues.

— Au regard du sort réservé par la société française à tous ces gens, je choisis la schlague plutôt que la truelle *déclare Selim avec de la fougue dans la voix pour convaincre*

Les recruteurs le regardent. Dans tous les cas, celui-là passera les tests d'aptitude physique, c'est certain. Et après ? Après, on verra. Finalement, c'est pas trop la peine de creuser pour les motivations chez les candidats au cours du premier entretien. Ça sert à rien. Chez les pires déchets, il reste un sens de la façade, et c'est bon signe. Les recruteurs scrutent les croûtes fraîches et sales qui étoilent le visage de Selim *les recruteurs se regardent Ils se font un petit signe discret* Après les tests, la vérité fait jour, généralement, et on bascule de l'autre côté de l'histoire.

III

Avant ce recrutement dans la Légion à Nogent, au cours de ce temps monotone, triste, rythmé par le guet des Orgues pour le bénéfice de Master, sous-boss des boss des Orgues, ce temps de la jeunesse pauvre des Orgues, il s'était passé quelque chose qui avait fait que tous, Selim et les autres guetteurs qui lui servaient d'amis, s'étaient mis à regarder d'un œil nouveau les forçats du Bât', ces forçats du chantier perpétuel le long de la 4-voies en face de la galerie commerciale défoncée.

Les Renois, les Turcs, les Noiches qui travaillaient là avaient commencé à sortir du paysage figé du chantier perpétuel, avaient commencé à faire parler d'eux. Tous, ils avaient commencé à avoir la bougeotte. Totalement guedin, ça aussi. Il arrivait, ô chose étrange, que les tocassons de la misère, aux Orgues et ailleurs, commençaient à faire l'actualité. Tous, ils désertaient les chantiers, le long de la 4-voies ou ailleurs, pour "occuper" des agences Air France, des théâtres, des universités, des sièges des syndicats, des sièges de partis politiques.

Tous, ils sortaient de l'ombre, comme dans un clip de Michael Jackson, mais en plus réel, moins drôle, plus dramatique, plus inventif, plus collectif aussi, provoquant une autre sorte de peur, parce qu'ils n'avaient jamais été morts, et enterrés, eux, toujours demeurés bien vivants mais juste vivants d'une vie transparente, une vie dans l'ombre, comme on dit. On parlait d'eux à la télé. Dans la téci, aux Orgues, on ne voyait presque rien mais on devinait.

Selim qui, si jeune, guettait, guettait, pouvait discerner plus que d'autres une agitation particulière, là-bas, au niveau des grues.

Des banderoles. Des gilets jaune fluo. Des tambouilles qui marmitaient. Des feux de charbon sous ces tambouilles. Vraiment, on sortait du film habituel des Orgues.

Des gestes, des allures, des voix inhabituelles, avaient surgi. On voyait presque rien et en même temps on percevait des choses, que des petites choses, parce que les sortants de l'ombre du chantier avaient appris comment se rendre à jamais imperceptibles en dépit du vent clair qui souffle sur la dalle, et que, maintenant qu'ils s'étaient rendus visibles, en gagnant en consistance dure, restait comme collée à eux une auréole d'imperceptibilité qui faisait que ceux-là mêmes qui vivaient avec eux ne voyaient pas qu'ils étaient désormais devenus des ombres passées, des ombres révolues, des ombres en action. On n'entendait que des trucs, on ne percevait que des trucs mais ces trucs étaient là.

Les gars des chantiers voulaient des droits. À ce qu'il paraît, ils payaient les impôts, la sécu, les cotisations sociales, la TVA, comme tout le monde, ils payaient, et donc, il fallait arrêter de les traiter comme des sous-merdes, eux, les ombres de France qui sortaient du noir. Et aussi, ils parlaient pas du tout du droit de vote comme Lamartinuche, et comme Rachid dans le local social au pied des Tours, eux, ils pensaient à autre chose, ils ne se préoccupaient pas du tout du passé de la France, de l'avenir de la France mais ils étaient devenus super à l'affût de leur présent. Les ombres du chantier perpétuel aux Orgues avaient aussi des enfants qui allaient à l'école. Ils méritaient une meilleure considération de tous pour ça, merde.

Ça, on savait, oui, qu'il y avait des gosses de clandos dans les classes, parce qu'eux, c'était nous, aussi, parfois, ces gosses de clandos, se disait Selim en guettant pour Master. Enfin moi, pas moi, moi, exactement, se disait aussi Selim, parce que ces gosses de clandos, souvent, ils sont nés en France, ce qui n'est pas mon cas à moi, mais, disons, qu'il y a vraiment de la proximité entre eux et moi, entre eux et nous, et c'est pour ça que nous tous, les guetteurs des Orgues, on aimait bien suivre ce qui se passait avec eux à la télé en regardant si ça concordait bien chaque fois avec l'agitation perceptible au loin entre les grues jaune et noir du chantier perpétuel. Tant que ça gêne pas le bisness des Orgues, c'est pas mal de s'intéresser à l'actualité, on a bien le droit, après tout, nous, les guetteurs de guetter ce qui passe dans la téci en plus de mener la vigie sur les hommes en bleu qui passent et repassent, pour nous insulter comme les chiens galeux qu'ils sont et recevoir du parpaing en retour balancé par les plus jeunes du haut des Tours.

En se roulant des oinj à répétition dans le local social des Orgues, en écoutant Rachid, parce qu'ils étaient pas vieux-vieux, tous ces jeunes, Selim et ses copains s'étaient demandé pourquoi les Noiches, les Turcs, les Renois, ils ne venaient pas bosser chez eux, parce qu'aux Orgues, chez eux, ça embauche chaque jour qu'Allah-Dieu-God fait, tac, tac, tac. Gros turn-over des guetteurs. Quand ils sont fatigués, les guetteurs, ils dorment. Pas beaucoup de secteurs où c'est possible de dormir, quand on est guetteur, avait pensé plus tard Selim allongé sur sa paillasse militaire en glissant son manuel de Droit Constitutionnel sous le sommier, comme chaque soir, avant de s'endormir, épuisé.

Aux Orgues, on pouvait se faire renverser par un dingue qui se prenait pour Ayrton Senna dans sa Laguna mais on pouvait aussi traverser la 4-voies à pied en plein trafic, et même, si on voulait, on pouvait la traverser hyper-lentement, la 4-voies, en dépit du trafic de ouf. L'entrée dans la décennie 2000 s'était faite sur un tempo hallucinant, comme une course de Formule 1, quand Ayrton Senna était encore vivant, que tout le monde suivait avec passion sa course insensée entre tous les autres dingues qui fonçaient eux aussi à toute berzingue mais fonçaient quand même un peu moins vite que lui, Ayrton, ah ! Ayrton, la vitesse, le vrombissement gras de ton moteur, toute la fumée, quel enchantement, quel vertige, quelle horreur, dans tous les circuits automobiles à la télé et personne en France, et pas plus Selim qu'un autre, ne connaissait le détail de l'existence concrète, quotidienne, des forçats du Bât', de leurs luttes pour choper des droits, pour exister à part entière, grèves de la faim, rassemblements, grèves tout court, pressions, organisations, mobilisations, mais tout le monde savait comme Selim qu'Ayrton Senna avait fini par se prendre une barrière dans le cerveau à 310 km/h le 1er mai 1994, Grand Prix de Saint Marin, Imola, Italie.

Et donc, avant de s'endormir, Selim méditait à toute allure sur tous ceux qu'ils avaient laissés derrière lui, les forçats du Bât', les Belabed et les Drine, et toutes les raclures qui guettaient toujours et qui avaient été ses amis des Orgues, Petit Richard, et aussi sa mère et Master qui avait été l'un des sous-boss les plus importants des boss des Orgues, et parfois, même, il en parlait à ses camarades de chambrée, sous la lumière assourdie des veilleuses du dortoir, de cette vie passée qui avait été la sienne et qui n'était pas vieille, deux ans, deux ans seulement qu'il avait fui les Orgues :

— Mec J'en ai vu qui dansaient en le faisant *allongé à moitié redressé sur un coude, toute la lumière douce des veilleuses tombée sur eux* Une voie Deux voies Trois voies Quatre Ils faisaient ça aux heures dangereuses Ils traversaient face aux phares À ces heures-là, c'est que le décor qui bouge *un peu d'enthousiasme dans la voix* Toi, tu fais que naviguer Ce qui est bien, c'est que tu réussis à jouir sans te faire fracasser Tu jaillis du noir Tu es dur Tu résistes en avalant les poisons les plus forts Tu slalomes entre les voitures qui roulent, qui roulent, qui roulent, qui roulent Comme on laisse pas de trace *des bâillements* C'est compliqué de parler autrement qu'avec des images

IV

Avant que l'idée germe dans l'esprit de Selim de s'engager dans la Légion sur ce fond de paysage d'ombres sortantes, il s'était passé que Selim n'avait pas été le seul dans la téci à chercher des solutions pour améliorer les conditions d'existence autrement qu'en se regroupant autour des braséros dans les chantiers ou en campant dans la jungle humide du Nord. Tout était devenu très chaud dans les Orgues. Les expéditions, la nuit, étaient devenues plus risquées. Des armes un peu lourdes commençaient à circuler, preuve que tous les marchés étaient en pleine extension, grosse croissance dans l'informel, ça ramifiait horizontalement partout, de cités en quartiers, la voie était libre, et comme l'homme des Tours, l'homme de la dalle, l'homme des Orgues, fait du bisness de tout comme tout le monde, il s'était mis en place un certain nombre de diversifications de marchandises clandestines un peu spéciales qui commençaient à poser à un certain nombre de problèmes en raison du succès massif des opérations engagées et qui avaient trait à une sorte de traite de femmes tout à fait particulière, puisqu'il s'agissait de les "traiter" sans leur faire du tout du mal, et avec leur accord.

Il s'agissait de les marier contre de l'argent à ceux qui avaient besoin de les marier. Contre de l'argent ? Pas mal d'argent en réalité, ça coûte cher, les papiers, c'est luxueux, les papiers, mais, à l'arrivée, seulement une petite somme dans les poches des filles car toute une série d'intermédiaires se sucraient au passage, dont les recruteurs de gibier, l'avocat véreux avec lequel Master était en cheville hors des Orgues et qui arrangeait les papiers, les certificats médicaux, les certificats de résidence, les dépôts de dossiers à la Mairie, à la Préfecture Art. XXXX, Code… Les futurs mariés ne s'occupaient de rien, le mari ne connaissait pas sa future femme et réciproquement – nécessaire pour qu'ils ne fassent pas cause commune – et l'un et l'autre étaient donc vus séparément pour toutes les signatures selon un protocole rigoureux mis en place par le Master, dont le mode de vie assez sauvage, les habitudes de violence qui faisaient sortir rapidement chez ses lieutenants ou chez lui-même les colts d'aujourd'hui, barres de fer, battes de base-ball, chaînes de vélo, perceuse sans fil, et désormais une sorte de pistolet automatique qui faisait avec constance son petit effet auprès de tous, n'empêchaient pas d'avoir un certain art rationnel de la gouvernance de la bande qu'il dirigeait et dont Selim faisait bon gré mal gré partie, tout en bas, au pied d'un système pyramidal extrêmement cloisonné et hiérarchisé. Le pistolet automatique faisait son petit effet quand il était posé sur le canapé à côté du Master pendant les rendez-vous bisness qui étaient organisés chez le Petit Richard, un mineur dont la mère passait moins de temps chez elle que chez un autre mec dans une autre Tour, occupée comme elle était à se torcher la gueule à la vinasse beaucoup. L'appartement était une couverture idéale pour le bisness. Un appartement de particulier anonyme parmi d'autres appartements anonymes dans la centaine que comptaient les Tours des Orgues.

Dans le salon de Petit Richard perché en haut de la Tour proche de la voiture brûlée qui stagnait là en vestige des derniers combats de la semaine menés contre la BAC, au-dessus du hall éclairé à la lumière jaune, le mur de boîtes aux lettres, les escaliers qui ressemblaient à tous les autres escaliers dans les autres Tours, c'était une certaine misère. Il y avait la télé sur un bahut, du lino usé par terre, pas beaucoup d'ampoules dans les lampes, et même, de temps à autre, pas d'électricité du tout, beaucoup de merdes par terre aussi, comme un appartement abandonné, un squat bien glauque, en fait, dans lequel ils se retrouvaient presque tous les soirs à beaucoup, à fumer, à manger des kebabs, tous assis un peu partout, jamais sur le canapé râpé du Master. Ils regardaient la téloche ensemble. *Pretty Woman*. *Scarface*. C'est là, que transitaient pas mal de marchandises, pas mal de fric.

C'est là que Selim venait prendre les provisions 3 × par semaine pour les apporter aux porches des Tours qu'il fallait. Semaine après semaine, les Tours changeaient pour déjouer la routine de la surveillance des hommes en bleu parallèle aux surveillances de la BAC. Les hommes en bleu cartographiaient dur le bisness des Orgues à défaut d'être en mesure d'intervenir comme il fallait, pour que tout cesse. Selim faisait le coursier, et sinon, le reste du temps il guettait. À chaque fois, chez le Petit Richard, c'était rapide, fonctionnel, parce que le rang auquel il appartenait ne l'autorisait pas à fréquenter.

— Hey Selim Comment ça va *demande le Master en se roulant un énorme cône sur un album de Tintin posé sur les genoux*
— Ça va *Selim jette un coup d'œil au Master et aussi sur la forme noire du pistolet automatique qui vibre légèrement à côté de la PlayStation au-dessus du cendrier plein à ras bord*
— Comment va ta Daronne ? Tu sais que je l'ai vue l'autre jour Elle a bonne mine, ta Daronne Elle travaille ? Tu veux fumer ? *et la tête tournée vers la cuisine en direction d'un petit rabougri tout maigre occupé en même temps à fumer et à touiller une casserole d'eau posée sur la cuisinière* Pas comme la Daronne à Richard Hein Richard ? Ta Daronne C'est pas comme la Daronne à Selim Hein *rires* Ça fait longtemps qu'on l'a pas vue la Daronne à Richard Ah Ah Ah *silence du petit rabougri au-dessus de la casserole* Tu nous les fais ces pastas Oui ou Merde *Selim regarde le petit être rabougri qui touille dans la casserole de la main gauche un micro-oinj dans la main droite C'est lui, le Petit Richard Petit Richard était tombé il y a 3 ans sur les couilles depuis une cage à poule dans le jardin d'enfants la nuit alors qu'ils devaient tous être bien défoncés On avait dû l'emmener à l'hôpital en urgence Depuis, les blagues sur la daronne au Petit Richard, une poivrote en roue libre qui tombait affalée par terre en bas de sa Tour, c'était que de la gentillesse envers Petit Richard*

— Je vais prendre où les petits pains ?
— Les petits pains Attends un peu Vas-y Assieds-toi Fume un peu Comment ça va Selim ?
— Très bien

— Tu sais d'où vient mon nom ? *derrière le canapé, une moquette murale verte avec des taches Selim regarde les taches* Je vais te raconter une histoire

— Oui

— Tu vois Un mec comme toi Il peut pas devenir régulier Pas assez d'argent pour payer C'est triste C'est la vie Tu fais des économies ?

— J'essaye

— Tu continues la boxe ?

— Tous les jours

— Comment tu payes la boxe ? Montre-moi tes jambes

— Je paye *Selim ne bouge pas Il se tient droit Il prend une petite bouffée du cône*

— Vas-y fume, fume, Selim C'est de la bonne *Master prend le pistolet sur ses genoux, il enlève la sécurité, il remet la sécurité, et il s'allume aussi une cigarette en plus du cône Ses yeux sont petits et noirs On dit que son vrai prénom, c'est Choucri Sur son nom de famille zéro info circule* Vas-y Montre tes jambes à tous *derrière* Hey Regardez les jambes de Selim *Selim ne bouge pas*

— Fais pas ton petit pd Montre tes jambes *Master reprend le cône et puis le lui redonne* Fume *Selim reprend le cône, il fume plus long cette fois, il regarde les petits yeux noirs du Master assis devant lui, Master est habillé comme un petit minet vieilli avec un polo vert clair impeccable, un jean impeccable Jusqu'aux santiags façon cuir d'autruche, il est impeccable, et tout ça, ça tranche avec les yeux petits noirs, la mâchoire serrée, les jambes qui tressautent, la moquette murale verte de taches Master est aussi très nerveux assis sur son canapé*

— Tu veux que je te la raconte cette histoire ? *il fume*

— OK

— Quel âge as-tu ?

— 20 ans

— En plus T'es encore bébé Hein Par a-mi-tié Je te de-mande de mon-trer tes jambes *Selim baisse les yeux, avale sa salive, s'exécute, pour une jambe seulement Jusqu'à son genou se découvre dans la pénombre une surface de peau martelée, ondulée presque, avec des méplats* Hey les mecs Venez *quelques mecs approchent Le Master passe lentement un briquet allumé le long du tibia pour éclairer la peau tabassée, recuite, durcie de la jambe de Selim*

— Si je mets le feu dessus Tu as mal ?
Oui
— T'es humain *tout le monde rit* Il n'y a pas de règles Si tu tapes sur un humain Il tombera Si le mec est armé, ça peut prendre des années pour savoir éviter un tir *tout le monde : "Oui oui, ouais, enfin ça dépend"* Fermez vos gueules Putain !
— Oui Master Tout dépend sur quelle partie du corps tu frappes
— Explique-moi le coup des tibias On m'a dit pour les tibias Vas-y Fume *Selim fume Ses yeux se rétrécissent en fumant*
— *Selim se penche sur son tibia Avec son doigt, il montre les méplats, un, deux, trois Il descend encore* C'est toujours celui qui frappe qui se fracture le tibia : en faisant un low-kick sur le genou de son adversaire *il remonte le doigt sur le genou à l'intérieur, à l'extérieur* Avec l'inclinaison de l'angle, l'os du genou devient dur comme un mur Et ça casse
— Ooooooh *fait Master* Putain
— Après la fracture, ton os se recalcifie plus qu'à la normale Ton os est donc plus solide Tu peux frapper plus fort après *Master siffle d'admiration mais c'est un tout petit sifflement, plus un petit souffle qui ressemble à un sifflement Il fait un petit geste pour que tout le monde s'éloigne Tout le monde s'éloigne*
— T'es un vrai barbare Selim Vraiment T'es pas qu'un petit gamer comme eux tous *il montre les autres avec la crosse du pistolet* Tu connais la fille Belabed dans ta Tour ?
— … *Selim, toujours avec sa jambe découverte, regarde le Master*
— Tu la connais Oui ou Merde ? *les petits yeux noirs*
— Oui
— Alors Faut que tu l'approches Tu vas aller lui parler Tu vas lui demander un service
— Quel service ?
— Tu vas la demander en mariage

Selim avait redescendu son jean et puis, merde, il avait dû encore le remonter, parce que le Master avait voulu évaluer concrètement le degré de recalcification de son tibia avec la crosse de son pistolet automatique, et il essayait donc maintenant de taper fort avec le pistolet, tout en rigolant en appelant tout le monde pour qu'ils regardent, avec le cône dans l'autre main dont les cendres tombaient sur le canapé, sur Selim, mais il frappait sans recul et déjà un peu envapé en raison du cône, ensuite, depuis un canapé penché en avant, le kick peut être que très faible et Selim avait donc enduré sans douleur toutes ces piqûres de moustique du pistolet automatique sur son tibia recalcifié en se demandant si la sécurité du pistolet était correctement enclenchée et, debout, comme il était devant tout le monde, le pantalon relevé comme un bouffon sur son genou, en s'imaginant aussi défoncer la face du Master penchée au-dessus de son genou, une seconde, et c'était fini, plus de face, le Master, pistolet automatique ou pas, et Selim se disait qu'il pourrait même peut-être pousser jusqu'au stade terminal, avec le genou dur comme une porte qui tape de toute sa force sur l'arête du nez par en dessous jusqu'à faire rentrer l'os dans la cervelle molle et blanche du Master, mais ça, c'était dans ses rêves. En même temps qu'il était devenu un bouffon comme le Petit Richard et qu'il essayait d'oublier qu'il était devenu un bouffon, Selim regardait par-dessus la tête du Master la moquette murale dégoûtante qui lui faisait des signes, comme une sœur. Et, ça y est, maintenant, il était embarqué dans ce bisness de mariage de bouffon, ça ne plairait pas du tout à sa mère, c'est sûr.

Selim connaissait bien les filles Drine et la fille Belabed. Dans sa tour, la Tour J, dans la tour de sa mère, Selim restait discret. Aussi sec, à l'approche, il repassait sous couverture et, passé le hall où il saluait en serrant les mains à la mode renoi, il redevenait le fils de sa mère au 7ᵉ. Il connaissait aussi bien les frères Belabed. Le western des frères Belabed était déjà bien parti en avant dans la ville, jusqu'à la case pénitentiaire, des têtes brûlées qui voyaient tout en grand, bien au-delà du bisness des Tours et personne, lui, Selim, comme d'autres, avait intérêt à se rappeler à leur souvenir. Il connaissait la réputation du père Belabed. Le père Belabed tenait en main sa fille de façon très serrée. Pas bon du tout de le croiser dans la Tour avec, dans la poche, une proposition de faux mariage pour Marianne-Lalie, sa fille.

Ce que le Master voulait, c'était qu'il serve d'appât, qu'il serve de prête-corps, c'est-à-dire de corps à la place du pigeon qui voulait se marier pour les papiers et qui avait donc épargné longtemps pour payer la bouffe à sa femme et à ses enfants et aussi pour se payer ce mariage qui cesserait de faire de lui un bouffon vivant dans l'ombre. Les filles avaient peur au début si on leur disait qu'on ne connaissait pas le nom du mec avec qui elles allaient se marier alors le recruteur leur disait d'abord que c'était avec lui et, petit à petit, il les accoutumait à l'idée que c'était un autre mec, un inconnu, et comme elles se sentaient en confiance avec le recruteur, elles finissaient par avaler la pilule surtout que la liasse de fric était toujours agitée devant elles comme un chiffon rouge, et donc elles avançaient, elles avançaient jusqu'à la mairie où tout se passait ensuite très bien alors pourquoi changer une façon de négocier si efficace ? Un bisness sans embrouille. Le bouffon qui payait au bout de la file, c'était souvent un père de famille avec tout ce qu'il faut, des factures de loyer, la sécu, des fiches de salaires, qui avait tous les numéros qu'il fallait, sauf le plus important et qui est celui que tu trouves sur une carte d'identité ou sur une carte VPF sans lequel tu restes bien à croupir dans l'ombre merdeuse. Pour attraper ce dernier numéro, le bouffon était très docile. Le bouffon, la bouffonne, tout le monde était très docile puisque tout le monde palpait en fin de cérémonie d'une manière ou d'une autre, avec des variations de degré, bien sûr, en fonction de la place où tu étais dans la chaîne.

Il y avait donc un nouveau bouffon de mariage aux Orgues et il fallait lui trouver sa bouffonne et ça avait l'air d'être assez pressé car la bouffonne qui avait été trouvée avait dit non au dernier moment quand le recruteur lui avait foutu une tarte dans la gueule, une Renoi qui s'était pas laissé faire sur la question cheloue du fric. Car, en plus des commissions négociées, les intermédiaires se re-sucraient en plus sur le dos des filles qui n'avaient pas un kopeck en poche et qui étaient finalement prêtes à tout pour choper 500 balles. Et donc, les papiers étaient presque tous prêts, les bans publiés, la date à la mairie fixée, fallait faire vite, une histoire d'échéance de papiers administratifs, et aussi d'autre chose, mais Selim ne savait pas de quoi il était question au juste en plus, et il avait pas posé de question. Voilà, c'est tout ce que lui avait dit le Master en tapant avec sa crosse sur son tibia fracturé et recalcifié et aussi en promenant sa tête d'avant en arrière, du dos du canapé à la daronne au Petit Richard au tibia de Selim, de sa vie normale de sous-boss des Orgues à la possibilité de son visage défoncé par le tibia en question qui aurait cogné sur l'os du nez qui remonte par en dessous en arrière et c'est fatal alors. Y a des fois, dans la vie, tu sais pas que tu évites de 3 centimètres de te faire fracasser la face en mode Terminator, s'était dit Selim plus tard en attendant l'ascenseur.

Mais ce n'était même pas la peine d'essayer de discuter avec le Master. La barrière de ses petits yeux noirs qui flottait au-dessus de sa bouche vieillie qui pouvait s'illuminer d'un grand sourire quand il draguait une fille, qui flottait au-dessus de son uniforme de minet impeccable, c'était un pouvoir animé d'une volonté à laquelle Selim n'avait pas les moyens de s'opposer. C'était comme ça que ça marchait dans les Tours, sous les Tours, tout autour des Tours. C'était comme ça que ça marchait aux Orgues. Selim avait donc regardé le nez du Master sans broncher. Tu vas pas dire merde à ton patron de PME. Tu vas pas dire merde à n'importe quel patron tout court en général, surtout s'il n'y a que lui qui embauche dans ton bled sans compter que : quand Master pas content Lui faire toujours "Comme ça" et "Comme ça", ça pouvait être chaud aux Orgues avec la perceuse sans fil et maintenant avec l'arrivée récente du pistolet automatique. Et donc Selim avait commencé à se sentir mal dans le salon fracassé du Petit Richard. Les taches de la moquette verte s'étaient mélangées devant ses yeux pour fabriquer comme de l'ombre à fuir.

En partant, il était allé saluer Petit Richard, par courtoisie, après tout, on était chez lui, et tout le monde faisait comme ça, aller dire au revoir à Petit Richard après avoir rigolé immanquablement à un moment dans la soirée sur ses couilles écrabouillées sur la cage à poules. Quel bouffon, ce Petit Richard. Déjà qu'il était vraiment tout petit ratatiné de naissance, il avait trouvé en plus le moyen de se ratatiner les couilles et devant tout le monde en plus. Ce pd de Petit Richard. Mais tout le monde allait quand même lui dire au revoir obséquieusement, avec des formules hyper-épaisses qui puaient à la façon des Orgues, et alors, Petit Richard faisait un sourire, il serrait toutes les mains en répétant comme un bouffon :

— Salut Mec Tu reviens quand tu veux

Ce qu'il avait dit en regardant Selim d'un drôle d'air pendant qu'il était aussi en train de demander 5 balles, 3 balles, à chacun pour faire lever la coupure d'électricité dans l'appartement de sa mère, et Master avait dit de donner, alors tout le monde donnait ou faisait semblant de donner ou s'excusait avec de la mauvaise foi en disant qu'il donnerait la prochaine fois. Car, en plus de tout, cette mission de merde avec la fille Belabed avait été donnée à Selim dans une semi-pénombre sans électricité, et les ombres chinoises qui avaient dansé pendant toute la scène sur le visage du Master drôlement éclairé par en dessous par une bougie chauffe-plats coincée dans un rond en plastique rouge, en avaient rajouté pas mal dans le sentiment de Selim que, ça y est, il était dans la merde.

V

La vraie joie, c'est de se battre. La Légion d'honneur inventée par Napoléon, à titre militaire, c'est aussi super excitant. À défaut d'être blond, comme Loana, bien sûr, il y a les papiers, et il y a aussi le projet de reprendre des études, pour sa mère, par fidélité amoureuse à sa mère, c'est la même chose, en fait, en plus de fuir le chantier perpétuel du Bât' situé au bord de la 4-voies, de l'autre côté du collège, en plus de se casser un jour, promis, à grands pas du territoire du Master au pied des Tours, les Tours chauffaient de plus en plus, mais se battre, obtenir la reconnaissance dans une bataille, être médaillé, être cité, c'était ça qu'était kiffant aux yeux de Selim.

Le lendemain soir, après qu'il avait guetté tenace, avec ses yeux perçants, dur, toute la journée, sur la dalle, et il s'était aussi demandé toute la journée comment il allait pouvoir choper Marianne-Lalie pour l'amener au Master, Selim descendait par l'escalier les 7 étages de la Tour J, il descendait par les escaliers, car il portait la poubelle de son foyer avec sa mère et qu'on ne se montre pas aux Orgues avec une poubelle à la main, c'est sûr. Tout le monde savait que Marianne-Lalie était en main, en plus du père Belabed, et de manière un peu spéciale pour les Orgues, à la vertueuse, à la traditionnelle. Elle était en main avec un blédard monté tout droit du bled, habillé en jogging de bouffon, sans que le père Belabed le sache, sauf que tout se sait un jour aux Orgues, un mec, heureusement, se disait Selim en dévalant les marches de 7 étages, rien de la racaille, rien à craindre, lui ce serait qu'un collateral damage. Le blédard devait avoir rien du tout dans les poches, pour atterrir ici, en direct du bled, et continuer d'y rouiller sans trouver mieux que de chercher la fille Belabed. S'il y avait vraiment romance avec le bledard, il devait pas avoir grand-chose à lui offrir, à la Marianne-Lalie. Ça se voyait à comment elle était habillée. Personne faisait dans le luxe dans les Orgues, sauf ceux qui grimpaient dans la pyramide comme Master, mais, tout comme chez les filles Drine, c'était vraiment terne chez elle. Qu'est-ce qu'il fout, le blédard ? Qu'est-ce qu'il attend pour ramener du flouze ? À contrecœur, à mille années-lumière de se réjouir, forcé comme il était, Selim avait commencé à réfléchir *vraiment* à comment la choper, Marianne-Lalie. Après tout, c'était pas pour lui faire du mal, et 500 balles, c'était toujours ça.

Et donc, il était en train de descendre, crevé, la poubelle de son foyer au rez-de-chaussée de la Tour J, quand la photocopie d'un décret du Journal officiel bizarrement affichée dans le hall de la Tour avait attiré son regard.

> Présidence de la République, Ordre national de la Légion d'honneur, Décret du 15 avril 1999 portant promotion au grade d'officier et nomination, ministère de la Défense, au grade de chevalier, Sans traitement, Légion étrangère, Belabed (Khaled), Adjudant-chef, cité 2 fois, médaillé 3 fois, 84 ans.

Et Selim était remonté en réfléchissant à Marianne-Lalie *et* à la Légion étrangère. Le lendemain, vers 16 h, il quittait le guet de la Tour F et il s'installait, mine de rien, près du local social depuis lequel il pouvait observer à sa convenance qui entrait et qui sortait de sa Tour. Il était resté pas mal de temps, et puis, Marianne-Lalie avait fini par arriver en direct du lycée. Elle avait traversé rapidement la dalle et elle s'était engouffrée dans le hall. Lui, il l'avait suivie à distance, sans courir, car le père Belabed était souvent à la fenêtre, il le savait, il surveillait, il observait. Et puis, il l'avait chopée dans le hall, à l'abri des regards, près du local poubelles, là, Belabed ne pouvait rien voir, rien entendre. Il était monté par l'escalier avec elle et puis il avait commencé à la baratiner.

C'était bien elle, Marianne-Lalie. Rien sur la tête. Naturelle totale. Zéro maquillage. Les cheveux attachés. Son sac de classe sur le dos, déjà un peu grande pour le sac sur le dos, pour une élève de seconde, de première, il ne sait plus. Elle avait le nez Belabed mais en plus fin, plus doux. Les yeux Belabed, les yeux fous des frères Belabed mais chez elle, ils étaient tranquilles, modestes. La grosse barre de sourcils pas épilée au-dessus des yeux Belabed. Pas de boucles d'oreilles. Pantalon. Petite veste noire mi-longue jusque bien en dessous des fesses. Mais quand même un joli petit chouchou brillant pour attacher les cheveux et puis un air propre. Une écharpe en toile autour du cou bleu sombre alors que pas besoin d'écharpe du tout dans ce Sud chaud. Coup d'œil sur les chaussures. Vraiment rien question chaussures. Pas des baskets. Des chaussures qu'on voit pas. Des chaussures de rien du tout. Des chaussures pour ceux qu'existent pas aux Orgues.

— C'est toi qui as mis l'affiche sur ton père ? *elle le regarde par en dessous*
— Pourquoi ?
— Comme ça
— …
— Bravo le mec Quand même
— …
— T'es pas fière de ton daron ?
— On change de sujet stp ?
— Tu crois qu'il accepterait de me parler de ça ?
— De quoi ?
— De l'armée Et tout
— Non *regard en dessous* Qu'est-ce qui te prend ?
— Ça m'intéresse
— Quoi ?
— L'armée
— Laisse tomber
— Pourquoi ?
— *elle le regarde* T'en as marre de faire la petite racaille des Orgues *il rit légèrement* Tout le monde sait que tu guettes Tu fais le bouffon chez les Drine et dans la Tour Mais tout le monde sait que tu guettes En fait *il la regarde avec un air sérieux Il s'approche Il tend la main vers elle Sa main repart vite en arrière Mais il recule pas*

— Tu parles pas de ma mère Espèce de pute *il avance encore* T'es malade *elle recule elle recule*

— Quoi *il recule un peu Il réessaye le sourire mais il y arrive pas Il la regarde* Tu vas en parler ton père ? *il fait rapide le geste du doigt sur la gorge*

— Casse-toi

— Casse-toi Toi *elle monte Il la suit Elle se retourne*

— Fais attention à toi Selim

— Il faut que je te parle Allez *obséquieux à la manière des Orgues* Allez *il passe devant elle, elle se colle au mur, il monte quelques marches, il est devant elle, plus haut* Arrête-toi 5 minutes *il croise ses deux bras en avant, il lui fait son plus joli sourire, il sait qu'il a un beau sourire* Tu parles pas de ma mère ! *avant son blédard, elle le kiffait, Marianne-Lalie*

— T'es vraiment un malade Depuis que t'as quitté le collège T'es devenu un malade

— C'est tous des bouffons Là-bas

— C'est toi Le bouffon *il descend une marche, l'air sérieux à nouveau, elle recule*

— Arrête ça va mal se passer Forcément Si tu parles mal Tu sais que ça va mal se passer T'apprends rien à l'école ? *il lève la main devant elle*

— …

— J'ai un plan pour toi

— Non

— Un truc clair Pas d'embrouille

— De la drogue ? *il relève sa main elle recule pas cette fois mais elle met un peu sa tête en arrière*

— Si les Drine savaient ça T'as l'air d'un bouffon gentil T'es une racaille en fait *il la regarde fixement Il fait les petits yeux noirs du Master avec elle Elle regarde les petits yeux noirs Elle sourit*

— Vas-y Vas-y Redescends

— De l'argent Juste tu dis oui *elle le regarde*

— Vas-y Mon père doit se demander ce que je fais Si j'attends trop, il va descendre

— Tu me fais confiance Tu me dis oui Et je te dis après

— Non

— Allez

— Non

— Est-ce que tu veux te marier avec moi *elle le regarde Elle ouvre grand les yeux Elle répond*

— Mais T'es vraiment un grand maboul Toi

— C'est sérieux Je te donne 1 000 Si tu te maries avec moi

— T'as quel âge ?

— C'est pas le problème Mon âge

— Tu te fous de moi ?

— Tu y penses On en reparle *il se casse, monte très vite jusqu'au 7e, sa clef dans la serrure, il referme la porte derrière lui, il entend en bas sa voix à elle qui crie dans l'écho bizarre de la cage d'escalier*

— Dans tes rêves !!!!

Derrière la porte, au 7e, Selim respire fort. Elle avait changé, Marianne-Lalie. Elle avait grandi. Un petit rire était monté doucement dans sa gorge de petite raclure. Quelle connerie ! Quel con ! Quel bouffon ! Quel bouffon aussi ce Master ! Tous, ils sont des bouffons ! Elle a même pas 18 ans. Elle est même pas majeure !

VI

En bas, sur la dalle, le ballet des guetteurs qui sortent des voitures, entrent dans les Tours, ressortent, rentrent dans les voitures, etc. Plus loin, les grues du chantier perpétuel. D'en haut, les grues gagnent leur allure fine de guêpes rayées de noir. À sa fenêtre, Selim regarde. Depuis la conversation avec le Master, il avait fait sa petite enquête. Il y avait vraiment plus personne à attraper aux Orgues pour servir de pigeonne au pigeon du Master, à part la Renoi incontrôlable qui avait dû être élevée très sévèrement à la tarte dans la gueule et qui était donc plus du tout susceptible de se faire persuader, et aussi les filles Drine, mais elles, c'était impensable, pire que des blédards, des surblédardes, et enfin, Marianne-Lalie, qui n'était pas majeure mais qui avait besoin de fric. Sa seule mission à lui, Selim, c'était la ramener au Master dans l'appartement du Petit Richard, après ralass. S'ils découvraient ensuite que c'était pas possible, se disait Selim, tant pis. J'aurais fait le job et je reste clean, d'un côté comme de l'autre. Oui mais comment, comment faire pour choper Marianne-Lalie et la ramener au Master ?

Marianne-Lalie, c'était vérifié, elle avait un vrai penchant pour ce blédard jeune et fort pauvre qui était arrivé il y a pas longtemps aux Orgues. Pas comme Selim qui avait débarqué aux Orgues dans la préhistoire, il y a longtemps, en 1994, avec sa mère, par la voie maritime. Tous les deux, à l'époque, la mère et le fils, yeux grands comme des soucoupes, avaient fixé la masse liquide de la mer qui grossissait affreusement autour d'eux Direction France. Une masse mouvante énorme. Et le bateau se levait affreusement, en direction de l'avant, et puis après, tout de suite, à leur grande épouvante, à la mère et au fils – tous les deux avaient toujours habité à 300 km des côtes, à 600 m d'altitude, réduits pour s'imaginer la vaste étendue des flots à agiter une cuiller dans un verre d'eau –, le bateau tombait en chute libre, et ensuite, ça avait recommencé, en avant et en arrière, vers le haut et vers le bas, affreux, et personne pouvait prévoir quand ça allait s'arrêter. Jusqu'à l'arrivée.

Pour le blédard, Selim ne savait pas comment ça s'était passé le voyage mais, c'était certain, le blédard avait pour lui que son air vif et, dans tout ce monde des Orgues, c'était déjà pas mal, en fait, d'être resté vif. Lui aussi, il zonait en bouffon avec tous les autres en bas des Tours. Lui aussi, il cherchait comme il pouvait, comme eux tous, à se casser à tout prix des Orgues, mais lui, c'était pas la thaï, pas la Légion, pas le trafic qu'il avait choisi pour pister en zone libre, lui, c'était la fille Belabed, c'était l'amuuuur qu'il avait choisi. Ou plutôt c'était l'amour qui les avait choisis, Marianne-Lalie et lui, se disait Selim *en regardant les grues jaune et noir* Il était pas encore corrompu comme eux tous. Autant prendre la 4-voies en sens inverse des voitures, mais c'est pas grave.

Ça aussi, c'était un changement aux Orgues. Il y avait de plus en plus de filles qui faisaient le choix de la vie sérieuse. Et il y avait comme un mur invisible qui se construisait entre elles et eux tous. Ça donnait le respect pour elles et ça faisait aussi d'elles des filles compliquées, très compliquées, impossibles à choper, alors à marier… et en plus un faux mariage…, mission impossible *soupire Selim* Sur le marché des filles des Orgues, il y avait que le choix entre les putes comme la Renoi et les filles comme les Drine et Marianne-Lalie. Toutes les autres putes étaient déjà mariées.

Et le père Belabed ? Marianne-Lalie était très gardée par le père Belabed. La fille Drine lui avait tout raconté. Un fou de la téci avec ses grosses mains rougies dont on se disait en voyant sa gueule que celui-là, vraiment, il serait capable de déconner sec et fort, en dépit de ses médailles et de sa rosette. Autrefois, après l'incendie du local poubelles, il avait porté plainte contre ses propres fils. Quand il rentrait le soir, Marianne-Lalie devait lui laver les pieds. Elle devait aussi lui apporter ses pantoufles. Lui et la mère Belabed, ils lui avaient massacré la tête toute la vie. Le plus étonnant, c'était que c'était pas un barbu, le père Belabed, c'était un ex-légionnaire de l'Armée de France. La fille Drine l'avait regardé dans les yeux en disant ça, d'un air de dire que bon, lui, le père Belabed, il avait zéro excuse.

Belabed, il voulait que sa fille Marianne-Lalie soit une fille républicaine. Le mec, c'était vraiment un ex-légionnaire de l'Armée française, et il voulait donc l'intégration pour ses gosses. Il avait réussi, d'une certaine manière avec les fils *rire mauvais de Selim* mais avec la fille, il avait du mal. D'où le blédard, le fellah de l'amour des Orgues qui était soudainement sorti du bois des Tours parce qu'il avait senti qu'il y avait une demande de la part de Marianne-Lalie qui se faisait monter la tête par la fille Drine, qui était déjà, elle, avec toutes ses sœurs, passée complètement de l'autre côté du mur, dans la vie sérieuse. Avec le fort soutien des parents Drine qui, eux, voulaient tout à fait autre chose que l'intégration républicaine pour leurs filles. C'est pour ça que, les Belabed et les Drine, quand ils étaient encore là, tous les 4 parents, ils se parlaient pas. Pour les Drine, les Belabed, c'était Sheitan. Pour les Belabed, c'est les Drine qu'étaient Sheitan. Alors que les vrais Sheitan, vraiment, c'était que les fils, les fils Belabed, les Drine, Master, Petit Richard, et tous les autres, nous tous, moi, pensait Selim. “C'est nous, les Sheitan.”

Chez les Belabed, impossibilité de se voiler bled, de parler bled, de fréquenter bled. Avec du ralouf tout le temps dans les écuelles, du pas cher sous plastique que même les Céfrans, ils mangent pas, ils reniflent que c'est de l'empoisonné en provenance des élevages de l'Ouest, et moi je dis que le hallal, je suis pas fan, mais c'est quand même mieux que du ralouf aux antibiotiques, *se disait Selim en comptant les grues noir et jaune* Mais c'est pas mon problème. Mon problème, c'est le Master *soupir de Selim à sa fenêtre* La fille Drine lui avait raconté que le blédard, le soir, il traînait comme un loup sur la dalle. Tout de suite, il avait été repéré. Il avait cru avancer à couvert, le bouffon, le chien de sa mère, parce qu'il arrivait au crépuscule, mais avait-il pris la mesure, ce blédard stupide, de ce qu'est seulement un crépuscule aux Orgues ? Les lumières bleues changeantes des télés qui s'allument de fenêtre en fenêtre, qui chatoient depuis les hauteurs de la nuit qui tombe sans étoiles sur les Tours et qui éclairent tout. Sous les lumières bleues, le loup-fellah des Orgues s'était approché en zigzag, comme s'il passait par là, par hasard, il avait fait mine de rien, alors qu'il passait par là, devant la Tour J, tous les soirs, tous les soirs à la même heure ! Comme un chien-chien caniche réglé. Le loup-fellah des Orgues aurait tout aussi bien pu avancer tout droit pour la choper, la Marianne-Lalie. Sauf qu'il y avait le père Belabed qui guettait depuis la fenêtre du 4e. Et le blédard, le bouffon, le guedin, il avait balancé des missives d'amour d'en bas sur le balcon des Belabed. À l'ancienne ! Le guedin de sa mère. À peine croyable, si ma mère savait ça ! La fille Drine, elle avait beaucoup aimé. C'est un mec chevaleresque, ce blédard, et ça manque par ici, elle lui avait dit avec admiration dans l'escalier. Pour leur donner du poids, aux missives, il les avait enroulées autour de gravats qu'il était allé choper dans le chantier au bord de la 4-voies. Ce gars, ce bouffon de blédard, c'était qu'un primitif, une forme conservée complètement à l'ouest, un bouffon inimaginable, un gros rustique des cavernes qui croit en la tombée du jour, au crépuscule, à l'aube, en la succession des jours et des nuits, ouais, rien à voir avec nous, les Sheitan des Orgues. Et pourtant, pour nous aussi, les Sheitan, le soleil se couche, le soleil se lève, les oiseaux volent dans le ciel *Selim regarde les grues par la fenêtre*

Les Belabed étaient à table, le père et la fille, et pof, le mot d'amour avait atterri sur le balcon. La fille Drine s'amusait un peu en racontant ça *la fille Drine a la langue bien pendue*

— Tu imagines !!!!
— Guedin !

Tous les deux, le père et la fille, avaient rien dit, rien fait. Marianne-Lalie était restée la tête très droite, tendue un peu en arrière, avait regardé avec obstination devant elle comme enfoncée dans le noir du soir derrière la vitre. Le père Belabed, finalement, il s'était levé, il était allé ramasser la boule de papier froissée autour du gravat et il avait lu et il avait déchiré. Il paraît aussi, lorsqu'il travaillait à la SNCF dans le temps, quand il trouvait un sans-billet, paf, il le foutait dehors par la porte du train ouverte, il le balançait sur la voie *Selim s'éloigne de la fenêtre, il part dans le fond de la pièce, attrape un blouson, et sort*

VII

Il fait nuit dans le Sud et dans le Nord, novembre 2001, 64 jours après le 11 Septembre, deux ans après l'affaire du mariage qui a mal tourné avec Marianne-Lalie. De rares voitures roulent toujours bruyamment sur la 4-voies des Orgues et aussi le long de l'esplanade de la Préfecture du Nord, parce que c'est le destin des voitures, au Nord comme au Sud, toujours, de rouler bruyamment, alors que, pas très loin, il y a des gens comme Selim, qui sont catapultés hors de toutes carcasses et qui tentent de se rassembler dans la nuit en regardant le ciel.

Les patrouilles commencent tôt sur l'esplanade de la Préfecture du Nord. Il ne fait pas encore jour. Et Selim, lui, ça commence à le fatiguer, tout ce cinéma nocturne de piétaille vigilante sous le ciel du Nord. Il souffre du mauvais climat qui règne et aussi il se fatigue à patrouiller pour rien du tout ou pour seulement provoquer des embrouilles comme l'embrouille de la veille avec le bouffon en loden. Un autre équipage s'était fait aussi détruire la gueule car l'un des patrouilleurs avait dit à une passante sur le quai du tramway sans conducteur au niveau de la gare qu'ils étaient là, *pas pour surveiller mais pour tuer*. La passante était allée se plaindre et c'était remonté jusqu'aux chefs du Rep. Ils l'avaient très mal pris, les chefs. Mais aussi, jusqu'aux patrouilles, tous les recrutés avaient seulement passé leur vie d'aspirant à se transformer en petite machine tueuse, alors demander tout à coup à un équipage de petites machines tueuses de surveiller la bergerie, c'était vraiment bouffon ! C'était des bouffons, eux aussi, les chefs. Selim en avait marre de tous ces bouffons à tous les niveaux, partout, autour de lui, devant, derrière, au-dessus, au-dessous.

Après l'embarquement du mec en loden, les patrouilleurs Vigie avaient continué leur patrouille dans le périmètre. Ils n'étaient pas partis boire une bière au comptoir des Blagueurs, une célèbre brasserie dans la ville. Ils n'avaient pas rigolé grassement. Ils n'avaient pas fait de blagues. Ils avaient patrouillé. En dépit du semi-foirage de leur mission, ils avaient fait corps tous ensemble et c'était déjà ça. C'était déjà ça mais ça signifiait aussi qu'il n'y en avait peut-être pas un pour rattraper l'autre, parmi ces 4 engagés dans la Légion qui faisaient leurs armes en temps de paix, puisque Selim, le plus jeune, avait été lui aussi, presque, au bord de s'envoler gravement dans le décor en solidarité avec le chef de patrouille, pour signifier à tous ces hommes en bleu qu'ils avaient été vraiment comme des chiens de leur mère avec ce gars en loden et cette fille, comme souvent, comme toujours, oui, c'était vraiment des chiens de leur mère, et ça commençait à bien faire de devoir vivre avec tous ces chiens de leur mère en plus de tous les bouffons qui traînaient partout. Désormais, il était temps que la sécurité de ce pays soit prise en charge par des gens sérieux, comme, par exemple, eux, les quatre patrouilleurs de Vigie Pirate à l'automne 2001, très jeunes mais déjà des professionnels de la guerre, peut-être ?

Sous le ciel du Nord, Selim en avait marre de patrouiller, patrouiller, toujours patrouiller, mais en même temps, il se disait que c'était bien aussi de ne plus faire partie de la file qui fait la queue devant la Préfecture, comme sa mère en avait fait partie autrefois, lui qui l'aimait tant sa mère, et puis c'était bien aussi, grâce à l'uniforme, de ne plus être une cible pour les hommes en bleu comme le bouffon en loden. Il était passé de l'autre côté comme les Drine. Bon, c'est vrai, il avait basculé presque en même temps qu'une actualité d'urgence, un paquet de circonstances exceptionnelles, qui l'avaient directement fait passer du statut de racaille des Orgues au statut de chasseur de giga-racaille, car allez trouver davantage giga-racaille qu'un potentiel suspect pour terrorisme, interpellé comme ça, au petit hasard la chance, à la pointe d'un Famas, dans une rue, dans un tramway, alors que dans les faits, le seul véritable gibier qu'on ramasse, c'est que du délinquant de base, du sans-papier institué, de la petite valetaille au jour le jour que tout le monde connaît par cœur, surtout lui, Selim. Dans sa vie d'avant, pour pas prendre de risques, Selim dépassait presque jamais le périmètre autour des Orgues, Selim vivait dans un mince couloir de piscine, entre le collège, la thaï, les Tours, le local social, la 4-voies, la galerie commerciale défoncée.

Et maintenant, il est là. Tout autour de lui, des ombres de la nuit. Deux ans qu'il est aspirant-légionnaire et déjà il travaille comme s'il était un vieux fonctionnaire qui a de la bouteille. Car il paraît que le pays est en manque de troupes pour surveiller tous les espaces à surveiller. C'est la crise au ministère de la Défense, ministère des Armées. Tout le monde est sur le pont pour protéger les populations. Et c'est pour ça que les chefs envoient patrouiller certains des aspirants-légionnaires, les plus jeunes, les moins expérimentés, tout trempés encore de leur vie horrible d'avant fracassée. Qui sont les moins susceptibles de manquer en cas de besoins militaires d'urgence, mais qui sont aussi les plus susceptibles de déconner en cas de grabuge sévère, en témoigne le comportement de son chef de patrouille qui a juste failli hier mette en bouillie le crâne d'un homme en bleu. Je suis un soldat en temps de paix qui n'a jamais le droit de dégainer, quoi qu'il arrive, quoi qu'il advienne, quoi qu'il se passe. Étrange, pensait Selim sous le ciel du Nord, et pourtant je guette, je guette, partout où un bouffon pourrait avoir l'idée de commettre un meurtre de masse.

Qu'est-ce qu'il est devenu le blédard de Marianne-Lalie, le loup transplanté dans les Orgues, le blédard de la fille Belabed qui a tout cassé entre le père et la fille ? Tout s'était joué très vite. La rencontre était devenue très sérieuse entre elle et lui. Et ensuite, après l'affaire du mariage raté avec le pigeon du Master, elle avait disparu. Comme lui, en fait. Ils avaient disparu tous les trois, le blédard, Marianne-Lalie et lui. Peut-être qu'il lui avait rendu service, après tout, en lui proposant ce mariage chelou ? Le blédard avait dû sentir qu'ils devaient se tirer tous les deux, sinon ils allaient se faire engloutir par les Orgues. Et maintenant, ils étaient en fuite. Le loup-fellah des Orgues avait fini par enlever Marianne-Lalie. Il avait déjoué le guet du père qui voyait tout mais qui n'avait rien vu venir. Parce qu'il ne pouvait pas s'imaginer, le pauvre vieux bouffon, le pauvre débris légionnaire à la ramasse, qu'en regardant fixement dans le noir de la nuit à travers la fenêtre du 4e étage de la Tour J, chaque soir, Marianne-Lalie perçait la vitre, perçait l'obscurité, rejoignait en rêve le loup des Orgues en jogging pour s'enfuir dans l'immensité du pays loin, loin, avec lui. Elle s'était enfuie d'une drôle de manière. Elle s'était enfuie en affichant la couleur du bled. Plus exactement, elle avait pris les couleurs du bled qui étaient celles du loup-fellah des Orgues en les adaptant au climat ambiant, Marianne-Lalie, elle était devenue fellah elle aussi *Selim regarde autour de lui sur l'esplanade* C'est pas très aventureux, Vigie pirate, faut regarder les choses en face.

Ce blédard, il avait d'abord navigué dans le mauvais sens pour arriver aux Orgues, comme lui, Selim, autrefois. Le mauvais sens, c'est le sens précieux, c'est le sens dangereux, c'est le sens qui coûte. Et ensuite, c'est jamais le retour au bled, le 24 heures de bateau hop hop depuis Marseille, après le voyage d'une traite dans la 504 chargée au ras du sol sur l'autoroute, quand tu pars depuis ta Tour, n'importe quelle Tour, que t'as transformée en bled n° 2, tu peux pas faire autrement, t'habites là, et aussi tu pars de là pour voguer sur ta grosse barquette confortable jusqu'au bled de tes ancêtres pour y passer tes vacances sur la plage à te passer de la zit zitoun sur le corps. Ça, c'était le sens hyper-cool, celui qui fait chier les petites raclures qui veulent pas quitter la cité parce que le bisness, c'est le bisness Tu t'es fait la boule avant de partir, et aussi t'emportes tous tes cd car t'as la trouille de te faire chier, dans ce bled qu'a jamais été ton bled en réalité Tu te dis que, peut-être, tu finiras tes jours là-bas Inch'Allah-Dieu-God ? *Selim chante doucement dans l'air de la nuit* Le mauvais sens, c'est autre chose. C'est l'exil. Ça va tellement vite. Tu sais pas à qui tu peux confier ça, après. Tu es tout seul. Ce sens-là, le mauvais sens, c'est le risque pur.

Un blédard *réfléchit Selim* C'est quelqu'un qui n'a pas le sens du pays où il débarque. C'est quelqu'un qu'est pas républicain mais qu'est pas indigène non plus. C'est un rien. Pourtant, un rien qu'est sage et, en même temps, un rien qu'est aventurier. Et même, ce rien, c'est tout ce qui reste des aventuriers.

VIII

C'était fini les Orgues, il ne pourrait plus jamais y retourner avant longtemps, ou alors pour pas longtemps du tout, et en plus en se cachant, et encore, c'était pas certain, peut-être que c'était vraiment fini à vie, avec la perceuse sans fil et le petit pistolet automatique du Master.

Après avoir mené sa petite enquête, il avait recroisé Marianne-Lalie dans l'escalier et il lui avait expliqué un peu l'affaire, un tout petit peu, pas beaucoup et elle avait paru intéressée, surtout quand il lui avait dit, que tout ça, ça se ferait très discrètement, personne ne serait au courant. Et l'âge, ça n'était pas un problème car tout s'arrangeait, on va s'arranger.

— Combien ?
— 1 000

Surtout, il ne fallait en parler à personne, surtout pas au blédard !

— De quoi tu parles ? *avec les yeux durs*

Et elle ne devait pas en parler à la fille Drine non plus, surtout pas ! Si elle en parlait à quelqu'un, c'était fini, ça ne se ferait pas, et surtout, elle serait grillée des deux côtés du mur, avec les Drine, avec le blédard, et avec lui. Et lui, c'était pas grave mais au-dessus de lui, il y avait Master et, lui, elle voulait pas du tout qu'il devienne un ennemi, Master, pas du tout, du tout.

— C'est compris ?

— Tu me fais un peu peur là C'est qui Tous ces mecs C'est qui, Master ? C'est quoi tout ça ?

— T'inquiète Ils vont être polis Et je suis là

Et ils s'étaient fixé rendez-vous pour la fin de la semaine. Elle redescendrait en bas de la Tour vers minuit, une fois que le père Belabed serait bien endormi.

— Tu me demandes de faire le mur

— Pour une heure

Au final, il n'était pas du tout certain qu'elle vienne au rendez-vous au pied de la Tour, car elle devait bien se douter que c'était un bisness chelou, cette histoire de mariage, mais tout était si pauvre aux Orgues, et elle était si jeune, c'était une isolée, personne autour d'elle pour la conseiller à part le blédard qui crevait la faim et la fille Drine à laquelle elle pouvait pas parler de l'autre côté du mur, et donc, il y avait quand même une chance pour qu'elle vienne se tremper dans cette embrouille de merde. Et le blédard devait vraiment vraiment être sans rien lui aussi, sans parachute, comme on dit, pour qu'elle accepte de discuter de ce bisness avec lui, surtout que, elle, c'était pas, pas du tout, une bouffonne aux Orgues.

Ensuite, il avait évité au maximum la fille Drine pour ne pas avoir à lui mentir, si elle savait tout ça, elle lui crèverait les yeux. Sans parler des autres Drine qui l'exileraient à jamais du mauvais côté du mur, alors que peut-être, un jour, une fois cette sale affaire passée, il pourrait accéder au bon côté, lui aussi, qui sait ?

En fait, on peut vraiment acheter tout le monde, c'est ouf, s'était dit Selim en repartant vers le haut, en direction du 7e. Selim s'était demandé aussi comment ça allait se passer chez le Petit Richard avec Master, entre Master et la fille Belabed, mais bon, Master savait se tenir quand il y avait du fric à la clef. Selim s'était quand même demandé pourquoi il devait absolument la ramener au Master, chez le Petit Richard, pourquoi Master ne l'utilisait pas, lui, Petit Richard, comme un intermédiaire. Pour s'économiser d'avoir à le payer, lui, le recruteur ? Ces mecs-là gagnent un paquet de pognon mais ils sont toujours en panne de flouze, c'est tragique. "Là, en fait, je fais du travail gratuit, du putain de travail gratuit pour ce bouffon de Master en polo."

Il avait aussi croisé le Petit Richard qui avait eu l'air d'avoir envie de parler et il avait donc fallu faire un effort pour s'arrêter et l'écouter, en réalité perdre du temps à slalomer entre ses problèmes à lui, au Petit Richard.

— Salut Mec *sourire triste du Petit Richard*

— Salut Comment tu vas Mec ?

— Ça va mais c'est ma Daronne qui a des problèmes Elle est à l'hôpital

— Merde Mec Qu'est-ce qui se passe ?

— Rien *nouveau petit sourire triste* Depuis les origines, elle fait les mauvais choix Tu peux rien faire Mec *sourire évasif de Selim*

— C'est vrai *Selim regarde sa montre*

— Tu viens comme prévu à la maison ? *demande Petit Richard*

— Pourquoi ?

— Pourquoi quoi ?

— Pourquoi tu demandes ça ?

— Je sais pas Comme ça Tu la connais la meuf Belabed ? *demande, mine de rien, le Petit Richard*

— Qu'est-ce que tu veux savoir ?

— Rien

— Regarde ailleurs stp *petits yeux noirs de Selim*

— Et toi Tu regardes ailleurs *proteste un peu Petit Richard Selim s'esclaffe*

— C'est pas ce que tu crois Mec !!!!

— Tu sais Je sais des choses *insiste Petit Richard*

— Tu cherches l'embrouille Quoi Ferme ta bouche

— Je fouille pas Mec

— Je sais *Selim s'était remis à sourire* Ta Daronne Elle va mieux ?

— Non

— T'es allé la voir ?

— Ça sert à rien Elle écoute pas Elle veut du fric et j'en ai pas *sifflement d'admiration de Selim*

— T'as pas de chance Mec

— Je sais

— Et depuis longtemps, il paraît
— Tu m'apprends rien
— Je voudrais pas être à ta place
— Oh Tu sais Mec J'ai l'habitude *le Petit Richard fait le sage sur la colline* C'est pas pire qu'avant Avant, elle était pire
— Ah
— Tu peux pas imaginer Tu peux pas
— Vas-y
— Je peux pas Mec
— Vas-y dis un truc *Selim regarde au loin*
— Tu veux pas savoir
— Comme tu veux *Selim fait un signe de la main en arrière, s'éloigne Il marche à grands pas en direction de sa Tour Il entend la voix du Petit Richard qui le rattrape à travers la dalle*
— Hey Mec Mec ! Hey Selim *Petit Richard court vers lui* Oublie avec la fille Belabed
— Putain Ta gueule *Selim accélère, s'arrête pas*
— Ça sent l'embrouille Mec
— Ta gueule !

Finalement, il était revenu en arrière. Il s'était arrêté pour écouter le Petit Richard. Il ne sait pas pourquoi, par pitié, par curiosité aussi peut-être, et comme d'habitude, ça avait été affligeant de parler avec lui, avec le Petit Richard, parce que la situation avec sa daronne, ça s'améliorait jamais, la dernière nouvelle, c'était l'avis d'expulsion de l'appartement parce que sa daronne avait tout lâché en fait, et il voyait pas du tout quoi dire au Petit Richard à ce sujet, surtout que c'était pas Master qui pourrait l'accueillir chez lui, ça non, lui, Master, il paraît qu'il squattait chez une Céfran, hors des Orgues, une meuf qui portait une sorte de cape avec un capuchon de chaperon rouge quand elle venait aux Orgues, rarement, genre, elle venait déguisée pour pas se faire remarquer chez tous ces bouffons des Orgues. Selim se demandait comment c'était pour une petite Céfran bourge de se faire baiser par un mec corrompu comme le Master. Est-ce que c'est plus kiffant qu'un autre mec, un mec comme ça ? Est-ce qu'il l'a plus dure que les autres ? Dans tous les cas, il paraît que c'était une vraie bombasse avec des cheveux noirs et, luxe, par ici-bas, aux Orgues, des yeux bleus. Et elle avait chez elle la dernière PlayStation. Elle devait aussi lui faire la cuisine au Master ? Ou alors ils jouaient au scrabble devant la télé ? *rire mauvais de Selim* Parce qu'il paraît que le Master joue au scrabble, qu'il apprend le dictionnaire aux chiottes, genre les dernières lettres, pour gagner au scrabble non mais quel bouffon. Elle avait fait des études, elle avait un taf, un genre de fille Drine mais en plus âgée, à mi-chemin de la pute et de la fille sérieuse, et ça, ça se trouvait pas par ici, aux Orgues, des filles comme elle, il fallait quitter les Tours pour en trouver une comme ça.

Donc, il avait replanté le Petit Richard, en lui promettant quand même par pitié de lui donner un peu de la paye qui venait, s'il avait besoin, au cas où.

— T'es un vrai Merci Mec

Il paraît aussi que le Master avait été un bon élève autrefois au collège Brassens des Orgues près de la 4-voies au bord de la galerie commerciale défoncée. Que tous ses profs l'avaient aimé beaucoup. Qu'il était très sage à l'époque, et justement, un peu trop sage, même. Son problème, c'était qu'il écrivait très lentement, de façon trop appliquée et, vers les dernières classes, il s'était laissé distancer, car il mettait trop de temps à recopier les consignes, il s'en sortait plus, le bouffon, tout le monde se foutait de sa gueule. "Pas comme moi après, qui foutais la merde avec Angelo le Gitan, quand je me souviens, qu'est-ce qu'on a foutu la merde à Brassens et après, ensuite !" Et ensuite, le futur Master avait disparu un peu et ensuite il était revenu, et il avait commencé à guetter, c'était quand Selim était gosse, et le futur Master avait guetté, guetté, et il avait grimpé dans la pyramide en se rendant indispensable sur tout un tas de dossiers parallèles, comme lui, là, il était aussi en train de se rendre indispensable sur le dossier du pigeon et de la pigeonne à marier. C'est comme ça que ça marche, tu fais des trucs en plus, tu te fais remarquer, on remarque que tu es sérieux et, comme ça, tu grimpes, tu grimpes, et après, à l'arrivée, comme Master, t'es plus le même.

Et la semaine était passée. Et le père Belabed s'était endormi. Et Marianne-Lalie s'était glissée en dehors de l'appartement en faisant attention avec la clef dans la porte pour que la porte ferme pas sonore. Selim l'attendait en bas, depuis presque une heure, devant le local poubelles. Et il avait eu le temps de l'étudier l'avis de rosette pour le père Belabed en l'attendant. Il savait. C'est pour tout le monde, la Légion. Tout le monde peut essayer. Mais il faut que t'assures aux tests d'aptitude et ensuite que t'assures longtemps après pour être vraiment pris dans la secte de l'Armée de France, mais ça valait le coup car ils effacent tout ce que t'as contre toi dans les fichiers, sauf les homicides, et donc tu redeviens propre comme au jour de ta naissance, vierge de ta vie d'avant, comme un petit bébé, ils te font passer des tas de permis, permis voiture, permis moto, permis poids lourds, permis pour les tanks, tu apprends les armes, tu apprends à attaquer, à te camoufler, tu apprends tout, tout ce qu'il faut pour t'en sortir et aussi tu vois du pays, tu as une paye, après, tu peux exister, sauf que tu dois quitter les Orgues, et pour Selim, ça voulait dire quitter sa mère, et quitter aussi les Drine.

Marianne-Lalie était arrivée à l'heure. Un peu nerveuse. Inquiète. Silencieuse. Pour elle, l'aventure commence vraiment maintenant, s'était dit Selim. Tu descends 4 étages de ta Tour à une nouvelle heure, dans la nuit, et voilà, c'est l'aventure qu'est là. Risques et périls. Embuscades. C'est vraiment chaud pour tout le monde, les Orgues, la forêt obscure est jamais loin, tout de suite, t'es dans le maquis. Tu peux pas t'échapper de la forêt obscure, c'est comme la météo. La météo te rattrape toujours comme la forêt des Orgues. C'est comme l'air que tu respires, tu peux pas arrêter de respirer, tu peux pas faire comme si le réel existait pas autour de toi, tu es obligé d'avancer dans le paysage, tu es obligé de tout ou alors faut rentrer dans la secte, pas que la Légion, n'importe quelle secte fait l'affaire, que le concept de la secte qui peut lutter contre la forêt des Orgues.

Selim avait demandé pourquoi elle avait mis son écharpe sur les cheveux comme ça parce qu'il faisait pas froid du tout et elle lui avait répondu que c'était parce qu'elle pouvait puisque son père dormait. Ils étaient passés vite devant ceux qui dans le hall tenaient la Tour J et ils étaient partis pour traverser la dalle noire envapée de la lumière faible des lampadaires encaillassés des Orgues, il n'y en avait pas beaucoup de la lumière mais on était loin de la nuit noire quand même. L'après-midi, Selim était allé à la salle et il avait travaillé à fond son low-kick, son point fort, il l'avait vraiment stylé, et ça, il le portait en lui, quoi qu'il arrive, son low-kick stylé, même en s'avançant comme ils s'avançaient tous les deux, elle et lui, dans la nuit, en direction de l'embrouille, car marcher comme ça en plein dans la nuit sur la dalle en compagnie de la fille Belabed pour aller voir le Master chez le Petit Richard, c'était vraiment n'importe quoi, et alors, c'était peut-être déjà la forêt obscure des Orgues qui avait commencé pour eux deux ? Mais alors, c'était pas une forêt fréquentable du tout ! Même pour lui, Selim, le petit guetteur des Orgues. Oui, vraiment, la secte, n'importe quelle secte, c'était mieux que tout ça, dans tous les cas, beaucoup mieux que cette façon de conduire la fille Belabed, la nuit, entre poubelles et voitures brûlées, dans l'antre du Master ?

Ils étaient en route. En passant, coup d'œil à la voiture brûlée de la semaine dernière, tout autour de la voiture brûlée, comme si on avait saupoudré toutes les poubelles des Orgues par terre pour faire joli. Tous les deux, Marianne-Lalie et lui, enjambent des plastiques, des parpaings brisés, des vieux bidons, un morceau de vélo. C'est la brocante des Orgues qui tombe des hautes fenêtres, comme une pluie de saison qui part jamais longtemps, même qu'au-dessus du jardin des gosses, ils avaient tendu un filet à la longue pour que ça pleuve pas sur les petits.

Il allait donc se passer quelque chose mais quoi ? Ils étaient attendus à 00 h 30. Un peu tard pour chez le Petit Richard, déjà, 00 h 30, ça voulait dire qu'ils seraient déjà tous complètement défoncés à l'intérieur, et donc l'ambiance serait forcément moitié avachie moitié électrique. En marchant, il lui expliquait pour la détendre qu'elle aurait juste à répondre à quelques questions pour que tout soit clair, ce serait hyper rapide, on lui indiquerait la marche à suivre et ensuite ils repartiraient tous les deux pour pas qu'elle se couche tard, puisqu'elle avait école le lendemain.

— Je vais être explosée demain au bahut
— C'est pas grave
— Je sais pas

— Fais pas ta petite fille T'es certaine que ton Daron dort ?
— Oui
— Il se réveille pas la nuit ?
— Il vient pas dans ma chambre
— OK

IX

Chez le Petit Richard, lumière absente, retenue dans le compteur des pauvres, conséquence, toujours des bougies chauffe-plats partout. Presque le sentiment de pénétrer dans un bordel de Noiches sans Noiches. Juste avant de monter, dans le hall de la Tour, qui était vide, celui-là, contrairement aux autres halls des Tours, elle s'était arrêtée un instant et elle avait placé un truc entre la porte et le truc qui tient la porte pour que celle-ci se reclaque pas après leur passage. Il avait tourné la tête et il l'avait repéré, un peu en arrière, lui, le blédard, toujours dans son jogging de bouffon, qui les suivait.

— Tu te fous de ma gueule ? On avait dit qu'on disait rien T'es une vraie connasse

— Je lui ai rien dit sur le mariage mais je lui ai dit pour la sortie ce soir T'inquiète Il va rien faire

— Je m'en fous T'es une vraie connasse *il lève la main*

— Arrête Selim *de l'autre côté de la porte, dans la nuit, le blédard avance vers eux Et puis le blédard avance plus Ses yeux lui sautent comme hors du visage Sa face de blédard perce la nuit C'est la merde, pense Selim Selim bouge pas*

— Tu vas dire à ton bodyguard de se calmer ou je lui défonce la gueule *elle regarde les deux mains avec paumes en face tournées vers elle*

— Laisse tomber Selim

— Tu viens

— Oui

Selim s'était demandé ce qu'elle avait bien pu lui raconter au blédard pour que le blédard accepte qu'elle marche comme ça dans la nuit des Orgues avec lui, même si, après tout, on pouvait le considérer comme un ami d'enfance qui avait besoin d'aide, elle avait dû le charger comme ça, peut-être ? Il s'était souvenu quand même qu'elle lui avait demandé l'étage de l'appart du Petit Richard. Très bien. "Il sait se battre ?" Elle avait rien répondu mais elle avait resserré son écharpe. Il l'avait bien regardée dans l'ascenseur. L'écharpe sur sa tête, en fait, ça la protégeait bien des regards, pour que personne sache qu'elle était sortie à cette heure-là dans les Orgues. Personne, à part lui, le blédard, et le Master, bien sûr. Les autres comptaient pas. Les autres fermeraient leurs gueules. Et l'ascenseur, pauvre boîte branlante, débris de machine qui tremble, avait poussivement commencé l'ascension des étages en faisant des tas de cliquetis avec eux à l'intérieur. Ça y est, tous les deux, pour le meilleur et pour le pire, ils étaient en train de monter dans la Tour du Master.

Avec la pigeonne Marianne-Lalie à ses côtés, il avait tapé 3 petits coups. Pas de sonnette. La porte s'était ouverte.

Beaucoup de pénombre lourde de fumées en tous genres qui prend la gorge à l'intérieur. Une vraie usine chimique là-dedans. Tout de suite, dans le bordel Noiche sans Noiches, Marianne-Lalie avait toussé et elle avait resserré son écharpe sur ses tempes et sur ses joues. Tous les deux, l'un derrière l'autre, ils avaient passé la cuisine qui avait perdu sa porte depuis toujours. Une grappe de loques assises par terre. Debout, une autre loque en train de passer une lame de couteau dans le bleu d'un brûleur à gaz de la cuisinière, un couteau de cuisine avec manche en plastique en mouvement au-dessus du bleu vif et profond du gaz. Partout, tout autour, les petites lumières de bougies chauffe-plats qui empêchaient de voir le vide pauvre du bordel de chez le Petit Richard qui régnait partout et, ce noir faiblement éclairé, c'était encore pire, pensait Selim. Marianne-Lalie et lui avaient tourné la tête pour ignorer les loques de la cuisine. Selim avait toqué sur la double porte en verre brouillé de petits carreaux ondulés qui était sur la droite dans tous les appartements des Tours en entrant. Dans tous les appartements, cette porte donne sur "la pièce à vivre", celle avec le balcon qui sert de débarras à tous.

Et là, tout était allé très lentement d'abord et puis tout était allé très vite ensuite.

Les deux portes s'étaient refermées sur eux deux. "Tu peux enlever ton écharpe", il lui avait dit. Elle avait rien répondu et elle était restée derrière lui avec son écharpe bien resserrée sur ses cheveux.

X

Très peu de lumière, de la fumée refroidie qui pèse partout, des restes de kebab qui traînaient sur la table, ça veut dire que le Petit Richard avait pas débarrassé, surtout, bizarre, c'était pas lui qui avait ouvert, mais c'était pas ça le problème. Les volets mécaniques roulants étaient baissés, pas de grues éclairées dehors, pas de ciel, rien, seulement un mur de rideaux baissés, mais c'était pas ça le problème. Marianne-Lalie était derrière lui immobile. Elle devait enregistrer comme lui tout ce qui dans la pièce donnait envie de se casser le plus vite possible. Par-derrière, il avait senti sa petite main sur le bas de son dos. Lui, il avait reculé son pied en arrière pour lui toucher son pied à elle. Pour plus de sécurité, il s'était aussi retourné et lui avait fait son sourire n° 31 super forcé et puis il avait attendu un peu. Rien n'était venu de l'autre bout du côté du canapé. Il lui avait dit "Attends" et il avait fait trois pas en avant en direction du problème qui était dans la pièce.

— Master ?

Du côté du canapé, il n'y avait pas Master. Master était sur le tabouret où il était assis, l'autre soir, quand il avait dû faire le bouffon avec son tibia. Sur le canapé, il y avait quelqu'un d'autre. Un mec pas connu des Tours, plus âgé. Un jean normal. Un blouson normal. Le mec fumait aussi une clope normale. Une coupe un peu à la militaire. La mâchoire de l'Est. Au pied du mec, affalée, sans toucher, du rose autour des yeux, du rose autour de la gueule, une masse blanche, sale, grosse, courte, qui respire. C'était ça, le problème. Les pattes tordues. Les zébrures partout sur les flancs, sur les pattes, sur le col. Certaines blessures avaient dû être très profondes. De profonds sillons tordus entre les poils ras qui remontaient. Une bête survivante. Sans collier et sans laisse. Pas bon, ça, pas bon, du tout. En face, les genoux tournés loin du monstre, Master, toujours dans son uniforme parfait mais gueule fatiguée, le Master, et puis une sorte de rougeur à la bouche, pas gros, mais une tache rouge quand même, ça, c'est un coup, s'était dit Selim, ou je ne m'y connais pas. Le pistolet automatique était là aussi mais par terre, merde. Et derrière, près du mur, deux autres gars, âgés. Immobiles. Bras croisés ou le long du corps. Menton en arrière. Pas de regard. Ceux-là travaillent, s'était dit Selim, Comme la bête. Sous la table, un autre mec dormait en boule la bouche ouverte. Lui et la bête étaient parfaitement immobiles. Selim avait fini par percevoir le flanc qui s'abaisse et se soulève.

Avant, avant qu'elle saute, il faudra lui fracasser la tête. Tout de suite. Après, c'est plus la peine, après, après, t'es mort. Ou alors monter sur la table. Monter sur la table d'un seul coup et tirer ensuite très vite dessus Marianne-Lalie.

Master s'était levé et était venu vers Selim, avait mis sa main sur son épaule sans un regard pour Marianne-Lalie et lui avait fait signe de venir jusqu'au canapé. Les yeux mi-clos de la bête avaient suivi le déplacement. Et ils s'étaient retrouvés tous les trois à se regarder. Enfin, le mec dans le canapé ne le regardait pas vraiment, il avait l'air de s'ennuyer, comme les deux autres debout, comme dans les films.

— Je te présente Selim. Selim Dis Bonjour

— Bonjour *le mec le regarde*

— C'est Selim dont je vous ai parlé qui a trouvé la fille qui va faire l'affaire *coup d'œil vers Marianne-Lalie qui tout là-bas, au bout, avait paru soudain loin à Selim La bête bouge pas*

— Il est où le Petit Richard ?

— *doigt sur la bouche* C'est la fille ?

— Oui

— Elle est d'accord ?

— Oui

— *se tournant vers le mec sur le canapé* Vous voyez Comme je vous avais dit *le mec ouvre un œil de l'Est Le mec fait une sorte de sourire La bête bouge pas*

— Tout est clair *dit Master en tournant le dos à Selim*

— Pourquoi le Petit Richard est pas là *redemande Selim*

— Ferme ta gueule *petit coup d'œil de Selim à Marianne-Lalie immobile dans le noir "Pourvu qu'elle ne se casse pas Pourvu que le blédard n'arrive pas d'en bas Pourvu que… " Selim la regarde et puis il regarde à nouveau la bête qui bouge pas*

— Si tout est clair On va y aller La fille et moi On doit pas rentrer trop tard *dit très tranquillement Selim*

— Ferme ta gueule

— *le crapaud de l'Est à la mauvaise mâchoire dans le canapé regarde* Lui Il part Elle Elle reste *Oh, ça, ce n'est pas possible du tout, ça, pense Selim*

— T'as entendu ? *dit Master*

— …

— Dis à la fille de venir *le mec à la mâchoire de l'Est regarde Master*

— Approche *Marianne-Lalie bouge pas*

— Oh, n'aie pas peur *lui dit Selim On va pas commencer à les contrarier On va faire tout ce qu'ils disent Après on se casse On se casse le plus vite possible Il recule pour aller chercher Marianne-Lalie Il lui prend la main Il la conduit vers le canapé Il la fait marcher le long de la table La bête bouge pas*

— Master, j'ai fait comme tu m'as demandé mais on va pas pouvoir rester longtemps parce qu'il est tard et que la fille doit aller se coucher *La bouche de l'Est bouge un peu*

— Pourquoi elle doit aller se coucher ? *le crapaud au blouson se tourne vers Master* Tu crois que tu me montres une petite fille avec un torchon sur la tête et que ça suffit Petit con *sans élever la voix La bête bouge pas*

— …

— Tu crois que tu peux rembourser tes dettes juste en montrant une fille *à Marianne-Lalie* Pourquoi tu dois aller te coucher Lady ?

— Elle est attendue chez elle *répond Selim*

— Tu es attendue par qui Lady ?

— Je suis attendue par mon père *articule distinctement Marianne-Lalie*

— Bouge pas *le crapaud de l'Est regarde Master* Tu dis quoi Maintenant Petit con

— …

— Qu'est-ce que tu fais demain Lady ?

— …

— Réponds

— Demain, je vais à l'école

— *le crapaud tourne le visage vers Master Il se met à rire* Demain la lady en torchon va à l'école Petit con

— Elle a l'âge qu'il faut *répond Master* On a tout vérifié *Il s'approche de Marianne-Lalie* Tu as quel âge *coup d'œil sur Selim*

— Elle a 18 ans *répond Selim en regardant Marianne-Lalie*

— Enlève ton truc *commande Master Marianne-Lalie bouge pas* Enlève le torchon *Master regarde Selim*

— C'est quoi le problème *demande Selim La bête s'est assise*

— Petit con *Master se tourne en arrière vers Selim Il lève le bras*

— T'essaye même pas *dit Selim Les petits yeux noirs de Master Le mec de l'Est rigole Il bouge sa bouche en direction de Master*

— Petit con *la bête est une bête bien élevée, se dit Selim Elle bougera que sur ordres et ce sera que pour bouffer sanglant Master Selim essaye de se détendre*

C'est la merde, c'est la merde, c'est la merde, pense Selim.

— On va y aller, elle et moi *dit Selim qui tourne et qui prend la main de Marianne-Lalie Tous les deux bougent leurs corps dans un mouvement qui va vers la porte*

— Petit con

— Tu fais ce qu'on te dit de faire Ferme ta gueule *dit Master Marianne-Lalie ouvre la bouche mais aucun son ne sort Elle regarde Master, elle regarde Selim, elle regarde la bête, elle regarde le mec dans le canapé, elle regarde partout*

— …

— … *la mâchoire de l'Est ne rit plus, à la place du rire, elle sort des phrases qui attaquent en direction du Master* D'abord, tu me dis que tu as pas l'argent *soupir* Ensuite tu me dis que tu auras l'argent Ensuite, tu me dis pour février *soupir* Petit con C'est dans longtemps Février Ensuite tu me dis que c'est que la moitié de ce que tu me dois Ensuite tu me dis que cet argent, c'est un mariage *pause* Maintenant j'apprends que la petite fille va encore à l'école *le mec dans le canapé semble s'énerver un peu en parlant, ou même pas, juste la force de sa voix contraste avec sa voix d'avant Il est temps, se dit Selim Selim remonte mentalement tout son corps de l'intérieur depuis le bas, depuis les chevilles, jusque vers le haut Rien ne bouge en apparence Tout s'active secrètement à l'intérieur Ses doigts, un à un, le long de ses cuisses, s'étirent En même temps il évalue l'espace qui les sépare de la double porte* Tu sais ce qu'il te reste à faire *le mec de l'Est décolle du canapé Les deux mecs décollent aussi La bête s'est mise comme c'est d'être debout pour elle La bête baisse la tête Elle suit Le gang marche vers la double porte La bête suit Au moins, on a échappé au carnage, se dit Selim La porte se referme Tous les trois, Master, Marianne-Lalie et lui se regardent Sans la bête, la pièce paraît toute vide La porte de l'appartement claque Tous, ils entendent un gémissement C'est la voix de la bête qui a parlé un peu en partant Selim ajuste ses doigts en silence Maintenant !*

— On va pas s'énerver, *a dit Master*

qui s'était en même temps avancé jusqu'à la table pour donner un coup de pied à la loque de dessous la table qui, du coup, avait grogné, qui s'était penché pour lui donner un deuxième coup de pied plus vicieux

— Lève-toi Connard

La loque grognait, alors Selim avait pris Marianne-Lalie par la main et tous les deux s'étaient tournés en accéléré en direction de la double porte mais le mouvement avait pas été assez rapide, semble-t-il, et puis il avait aussi fallu malheureusement tourner la tête en direction de la double porte pour aller vers elle, presque immédiatement, il a entendu Marianne-Lalie qui hurlait et il a senti une main sur son épaule, a senti dans son oreille le souffle de la voix du Master

— Petit Con Petite ordure Petite merde

avec le pistolet automatique dans la main qu'il agitait sur le côté comme un bouffon Et quand Marianne-Lalie avait atteint la double porte et l'avait ouverte, elle a entendu comme des bruits de sac, des bruits de souffles, des grognements, et là, seulement, elle a tourné la tête en arrière et elle a vu que Selim était en train de frapper le mec en polo fort sur la tête, plus bas, sur le ventre, entre les jambes, coups de pied, coups de latte, le tibia déployé mécaniquement, en avant et en arrière, qui transforme Master en pâtée pour la bête partie, et elle a vu aussi que le type en polo était par terre et grognait en agitant ses bras. Selim frappait. La loque debout derrière hurlait la bouche ouverte comme un fantôme. Tout à coup, la porte violemment repoussée en arrière. Un petit gars tout petit arrive en criant avec toute une troupe de zombies très lents derrière lui et, en courant, il a essayé d'attraper Selim, surtout, il tient à la main un petit couteau de cuisine à la lame toute noire qu'il agite

— Calme-toi Mec Meeeeeerde T'es ouf Calme toi Putainnnn !

Le gars tout petit suppliait Selim en s'accrochant à sa taille comme un enfant, en appelant tout le monde, balancé en avant et en arrière comme il était, mais tout le monde restait en arrière, personne ne bougeait, et puis le gars tout petit avait eu un petit cri et il s'était écrasé par terre, comme ça, d'un seul coup. Selim s'était arrêté. Il avait ramassé le pistolet automatique Putain Lâche ça Putain. Derrière, le gars tout petit était toujours par terre. Il gémissait à côté de l'autre qui ne bougeait plus. Ensuite, avec le pistolet automatique balancé en avant, Selim et elle avaient marché jusqu'aux zombies, qui s'étaient écartés devant eux comme devant Sheitan et sa femme, et ensuite, après la porte, ils s'étaient mis à descendre les escaliers en courant comme des malades, en se tordant les chevilles tellement ils allaient vite. Elle pleurait et lui, en descendant, disait avec le pistolet dans la main devant lui

— Ferme Ta Gueule Putain Faut pas que le blédard te voie comme ça Allez Arrête Ferme ta gueule S'il te plaît Ferme ta gueule

Mais, c'était plus fort qu'elle, elle pouvait pas s'arrêter de pleurer.

XI

En bas, dans le hall, le blédard était là. Il avait commencé à grimper quatre à quatre les escaliers dans leur direction et, en les voyant arriver si vite, il avait rebroussé chemin et il avait tout redescendu devant eux pour les attendre devant la porte du hall avec toujours la lumière jaune qui tombe par terre partout sur eux tout autour. Marianne-Lalie a couru en pleurant dans ses bras. Selim arrivait derrière. Il a vu le blédard en jogging qui tenait Marianne-Lalie. Il répétait en agitant un pistolet :

— On se casse On se casse Putain

En le voyant, le blédard avait détaché Marianne-Lalie de lui, il lui avait remis son écharpe sur la tête et ensuite il s'était précipité comme un bouledogue sur Selim :

— Espèce de connard Qu'est-ce qui s'est passé Espèce de connard Tu vas voir ta mère Putain Connard

Marianne-Lalie pleurait derrière.

— C'est pas lui C'est pas lui Je te dis
— C'est qui alors ? C'est qui ?
— Laisse tomber bouff

a essayé de dire Selim mais il a pas eu le temps de terminer et là, Marianne-Lalie a vu que Mohammed foutait une énorme tarte dans la gueule de Selim et le nez de Selim s'est mis à saigner horriblement, comme une fontaine écrasée, et elle s'est mise à hurler

— Arrrrrrrête Merde Arrête Mais tu es devenu fou Arrête C'est pas lui Je te dis

Ensuite, Marianne-Lalie a vu que Mohammed décollait du sol comme un sac pour retomber contre les boîtes aux lettres et ensuite plus rien.

Selim était parti.

Il avait couru, dépassé la voiture brûlée à la vitesse d'un spiderman ivre, entre les Tours, en croisant les doigts pour ne pas être repéré en courant par les bouffons qui planquaient dans les véhicules de la BAC, qui sont jamais très loin, les bouffons, d'habitude, de la Tour où tu zones aux Orgues, mais non, chance, ce soir-là, pas de western policier en vue, sinon il était mort deux fois. Arrivé à la Tour J, il avait grimpé les escaliers comme jamais il les avait montés avant de sa vie, avec le sang qui coulait sur son visage, partout, et arrivé à son étage, il avait presque défoncé la porte à coups de poing pour qu'elle s'ouvre.

XII

Et ça s'était passé si mal en haut, dans l'appartement, c'était si triste d'y penser à nouveau, comment il avait dû dire lui au revoir si vite, et avec le sang qui coulait, quand il l'avait embrassée, quand il l'avait prise dans ses bras, si fragile, tremblante, il lui avait mis du sang dessus partout, sur ses cheveux, sur sa chemise de nuit, sur son visage aux yeux écarquillés qui le regardaient, avec le pistolet dans sa main qu'il ne lâchait pas. Elle s'était mise à pleurer tout de suite en parlant de la police évidemment et il avait fallu lui crier dessus, la terrifier pour qu'elle comprenne qu'elle ne devait pas appeler et ensuite elle s'était accrochée à lui en pleurant quand elle l'avait vu qui commençait à faire son sac, à prendre n'importe quoi comme affaires dans l'armoire pour le mettre dedans. "Mais où tu vas, Selim, en suppliant Mais qu'est-ce qui se passe, Selim Qu'est-ce qui se passe, Selim Tu vas mourir Selim", elle répétait tout le temps en pleurant. Elle l'a vu ouvrir l'armoire et prendre une boîte à chaussures tout au fond et elle avait vu tout l'argent, tout l'argent qu'il y avait à l'intérieur, il lui avait tout donné, il avait pris qu'une petite partie, fourrée dans le sac de sport. "Tu dis au revoir de ma part à la fille Drine, s'ils viennent te voir, tu ouvres pas la porte, et si demain, si c'est dans la rue qu'ils viennent te voir, tu fais comme maintenant, tu pleures, tu demandes des explications, tu racontes ce qui s'est passé, tu dis la vérité, que tu ne sais pas où je suis, tu as compris ? – Mais où tu vas mon fils, Selim Selim, Selim, Selim *elle avait coupé* Où tu vas, où tu vas *en pleurant* – Je vais te téléphoner, ne t'inquiète pas, pas tout de suite, mais je vais t'appeler, va chez les Drine, si tu peux pas rester seule." Elle le regardait avec le visage déformé par la détresse de le voir partir. “Qu’est-ce que je vais devenir Selim Ne pars pas S’il te plaît” Et quand elle avait compris qu’il ne savait pas du tout où il allait, elle avait pleuré encore plus et même elle s’était mise à gémir avec les larmes dans le sang sur le visage. “Je te promets que je vais revenir.” Et pendant qu’il faisait son sac sans cesser de lui parler pour qu’elle se calme en décrochant ses mains de lui mais elle les remettait ensuite sur lui, il y avait aussi une musique lointaine, une musique de l’avenir qui tournait dans sa tête *J’ai envie de m’étendre tout habillé sur le sol les mains croisées derrière la nuque J’ai envie de fermer les yeux et de regarder le ciel qui nage à l’intérieur de moi Je suis le nouvel homme L’homme qui dort en France L’ombre qui dort Je pense aux Orgues Je pense à tous ceux qui sont restés aux Orgues* Et la musique continuait à tourner lointainement dans sa tête comme ça, pendant qu’il faisait son sac n’importe comment et en lui donnant des ordres pour la calmer et aussi en lui disant qu’il l’aimait, que tout allait bien se passer, en lui disant encore qu’il l’aimait, et il lui promettait tout.

Et pendant ce temps-là, au 4e étage de la Tour, une autre musique, plus forte, plus proche, de plus en plus proche, qui allait de plus en plus fort, une vraie fanfare, un orchestre avec musique d’Adieu, elle, Marianne-Lalie, elle aussi, elle faisait du bruit dans la Tour, elle se cassait à une vitesse phénoménale des Orgues, s’échappait en courant des grosses pattes confondues du père Belabed légionnaire grandies en autant de Tours et de Tours et de Tours, tant pis, zéro fric, sans le fric, elle part, en faisant autant de bruit qu’une machine de course en surrégime, la main dans la main avec Mohammed le blédard qui galope en jogging de bouffon à côté d’elle dans la nuit, mais personne n’entendait, personne, sauf Selim, n’entendait le bruit de l’amour à deux têtes qui fuyait, personne n’écoutait, ou écoutait mal, car ça allait pas dans le bon sens, tout comme les balcons des Tours n’allaient pas dans le bon sens, pour créer cet époustouflant effet d’optique musical visible que depuis la 4-voies, visible que depuis les voitures qui passent en trombe sur la 4-voies, le long de la galerie commerciale défoncée. Selim dévalait les escaliers à toute vitesse, défonçait la porte du hall pour contourner la Tour, partir par l’arrière, le plus vite possible, coup d’œil à droite, à gauche, avec toujours la pauvre lumière des lampadaires caillassés des Orgues qui rebondit comme morte sur lui, sur Marianne-Lalie, sur le blédard aussi, sur les trois traits noirs aplatis par la course d'enfer en train de fuir au pied des Tours à travers les Orgues Direction C'est fini Les Orgues C'est finiiiiii

XIII

Si Selim n'avait pas tabassé le Master comme un maboul à coups de tibia recalcifié, une fois le seul véritable adversaire dégagé en paix du salon au Petit Richard, la bête survivante éduquée que pour déchirer à mort, que le goût du sang pour elle, qui aurait peut-être aimé autant apprendre à jouer avec une boule de papier froissé, avec des gosses, leur mordiller les mollets pour les faire rire, mais dommage, les jeux innocents, c'était fini pour elle, c'était fini aussi pour Selim, avant de se faire terminer, un jour, comme une merde sans âme, un pauvre loup urbain dressé à tuer, égarée dans le monde comme elle était, la tête écrabouillée par une grosse pierre, ou noyée dans une baignoire, parce que, listée en arme de catégorie XXXX, donc impossible à garder sans se faire choper par les hommes en bleu, sans doute Selim n'aurait-il jamais eu la force d'abandonner sa mère ?

Et si Marianne-Lalie s'était mariée comme il aurait fallu avec le pigeon du Master pour attraper son fric, avec son "torchon" de Lady des Orgues sur la tête, la toute petite Lady des Orgues au "torchon" vissé sans cesse sur sa tête, sur ses cheveux, sur ses tempes, sur ses oreilles, sur ses joues, chaque fois que son père, le Belabed, tournait la tête pour regarder ailleurs, Selim aurait alors continué tranquillement à grimper dans la pyramide des Orgues, à coup de *eush-eush* de la thaï, et il serait devenu Master à la place du Master ? Et alors il aurait pris un dog lui aussi pour terrifier le monde ? Et Petit Richard aurait continué de cuisiner des nouilles dans sa cuisine en le respectant et en le haïssant à la fois ? Et les papiers, avec la vie sérieuse, la vie légale, seraient arrivés autrement ? Ou rien du tout ne serait jamais arrivé ?

Et ainsi, la légalité n'était pas toute là, encore, dans sa vie, mais maintenant qu'il cheminait sûrement hors des Orgues vers elle dans son Rep, sous les couleurs militaires de la France, en apprentissage de la guerre, pas mal de choses avaient changé. Surtout il avait respecté sa promesse à sa mère et il s'était inscrit en CAPA de Droit avec un projet d'études. Parce que l'intérêt d'entrer dans la Légion, alors qu'en raison des dortoirs collectifs, des stages d'aguerrissement très durs, des montagnes de sévices et de brimades qui font le quotidien de tous ces encasernés, les conditions y sont très très peu réunies pour recommencer les études, c'est que, c'est avéré, presque 100 % des recrutés de la Légion qui déposent un dossier de demande de naturalisation rencontrent le succès. Pour devenir régulier, la Légion, c'est plus rapide que tout le reste. Et, si de surcroît, on se distingue au combat, comme ce fut le cas pour le légionnaire Belabed, en son temps – très bons états de service, Belabed –, la nationalité française vous est conférée encore plus instantanément, par décret, sur proposition du ministre de la Défense cf. Art. 21-19-4°, Code civil Et tout ça, ça avait compté pour le futur Patrouilleur timide en fuite de la forêt obscure des Orgues, en plus d'échapper au Master dont il avait défoncé avec tant d'application et aussi avec tant de rage la gueule *et* les couilles (et concernant ces dernières, les couilles défoncées du Master à coups de tibia recalcifié plus dur que la mort, il avait espéré en la gratitude du Petit Richard à ce sujet pour l'excuser de l'avoir foutu par terre lui aussi dans la mêlée en même temps que Master, rien de personnel, c'était dans l'élan et la rage de la bataille, et depuis, il avait appris, dans son Rep, qu'en dépit de l'élan et de la rage, dans une bataille, faut quand même réfléchir, faut quand même faire le tri entre qui tu troues et qui tu troues pas, sinon ça va pas pour les chefs, les chefs sont pas contents).

Non, tout ne s'était donc pas si mal terminé pour lui, d'autant plus que Master, increvable, quoique super tabassé, avait pris en vitesse le large dans le western de la ville, hors des Orgues, l'étape normale après le bisness en pyramide des Orgues, comme les frères Belabed : l'élargissement. Peut-être qu'il allait en rester un peu marqué sur la peau, Master, de cette rouste qu'il avait prise dans le salon du Petit Richard, car le futur Patrouilleur timide avait tapé fort, assez pour que tout se tasse bien par terre, tout son passé misérable de bouffon guetteur caniche du Master. Dressé au mordant pendant toutes ces années, le caniche avait fini par mordre bien. Selim éprouvait donc toujours aujourd'hui le sentiment agréable d'avoir bien travaillé toutes ces années à la salle de sport, ça avait payé avec Master, ça avait payé avec le recrutement, oui, toutes ces heures passées à taper dans des polochons remplis de sable sous les ordres d'un copain de Rachid, le mec du local social, qui racontait autre chose que Rachid à l'époque, mais des choses qui étaient utiles aussi, qui lui avaient été utiles du moins, ça avait payé. Et s'il fallait rester prudent encore, attendre et attendre encore, comme dans les films, que tout se tasse fort encore en souterrain dans le vrai passé provincial des Orgues, l'horizon était quand même un peu moins noir pour lui. Pas pour pour le père Belabed. Pour le père Belabed, ça restait compliqué. Pour les filles Drine aussi, pour tous les Drine, ça restait compliqué. C'est pas les *eush-eush* de la thaï qui allaient les aider, tous, eux, ça, c'est sûr, ils avaient besoin d'autres armes mais lesquelles ? se demandait le Patrouilleur timide en mission Vigie dans le Nord, Région Nord. D'autant plus que Rachid avait disparu, il paraît. Aussi, c'est sa mère et les Drine qui manquaient à Selim. Pas le Petit Richard. Pas le Master.

XIV

La Tour de Belabed, qui était aussi celle des Drine et de la mère à Selim, était restée en place après la disparition des trois traits noirs sur la dalle. Naturellement et, en apparence, très tranquillement, elle avait continué de faire sa vie à l'intérieur du vaste ensemble de dix Tours octogonales qui avait été reconnu en son temps comme une très belle réussite architecturale française.

La Tour de Belabed avait bien vécu depuis le temps de sa construction, mais ses pentes, asymétriques à partir du 5e étage, donnaient toujours l'impression de tuyaux d'orgues géants biseautés, d'où le nom judicieusement choisi pour l'ensemble : “Les Orgues”. La Tour de Belabed restait aussi, comme à l'origine, équipée de balcons immenses qui servaient de débarras aux familles, qui, étonnamment, n'avaient jamais envie de se suspendre en plein cagnard au-dessus du vide pour déjeuner ou pour jouer aux cartes, mais qui manquaient toujours cruellement de place pour habiter à l'intérieur.

Et sur le balcon du logement Belabed, on continuait donc tranquillement, depuis la dalle, comme si de rien n'était, comme si rien n'était arrivé, de n'apercevoir plus rien depuis très longtemps, comme si Marianne-Lalie était toujours là. Ni tricycles cassés. Ni armoires en plastique, rien. Balcon vide. Famille partie.

Et dans cette Tour éternelle des Orgues, et parfois aussi au pied des Tours, quoiqu'avec le temps qui passait et l'absence de nouvelles, de moins en moins, Belabed continuait aussi d'exister. Indéniablement, il continuait d'exister. Il était là.

Pendant la journée, il partait faire des courses dans le périmètre autour des Orgues pour ne pas rester toute la journée dans l'appartement et aussi, parce qu'après une vie d'intense activité physique, il devait marcher, marcher tous les jours à grands pas dans la ville, en dépit de son âge, quoi qu'il arrive, sinon il se sentait ensuite comme un chien de chasse en appartement accroché à une laisse qui tourne sur lui-même jusqu'à s'étrangler, alors il saisissait des prétextes, n'importe quel prétexte, il enfilait une sorte de gabardine beige, la même toute l'année, et il descendait, par les escaliers, toujours, et partait dans des courses à pied interminables dans la ville avec de faux buts, et ensuite il remontait, toujours à pied aussi, pour redescendre plus tard encore les étages par les escaliers et ensuite remonter. Il continuait ainsi d'exister : en montant et en descendant, jusqu'au soir.

Dans ses courses dans la ville, au-delà du périmètre des Orgues où il n'y avait rien, ni magasin ni administration, il racontait volontiers à n'importe qui n'importe où son recrutement d'antan au Bureau de la Légion situé rue des Catalans, à Marseille. Oui, Belabed parlait volontiers aux passants qui passent, même ceux qui n'ont pas envie de perdre du temps à écouter un débris branlant de la Légion un peu sourd comme lui qui crève d'abandon. Parler pour parler. Sans peur de rien. Des rebuffades. S'accommodant de toutes les rebuffades. Il faut avoir eu dans le cercle de ses connaissances, dans sa famille, un vieux malheureux qui vit tout seul pour arriver à comprendre la détresse de ce type d'ancêtres prêts à tout pour pouvoir échanger avec des voix humaines véritables, pas télévisées, pas radiodiffusées, de vraies voix de vrais gens qui s'adressent à votre vrai corps. De fait, depuis qu'il s'était mis à arpenter le territoire tout autour des Orgues pour faire passer la journée jusqu'au soir en bête esseulée qu'il était devenu, Belabed s'était aussi mis à parler à tout le monde, sauf avec ses voisins de la Tour J. Il parlait de son recrutement d'antan, mais aussi il dispensait des opinions à tous les vents, toutes sortes d'opinions, il parlait de tout, enfin, de presque tout.

XV

L'année de son recrutement, Belabed avait tout juste eu 17 ans, il n'avait encore ni femme ni enfants, était loin d'habiter les Orgues et les Tours étaient d'ailleurs suspendues encore pour un bon bout de temps dans les airs de l'immatérialité, cad croupissant dans les limbes des cerveaux de ces architectes qui allaient les concevoir et qui, à l'âge qu'avait Belabed au moment de se faire recruter, devaient encore jouer à faire des conneries d'adolescents dans des lieux qui devaient pas du tout ressembler aux Orgues. Ce jour-là, en grande difficulté morale et matérielle, Belabed avait erré en titubant dans les rues écrasées de chaleur jusqu'au Vieux Port, puis, malade, trop malade pour se jeter à l'eau, souffrant de vertiges, il avait rebroussé chemin et avait fini par s'écrouler devant la porte du bureau des recruteurs de la Légion étrangère qui stagnait là depuis longtemps. Tout de suite, sans perdre de temps, les recruteurs avaient demandé à Belabed d'adopter un pseudo à consonance européenne. Pour se débarrasser de tout ce passé, néfaste, le sien, manifestement, puisqu'il était là, affalé par terre, vautré comme une vieille serpillière dégueulasse à leurs pieds. Pour se fondre aussi dans l'Armée de France. Tout ça – couper avec sa patrie "de couleur", devenir une autre personne – ça se jouait au moment de la souscription du contrat de 10 ans pour servir à titre d'étranger dans la Légion. Ce n'était pas rien. Il fallait signer. Et sous un autre nom. En finir avec Khaled Belabed. Belabed, en complète perdition, avait signé. Il avait donc jeté "Khaled Belabed" dans les chiottes de l'histoire et il était devenu "Edgar Gloucester" cf. Art. D32221-11, Code de la Défense.

En acceptant de devenir Gloucester, Belabed n'avait pas seulement abdiqué de son patronyme de bougnoule, il avait aussi perdu l'usage concret de son identité légale. À la place, on lui avait filé une carte d'identité militaire de couleur verte dotée de très peu de puissance. Concrètement, Belabed *alias* Gloucester, légionnaire, n'avait plus le droit d'ouvrir une ligne téléphonique, de prendre une assurance auto, d'ouvrir un compte en banque, de se marier, de prendre un logement, de déclarer un enfant à la mairie, de prendre une chambre en ville, d'acheter une voiture, de se pacser, pas le droit de bénéficier d'une correspondance privée. Donc, légalement, Gloucester était devenu illégal. Ce n'est pas qu'il avait perdu des droits, non, c'est que désormais, c'était légal qu'il soit illégal. Quand il serait rectifié seulement – rectifier = retrouver son identité d'origine –, et il serait rectifié qu'en prouvant à ses chefs qu'il était un bon légionnaire, il aurait le droit de devenir un vrai citoyen, un vrai légal – légal = avec un titre de séjour –, habiter dans un logement des Orgues, et même, il aurait le droit de demander sa naturalisation. Edgar Gloucester ne jouissait donc au début de sa carrière légionnaire que d'un pauvre état civil au rabais destiné à piéger l'illégal éperdu.

Mais non ! Jamais, en réalité, l'armoire à glace en ruine qu'est devenue Khaled Belabed, quand il a été placé en retraite de la Légion ainsi qu'en retraite de post-carrière militaire à la SNCF, n'a raconté une histoire pareille dans la rue aux âmes compatissantes qui interrompaient leur course pour l'écouter. D'abord parce que, dans son temps, ça se passait autrement – Belabed a 84 ans – et aussi parce que Belabed *alias* Gloucester a été un petit légionnaire modèle qui n'a jamais critiqué la maison et c'est pourquoi il a obtenu facilement son logement 1 % militaire au 4ᵉ étage de la Tour J des Orgues, trois étages au-dessous du logement du Patrouilleur timide et de sa mère qui arrivent beaucoup plus tard dans l'histoire, quand ce n'est plus "loin s'en faut" un privilège d'habiter là mais une épouvantable expérience de mise au rebut sociale.

Belabed n'a jamais fugué. Belabed a fait zéro jour de prison. Non-buveur. Non-fumeur. N'a jamais pris la moitié d'un SCUD dans le caisson et il s'en félicite. Parce que, quand tu t'engages, tout ce que t'on te donne te convient, du treillis aux rangers, y compris le nom d'emprunt dont tu écopes, et si tu as un problème avec ça, va chez les schlabords, parce que si tu commences à réfléchir, en fait, tu commences à désobéir ! Et aussi : il y a la frontière de l'impertinence et de l'insolence qu'il faut savoir ne pas franchir, même si c'est pas simple. Belabed *alias* Gloucester n'a jamais eu l'esprit séditieux. N'a jamais écrit la Déclaration des droits de l'homme sur un mur. Fier de tout temps de ne pas être un des "petits marquis de la régulière". Parce que la sueur épargne le sang, voilà tout.

Aussi Belabed *alias* Gloucester avait-il chopé sans problème son certificat de conduite requis pour être "rectifié", comme on dit dans la Légion, et redevenir "Belabed", mais en légal cette fois, et aussi pour avoir le droit de se percher archi-légalement au 4e étage de la Tour J, contrairement au Patrouilleur timide et sa mère, qui étaient arrivés beaucoup plus tard en sous-location discrète, très discrète, au 7e étage. Dans la Tour J, il s'était perché avec Madame Belabed et avec tous les gosses de Belabed et de Madame Belabed, la fille Belabed et les fils Belabed, eux qui allaient détruire ces dix Tours octogonales des Orgues, extérieur et intérieur, une à une, avec beaucoup d'esprit pratique et à coups de trafic sur fond de chômage hurlant pendant des années. Et pourtant, elles avaient été vraiment construites sur le modèle harmonique d'un orgue géant et elles avaient été vraiment unanimement saluées à leur sortie de terre le long du chantier perpétuel au bord de la 4-voies par la communauté des architectes de ce beau pays qu'est la France.

Khaled Belabed, aspirant-légionnaire, avait dégotté en son temps son pseudo d'identité déclarée dans un livre qui avait été fourré avec d'autres dans un vieux carton de munitions installé à cet effet. Avec solennité, et aussi un peu d'inquiétude, Khaled Belabed avait puisé son nouveau nom au hasard dans ce livre, comme il aurait puisé un nouvel être sorti, non des eaux, d'une gorge oraculaire, ou d'un sexe de femme, mais d'un vieux carton. Plus tard, à la fin de son contrat, Belabed s'était ensuite réengagé aussi sec avec, cette fois, le désir de s'affirmer au monde comme un être blanchi, un être blanchi profondément, intérieurement, parce que, sinon, s'appeler "Gloucester" plutôt que

“Belabed”, à quoi bon ? Parce que ce que Belabed aimait à la Légion, c’était que les Français qui s’engagent prennent aussi des pseudos et que tous, ils deviennent des étrangers à eux-mêmes, pour ensuite se reblanchir intérieurement, profondément, les entrailles.

— Qu’en pensez-vous, Monsieur ? *demandait-il alors assez durement au passant qui avait eu, ce jour-là, la bonté, ou plutôt la connerie, de s’arrêter pour l’écouter*

Là, souvent, au moment du passage à la question, il disparaissait en vitesse, le passant. Il fuyait. Il changeait de wagon. Il descendait du bus. Il fuyait du square. Il s’échappait plutôt que risquer de prendre une beigne dans la tronche par cette armoire à glace vieillie mais encore effrayante, cette créature de Frankenstein moderne qui se mettait tout soudain à éructer sur la nécessité de penser la France autrement, depuis l’étranger mais aussi depuis l’amour de la France éprouvée par l’étranger.

— Depuis quand vous n’avez pas vu un soutier, un vendeur de journaux, un cordonnier, bref un mec normal dans une échoppe ou dans la rue qui travaille et qui ne soit pas métèque Hein ?

Cette pensée, paradoxale, subtile, fine, était qui plus est à comprendre rapide, presto, comme ça, dans la rue, aussi fuyait-il fissa, le passant, plutôt que d’avoir le courage de balancer ses quatre vérités à destination de l’armoire en ruine qui se tenait en face de lui, sur la question des métèques en France, et, souvent, elles étaient assez simples, les quatre vérités du passant, il faut bien le reconnaître. C’était des vérités d’époque. Ces conversations quasi journalières initiées par cette créature de Frankenstein-Belabed et qui avaient commencé peu après la disparition de Marianne-Lalie pouvaient se mener vraiment partout, dans le bus, dans un magasin, dans un square, dans un bar, toujours à proximité fréquentable des Orgues.

À 84 piges, Belabed avait encore une très bonne vue et cette très bonne vue lui avait toujours permis de lire à l’œil nu le maigre courrier reçu dans sa boîte aux lettres. Entre autres, avant la disparition de Marianne-Lalie, c'était une lettre du ministère des Armées qui était arrivée. Vieux, branlant, fragile, Belabed avait réfléchi debout dans le hall de sa Tour J à ce que ce courrier signifiait pour lui. C'était ce courrier avec la photocopie du JO qui avait été ensuite affiché dans le hall en face du local poubelles par la fille de la voisine du 3e, une des filles Drine, celle qu'on appelait Grands Yeux, qui avait toujours eu pitié du monstre Belabed, et qui avait été la meilleure amie de sa fille, sa fille unique, Marianne-Lalie Belabed, jusqu'à ce qu'elle disparaisse de la dalle.

C'était pas tous les jours qu'on entend parler d'un avis de rosette dans un logement à vocation sociale qui, en plus, allait susciter la vocation militaire d'un futur Patrouilleur timide qui, sur le souhait de sa mère chérie, descendait ce soir-là du 7e étage de la Tour pour se débarrasser des poubelles de leur petit ménage. Le jeune garçon, presque innocent qu'il était encore à cette époque-là, c'était il y a deux ans, avait jailli du local poubelles encore suffoqué par les odeurs décomprimées d'ordures passant par le conduit, quand son regard avait été magnétiquement attiré par les deux feuilles blanches affichées dans l'escalier. Les deux feuilles tranchaient avec le reste. Deux feuilles estampillées de *The* logo officiel de la République Française, écrites avec une police élégante sur du papier crème, et tutti, et scotchées au mur.

— Que me chaut la rosette, ou l'équivalent, une étoile à cinq rayons doubles avec, en son centre, l'effigie de Napoléon, et aussi l'aigle français qui tient la foudre, et cette légende, belle, "Honneur et patrie…" si cette décoration n'a pas le pouvoir de faire de moi un véritable Blanchi d'honneur et de l'intérieur ? *s'était interrogé l'adjudant-chef Belabed alias Gloucester en lisant la lettre du ministère des Armées adossé au mur de boîtes aux lettres*

Car Belabed possédait déjà une croix de la Légion d'honneur. Une croix d'occasion qui avait appartenu autrefois à un grognard de la République, il y a très longtemps. Un héros véritable. Toutes les campagnes. Des défaites. Pas mal de défaites. Waterloo, et avant, Borodino, Krasny, Vilna et Leipzig. Une croix qu'il avait découverte en fouillant dans un bac de vrac aux puces de Narbonne. Belabed la portait parfois en douce chez lui tout seul quand il était assuré de recevoir personne. Recevoir qui ? Belabed crève de solitude. Depuis que Madame Belabed n'est plus, un à un, ses fils avaient migré hors les Orgues. Sa fille, elle, avait disparu.

La cérémonie de la remise de la Légion d'honneur, c'était avant tout l'occasion de les revoir tous les huit, avait pourtant expliqué, un brin fiérot, un brin cabotin, Belabed à ses amis du restaurant Myosotis. En compagnie de ses amis, Belabed dînait en effet tous les soirs dans cette cantine pour vieux. Tous les soirs, l'aboutissement de ses courses solitaires, c'était ce restaurant Myosotis mis en place par la Mairie pour les vieux. Belabed dînait. Il louait Napoléon à la fureur. Et ensuite, il rentrait se coucher pour lire un ouvrage sur l'époque de Napoléon, n'importe quoi, à la lumière d'une vieille lampe pour enfants récupérée elle aussi dans un vieux carton, une vieillerie qui datait du temps où les Belabed étaient tous, tous les soirs 10 bouches à table : 8 enfants, 7 garçons, 1 fille, 2 adultes.

Au Myosotis, Belabed prenait que l'assiette de fromages. Zéro plat chaud. Zéro dessert. Belabed était pauvre, vieux, et seul. Pour toute distraction, il ne ratait pas une seule des soirées qui étaient organisées au Myosotis par Céline, une des animatrices du Centre social. Le Centre social était situé loin des Orgues, pas comme le local de Rachid qui était, lui, planté tout en bas des Tours (Belabed n'y entrait jamais) mais de là-bas, du Centre social, ils envoyaient régulièrement Céline pour faire des animations pour eux, les vieux du Myosotis. Les soirées préférées de Belabed étaient les soirées électorales au cours desquelles il haranguait avec force et rage le petit écran.

XVI

Deux années, presque, avaient passé. Deux années difficiles pour Belabed. Les courses solitaires, mais aussi les dîners dans la cantine pour vieux au Myosotis, les soirées politiques devant le petit écran, tout cela ne nourrissait pas assez un homme comme Belabed, qui avait travaillé longtemps dans l'accompagnement militaire de diverses contre-insurrections en Afrique, et aussi en Afghanistan, mais là, plutôt du côté de la résistance aux Russes : chaque fois que les intérêts français étaient susceptibles de se renforcer au moyen d'un appui donné à diverses factions armées. La question de la légalité ne se posait jamais à leurs propos, puisque, dans ce domaine, tout était matière de temps, temps qui passe, temps qui coule, batailles remportées ou perdues, et un mouvement de contre-insurrection qui finissait par une élection pouvait tout à fait, et même rapidement, être susceptible de consécration internationale, graal de la super-légalité en matière constitutionnelle et diplomatique.

En matière de contre-insurrection, l'Armée de France apporte tout son savoir, sa technologie, ses hommes, tout un ensemble de services, qui implique pas mal d'infanterie à tous les niveaux de grade puisque les coups de feu autant que la formation à tous types d'armes nécessitent qu'on envoie aussi des morceaux de Rep de la Légion étrangère. Ces hommes, ces légionnaires, partent longtemps, s'implantent, invisibles, dans un paysage jusqu'à en apprendre les plus infimes plis, toutes les possibilités de traîtrises, les remparts naturels, les possibilités de camouflage, tout cela en dehors de toute infrastructure étatique providentielle, ce qui forme durement les hommes et surtout oblige dans le même temps leurs femmes, seules, entièrement seules, à s'occuper en ex-métropole de tous les enfants, et c'est pourquoi, peut-être, les fils Belabed étaient partis si tôt, si vite, sauvagement, dans le Far West des Orgues.

Enfin, après ces deux années écoulées à la manière d'un mince filet de sang qui fuit, hémorragique, d'une plaie gluante et invisible, Belabed avait fini par recevoir des nouvelles indirectes de sa fille par le biais de Grands Yeux, la fille Drine de l'étage d'en dessous, et ces nouvelles, de son point de vue, n'étaient pas bonnes. Outre qu'elles consolidaient tragiquement l'intuition de Belabed sur le retour impossible de Marianne-Lalie au bercail des Orgues, elles le prenaient gravement à revers sur sa défense jusqu'au-boutiste de l'intégration républicaine à la française. Il avait en effet appris que Marianne-Lalie, à peine majeure, avait déposé une demande de changement de nom auprès du Conseil d'État. Car Marianne-Lalie avait décidé de vivre en France sans plus jamais répondre au nom de BELABED qui était son nom à lui, Belabed, qui était son père à elle, Marianne-Lalie. Comme si c'était devenu une obscénité pour elle de s'appeler BELABED au même titre que Lafesse, Bordel, Crétin ou Bite, ou il ne savait quoi imaginer d'autre, Belabed, en même temps qu'en se l'imaginant son visage se crispait horriblement, se retournait presque sur lui-même si c'est possible, un visage qui se retourne et montre à vif dehors sa chair sanglante, chaque fois qu'il y pensait, plusieurs fois par jour. Quoi imaginer d'autre de plus atrocement insultant, humiliant et insultant, de plus ignoble que tous ces noms obscènes ? Le nom de sa mère. Le nom de son père. Adjudant-chef Belabed, Légion étrangère, Armée de France. Et désormais, depuis cette nouvelle, c'était cette face ravagée que portait Belabed dans les Orgues à toute heure du jour et de la nuit et même au plus profond du noir de la nuit, quand tout le monde dort et arrive à trouver quand même en dépit de tout un semblant de paix dans le sommeil.

Belabed avait été comme frappé de stupeur en apprenant la nouvelle, incapable comme il était de comprendre comment tous les Belabed, les enfants et lui (sans parler de sa femme morte, Madame Belabed), ils en étaient arrivés là : 7 fils devenus 7 crevures des Orgues et une 1 fille qui refusait désormais de porter son nom. “Le drame de ma vie, ce n’est pas ma solitude, c’est que mes enfants me haïssent.”

Au-dessus des Orgues, les oiseaux tournoyaient entre les Tours dont les toits ont la forme de carrés tout plats et, souvent, désœuvré, fatigué, avec la face rouge vif de son visage au sang retourné en lui, Belabed, à l’exemple de tous les autres perchés dans les Tours qui, comme lui, n’avaient plus de raison sociale suffisante pour s’en extraire, un travail, des amis, de la famille, des occupations en dehors des Orgues, se mettait à la fenêtre et regardait dehors le monde vide des Orgues, un monde vide qui s’était tout de même depuis 6 mois rempli soudainement d’un énorme chantier de rénovation urbaine de la cité qui avait transformé les grues du chantier perpétuel de la 4-voies en une forêt énorme d’infrastructures métalliques grimpées le long des Tours, une à une, et aussi, ces forêts de fer et de pylônes s’étaient crevées d’énormes tranchées creusées profondes, profondes, qui avaient explosé la surface lisse de la dalle avec des bruits monstrueux qui commençaient pile à 8 h, des machines d’extraction, jaune et blanc, presque aussi hautes que les grues d’antan, jaune et noir, un chantier qui allait durer des années pour rendre à nouveau habitables les Tours et il ne fallait pas se plaindre, car tout le monde dans les Tours avait appris qu’ils avaient frisé tous l’expulsion, car c’était soit la rénovation en profondeur, soit la destruction, si Belabed avait bien compris, et donc le monde des Orgues s’était transformé, de paysage pauvre et fracassé en paysage encore plus pauvre et fracassé, si ça pouvait exister.

Tous les vieux comme Belabed se lamentaient au Myosotis à l’idée de terminer leur existence dans les poussières et les bruits de ce chantier énorme prévu pour durer de longues années, d’autant plus qu’une politique de revalorisation des logements (= des loyers) se profilait aussi, car, les messieurs l’avaient expliqué (au Centre social devant tous les vieux), ce n’est pas tout à fait juste qu’une fois tous les enfants partis, ils conservent tous leurs F3, F4, parfois F5, seulement pour eux tout seuls, avec un aussi petit loyer, mais ce bouleversement des Orgues, Belabed ne s’en préoccupait pas *Belabed regarde le ciel par la fenêtre de son 4e étage*

Marianne-Lalie avait sûrement dû argumenter sec auprès du ministère de la Justice pour les convaincre de l’autoriser à abandonner son nom de famille, celui qu'elle avait reçu quand elle était venue au monde, Marianne-Lalie n'avait pas crié en venant au monde, avait dit la sage-femme, Marianne-Lalie *avait chanté*, ce petit miracle après les 7 fils, qui l'avait tant ému, Belabed, quand il l'avait découverte dans son berceau transparent monté sur roulettes de la Maternité, si petite, si douce, si rose, l'espoir de sa vieille vie. Cette fois, il ferait tout, tout, comme il faudrait, il ne se tromperait pas comme avec les fils, il donnerait tout pour elle, par amour. Marianne-Lalie. Le soleil de sa vie. Et il avait pris sa retraite de la Légion. Il avait réchappé de tout, pas le cas de tous les autres, dont les corps pour certains devaient continuer de pourrir là où ils étaient tombés à l'autre bout du globe. Belabed allait désormais mettre à profit cette vieille existence qui avait tenu le coup jusqu'à ce jour-là, coûte que coûte, à travers embuscades, coups de feu, coups fourrés, prises d'assaut, morsures de bêtes, amibes. Pour elle, Marianne-Lalie.

Au Myosotis, quand il racontait aux vieux et à Céline, Belabed se souvenait très souvent, volontiers, des véritables caïmans vivants et frétillants qu'ils avaient pu rencontrer dans sa vie de légionnaire en mission. De vraies sales bêtes monstrueuses à exterminer, paraît-il, croyez-le, qui n'ont même pas besoin de mordre jusqu'à l'os pour faire crever leur victime. Une seule et minuscule estafilade provoquée par un de ces crocodiliens malfaisants plus rapides que l'éclair d'une kalach, et c'est l'empoisonnement assuré en raison du paquet de vermines grouillantes qui végètent et prospèrent de tout temps dans leur longue et large gueule. À table, la mâchoire ouverte pleine de pain, les vieux du Myosotis frémissaient d'horreur. Céline, elle, s'imaginait progresser à mi-corps, de nuit, dans l'eau stagnante, sans torche, poitrine nue, barbouillée de peinture jungle comme Belabed autrefois, qui savait à merveille évoquer pour elle seule la texture gluante de l'eau noire qui glisse le long des herbes, s'immisce dans les interstices, tous, des corps légionnaires terrifiés, surtout quand c'était la première fois pour eux, les pauvres, des gars tout jeunes, qui n'avaient parfois jamais vu de leurs yeux vu même une mare, ou alors en photo.

Belabed avait abandonné les caïmans noirs sans regret et il était entré à la SNCF. Pour elle, Marianne-Lalie. La SNCF, parlons-en. Sous l'apparence d'un service public tout ce qu'il y a de plus respectable, une épouvantable jungle humide aussi, une autre, infestée cette fois de myriades de fainéants râlant et pestant toute la journée en uniforme ridicule de majorettes. Quand Belabed se mettait à raconter la SNCF, peut-être bien aussi féroce selon lui qu'un wagon entier de caïmans noirs en quête d'un pécari égaré à gober, une férocité d'un autre type, une férocité lente et sournoise, avide de gains et de faux progrès technologiques qui emmerdent tout le monde, les voyageurs, et les contrôleurs, vraiment tout le monde, Céline détournait la tête. Les autres vieux, eux, tenaient bon. Ils écoutaient. Ça faisait des années qu'ils avaient pas pris le train et ils le prendraient jamais plus. Eux, ils voulaient bien savoir ce qu'était devenue la SNCF depuis la disparition des trains supplémentaires à compartiments décorés de photos noir et blanc représentant de beaux petits bleds bien français bien coquets, et, dans ces bleds, la question de l'existence d'un ensemble architectural comme les Orgues ne s'était, à l'évidence, jamais posée sérieusement. La SCNF, c'est vrai, c'est moins romanesque qu'un caïman en chasse ou qu'un caïman en rut dans la nuit noire et angoissante de la jungle épaisse, tout de même, Céline pensait que Belabed était bien injuste envers ce service public français, fatigué, certes, mais toujours debout, si on compare avec les trains outre-Manche, du côté de Perfide Albion, surtout, et c'est ça qui était le plus gênant pour Céline, à maints égards, les éructations de Belabed contre la SNCF respiraient fort l'Antihunisme, heureusement, quand on abordait au Myosotis le sujet de cette formation politique en plein essor, Belabed éructait contre eux avec pas moins de violence que contre la SNCF.

En entrant à la SNCF, Belabed avait pareillement laissé tomber derrière lui, comme de vieilles cartes postales fatiguées, les rocailles de l'Afghanistan, les déserts subsahariens, et aussi une sorte de forêt extraordinaire au nom impossible, dans les profondeurs de laquelle il avait servi en force d'appui, services de déminage, à un leader très charismatique qui s'était malheureusement fait écrabouiller la gueule très vite, avait terminé jugé par le TPI pour crimes de guerre, alors qu'il avait été si prometteur, celui-là, il aurait été tellement utile pour se débarrasser de la clique en place qui était devenue trop gourmande aux yeux de l'État français, tant pis, surtout qu'avant de se faire écrabouiller, le leader charismatique avait vainement tenté de passer pour préoccupé de démocratie en s'appuyant sur le carnet d'adresses d'un intrigant-intermédiaire qui se disait aussi ancien journaliste, barbouze sur les bords, lui aussi, mais barbouze plumitif, barbouze immatériel, du type de ceux qui se recyclent en fin de vie en écrivant pour un paquet de fric de fausses autobiographies au service de personnes peu recommandables. Sous les arbres immenses et sombres, tout le monde l'appelait Joseph, ce type aux bras longs, prénom passe-partout, facile à retenir, sympathique, de la Bible, qui dissimulait peut-être l'identité d'un écrivain-aventurier véritable ? Mais lequel ? La comédie démocratique ne disait rien qui vaille à Belabed, même aujourd'hui, même en France, et justement, pour les mœurs et les hommes d'aujourd'hui, il pensait que ce type de leader charismatique et entreprenant était trop souple, trop leste, trop désirant, pas assez de peur et de prudence en eux selon les standards de la légalité internationale, malheureusement, dans le même temps, pas assez équipé non plus en hommes et en matériel. Tous ces leaders qui tentaient de tracer leur voie jusqu'au pouvoir dans toutes ces forêts aux noms impossibles, il leur manquait les *moyens* qui auraient été en mesure de faire s'épanouir en vrai paysage panoramique tout ce flot tumultueux d'énergie qui bouillonnait violent en eux. Pas comme Napoléon, qui avait à sa disposition, en son temps, en plus de l'intégralité du trésor d'une nation conduisant sans honte à travers l'Europe une immense guerre de rapines, une population entière de jeunes mâles en pleine croissance démographique, prête héroïquement à se faire saigner pour lui jusqu'au bout de leur vie, jusqu'au bout de la Bérézina. Belabed savait tout sur Napoléon. Derrière lui, Belabed avait donc laissé tous les espoirs de la lutte militaire, insurrectionnelle, contre-insurrectionnelle, au moyen desquels il avait conquis son grade d'adjudant-chef : avec la rosette. Pour elle. Il avait laissé tout cela pour elle, elle, Marianne-Lalie.

"J'ai passé toute ma vie à trimer en direction d'un sens qui me semblait juste" *c'est le point de vue de Belabed qui regarde par la fenêtre* Et pourtant Marianne-Lalie avait dit à la fille Drine qu'elle savait exactement quels arguments mettre dans sa lettre pour choper un nouveau nom de famille. "Au terme de ma demande de francisation, je souhaite donc m'appeler Marianne-Lalie XXXX" cf. Cerfa n° 65-0054.

"Cette demande de changement de nom, c'est ce qui s'appelle une arme de destruction massive." Exactement ce qu'on n'a pas refilé au leader vaincu et jugé par le TPI, parce que "fallait pas pousser mémé dans les orties", comme aurait dit Mon Colonel. C'est vrai qu'on donne des conseils stratégiques, et aussi des armes, mais des armes qui sont normales, des armes souvent obsolètes, à la régulière, de la sorte qu'on peut neutraliser en face si, par hasard, elles se retournent contre vous. Rien de vicieux et de massif comme ce qui vient de m'arriver là, au soir de ma vie, depuis, elle, Marianne-Lalie, depuis elle, ma fille aimée que je vais jamais revoir, comment est-ce possible ? *les oiseaux tournoient tranquillement dans le ciel en accord avec le désespoir de Belabed* Alors j'en suis là, pense Belabed devant sa fenêtre. Presque 40 années de carrière militaire et je n'ai pas su parer ce dernier coup. Et comment ils vont franciser le nom de famille Belabed ? Parce qu'il paraît qu'ils gardent dans le nouveau nom des traces du nom répudié. Au Myosotis, on m'a dit que ça pouvait donner BELIN ou BOILAIN *crispation violente du visage de Belabed*

Cette nouvelle, Belabed l'avait apprise dans l'escalier dans la Tour J, alors qu'il descendait les étages en direction du local poubelles. Il les descendait avec une grande lenteur, ces étages, parce qu'il était devenu vieux, maintenant. Même aller au local pour voir Rachid, ça lui prenait un temps fou. Traverser la dalle pour atteindre ce pauvre local en ruine, c'était difficile. L'ascenseur était en panne *soupir* Il s'était retrouvé face à cette jeune fille qui habite au 3e. Grands Yeux, on l'appelle dans la Tour. Elle était désolée de lui apprendre toute cette histoire de changement de nom autour de Marianne-Lalie. Il le voyait qu'elle était désolée à son regard légèrement humide, à ses grands yeux ouverts sur le monde qui composaient son regard légèrement humide. En l'écoutant, Belabed avait senti qu'elle désapprouvait sa fille unique, sa Lalie, qui était autrefois sa meilleure amie avant sa fuite hors des Orgues.

Aussi, depuis la nouvelle, avec le visage tout sanglant, Belabed guettait. Il guettait dans le JO cette demande en changement de nom de son unique fille. C'était comme la publication des bans d'un mariage avec la République. On regarde avant, au-dessus, en dessous, pour voir si la personne est pas déjà mariée ailleurs, on ne sait pas où. Il la guettait, cette demande, et à la fenêtre, aussi, il la guettait. Pour s'y opposer de toutes ses forces. "Je lutterai jusqu'au bout." Et Belabed avait décidé d'écrire au ministère pour lui donner sa version des faits. Ça sera parole contre parole. Parce qu'il avait rien fait, rien, il avait seulement tout donné pour que Marianne-Lalie fasse de bonnes études *Belabed regarde tout autour depuis sa fenêtre les grands insectes aux bâches en plastique repliées qui ont commencé à recouvrir, une à une, les Tours des Orgues*

XVII

Avec les fils *soupir* Avec les fils *re-soupir* la vie de famille avait été une catastrophe *Belabed regarde le ciel* Tremblements de terre. Inondations. Incendies. Famines. Invasion. Révoltes. Insurrections. Contre-insurrections. Rébellions. Le mystère, c'est pas la destruction. Le mystère, c'est pourquoi on reconstruit pas *soupir soupir soupir* Si j'avais été moins con, peut-être mes fils seraient-ils aujourd'hui employés de banque, notaires, instituteurs, agents d'assurances ? Aujourd'hui, ils seraient de vrais goums blanchis ? Au lieu qu'ils sont allés jusqu'à la détruire, jour après jour, avec patience, étage après étage, la Tour J, avec toutes les autres Tours des Orgues.

Le point d'orgue, ça avait été de mettre le feu à une paillasse dans le local poubelles situé à gauche des boîtes aux lettres. On aurait pu y passer tous. 17 bébés dans la Tour J, j'avais compté. Tout ça, ce drame, a eu lieu à cause des 7 affreuses petites crevures que sont devenus, sans que je m'en rende compte, mes 7 fils. C'est fréquent les incendies mortels, les drames de ce genre. Difficile de s'en sortir, quand on est une famille avec plusieurs enfants en bas âge et que, juste au-dessous, dans les étages, s'engouffrant dans l'unique goulet d'accès vers la sortie qu'est l'escalier de la Tour, étroit, sans fenêtres, sombre, dégueulasse, de grandes flammes noires vous lèchent les pieds avec la rage d'en finir avec vous. Tu es deux parents. Deux parents, ça veut dire 4 bras, et il y a, derrière, dans les chambres, 4-5 gosses qui dorment profondément. Rien à voir avec un feu domestique déclenché en toute innocence dans un F3 en raison de tas de choses comme l'âge des équipements électriques trafiqués, vieillis, par exemple. Tu grimpes dans les étages. Tu fuis le foyer brûlant. Mais le feu grimpe lui aussi. Chez nous, ça a été cette histoire-là, avant le 11 Septembre. Surtout, il n'y a eu aucune victime. 3-4 grosses couscoussières d'eau à deux parents, ça a suffi pour que le drame se fige au rez-de-chaussée de la Tour et que ça demeure seulement qu'un banal feu de poubelles demeuré terrible de promesses tragiques. Cependant, je n'avais pas eu d'autres solutions, à l'époque, que faire ce que j'ai fait avec les 3 fils qui étaient directement concernés. J'ai fait preuve de civisme. Je n'ai pas oublié que j'étais citoyen parce que j'étais père. Qui pourra me le reprocher ? Le problème, c'est que ce comportement civique qui a été le mien, qui m'a demandé du courage (en même temps pas autant de courage que ça, soyons sincères, j'étais très en colère, j'avais honte vis-à-vis des autres parents de la Tour, moi, un ancien Légionnaire de l'Armée de France, être affiché ouvertement comme le père de telles crevures), ça avait signé la fin de tout, entre eux et nous, Madame Belabed et moi. Entre au moins 3 des enfants Belabed, et nous, les parents, l'ambiance était devenue finale. Et si on compte maintenant aussi Marianne-Lalie dont la révolte a été plus tardive, ça fait plus que 8 – 1 – 3 = 4 enfants qui restent à ce moment de l'histoire *Belabed alias Gloucester soupire en regardant le ciel* "Ma Marianne, ma Lalie chérie, ma perle, mon amour."

Un jour, j'ai compris que les fils ne s'assimileraient jamais. Je me souviens d'une institutrice qui nous avait dans le nez quand Samir avait 4 ans. Samir : notre numéro 3 à ma femme et à moi. Samir : un bon petit autrefois. Ça l'énervait, l'institutrice, que Madame Belabed ne donne pas d'argent pour la coopérative de l'école. Surtout, ça l'énervait que Madame Belabed ne rende pas le petit carton de papier marqué zéro dans la case du mois. Elle insistait. Fallait qu'on le rende, ce foutu carton de la coopérative avec écrit dessus zéro. Elle disait aussi que Samir était le gosse qui lui donnait le plus de mal. C'est vrai que Samir, les raclées, il comprenait pas. C'était un poète, Samir. Un poète en centrale aujourd'hui. J'ai lu dans le journal un poète qui disait que si les poèmes qu'il avait écrits avaient été plus beaux, il y aurait eu zéro guerre aujourd'hui dans le monde. "Mais ces guerres, pourquoi je les avais menées ?" j'avais envie de demander. "Pour que tu puisses les écrire, tes poèmes, feignasse !" Pour punir Samir, l'institutrice le laissait croupir sur une petite chaise devant la porte des toilettes. Alors, je m'interrogeais devant Madame Belabed. Attention, je m'interrogeais pas sur la pédagogie. Jamais ! Car je respecte l'école française, gratuite, laïque, qui place l'égalité des chances au cœur du système. Non, je m'interrogeais sur la malédiction des Orgues.

— On est une famille maudite Pourquoi tes fils se tiennent pas comme les autres gosses Pourquoi ? *demande Belabed à sa femme*

— Tout le monde donne Même les plus pauvres donnent Seuls, nous, on donne rien On se fait remarquer C'est pas bien. C'est pas bien pour Samir Pourquoi tu veux pas donner ? *répond Madame Belabed en se tordant les mains*

— Pourquoi je veux pas donner ? À ton avis ? Pourquoi ? Tu crois qu'on a assez pour distribuer ou quoi ? Tu crois que je suis le Crésus des Orgues ?

Maintenant, dans la famille Belabed, ça fait plus que 8 – 3 (les incendiaires des poubelles de la Tour J) – 1 (Marianne-Lalie) – 1 (Samir à Fleury) = 3 enfants qui restent à ce moment de l'histoire.

XVIII

Waterloo, Belabed n'avait pas attendu Rachid du local social des Orgues pour en entendre parler, en revanche, c'est vrai, Lamartine et tous ses discours gazouillants prononcés en 1848, c'est Rachid, qui s'est finalement cassé en Afghanistan pour faire de l'humanitaire, qui, du coup, a laissé tomber tous les jeunes de la téci, qui lui en avait parlé, à Belabed, tout en balayant le sol du local social, un jour que Belabed déprimait fort et qu'il avait eu l'idée étrange de pousser la porte de ce local qui tombe en ruine et qui fait face aux dix Tours des Orgues depuis l'esplanade où il avait été construit sur une initiative d'une équipe municipale ancienne évanouie aujourd'hui de tous les souvenirs.

Depuis le commencement de l'énorme chantier de rénovation urbaine qui avait tout retourné sur la dalle forçant les habitants à marcher le long de minces chemins empaquetés de bâches en plastique pour ne pas tomber dans les trous et parvenir sans accident à chacun des halls des Tours, personne ne se rappelait plus, en effet, quand avait été construit le local mais, vu l'état de la bâtisse, ça datait, et, en même temps, c'était sûrement moins ancien que les Orgues, car on ne reconnaissait pas dans ce cube ramassé d'une taille ridicule tapi au pied des Tours, ce petit air musical si particulier, ces pentes de Tour asymétriques, ces balcons surdimensionnés qui font la spécificité de l'ensemble. Le local social des Orgues, s'était dit un jour Belabed en se traînant jusqu'à lui, c'est comme un des balcons des Tours qui serait tombé à terre, qu'on aurait retourné et avec lequel on aurait tenté de fabriquer quelque chose comme une sorte de hutte provisoire à destination de toutes ces petites crevures de la téci.

Belabed avait donc poussé la porte du balcon retourné en ruine en se demandant ce qu'il lui prenait d'aller là.

— Vous voulez boire un soda ? *avait proposé Rachid sans lâcher son balai et en observant par en dessous la grosse face rougie et ravinée de ce vieil homme inconnu au bataillon du local social*

Depuis des années, Rachid était payé par la Mairie pour faire du lien sur la dalle, toutes sortes de liens avec toutes sortes de personnes. La lettre de mission avait été volontairement évasive sur le public ciblé et la nature des liens à créer. Après une enfance correcte à l'école, bons résultats, un goût pour la lecture qu'avait suivi un parcours chaotique entre petite délinquance et abandons répétés du domicile familial, Rachid s'était tourné vers la guerre des bandes, ces gangs à la française à grande échelle, agglomération et couronne, les années 1980, avant la grande trêve qui lui avait opportunément permis de se faire récupérer par un éducateur de rue qui l'avait mis en cheville avec la Mairie. Peu après, toujours avec le soutien logistique et affectif de cet éducateur, et aussi avec le soutien financier d'une association humanitaire il avait conduit une formation d'aide-soignant ambulancier en alternance avec ce job social au local social des Orgues qui lui permettait de bouffer tout en se rendant utile. Rachid s'apprêtait maintenant à s'engager dans sa troisième vie en partant très bientôt pour l'étranger pour faire ambulancier.

— L'eau, je digère mal L'eau gazeuse, c'est encore pire *avait répondu Belabed Et puis Belabed s'était avancé Rachid l'avait regardé Sans un mot, il lui avait montré du doigt le tabouret rangé au-dessous du panneau destiné à l'affichage culturel Dans la pièce, sinon, quelques chaises, une table en formica de forme allongée, deux bancs en bois, sans oublier le plafonnier qui pend*

Assis sur son tabouret sous le panneau, Belabed ne sourit pas. Il a jeté en se tordant le cou un coup d'œil sur le panneau d'affichage culturel désormais accroché dans son dos et il a ensuite regardé Rachid.

— Qu'est-ce que c'est que cette affiche ?

L'affiche est rouge et noir et c'est vrai qu'elle détonne sur le crépi azur sali qui entoure le panneau. Mais aussi, en détonnant ainsi, elle constitue une bonne amorce de conversation entre deux personnes qui n'ont rien à se dire.

— C'est une affiche qui annonce la commémoration de la Révolution de 1848 qui va avoir lieu en février prochain sur la dalle. Une initiative de la Mairie et de la Médiathèque en partenariat avec le collège Brassens *répond Rachid*

— Qu'est-ce que c'est que cette Révolution, déjà ?

— *Rachid, tout en balayant* L'idée, c'est que les petits du collège de secteur, le collège Brassens, les petits qui le veulent bien (avec qui on aura discuté avant pour qu'ils le veuillent bien) préparent des discours sur ce qu'ils aimeraient voir advenir en vrai, un peu comme Lamartine qui a fait advenir en vrai pendant un mois, février, février 1848, tout ce qu'il racontait à la tribune. Abolition de l'esclavage. Abolition de la peine de mort de l'époque. Liberté de la presse. Droit d'association.

— Qui est-ce, ce Lamartine, exactement ? *demande Belabed qui se demande en même temps ce qu'il fout là à parler avec ce gars qui ressemble quand même un peu à une crevure des Orgues qui aurait réussi à vieillir*

— *soupir de Rachid* Lamartine, c'est un poète qui a écrit un poème qui s'appelle *Le Lac* et qui en février 1848 a aboli l'esclavage et la peine de mort. Il a aussi proclamé le suffrage universel.

— C'est lui, la défense du drapeau tricolore français ?

— Oui

— C'est l'enthousiasme des petites crevures des Orgues pour le drapeau tricolore français que vous cherchez ? Vous n'êtes pas sérieux ?

— Vous ne croyez pas aux initiatives républicaines, Monsieur ? La Mairie, elle, elle y croit, figurez-vous ! *Rachid détache un chewing-gum collé aux poils de son balai*

— C'est vous, l'organisateur ?

— Alors moi, je serai déjà parti mais j'ai pris contact avec l'enseignante d'histoire du collège Brassens, sur la dalle, une femme très bien, elle va me remplacer sur la mission.

— Vous leur dites, aux petites crevures des Orgues, qu'elles feraient mieux d'arrêter de brûler des voitures en bas des Tours ou vous faites juste que leur distribuer des sodas en leur parlant de Lamartine ? *demande Belabed Rachid ralentit son balai et se met à regarder attentivement la face rouge de Belabed*

— Est-ce que ça vous intéresse ce qu'on essaye de faire ici pour les jeunes, Monsieur ? Vous avez regardé autour de vous ? Depuis que le chantier a commencé, il y a beaucoup moins de voitures brûlées. Les jeunes, ils aiment qu'on s'intéresse à eux *Belabed, très mal assis sur son tabouret, regarde toujours l'affiche rouge et noir, se dit qu'il n'a plus rien à dire à ce type, qu'il n'a pas du tout envie de discuter avec lui, encore un idéaliste qui n'a pas eu, lui, les 7 fils Belabed tous les soirs à table chez lui pendant un bon bout de temps, ça se voit, mais il se sent trop fatigué pour repartir tout de suite dans sa tanière du 4e étage où personne ne l'attendra plus jamais Finalement, un soda, ce serait pas si mal, mieux que rien, mais il n'ose rien demander et alors, de sa bouche, bizarrement, sort cette phrase :*

— Napoléon rédigeait ses propres discours, vous savez !

— *Rachid tapote un petit tas de choses sales au sol avant de répondre* Oh, vous savez, rédiger ses propres discours n'a jamais été une preuve de quoi que ce soit. Tenez, regardez De Gaulle. C'est du sous-Lamartine qu'il écrit. De Gaulle, "Paris libéré, Paris outragé", ça ne vient pas de lui, ça vient de Lamartine. Vous voulez organiser quelque chose sur la dalle pour les jeunes autour de Napoléon, Monsieur ? *Rachid part chercher quelque chose dans le fond du balcon retourné Belabed crie dans sa direction*

— Vous avez pas peur que les petites crevures, elles demandent que de la drogue ou je ne sais quelle autre saloperie ? Ou un local pour prier, ce qui serait encore pire ? *Rachid revient avec une pelle en plastique rose Il met un genou à terre pour ramasser les saletés, en tenant le balai très bas, près de la brosse, en poussant le tout dans la pelle qui racle L'opération est délicate Rachid jette un coup d'œil sur les murs lézardés traversés de boudins allongés de peinture plus claire, là où on a passé du dissolvant pour faire partir les tags qui ont une fâcheuse tendance à envahir le balcon retourné la nuit quand les gosses des Orgues décident de faire une virée depuis l'un ou l'autre des bas de Tours*

— Les jeunes, ils sont contre tout. "Furtiva expeditio" *Belabed lève un sourcil* Et que je te balance de tout. Des pierres. Des parpaings. De l'huile. N'importe quoi. Vraiment tout. Les nuits sont longues. Ils exercent dans l'ombre. Ils sont stimulés par la pénombre, tralala *explique Rachid Belabed bouge et le tabouret bouge sous lui* C'est la chanson "Paris sous les bombes" qui colle parfaitement aussi pour nous, pour les Orgues, Région Sud *Belabed regarde l'affiche rouge et noir au centre du panneau d'affichage et qui rayonne dans la pièce Rachid continue* Depuis quelque temps, vous avez remarqué, c'est plus calme. En raison du bisness et en raison du chantier. L'idée, c'est d'utiliser ce calme pour faire du lien avec les élèves du collège de secteur avant qu'ils *Belabed le regarde*

— L'espoir fait vivre *Belabed regarde durement Rachid*

— Vous voulez m'expliquer la vie, Monsieur ? Privilège des ruines, c'est ça ? Laissez-moi deviner. Vous êtes entré ici parce que vous n'avez plus personne à qui parler chez vous. Je me trompe ? Alors, écoute-moi bien, la ruine des Orgues égarée au local des Orgues sur la dalle des Orgues. Ici, moi, je bosse, d'accord ? Je veux bien te faire la conversation en faisant le ménage parce que je suis payé pour faire la conversation avec les ombres des Orgues, toutes les ombres, entendez-moi bien, mais *Rachid regarde sa montre Belabed se lève d'un bond très lent*

— Ça va Épargne toi *Et Belabed se met en branle en direction de la sortie du local social mais, avant la porte, il déclare*

— Adjudant-chef Belabed. Cité deux fois. Médaillé trois fois. 4e étage. Tour J.

— Au revoir Monsieur Belabed *répond sobrement Rachid*

XIX

Belabed se remet en mouvement, cad qu'il se met à avancer à petits pas en direction de la sortie de la hutte urbaine construite en forme de balcon retourné qu'est le local social des Orgues. La main sur la poignée, il jette un dernier coup d'œil sur les cloisons sous crépi azur clair sali qui font que la hutte est hutte et soudain les cloisons sous crépi paraissent sous ses yeux s'aspirer dans un mouvement de dégradation irrépressible. Comme c'est étrange ! Comme si quelqu'un, d'en haut, appuyait sur la touche "Avance rapide" du magnétoscope, juste là, maintenant, dans ce local des Orgues, au moment où il l'observe, et ça fait pitié, vraiment, cette destruction injuste en accéléré. Belabed jette un autre dernier coup d'œil sur la tache rouge et noir de l'affiche qui continue vaille que vaille de rayonner dans cette lavasse de local défraîchi en cours de désintégration éclair, qui continue de rayonner jusqu'à lui, même, Belabed, qui, pourtant, en a vu d'autres au cours de sa longue vie de légionnaire, Alger, Beyrouth, Dakar, Guyane, et aussi au cours de sa longue carrière de contrôleur SNCF en carrière post-militaire.

L'affiche appelle à la commémoration de Février 1848 tout à fait en contradiction de tout, du balcon retourné en ruine, du paysage des Tours qui fait carapace inversée, du chantier gigantesque qui par-dessus tout ça les écrase encore plus, eux, Belabed, Rachid, les guetteurs, les gosses du collège qui formeront plus tard les bataillons des futurs guetteurs, en somme, qui enferme toutes formes de vie possibles tout autour.

Lamartine. L'abolition de l'esclavage. L'abolition de la peine de mort. Quelle foutaise *ricane Belabed* Comme si on pouvait nier le réel en se souvenant de la gloire du tricolore français ! Comme si on pouvait faire croire à des gosses qu'à coups de discours, de poèmes ou je ne sais quoi d'autre d'aussi grotesque, on pouvait refaire le réel ! Rien de plus solide que la ruine des Orgues en réalité. Tout bonnement *élucubre Belabed en se traînant vers la Tour J* Les Orgues ont pris la perpétuité des Tours, du balcon retourné, de la dalle, de la 4-voies, du chantier perpétuel. Les Orgues ont pris la perpétuité du paysage des Orgues et rien, ni Mairie, ni Rachid, ni chantiers aussi monstrueux soient-ils, ne pourront suspendre le vol du temps des Orgues, la musique en marche des Orgues.

Belabed est dehors. Sur la dalle, un vent se lève. Les papiers gras se soulèvent. Au loin, Belabed aperçoit le ballet des guetteurs qui sortent des voitures, entrent dans les Tours, ressortent, rentrent dans les voitures, etc. La voilà, la vraie musique des Orgues. Plus répétitive que l'ajustement des balcons surdimensionnés sur les façades des Tours, plus harmonique que la tuyauterie architecturale des bâtiments, plus essentielle à la vie de tous que la danse des oiseaux dans le ciel, plus lucrative aussi que l'ensemble des loyers payés par toutes les familles qui habitent dans les Tours. Belabed scrute les tranchées du chantier qui laminent toute la dalle tout autour de lui. Et si ce Lamartine pouvait me débarrasser de ce chantier aussi *hurle intérieurement Belabed* Non. Comment, comment, comment Lamartine pourrait-il me rendre Marianne-Lalie aux Orgues ? Belabed secoue la porte du hall de la Tour J en levant lentement un pied devant son autre pied. Merde, ressaisis-toi, Belabed ! Tu as oublié la rosette ? Tu as oublié tes états de service ? Tu as oublié The Bled ? La France ? Belabed secoue en effet ses idées noires en se raccrochant par la pensée à sa croix d'occasion, surtout, à sa future rosette qui brille encore toujours un petit peu dans l'ombre des Tours sur l'esplanade, en dépit qu'il vient de se faire chasser comme un vieux débris par un gosse qui serait incapable de monter un étage d'escalier sans cracher tous ses poumons, alors que lui… autrefois… mais c'est du passé, que du passé, tout ça. Et ainsi, Belabed avance toujours aussi lentement en direction de l'ascenseur, puisque, 4 étages plus haut, c'est là, sa niche, l'ultime, dans le creux céleste des Tours immobiles.

XX

Mais par la suite, Belabed était revenu au local pour négocier au sujet de l'avenir du pays et ils avaient réussi à discuter tous les deux, Rachid et lui : sur 1848, sur Lamartine, sur les couleurs du drapeau de France, sur toutes ces questions d'actualité, avant que Rachid, très vite, abandonne les Orgues pour l'Afghanistan et ses hôpitaux de fortune, médecine de guerre, travail de chien sous les balles. Rachid, il était, il y avait pas photo, un grand nostalgique du drapeau rouge, et aussi, il avait une tendresse pour Lamartine qui s'était atrocement ratatiné pendant ce moment bizarre où Napoléon ressuscite pour le foutre dehors de sa révolution. Voilà tout ce que racontait Rachid à Belabed en balayant et en sirotant gratos des sodas aux frais de la Mairie.

Du coup, Rachid était pour la recolorisation du Drapeau de France.

— Je vois bien de la peinture anglaise étalée sur de l'étendard *dit Rachid à Belabed Rachid tend une canette de soda à Belabed* De la peinture anglaise C'est bien, c'est pas français, déjà, c'est donc pas du national et c'est bon signe pour l'avenir planétarisé de notre pays. Ensuite, la peinture anglaise a peint Napoléon en train de zieuter un petit insecte dans une mare jaunâtre après la fin des victoires, et ça, ça montre que ce serait pas un drapeau rancunier, national-nationaliste à la française Enfin, la peinture anglaise, c'est flou C'est celui qui voit qui décide Tu chemines comme tu veux entre les vagues de la mer qui montent, descendent, tournent et retournent *Belabed hoche la tête* Et on ne sait plus où vogue la galère, en haut, en bas, à l'endroit, retournée ou pas. Il y a des mâts de voiliers, des cheminées de bateaux à vapeur, des carcasses de navires des têtes qui affleurent à la surface *Belabed tend la balayette à Rachid*

— D'accord, Rachid *répond Belabed qui n'oublie pas la tache rouge et noir de l'affiche qui rayonne toujours dans le local* Mais que fais-tu des autres couleurs ? Le noir. Le sang. Depuis les têtes coupées de la Révolution portées au sommet des piques jusqu'au pauvre cœur de Berthier de Sauvigny arraché et brandi sous les yeux du maire Bailly pour avoir incité les Parisiens affamés à manger de l'herbe. Le sang, c'est l'intensité de la guerre des couleurs advenue autrefois dans ce pays. Le noir, lui, les éteint, les couleurs, tout en en relançant la guerre. Deuil. Mélancolie. Mais aussi les armes, jamais déposées. Tu comprends, Rachid ? Le deuil et la mélancolie, c'est la robe noire de la Duchesse d'Angoulême, fille de Louis XVI, revêtue par elle pour monter à bord du *Great Britain*, pour fuir la révolution *Belabed baisse un peu la voix et les yeux en parlant à Rachid de la robe noire de la Duchesse d'Angoulême Rachid boit une gorgée de soda en l'écoutant avec attention*

— Je vais te répondre par une autre question, si ça ne te dérange pas, Belabed. Comment tu en es venu à t'intéresser à la Duchesse d'Angoulême ? Parce que c'est rare aujourd'hui l'intérêt pour la Duchesse d'Angoulême *gorgée de soda* Moi, Rachid, je connais Lamartine mais je connais pas la Duchesse d'Angoulême

— C'est venu comme ça. Des lectures que je fais le soir, après le Myosotis, la cantine où je dîne pour pas rester tout seul tout le temps. Petit à petit, j'ai découvert cette Comtesse des Ténèbres, dont personne n'a jamais vu le visage, quand elle s'est mise à vivre entièrement voilée de noir dans un château perdu. Elle ne parlait jamais. Un grand mystère *gorgée de soda* Tu vas le dire aux petites crevures que ton Lamartine, c'était qu'un fanatique du drapeau français ?

— Je ne serai plus là, Belabed *sourire triste* Tu te souviens ? Je te l'ai déjà dit. La première fois où tu es venu au local, je t'ai dit que j'allais partir *répond Rachid, avec un air un peu désolé Belabed sourit aussi tristement en le regardant*

— Tu vas pas t'en sortir en Afghanistan, Rachid L'Afghanistan, c'est la vraie guerre Là-bas, les gars Ils tirent tous à balles réelles *Belabed sourit tristement* Tu ne sais pas ce que c'est, la guerre,

Rachid Pourquoi tu restes pas avec nous aux Orgues ? Il y a du travail à faire On a besoin de gens comme toi dans ce pays Je suis moins optimiste que toi au sujet des petits jeunes des Orgues Comme tu sais Et des ambulanciers, on en trouve à la pelle à l'ANPE Mais des gens comme toi, avec qui on peut discuter, c'est rare *soupir de Belabed* "Duchesse d'Angoulême". Le nom d'une variété de poire, tu savais ça aussi Rachid ? Des poires à la pelure épaisse *Belabed sourit largement en tapotant sa tête avec son doigt d'un air de dire qu'il y en a encore, hein ? là-dedans, en réserve, dans sa vieille grosse tête de débris de légionnaire, avec tout ce qu'il a accumulé en lectures après le Myosotis en raison de sa passion pour Napoléon On s'attendrait pas à trouver ça chez lui Hein ?*

— Oh oh *fait Rachid*

— Eh oui ! *réplique Belabed*

— Un hommage ? *demande Rachid* Appeler une poire "Duchesse d'Angoulême", c'est un hommage à la Duchesse d'Angoulême ? *large sourire de Rachid* Une vraie poire ? *soudainement, Rachid rigole Belabed le regarde Et puis, Rachid part dans un délire, parce qu'il est pas vieux vieux, Rachid, c'est vrai, il est pas comme moi, pense Belabed, il est un jeune qui va devenir vieux plus tard, bien plus tard, enfin, s'il se fait pas trouer en blouse blanche au volant de son ambulance, là-bas, les mecs, ils rigolent pas Pendant ce temps, toujours à propos de la Duchesse ou de la poire, ou des deux on sait pas, Rachid s'étrangle en parlant :* Tu imagines, Belabed ? Tu attrapes une poire Rien de plus bête et con qu'une poire Tu croques Et il y a du jus Le jus coule un peu. Et le jus, c'est du jus de Comtesse Ah ! Ah ! Ah ! la Comtesse des Ténèbres ! Ah ! Ah ! Ah ! Que c'est drôle ! Du jus de Comtesse ! Et ensuite *veut poursuivre Rachid mais il peut pas*

— Tu y repenseras, Rachid, en Afghanistan ?

XXI

Un soir, alors qu'il était rentré tard du Myosotis et qu'il gisait, un peu gris, sur sa couche, Belabed avait buté sur une phrase écrite tout au début du *Rouge*, *Le Rouge et le Noir*, écrit par un monsieur qui s'appelle "Stendhal" (qui doit rimer avec "scandale", lui avait dit Céline du Centre social en lui donnant le livre) un livre dans lequel elle lui avait dit avec un grand sourire à une soirée du Myosotis qu'il y avait un héros qui, comme lui, adorait Napoléon. Une phrase en apparence peu flamboyante. Il s'était arrêté devant elle comme on s'arrête au bord d'une montagne, ou d'un précipice. La phrase disait :

> *Le recueil des bulletins de la Grande Armée et le Mémorial de Sainte-Hélène complétaient son coran.*

Le coran, c'est celui de Julien Sorel, un héros de 18-19 ans, une petite chose folle de Bonaparte qui entretient des rapports compliqués avec les femmes. Il habite en Franche-Comté. Belabed n'avait pas rêvé. La phrase existait. Belabed était tout à fait prêt à débattre du sens de cette phrase, passé, présent, avenir, mais il restait indéniable que cette phrase existait et qu'elle rayonnait jusqu'à lui aujourd'hui comme un signe, comme l'affiche rouge et noir avait rayonné jusqu'à lui grâce à Rachid dans le local social. En outre, Belabed avait découvert que s'opérait une étrange révélation au sujet du père du héros qui jetait aussi une étrange lumière sur Julien. En deux phrases, ce qui se passe, c'est que le roman attribue la physionomie du "fellah de l'Égypte" aux paysans du bled de Sorel and Ben Sorel.

Esclaves du temps de la domination espagnole, ils conservent encore ce trait de la physionomie du fellah de l'Égypte.

Coup de tonnerre. Julien Sorel a un père. Ce père est franc-comtois. Un paysan franc-comtois qui scie du bois. Ce père s'appelle "le père Sorel" et il n'aime pas son dernier fils qui est une créature fragile qui aime lire. Très bien. Mais voilà, le latin mène à tout. Et Julien Sorel a étudié le latin, la langue des maîtres, ce qui fait de lui le précepteur des gosses d'une famille de la haute : la famille Rénal. La famille Rénal, c'est la famille d'un être insignifiant marié à sa femme, maire du bled plutôt très droite conservatrice, en lutte contre un coquin qui s'appelle Valenod et qui deviendra préfet au moment où ça tournera mal. Avant de devenir préfet, Valenod est directeur de prison et il s'enrichit en affamant les pauvres prisonniers, ce qui révolte Julien. Embaucher un précepteur, fût-ce le fils d'un paysan, c'est pour Rénal affermir sa position dans le bled face à Valenod. Là, Belabed bâille. Jusqu'ici, il s'ennuyait en feuilletant les pages, d'autant plus que, fatigué par son grand âge, avide d'histoires sur Napoléon, l'ancien adjudant-chef se concentre difficilement sur ce type d'histoires de province arriérée et en lesquelles il repère avec difficulté la manœuvre militaire. Dans le Besançon des Sorel, on est déjà bien plus loin qu'à portée de tir des dragons du 6e Rep de la Grande Armée, ces héros magnifiques drapés de manteaux blancs, longs, casqués de crins noirs. Hélas ! Ces visions de plumets et de sabres n'ont pas duré longtemps, se disait Belabed. Les guerriers revenaient d'Italie. Ils avaient rendu fou d'amour et de gloire tous les gosses et toutes les femmes et puis ils s'étaient transformés en amants cachés, en proscrits avant de finir, républicains, conspiratifs malheureux contre le tyran Napoléon, pourchassés et fusillés par Fouché.

Avec très peu d'égards pour tout ce ramassis de traîtres à l'Empereur, traîtres à écraser, Belabed était à la recherche de récits inédits du pont de Lodi, d'Arcole et de Rivoli, parce que les ponts, quelle que soit l'époque, tout comme les logements à vocation sociale type les Orgues, c'est la nécessité de les construire, de les franchir, ou de les détruire qui compte. La négociation Sorel-Rénal au sujet de l'embauche de Julien comme précepteur des enfants de la femme qui va devenir l'amour de sa vie, pour

Belabed, ça change des souvenirs des 300 km de marche régimentaire en tactique et des volées de coups de crosse de Mac 50 9 mm sur la tête. Le gros problème de la Légion, c'est la désertion. Autrefois, Belabed avait été sollicité par Mon Colonel à ce sujet. Comment empêcher ceux qui veulent partir de partir ? C'est très simple. Si tu pars, tu fuis. Si tu pars, tu désertes. Au risque de la mort. À côté, le séminaire de Besançon avec tous les coups tordus de ces jeunes conscrits du *Noir* qui finissent par avoir la peau du miskin Julien, c'est du pipi de chat. À l'époque, la jeunesse de Julien Sorel et la création de la Légion étrangère, ça s'était passé au même moment, avait expliqué Céline à Belabed.

Là-dessus, tout change. Belabed ne bâille plus. Son œil brille. Il rapproche le roman de la lampe d'enfant et il relit bien plusieurs fois qu'à un paysan français, qui s'appelle Sorel, le roman colle un "trait" de la physionomie d'un "fellah de l'Égypte". Belabed se demande très sérieusement si le "fellah" ne signale pas l'existence de gens très spéciaux dans ce pays. Des êtres qui se meuvent à couvert dans le paysage. Des exilés. Des inconnus véritablement inconnus. Dans les *Lucky Luke*, les paroles des Indiens sont des nuages qui fondent dans le ciel, se fondent entre les grands cactus, les corniches, les failles, les sentiers caillouteux, les bords de rivière. Sorel père fait le fellah pour progresser au pays des maîtres. Cet exotisme introduit une sorte de guérilla dans la province française qui sonne juste aux oreilles de Belabed. Et Belabed est stupéfait de sa découverte. Julien ne veut pas manger avec les domestiques. Il préfère mourir que manger avec les domestiques, tandis que Belabed, lui, a parfois bouffé par terre devant tout le Rep, ça a fait peut-être de bons souvenirs pour lui après, mais pas pour les fils Belabed qui avaient dû le faire ensuite à la maison quand ça déconnait sec. La lumière de la lampe a pâli. Tout autour de la Tour, dans le chantier, les choses commencent à s'agiter doucement. Belabed écoute les bruits du chantier qui commencent, qui sont pour lui comme des bruits de la ville. Autour de lui, tout change. La lumière monte. C'est l'aube dépassée déjà. Entre les murs tout nus de sa chambre, l'ancien légionnaire réfléchit, son livre ouvert posé sur ses genoux. "Que c'est insensé, toutes ces lectures que je fais comme ça au soir de ma vie. Mais c'est justement parce que c'est insensé que je les fais."

XXII

“J’ai manqué ma vie”

Belabed observe les oiseaux qui virevoltent dans le ciel Lenteur Idéal rêve Ils tournoient autour des Tours Difficile de savoir si, cette année, ils ont bénéficié de l’exact bon souffle arrière, bien fort, qui les encourage à voler très haut Ils sont là, tout autour des Tours Belabed les voit Ils dansent dans le ciel par la fenêtre Les Orgues sont calmes C’est l’aube abandonnée des Orgues Ce pays doit changer, s’il est avéré qu’il y eut des sortes d’indigènes qui vivaient en Franche-Comté et qui ont eu l’honneur d’exister dans un roman comme ça, se dit Belabed. Présentement, dans la Légion, on a des Russes, des Ukrainiens, des Hongrois. Beaucoup de gens de l’Est. Il y a beaucoup de blonds dans la Légion aujourd’hui, ce qui ne les fait pas meilleurs que les autres, commente intérieurement Belabed. Ce Julien Sorel a tant de charmes, pense aussi Belabed. “Je suis petit, Madame, mais je ne suis pas bas.” Julien Sorel navigue sous couverture. Déguisement. Fuite. Hypocrisie. Ruse. Mission. Angleterre. Espionnage. Tout y est. Belabed avait navigué sous couverture toute sa vie durant comme Julien *Les oiseaux semblent parfois se rapprocher de la fenêtre mais ils font que ralentir dans le ciel à distance entre les Tours recouvertes de plastique et de métal* Napoléon a navigué sous couverture. Il se déguisait en citoyen de base pour se promener avec sa femme qui, à cette époque, n’était plus Joséphine mais la jeune Marie-Louise d’Autriche *Depuis le local social, on voit que le pied miroitant des Tours, que les tranchées bordées de plastique, on voit plus les oiseaux*

— Belabed, tu m'étonnes Je ne savais pas que tu t'intéressais aussi aux amours de Napoléon.

— Tu ne peux pas savoir tout ce qu'on sait aujourd'hui sur Napoléon Vraiment Quand il se déguisait, il emmenait Marie-Louise, celle qui a remplacé Joséphine

— Ah oui ?

— Elle coiffait ses cheveux d'un fichu fleuri

— Un fichu fleuri *air bizarre de Rachid*

— Parfaitement

— Et alors ?

— Alors...

— Alors quoi Belabed ?

— Ça le faisait triquer fort, ce fichu tout simple, l'Ogre *Belabed baisse les yeux horriblement Rachid rigole*

— Vraiment, c'est honteux, Belabed, un vieil homme comme toi !

— Pourquoi ? *avec un petit air innocent* Cette petite Autrichienne déguisée en grisette, c'était irrésistible pour l'Ogre *Rachid rigole*

— Alors Vas-y Raconte

— Tout ce que je dis, c'est vrai, tu sais, je l'ai lu *Belabed conserve un air très sérieux* Ils marchaient dans les rues de Paris...

— Ouais

— Ils poussaient des portes. Ils passaient des porches. Ils pénétraient dans des cours désertes.

— Ouais Ouais

— Ça ne t'intéresse pas ce que je te raconte ?

— Ach Paris ! *déclare Rachid avec un drôle d'air à Belabed Belabed mal assis sur son tabouret le regarde Des montagnes farouches défilent dans le local social Belabed attend que Rachid parle Les montagnes masquent les Tours des Orgues Rachid part bientôt*

Les oiseaux ne s'arrêtent jamais Ils ne se posent jamais Même pour dormir ils ne se posent pas Belabed ferme les yeux L'Empereur de l'Europe commençait par embrasser l'Impératrice de l'Europe dans la bouche C'était âpre Il la poussait L'Impératrice de l'Europe se débattait Celui-là qui lui faisait si peur, à elle, à toute la famille, et aussi à Gross Papa le Kaiser, autrefois, avant le traité de Presbourg et le traité de Schönbrunn tous les deux ratifiés à la suite de la défaite d'Austerlitz et de Wagram, celui-là était désormais devenu celui qui… Encore avant, dans le carrosse de Marie-Louise, jeune, très jeune oie autrichienne qui tremble, qui se tord les mains d'angoisse à l'idée qu'elle va être obligée de… avec Napoléon, … Napoléon, déguisé en chasseur, a grimpé dans le carrosse et après un brin de causette, succinct, très succinct, il s'est jeté sur elle et il a dévoré sa bouche Plus tard, dans Paris, déguisé en citoyen, l'Ogre de la Liberté, là, avec Marie-Louise… Là… Juste là, dans Paris… En plein jour… Ach !… Ach !!… Gott-god ! De retour au local, Belabed se dit que sa vie a manqué de femmes et qu'il le regrette

Ce jour-là, Belabed avait trouvé Rachid très concentré avec un petit livre aux coins renforcés sur ses genoux. Il regardait une page et puis il levait la tête et puis il fermait les yeux, et puis, il recommençait, il regardait la page, il levait la tête, fermait les yeux, etc. Allons bon, se dit Belabed.

— Quand Mon Colonel me parlait, Mon Colonel me disait que j'avais des racines Mon Colonel me disait que lui aussi il avait des racines, la Bretagne, avec un ancêtre qui était un Breton et qui porte le nom d'une viande rouge cuisinée avec du lard *Belabed s'agite sur son tabouret Belabed est fatigué aujourd'hui, se dit Rachid* Je lui répondais : Mon Colonel mes racines, c'est pas le bled, mes racines, c'est The Bled Et que ma fille quitte The Bled pour aller vivre dans un petit bled de merde perdu au milieu d'autres petits bleds de merde avec une toute petite chose de blédard de merde C'est pas possible *Rachid regarde le gros visage rouge comme une face de planète triste avec cratères*

— Allez Belabed Il faut que jeunesse se passe C'est tout Tout prend la fuite Il faut accompagner la fuite *gorgée de soda* Tu veux que ta Marianne-Lalie, elle devienne la nouvelle Comtesse des Ténèbres ? Tu veux qu'on la déguste avec du jus qui coule pour lui rendre hommage ? Ou tu veux la laisser vivre comme elle a envie de vivre ? *Rachid agite le petit livre aux coins renforcés Il sourit avec un air engageant à son ami Belabed*

— Tu n'as pas compris Rachid Tu n'as pas compris ! Parce que tu fais pareil Tu fuis comme elle Tu fais comme si on n'était déjà tous morts aux Orgues en abandonnant le local social en ruine au milieu de la dalle Mais moi Je ne suis pas encore mort ! Marianne-Lalie n'est pas encore morte ! Désertion, ça s'appelle Dans un château perdu, dans un bled perdu au fin fond d'un arrière-pays de bled Ou en Afghanistan Ou ailleurs C'est pareil.

Marianne-Lalie a rejoint les ténèbres. Les ténèbres, c'est quand tu disparais, quand tu quittes ta famille, quand toute ta famille est morte et, avec elle, tous les espoirs, toutes les joies, c'est là que tu deviens Comtesse des Ténèbres. Aujourd'hui, je ne sais même plus comment ma fille s'appelle *Belabed regarde plus fixement les oiseaux* On peut pas vivre un sans-faute, même dévoué à un pays, même dévoué à ses enfants, des êtres aimés à la folie, maltraités en raison de cette folie, parce qu'on souhaite qu'ils soient dignes du pays. Pas pour le pays mais pour eux. Parce qu'on veut pas qu'ils traînent en montrant leurs fesses et en crachant par terre. Pour ne pas parler du reste. Tout le monde connaît le reste. La presse, je la lis tous les jours. *Belabed se penche par la fenêtre* Ce qu'ils aiment par-dessus tout, c'est la guérilla. Voitures brûlées. Voitures brûlées. Voitures brûlées *Belabed se penche encore plus par la fenêtre Il tient sa croix d'occasion à la main* Rachid a raison. Il y a peut-être des compétences mal exploitées chez tous ces jeunes. Mais il est où, maintenant, Rachid, hein ? Il pilote en blouse blanche son ambulance humanitaire ? Il slalome entre les jets de roquettes ? *Belabed regarde les oiseaux qui filent dans le ciel* Notre pays, c'est pas l'Afghanistan. Nous sommes chez nous ici. Ce pays est à nous. Ou pas ?

XXIII

Retour au local

— *Rachid se lève C'est lui qui parle* Si les femmes avaient eu le droit de vote au temps de Lamartine, elles auraient eu des vapeurs, et les vapeurs, ça aurait été leur vote. Lamartine, c'était le candidat des femmes *Belabed se lève En plus, il fait un pas en avant*

— Faut que t'arrêtes, Rachid, avec la Comtesse des Ténèbres. Tu la mets à toutes les sauces À chaque fois, je t'entends qui la triture dans tes raisonnements pour me dire que j'ai tort, Rachid. Napoléon ? J'ai tort. Marianne-Lalie ? J'ai tort. Ah, mais Rachid, tu vas bientôt te retrouver bien seul quand tu seras parti là-bas, parce que les roquettes talibanes, si elles n'écrabouillent pas ton ambulance, m'est avis qu'elles en feront qu'une bouchée de celle qui est devenue rien d'autre que TA Comtesse des Ténèbres. Le problème, vois-tu, c'est que tu sais rien d'elle, Rachid. Tu parles dans le vent *Belabed s'arrête hors d'haleine* Personne ne vote aux Orgues. Pourquoi tu me parles du vote ? *Rachid regarde Belabed Il lève le pouce vers le haut*

— Le vote, c'est ouf, je trouve

— Qu'est-ce que ça veut dire "ouf" ? C'est quoi "ouf" ? C'est un chien qui parle ?

Penché à la fenêtre en forme de Z tordu, Belabed décide d'arrêter de penser à Rachid qui ne reviendra de toutes les façons jamais aux Orgues lui aussi *soupir de Belabed Belabed regarde le ciel qui l'emmène au-delà de l'ombre du chantier de rénovation.*

Cumulus dépressionnaires, il paraît que ça s'appelle. Dans le Sud, ils se forment aussi, ces nuages très denses, très sombres Belabed fait le tour des cumulus avec son œil Soit t'oublies que t'es un métèque et tu te blanchis à fond (ça, c'est moi, je me suis blanchi à fond en apprenant à balayer quand j'étais à la Légion), soit tu te fais à ta nature métèque, et, une fois que t'as fait ce choix-là, tu te transformes, tu transformes cette nature singulière qui est la tienne. 4-voies. Chantier perpétuel. Grues aux rayures de guêpes. Local. Dalle. Orgues. Tours des Orgues. Barres des Orgues. Collège des Orgues. Supermarché. Galerie commerciale. Poubelles des Orgues. Enfin, tu gagnes *Belabed serre fort sa croix d'occasion* N'en déplaise à Rachid qui a croupi sur la dalle, qui a croupi longtemps sur la dalle *Belabed soupire* Moi, Belabed, je suis qu'un pur qui demande la revalorisation du local social des Orgues en mémoire de Rachid parti soigner des pauvres dans le Tiers-Monde international au détriment des pauvres dans le Tiers-Monde national *Le paysage des Orgues Les Tours des Orgues La dalle des Orgues Le local des Orgues les poubelles des Orgues Les petites herbes des Orgues Les fenêtres des Orgues Les tranchées des Orgues* Julien Sorel, il parade pas avec une banderole dans le salon du Marquis de la Môle. Julien Sorel, il essaye de survivre entre les Tours qui sont tout autour de lui. Au temps de Julien Sorel, les Tours, c'est des scieries, séminaires, églises, auberges. Ciel. Paysage. Julien Sorel, il cherche pas ailleurs je ne sais quoi en Palestine, en Afghanistan, au bled. Julien Sorel, il aime Napoléon.

Belabed ferme les yeux. Il ne voit plus le ciel. Il ne voit plus Lamartine, la Duchesse d'Angoulême, Rachid. Tous, ils sont partis. Demeurent les oiseaux *Belabed se redresse* Je m'imagine ses longs doigts, à la Mathilde de la Môle, la Mathilde de Julien Sorel, quand elle les enfile dans les deux longs gants noirs qui remontent jusqu'à ses coudes. "Et je la regardais, revenant de quelque promenade sur un chemin où elle savait qu'il ne passerait pas, ôter de ses mains résignées de longs gants d'une grâce inutile" *Belabed repose son livre Le buste de Belabed penche* Je ne peux rien imaginer de sa peau à la Mathilde. Et, en même temps, pouvoir rien imaginer, c'est... c'est... *Belabed baisse les yeux* Légère. Souple. Noire. Sur le visage, le voile qui recouvre le visage fait signe vers... *Belabed se demande si Rachid aimait aussi les femmes comme ça comme lui Comment je vais faire maintenant que Rachid est parti ?* Tout effleure tout. Mathilde, c'est Zorro à l'envers. Les yeux fiers de Mathilde *Belabed baisse les yeux devant le ciel* Les Saoudiens aiment passer leurs vacances à Damas. Là-bas, tout le monde regarde leurs femmes qui sont venues d'ailleurs, qui marchent avec aise dans les rues toutes revêtues de noir *Je suis parti en mission un peu partout dans le monde mais je ne serai jamais allé à Damas Zéro insurrection Zéro contre-insurrection à Damas Rien Régime calme* Même que ça devrait pas du tout être important pour un vieux comme moi tous ces corps fluides mouvants secrets de femmes *Les Saoudiens aux Orgues avanceraient sous camouflage aux Orgues ? Ils vont pas chez Rachid Ils vont pas au Centre social Ils vont pas au Myosotis Les vieux en parlent au Myosotis Céline en parle aussi au Myosotis* Quand j'y pense, aux Saoudiens qui sont les descendants de ces nomades qui vivaient autrefois dans les déserts *Tu survis toujours partout* grande chaleur, grand froid, tempêtes de sable, toutes ces conditions qui t'obligent à sacrifier une bête, pour boire l'eau qui est en elle, pour te réfugier dans sa carcasse encore chaude, pour pas crever *On a appris à la Légion à s'en sortir* Quand j'y pense, je ne rêve plus à Mathilde.

Les oiseaux volent C'est vrai qu'en France, ça s'est mal passé pour nous *Belabed s'interrompt* Dans toute cette vision que j'ai – parce qu'il faut bien s'habituer à voir une mosquée à la place d'une usine, comme dirait Céline du Centre social ou je ne sais qui encore, je vois pas le drapeau. Oui, dans le foulard de Mathilde, je perçois pas la bannière, le chiffon rouge qui excite. Mathilde, c'est l'Anti-Comtesse des Ténèbres. Elle se drape pas, Mathilde. Elle fait la tournée des jurés qui tiennent le sort de Julien entre leurs mains. Elle doit les convaincre de pas voter la peine de mort car Julien a tiré une balle dans le bras de Madame de Rénal *Ni retraite, ni rébellion, Mathilde* Dans l'écroulement de tout, jusqu'au bout, Mathilde de la Môle se bat. À Sainte-Hélène, aussi, Napoléon se bat. Il n'y a qu'à la mort qui vient qu'il se couche. Allongé sur son grabat, il se met à réciter une liste interminable de pâtes de fruit. Abricot. Pamplemousse. Cerise. Pomme. Cédrat. Coing. Raisin. Prune. Le général Bertrand en pleure de désolation *C'est les pages les plus tristes, pense Belabed*

Pendant qu'aux Orgues les petites passaient sous foulard, moi, Belabed, j'interdisais à mon unique fille de le porter. Mais elle le portait quand même son fichu fichu, elle le sortait en douce, se l'affichait sur la tête devant la glace dans l'ascenseur de la Tour J, et ensuite, moi, je la voyais sortir par la fenêtre de la Tour J avec ça sur la tête. Alors, quand elle rentrait le soir, ça se passait mal. Oh ce qui se passait, c'était pas de la torgnole, non, mais c'était de l'éducation, disons, sévère, parce que je voulais à la rage qu'elle sorte de tout ce folklore ancien. De la liberté, oui, mais sous discipline. Marianne, ma fille, je l'aurais voulue intégrée qui réussit dans la vie. Soit t'es Mathilde, et tu fais la Saoudienne, soit t'es Marianne, et t'as pas le choix, tu dois te fondre dans le paysage. Julien va finir par se fondre. Il va finir par payer des impôts. Quand tu te soumets, tu es gagnant *Se soumettre ou mourir* Julien ou le fellah parvenu. Comme Marianne-Lalie, ma fille ? *se demande Belabed en se penchant encore plus par la fenêtre en forme de Z tordu*

Mais non, Julien Sorel se fond pas. Julien choisit la mort. Désertion. Tous, Marianne-Lalie, Rachid, Madame Belabed, Julien, tous, ils désertent ou ils meurent *crispation du visage de Belabed* Et Mathilde pleure pour Julien. Qu'est-ce qu'elle pleure. Oh que ça doit être doux d'avoir quelqu'un qui pleure comme ça pour vous ! *se dit Belabed* "Quel triomphe pour l'horrible Valenod qui va devenir préfet !" pense Julien *se souvient Belabed* On entend des cris quand la condamnation à mort de Julien est proclamée. Des corps s'évanouissent.

XXIV

C'est comme ça, se dit Belabed qui, dans un moment, dans un tout petit moment, va se jeter par cette fenêtre depuis laquelle, ce matin-là, il contemplait avec une très grande mélancolie les oiseaux danser au-dessus des toits carrés de la téci. Belabed ne tient pas compte de l'Ordre du 22 floréal, An X, qui fut rédigé par le Premier consul Bonaparte en réponse à un grenadier qui s'était tué d'amour pour sa belle :

— Un soldat doit savoir vaincre la douleur et la mélancolie des passions. Il y a autant de vrai courage à souffrir avec constance les peines de l'âme qu'à rester fixé sur la muraille d'une batterie.

Le corps de Belabed s'écrase sur le sol. Des giclées de sang. Qui jaillissent haut. La fille des voisins, Grands Yeux, la meilleure amie de Marianne-Lalie, ne s'en remettra jamais. Toute sa vie, elle racontera le bruit mat, comme un gros sac qui tombe. Elle l'a entendu alors que la fenêtre était fermée. C'est elle, la première, qui ensuite a vu en bas, sur le sol, la masse, noire, affreuse, filante, qu'était devenu Belabed avec le vent qui s'était levé et qui chassait avec force tous les nuages gris Direction Nord, là où le Patrouilleur timide piète en attendant de passer ses examens par correspondance pour réussir à s'aménager, comme Rachid, une troisième vie hors de cette saleté de paysage des Orgues. Belabed s'est suicidé quelques jours après la remise de la rosette. Cérémonie sobre. Assemblée clairsemée. Beaucoup de têtes blanches. Mon Colonel était venu. Pas les enfants. Zéro enfants. Ce drame de fin de vie s'est passé à l'aube, au retour du

Myosotis. "Un reste de vie comme ça, ça vaut pas le coup." Tels ont été les derniers mots prononcés par Belabed avant d'enjamber le mur du balcon asymétrique de la Tour J. Après, le cœur qui bat, le manque d'air, l'effroi, et puis, plus rien.

Alors oui, Julien dissimule avec art qu'il est un indigène originaire de la Franche-Comté franco-égyptienne. Oui, il fait très bien le fellah qui s'élève dans la société. "Mais, moi, jamais, j'aurais pu faire l'amour à Mathilde de la Môle. Ou si ? Est-ce que j'aurais pu faire l'amour avec Mathilde de la Môle ?" *se demande une dernière fois Belabed en regardant le ciel* J'aurais pu aimer Mathilde, moi ? Misère. Mathilde n'aurait jamais voulu de moi. Moi dans sa chambre. Moi dans son lit. Et si elle avait voulu de moi ? Qu'est-ce qui se passe alors ? Je fais tomber l'échelle sur son pied. Oh une idée bien bête. Une idée d'adjudant-chef. La Mathilde *(ton pincé)* :

— Espèce d'imbécile ! Vous ne pouvez pas faire un peu attention ?

Le Marquis, le père, le père de Mathilde, petit homme grave, sec, pressé, accourt en catastrophe. Là, je sais faire. J'ai appris. Je me précipite en rampant sous le lit de Mathilde. La fenêtre de Mathilde. La chambre de Mathilde. Le lit de Mathilde. La peau de Mathilde. Les cheveux de Mathilde. Jusqu'au bout, Julien pense que Mathilde veut le piéger pour le livrer aux domestiques *Belabed est fatigué de tout ce ciel qui bouge pas, qui est toujours le même, oiseaux ou pas oiseaux, depuis deux ans qu'il passe sa vie à le regarder Les grosses machines d'extraction jaune et blanc ont recommencé à creuser en bas Il est 8 h 30 aux Orgues et, ça aussi, ça l'épuise, que, tous les matins, à 8 h 30, il soit 8 h 30 Belabed regarde avec des yeux de plus en plus fixes le ciel, les Tours, le chantier de rénovation qui grignote la dalle tout autour des Tours, qui grignote la mort de Julien Sorel De là-haut, faudra pas oublier de dire à Marianne-Lalie de faire bien attention à elle Pas prendre froid Bien manger Rester sérieuse Belabed se penche Il se penche*

Moi, Belabed Sorel, jamais, je n'aurais eu l'audace de menacer le Marquis de la Môle avec mon Famas, n'importe quel Famas, un Famas en mie de pain ou en plastique, un Famas pour duel avec trop de poudre pour pas tuer. Ce pauvre père déshonoré par sa fille inondée de sperme de créature Mon sperme *Belabed baisse les yeux* Et la Mathilde, qui reste là, dans le noir. Ses yeux brillent sous la lumière de la lune. Sa chevelure a été taillée aux ciseaux. Quelle folie, Mathilde ! Sa chevelure taillée en arrière, et le regard fier, dur. Elle se tient toute droite. Les murs de la chambre sont nus. Elle fixe Belabed avec horreur. Il faut dire qu'elle souffre comme une damnée de son petit doigt de pied écrabouillé par ma faute. Elle crie :

— Il est là, là ! Sous le lit !

Et qu'est-ce qui se passe alors ? La Môle me condamne, moi, Belabed, vautré sous le lit de sa fille, car – trop ou pas assez Sorel, qui sait ? – je suis celui sans classe, sans style, sans allure, sans naissance, et sans voix, surtout, comme Julien, j'ai les cheveux plantés bas.

À ses heures perdues, avant que ça commence à aller vraiment mal pour Belabed après la disparition de Marianne-Lalie, il lui arrivait de se caresser le zob, le ruban défraîchi de sa croix de Légion d'honneur achetée aux puces de Narbonne bien serré au creux de sa main, et, pendant qu'il se le caressait, il laissait aller son regard avec les oiseaux dans le soleil, et alors, elle était retrouvée. Quoi ? La nationalité.

GRANDS YEUX

Enfant, souviens-toi de ceci : avant tout,
la liberté.

I

Après les cent jours qui avaient suivi la grosse accélération des vents du 11 Septembre, une semaine de permission était tombée pour le Patrouilleur timide et ses camarades. Cela faisait longtemps qu'ils n'avaient pas vu le jour hors du Rep et hors de l'uniforme et ils étaient sortis, tous, tous ceux qui avaient eu droit à la semaine avec leur gros polochon en toile kaki accroché en sac à dos. Ils s'étaient rendus en groupe à la gare Direction Paris-Centre. Ils avaient grimpé dans le train et ils s'étaient entassés ensemble dans les compartiments d'un train qui voyage à une vitesse beaucoup plus humaine que ceux qui sont peints en orange, un train qui ressemble au train d'antan, celui des vieux de la cantine de Belabed, le Myosotis, et qui, pour cette raison, un vrai luxe, est beaucoup moins cher. Ils avaient fait bon voyage en casant leurs grandes jambes là où ils pouvaient, sur les banquettes, entre autres, en se détendant, en faisant des trucs cons avec des couteaux, se sculpter la peau, des choses comme ça, et ils avaient aussi plaisanté le contrôleur qui avait été sympa avec eux mais qui leur avait notifié en rigolant qu'avec leur carte spéciale, ils payaient chacun moins qu'un chien, ce qui ne les avait pas tout à fait réjouis comme blague mais ils avaient répondu avec d'autres blagues, en faisant aussi des ouaf ouaf de différentes sortes, le Patrouilleur timide s'était même risqué à gémir comme la bête d'autrefois, la tueuse avec le pelage plein de blessures dans le salon au Petit Richard, qui devait continuer de mener sa vie en faisant chaque fois son petit effet de fauve beaucoup plus dangereux que toutes les petites racailles qu'elle était chargée de tenir à distance, et tout le monde avait applaudi. Ils avaient aussi plaisanté quelques filles qui, à leurs yeux, passaient un peu rapidement dans le couloir en longeant leurs compartiments ne leur jetant pas moins des petits coups d'œil curieux et avides genre je te regarde pas mais je te regarde. ("Hey les meufs Attendez les meufs Comment tu t'appelles ?")

Et ensuite, ils s'étaient égayés entre les différentes gares qui rayonnent dans tout le pays depuis Paris-Centre, très soucieux de s'oublier vite très vite, tous, car une semaine, c'est pas long quand on vit depuis des mois ensemble sous le toit de la même caserne. Mais avant, en descendant du train, ils avaient remarqué la présence d'un tas de malabars en bleu marine gilets pare-balles, avec casque à visière de protection. Les malabars bleus stationnaient le long de la voie, couraient aussi un peu, un peu à droite, un peu gauche. Ils s'agitaient quoi, en autres cosmonautes dans la ville que les patrouilleurs de la Légion. Les malabars bleus avaient tous la mine très sérieuse et très préoccupée. Autour d'eux, beaucoup de *scritch scritch* qui sortaient des talkies-walkies, et tous ces *scritch scritch*, ça les distinguait aussi. Le Patrouilleur timide et ses camarades avaient pris le temps de les observer et de discuter en professionnels des mérites des Bleu et des Kaki en armes dans la ville, mérites différenciés selon les paysages, parce que c'est vrai que ramper dans la boue avec un casque et un talkie-walkie dans chaque main, c'est pas crédible, mais sinon, en fait, t'as besoin de beaucoup de protections dans un environnement comme ça, une gare, un métro, au milieu d'une si grande ville que Paris-Centre. Rien à voir avec le Nord. Dans le Nord, rien de sérieux se passe dans le centre, gares ou esplanades. Dans le Nord, tout le risque est délocalisé. Le risque, tu le trouves vraiment qu'au niveau des rocades, au niveau des nationales, au niveau des trafics de camions du côté de la jungle des Nordaisis et là, c'était vraiment un autre job, c'était le chat et la souris avec les ombres, et fallait aussi les empêcher de se faire du mal avec les camions qui filaient à toute vitesse en direction du Tunnel. Les gars, là-bas, quelle que soit la couleur de l'uniforme, ils devaient protéger des ombres qui n'avaient plus rien à perdre et c'était pas facile, protéger des gens malgré eux, surtout avec, en plus, à ne pas négliger, les humanitaires qui foutaient le bordel tout autour. Tout au bout, sur le quai, il y avait eu manifestement une embrouille de train, quelque chose, on ne sait pas quoi, ou alors, c'était de la routine dure, peut-être, difficile de trancher. Il y avait deux bouffons les jambes écartées, les mains derrière la tête, le regard baissé sur leurs pompes avec autour une triade de malabars en bleu en étoile qui ne les regardaient pas. Tous les aspirants-légionnaires étaient passés rapidement à côté d'eux sans se sentir du tout concernés par le sort des deux bouffons. Selim avait même oublié de croiser leurs regards. Tant pis pour eux s'ils n'arrivaient pas à comprendre que le rapport de force était trop inégal, que c'était même pas la peine d'essayer de se battre, les pauvres bouffons. Je pars du Nord, et ça y est, je vois bien que je suis passé de l'autre côté, s'était dit Selim en y repensant juste après, mais c'était pas triste de voir les choses comme ça, c'était juste une autre vie, voilà tout, et, tout ça, après avoir attrapé dans ses bras le polochon de ses affaires pour sauter directement du train sur l'asphalte du quai en jouissant de la puissance de ses deux grandes jambes élastiques, c'est vrai, les low kicks étaient loin, ce qu'il avait gagné en échange, c'était l'endurance. L'asphalte avait tapé un peu les talons mais Selim avait rebondi comme il fallait en se sentant heureux d'être en possession de ce corps plein de jeunesse et de force capable de sauter, de rebondir, de ramper, de grimper, d'habiter les reliefs, tous les reliefs, enfin, tout autour, l'atmosphère était quand même plus chaude que de là d'où ils venaient, la ville du Nord, c'est sûr.

En traversant Paris pour rejoindre la bonne gare, Selim avait observé avec attention. Il avait scruté les poubelles, les abribus, les bancs, les plots. Beaucoup d'habillage propre entouré de beaucoup de belles voitures. Il avait aussi contemplé les belles façades couleur marron clair avec des décorations sévères qui habillaient aussi les fenêtres, le long de grands boulevards très éclairés avec des couleurs, les couleurs des magasins qui regorgeaient de trucs beaux, et puis il était ensuite entré dans la gare au pied d'une énorme Tour mais qui était toute seule, elle. C'était grand et il y avait beaucoup de monde.

Selim était monté dans un nouveau train à compartiments, presque vide, celui-là, un train humain, lui aussi, là où il allait, il n'y avait pas de train orange qui y conduisait, et il s'était donc embarqué pour 8 heures de voyage en direction des Orgues. Il avait forci des épaules et des cuisses. Il craignait moins le froid qu'avant, et surtout, il était habillé tout à fait autrement. Un tee-shirt dans une toile spéciale mais bien coupé et la veste kaki. Il portait aussi un petit bonnet sur les cheveux très courts. Il avait remis les baskets et il avait eu le sentiment de marcher pieds nus avec elles dans les rues de Paris. Il ne marchait plus comme sur la lune du Nord avec les godillots, mais c'est comme si, à travers les semelles minces, il sentait mieux son pas plastique en éprouvant la dureté du sol avec ses pieds. Arrivé à la ville dont les Orgues forment la périphérie, il s'était assis dans un café et il avait attendu, sans bouger, que la nuit tombe en buvant une limonade, et puis une autre, et encore une autre, jusqu'à ce que cela ne lui réussisse plus très bien, toute cette eau gazeuse sucrée dans son estomac, un estomac auquel il n'avait pas eu le temps de penser une seconde depuis deux ans. La nuit tombée n'avait pas suffi, étrangement, pour le décider, alors il avait encore attendu jusqu'à la fermeture du café en écoutant les tubes du moment qui passaient à la radio. Des chansons étranges, nouvelles. Il avait aussi repéré une fille pas mal avec une jupe un peu courte en plastique qui l'avait regardé un peu mais qui semblait vivre trop d'histoires compliquées en même temps pour s'intéresser à lui. Elle aussi, elle allait de l'avant, il s'était dit. Après, après, il avait fallu bouger, il n'y avait plus de choix, ça fermait, la fille à la jupe en plastique avait disparu dans le noir, et il s'était mis en route, il était parti à pied dans la périphérie pour rejoindre les Orgues.

Il avait marché longtemps le long de différentes rues. D'abord, il avait longé des immeubles beaucoup plus petits qu'à Paris-Centre, des immeubles normaux avec des petites fenêtres dans des rues étroites qui tournaient, tournaient, rien à voir avec le Nord, ensuite, très vite, comme sous l'effet de son pas élastique, les rues s'étaient élargies, les bâtiments d'habitation avaient disparu, les lumières s'étaient raréfiées, de grands panneaux encore, qui surgissaient de temps à autre, mais sinon disparition totale du mobilier urbain, enfin, un peu d'herbe au sol, des gravillons sur le côté, encore du goudron mais bien moins puissant que dans la ville même, dans son centre, et ensuite, sous ses yeux, dans le noir, tout le ruban périphérique s'était déroulé, entrepôts, manufactures, de gros cubes blancs avec des intervalles stricts entre eux, dans lesquels on peut acheter des tas de trucs pas chers, à condition qu'on ait une voiture pour remplir le coffre. Enfin, tout naturellement, il s'était retrouvé à marcher le long de la 4-voies qu'il connaissait par cœur, avec son polochon kaki sur le dos et, après être passé par la galerie commerciale toujours aussi défoncée, ça s'arrangeait pas par là, il était arrivé au pied de la Tour J, à la mauvaise heure, vers 4 h, quand il n'y a plus personne qui rouille au pied des Tours, quand on finit par s'endormir quand même, même quand on est rien du tout, parce qu'on a toujours des trucs à faire le lendemain, qui qu'on soit. Tout autour, des bâches en plastique, de hautes barrières qui semblaient amovibles et qui pourtant avaient l'air d'être bien fixées, autour de cratères grumeleux profonds de forme rectangulaire au-dessus desquels en se penchant (car il s'était penché par curiosité) on pouvait repérer des câbles, des gros tubes gondolés, des fils, toutes les entrailles des Orgues à ciel ouvert qui s'étalaient au pied des Tours, indécentes et nues. Mais il s'était pas attardé et il était monté à grandes enjambées jusqu'au 7e.

Elle l'attendait. Assise sur une chaise droite, en chemise de nuit, la même, la chemise de nuit qu'elle portait la nuit où il s'était enfui des Orgues en pissant le sang, il y a de ça comme une éternité. C'est son sourire qu'était beau. Son sourire était arrivé tout de suite quand elle avait entendu la porte et qu'elle s'était levée pour marcher le plus vite possible jusqu'à lui, pour l'accueillir, lui, Selim, son fils, son fils, si grand, si grand, le cœur immense de sa vie, son bonheur et son tourment.

Le lendemain, après les retrouvailles avec sa mère, il avait passé la journée à l'attendre dans l'appartement sans sortir, qu'elle revienne des ménages. Il s'était senti un peu retourné dans la cage et il avait tout de suite engagé le parcours d'entraînement intensif en lieux clos dont il connaissait le déroulement par cœur et qui te met par terre d'épuisement très vite, même dans 14 m^2, surtout qui te fait oublier très vite les 14 m^2 ou un peu plus grand dans lesquels tu dois stagner pour une raison ou pour une autre alors que tu as juste envie de courir, de sauter, de vivre.

Et elle était revenue. Mine de rien, assez vite, elle était allée ouvrir la fenêtre pour renouveler l'air. Et ils étaient restés ensemble à parler tous les deux. Elle avait cuisiné pour lui et elle avait trouvé qu'il avait bonne mine mais qu'il avait l'air tout de même fatigué sur sa bonne mine et là il avait entendu comme un petit sanglot dans sa gorge mais le sanglot était vite parti parce qu'elle était heureuse, elle était si heureuse de le revoir, répétait-elle. Elle avait aussi scruté son visage tout près pour voir s'il avait conservé une cicatrice du coup qu'il avait reçu quand il était parti. Il s'était laissé faire. Cette beigne du blédard, c'était il y a deux ans, c'était vraiment pas grand-chose, et des cicatrices, il y en avait eu des vraies, depuis, sur son corps qui avait bien forci depuis deux ans, mais elles étaient situées ailleurs, et on n'allait pas en parler puisque tout se passait bien au Rep. Ils avaient surtout parlé de ces patrouilles Vigie, du Nord, du froid du Nord, du 11 Septembre, beaucoup, et aussi de deux ou trois autres choses.

C'était comme s'il était parti la veille, elle avait dit. Et sa voix aussi à lui avait changé, elle trouvait. Elle lui avait demandé s'il avait plus de poils qu'avant mais il avait affiché un gros visage offensé en entendant la question alors elle avait battu en retraite. Il est encore petit. Il ne plaisante pas encore de tout ça. Plus tard, peut-être, il trouvera cela drôle que son propre corps de fils, que le fin corps de son fils soit devenu un vrai corps d'homme, aussi naturellement que ça, alors qu'il restait pour la vie son fils, son fils à elle. Elle n'avait pas parlé des filles, en général, de peur de l'offenser à nouveau. Lui, il la regardait en lui assurant qu'elle n'avait pas changé, qu'elle avait rajeuni même. Mais les petits voiles fins de sa peau s'étaient plissés encore plus depuis son départ et des cheveux blancs en grand nombre dépassaient du foulard qui n'avait rien à voir avec l'écharpe de Marianne-Lalie ("pas de nouvelles", avait-elle dit à son propos) et qui était mis sur les cheveux parce qu'il fallait les protéger de la poussière, les cheveux de sa mère étaient très beaux, surtout, ils demandaient beaucoup d'entretien, et maintenant, maintenant, ils avaient blanchi. Normal. Tout cela était très normal. Il s'était senti très bien tout à coup. Tout est dans l'ordre des choses. Ma mère vieillit, et moi, je suis vivant. Ensuite, le lendemain, il avait encore attendu toute la journée au 7ᵉ qu'elle revienne en essayant de se rendre utile comme avant en faisant le ménage dans les deux pièces. Il avait aussi refait le parcours intensif entre le canapé et la porte d'entrée mais avec moins d'énervement. Enfin, il avait regardé la télé. Puis le soir, il lui avait demandé l'autorisation d'aller dîner chez les Drine et elle avait dit oui. Il avait alors sauté dans la boîte mécanique de l'ascenseur et il avait glissé magiquement, de palier en palier, jusqu'au 3e, en se demandant très sérieusement pendant tout le voyage comment il aurait fait s'il avait eu comme mission d'entraînement d'escalader toute la Tour par la cage d'escalier à la place de l'ascenseur, et puis il avait sonné chez les Drine, avec le cœur qui battait un peu.

On était le 19 décembre, ou le 20, le 21 décembre 2001, il ne sait plus. Il lui semblait qu'il était parti la veille en entrant chez les Drine. Après les salutations d'usage, très chaleureuses (sauf que cela lui avait fait bizarre de découvrir la nouvelle tête des filles Drine et aussi que, maintenant qu'il était parti et revenu, elles lui serraient la main comme si c'était un étranger et plus le garçon qui en avait mangé, pourtant, des kilos de pâtes à la tomate chez elles avant la grande embrouille), il avait enlevé les baskets, retiré son bonnet, et il s'était plié en trois tout à fait comme autrefois, mais en se sentant bien plus grand qu'autrefois, sur une des carpettes qui longeaient les 4 murs. Dehors, un seul changement mais de taille : les grues jaune et noir du chantier qu'il avait pris l'habitude de contempler depuis son 7e étage pendant toute son enfance avaient disparu. Comme si elles n'avaient jamais existé. Avec le temps, il se passait que les Orgues étaient passées d'un chantier à un autre. Selim avait passé en revue le papier peint strié de fines rayures qui devait dater d'avant l'arrivée des Drine, au moins, c'est sûr. Il savait que toutes ces fines rayures, elles étaient dues au frottement des têtes et des épaules des invités des Drine et des enfants Drine eux-mêmes qui s'asseyaient depuis des années sur les carpettes installées le long des murs dans ce salon des Drine, face au balcon suspendu, qui était, lui, comme avant, presque entièrement rempli et bouché d'affaires en tous genres, un débarras de plein air providentiel, adéquat, pour une famille si nombreuse, et pourtant les parents, rigolaient les enfants Drine, restaient toujours un peu inquiets face au balcon en devinant, à défaut de se pencher, la hauteur qui les séparait du rez-de-chaussée, trois étages plus bas, eux, qui avaient grandi au bled résolument à ras du sol, pas avec les oiseaux, avec les piétons, du sable, des figuiers de Barbarie, des palmiers, des chiens errants, des poubelles, des chats, des scorpions, dans un cube recouvert de crépi orangé et craquelé en raison du sable qui se mettait partout et qui colorait et grignotait tout, pas d'étages, ou alors, rien qu'un seul, jamais plus, et rarement.

II

Chez les Drine, les enfants sont trois garçons et trois filles. Les frères n° 1, n° 2 et n° 3 et les sœurs n° 1, n° 2, n° 3. Jed, c'est le père. Fathia, c'est la mère. Le salon, identique au salon du Petit Richard, n'est pas grand, mais on peut y tenir à beaucoup quand on est assis sur les carpettes justement. Elles sont fabriquées avec de la mousse synthétique orange recouverte de tissu coloré. Quand les tissus sont sales, Fathia, la mère, les change. Elle choisit le tissu et elle l'assemble elle-même sur la mousse. Elle l'assemblait elle-même. Maintenant, elle ne le fait plus. C'est sa fille aînée, Wafa, qui le fait. Wafa habite encore avec les parents, et il n'est pas du tout certain qu'elle parte un jour parce qu'une de ses deux sœurs cadettes, la n° 3, Hajer, s'est mariée, elle, et ça n'aide pas une aînée quand une plus jeune sœur a trouvé mari avant elle, a déjà fait un enfant, ça la dévalue dans le groupe humain qu'ils constituent tous, les Drine, en provenance de Hamadi XXX. Là-bas, pas de route, pas d'eau courante mais, pour chaque petite maison familiale organisée à la romaine en 2-3, 4 pièces, pas plus, autour d'une cour, une petite citerne blanche de forme allongée qui se recouvre indéfiniment d'une mince pellicule de sable apportée par le désert, à balayer tous les jours, condition indispensable pour protéger la masse d'eau noire qui repose à l'intérieur, avec la bouteille d'eau de javel pas très forte qu'on verse dedans une fois par semaine, pour la propreté aussi, car on traverse les longs mois secs avec que cette eau-là, et aussi, il faut dire, les pastèques, les melons, ne filtrent pas beaucoup l'eau noire qui court tout autour des maisons dans quantité de petits canaux d'irrigation tout le temps. Quand elle avait débarqué aux Orgues, Grands Yeux, la fille n° 2, avait été intarissable sur sa vie là-bas. Elle avait tout décrit des figuiers de Barbarie, des chemins de sable, des palmiers dattiers, à Selim, à toutes ses amies, aux enseignants, à tout le monde, pendant des semaines et des semaines, sans se lasser, et puis, un jour, le fil du paysage s'était tari dans sa tête et, comme tout le monde, sur le modèle de tout le monde, elle s'était mise à parler des Orgues et rien que des Orgues.

Un seul téléphone pour tout le quartier du bled d'avant les Orgues, sinon, des ânes, des moutons, des poules, des chameaux, des chèvres, des chiens, des chats, en quantité. C'est au Sud de la Tunisie, tout près de la zone frontalière avec la Libye. Rien, là-bas. Du sable. Des oliviers. C'est calme. Très calme. Les aînés ont passé une partie de leur enfance au bled, ont fait un peu de lycée au bled avant de rentrer en France mais, avant, ils étaient nés en France. Avec le père et la mère – tout jeunes à l'époque – ils avaient habité à Paris-Centre, à Clignancourt, au 52, impasse Letort. Letort, général d'empire. Ils y sont restés jusqu'à la primaire. Letort, général d'empire, finit mal. Il prend une balle dans l'aine. Ensuite, ils ont tous été rapatriés en Tunisie puis de nouveau rapatriés dans le sens inverse, aux Orgues, cette fois, en Région Sud, avec Fathia, la mère, quand Jed, laissé toutes ces années tout seul à travailler en France sur le chantier perpétuel de la 4-voies pour nourrir la famille retournée au bled, s'est blessé. C'est pas grave. Les Drine, ça fait six enfants. Six enfants qui forment une brochette de blédards allers et retours. Doublement pas d'ici. Doublement pas de là-bas. Un exemple : Grands Yeux, la sœur n° 2, celle d'après Wafa et d'avant Hajer, est née en France, a vécu jusqu'à quatre ans dans l'impasse Letort à Paris avant de retourner vivre au bled. Et puis, à l'âge de 16 ans, elle est repartie vivre en France, Direction les Orgues, Région Sud, cette fois. En cette fin d'année 2001, Grands Yeux a 20 ans, exactement comme Selim, mais elle, elle est née en France, pas le cas de Selim.

Selim se dit en la regardant que Grands Yeux ne ressemble pas à une blédarde, et pas à une beurette non plus, mais qu'ici, aux Orgues, elle a toujours semblé chez elle, dans ce monde composé de hauteurs et de surfaces qui succédait à un monde quadrillé de maisons basses, cloisonné de figuiers de Barbarie, avec des chemins de sable, des ordures en attente. Aux Orgues, les ordures sont là, aussi, mais enfouies en dessous sous les Tours, et, souvent, aussi, elles bouchent les conduits des vide-ordures car tout le monde a tendance à jeter n'importe quoi là-dedans, c'est comme la brocante qui tombe des fenêtres, ça disparaît du regard, ça n'existe plus.

Dans le lycée du bled, au bled, c'était salut au drapeau tous les matins, avec tous les profs d'un côté et tous les élèves de l'autre. Les filles portaient des blouses bleues et on faisait la queue avant de rentrer en classe. Des complexes hôteliers, seulement à Zarziz, mais pas grand-chose, pas encore, comparé à Djerba, qui n'est pas loin. Au bord de la mer, des tonnes d'algues noires jamais ramassées dans lesquelles on s'enfonce jusqu'au sexe. Quand les femmes se baignent, elles ne quittent pas leur longue robe mais elles se mettent pieds nus dans la mer.

III

Selim pense qu'il a beaucoup changé maintenant, c'est certain, il peut le voir qu'il a beaucoup changé à la façon dont les filles Drine le regardent. Il fait comme s'il ne s'apercevait pas qu'elles le regardent. De son côté, il a apporté des sodas en cadeau, de la sous-marque qui n'est pas dévaluée aux Orgues. Il a tendu le sac plastique en rentrant à Fathia et elle l'a remercié à peine parce qu'au bled, remercier avec effusion, ça fait personne intéressée qui veut encore des cadeaux, alors les merci sont toujours très discrets chez les Drine. Au début, c'est tout drôle et puis après on s'habitue. Quand, une année, ils lui ont offert une couverture de berger tissée très serrée, en cadeau, lui aussi, il avait fait mine de rien, alors qu'il savait bien que c'était un très beau cadeau qu'ils lui faisaient. Selim est assis du côté des hommes, mais sur la tranche extrême, celle qui voisine avec le coin des femmes. Il les connaît depuis toujours, depuis qu'enfant il avait atterri dans la Tour J, il a été très heureux comme voisin avec eux mais il peut dire aussi qu'il a été heureux de les quitter, parce qu'il voyait bien que tous, avant, ils avaient de la commisération pour lui. Les Drine du 3e n'entretiennent aucun rapport avec les Belabed du 4e, excepté, avant sa disparition, avec la fille, Marianne-Lalie, l'Esméralda de la Tour qui les avait séduits avec sa douceur et ses longs cils avant de s'échapper, avant de s'enfuir. Parfois, Selim pense qu'ils s'en doutent, les Drine, ce sont pas des cons, les Drine, ils s'en doutent que lui aussi a déconné avec les frères Belabed, que lui aussi a fait du travail de guetteur, surtout avec l'épisode du feu dans le local poubelles, mais ils ne lui ont jamais rien dit, parce que, tant qu'il continuait à rentrer tous les soirs chez sa mère, ça signifiait qu'il n'avait pas totalement basculé les pieds dans le côté obscur des Orgues, à l'image des frères Belabed qui ont galopé tout de suite par là, c'est sûr, parce que, pour les rebelles, la Force est trop forte et elle balaie les petits Ewoks comme le vent balaie les feuilles mortes.

Machinalement, Selim évalue à un cran au-dessus environ l'étage où il faudrait être pour apercevoir les grues du chantier perpétuel si elles étaient toujours là. Il aurait fallu aller chez Belabed au-dessus pour les voir si elles étaient toujours là mais des Belabed, désormais, il ne reste plus personne. Sinon, les trois petits derniers Drine du 3e n'ont jamais eu le droit de mettre le nez dehors tout seuls, sur la dalle. C'était pas envisageable. Que les sorties scolaires pour eux, autant dire pas grand-chose. Les enfants ont été élevés sous cloche, un peu comme Marianne-Lalie, d'une certaine manière, même si, des Belabed aux Drine, c'était pas la même chanson chantée, du tout. Parfois Selim se dit que c'est comme chez les Céfrans, chez les Drine du 3e étage de la Tour J. Ils sont comme une branche de la famille plus sérieuse, plus tradi, qui réussit mieux, et qui bat aussi les branches pauvres de la famille sur le terrain mental avec toute leur indulgence et leur compassion. De toutes les façons, c'est tellement moche, les Orgues, et puis, ça s'est tellement dégradé avec le temps et avec le chantier de rénovation maintenant… Selim fixe le mur. Ça fait chier Selim de penser encore à eux, aux fils Belabed et, avec eux, tout le cortège de sa vie d'avant. Il secoue la tête en tentant de se concentrer sur le présent. Il kiffe plutôt de penser aux filles Drine. Il les regarde. Elles ont changé elles aussi. Chez les Drine, seul le dernier va encore au collège. Sinon, ils ont été deux dans la fratrie à être passés par Brassens : un frère et une sœur. Et ça s'est passé très différemment pour la sœur et pour le frère. C'est pas grave. Marianne-Lalie et Grands Yeux Drine sont, elles, bien arrivées jusqu'au lycée Diderot, dans tout le bassin, le seul bahut avec l'option arabe, qui récupère toute la jeunesse des Orgues, enfin, pas toute la jeunesse, non, pas Selim pas le Petit Richard *te mets pas à penser au Petit Richard* très peu des guetteurs arrivent jusqu'à Diderot, …, en tout cas, pas le Master *pas penser au Master stop* plutôt que la jeunesse qui réussit à franchir le mur de la dernière année de collège, c'est pas facile, tout le monde a en conscience, y compris Selim, de toutes les façons, de quoi on parle aux Orgues si, comme dans tout le pays, on parle pas de l'école ?

Qu'est-ce qui a changé chez les sœurs Drine ? se demande Selim en les regardant alternativement, l'une après l'autre, toutes les trois assises autour de leur plat collectif de nouilles harissa, la couleur de la tomate concentrée diluée dans l'huile, très forte, qui flotte au milieu d'elles, avec Fathia, la mère, et elles tournent la tête pour lui parler et parler aux hommes de la famille assis de leur côté autour de leur plat de nouilles à eux. Chacun mange ce qui est devant lui et c'est tout, chacun mange comme il s'est installé autour du plat qu'on a fait tourner sur lui-même en le déposant au sol pour qu'il coïncide avec les convives qui ont quitté les carpettes installées le long des murs pour se rapprocher à quatre pattes du centre de la pièce, on va pas piocher à droite ou à gauche, ce serait malpoli, ce serait comme piquer de la nourriture dans l'assiette du voisin chez les Céfrans, on ne peut prélever la nourriture que devant soi, Fathia et Wafa ont disposé des petits morceaux de viande au bord du plat, tout autour, à destination de chacun d'entre eux. Le plat est commun, donc, mais organisé en interne pour assurer une redistribution équitable des protéines entre chacun des membres de la famille et aussi lui, l'invité, Selim, lui qui, en tant qu'invité justement, avait écopé d'un beau morceau de viande, bien gras, bien charnu, bien fourni autour de l'os.

Depuis qu'il était parti des Orgues, à chaque repas, il avait été heureux de nourrir son grand corps. Évidemment, là, rien à voir avec les repas pris en collectivité au Rep, se disait Selim en observant le rituel qu'il connaît bien et qui lui avait servi de vie de famille pendant toutes ces années en plus de sa vie avec sa mère. Le soda en sous-marque qui circulait en guise d'apéritif avait disparu. La carafe d'eau en plastique, d'un groupe à l'autre, passait. Tout le monde était assis à genoux ou en tailleur sur une natte en pailles de plastique tressées. Qu'est-ce qui a changé vraiment chez les filles Drine en plus que, maintenant, on se serre la main pour se dire bonjour ? se demandait Selim en attaquant avec appétit son bon petit morceau de viande grasse.

IV

Marianne-Lalie et Grands Yeux ont fait partie de l'avant-garde du foulard islamique en Région Sud. À la suite des troubles qui sont advenus à ce sujet au collège de secteur des Orgues, des troubles qui ont fait pas mal de bruit dans tout le pays, jusque dans le Nord, Marianne-Lalie a été invitée à parler deux fois sur un plateau télé, aussi, elle est devenue la star de la Tour J, ce qui avait provoqué dans son foyer un énorme enfer domestique, et il lui avait fallu payer cher, très cher, cette affirmation hallucinante d'indépendance vis-à-vis du père Belabed.

Elvis Presley, c'était définitivement terminé aux Orgues et ailleurs, car, maintenant ça se passe plus au niveau des hanches et du sexe mais au niveau de la naissance des cheveux, au niveau du cou et aussi au niveau des oreilles Direction lobes. Et puis, la star, c'est plus un homme, un seul homme, aussi beau soit-il, la star, c'est une meuf, et ça peut être toutes les meufs, ça peut même être toi, meuf ! Toi, qui que tu sois, tu passais à la télé facile avec le foulard, tu sais ! Les troubles, il y en avait eu au collège Brassens des Orgues, des troubles sévères, très sévères, mais il y en avait eu aussi au collège Gabriel-Havez à Creil, octobre 1989, collège Jean-Jaurès à Montfermeil, 1992, collège Xavier-Bichat à Nantua, 1994, lycée Faidherbe à Lille, 1994, collège Gérard-Philipe à Aulnay-sous-Bois, 1995, collège Jean Monet à Flers, février 1999, etc.

Et tout le monde dans le pays s'est passionné et se passionne toujours pour ces petites jeunes filles qui se battent pour avoir le droit de porter un foulard sur la tête. Mais, aussi, toutes ces passions qui s'agitent à propos du torchon, du tchador, du voile, du foulard, au choix, ça s'est organisé et s'organise toujours à coups d'accordéon législatif. En 1989, le foulard, c'est légal si tu restes discrète sous ton fichu cf. Conseil d'État, Section de l'intérieur, 27 novembre 1989, n° 346893, Avis "Port du foulard islamique". Mais en novembre-décembre 1994, on ne dénombre malheureusement pas moins de 300 nouveaux cas de ces "foulards" dans les collèges et les lycées, ce qui fait au total 2 000 cas dans toute la France. En 1994, c'est donc déjà presque terminé, car, même si tu restes discrète sous ton fichu, ça marche plus, le foulard sort définitivement de la vie légale. Circulaire n° 1649 du 20 septembre 1994.

Comme Marianne-Lalie Belabed parlait bien et qu'elle était très belle, les deux fois, à la téloche, ça s'était très bien passé. Professé avec une grande douceur, son romantisme révolutionnaire avait beaucoup plu, mais, du coup, pour les téléspectateurs, la question du foulard était passée au second plan, car, les deux fois, elle s'était pointée qu'avec un keffieh autour du cou, sans foulard donc (elle avait été très convaincante quand elle avait expliqué à l'antenne les contradictions qui étaient celles de sa vie), ce qui relativisait la question "de vie ou de mort" défendue par elle à propos de ce que le présentateur s'obstinait à appeler un "tchador". Toute cette histoire, Grands Yeux la connaît par cœur, et pour cause, car, pendant que Selim guettait, guettait, elle, elle se battait, battait pour le foulard, tout en accordant du soutien affectif à sa meilleure amie Marianne-Lalie, qui avait du mal, beaucoup de mal, dans la vie, pas seulement à cause de la mort de sa mère, du foulard et du père Belabed, mais aussi à cause de sa romance impossible avec le blédard.

V

Foulard ou pas foulard (en l'occurrence, foulard, et c'est vrai que ça change un visage, pense Selim), Grands Yeux est kiffante. Selim, tout en grignotant les lambeaux de chair orangée qui tiennent encore lâchement autour de l'os qui lui est revenu, a cessé de faire tourner le regard pour l'arrêter fixe sur elle. Que Marianne-Lalie soit pas là, ça la mettait en valeur, Grands Yeux. Il n'y avait comme plus de comparaison possible avec elle, maintenant que la fille Belabed était partie. Il la regarde. Elle parle beaucoup. Elle a un air très sérieux, l'air de celle qui sait, en racontant que le problème pour Marianne-Lalie, ça avait pas été le blédard, pas du tout, ça, c'est de l'obscurantisme, elle disait, de l'obs-cu-ran-tisme *et Selim lève un sourcil en entendant ce mot et ensuite il se reconcentre très vite sur le visage, sur les yeux, sur tout ce qui encadre le visage et qu'il regarde désormais différemment, désormais qu'il vit loin, qu'il se sent loin de tous les problèmes des Orgues* Non, c'est pas le blédard, c'est le foulard, la nécessité du foulard qui l'a fait partir. Elle ne pouvait plus vivre comme elle vivait jusque-là, une double vie comme ça, zéro foulard quand papa est là, le foulard quand papa est parti *T'es sûre demande Selim Oui, elle est sûre et d'abord, elle sait mieux que lui, lui, il est parti, alors il se tait s'il te plaît Oooooh fait Jed, le père Drine Tout le monde rigole D'accord, se soumet Selim Il grignote sagement son os Il continue de la regarder avec ses yeux gris* Non, mais ce qui est bizarre *poursuit Grands Yeux* c'est que tous les deux, vous soyez partis au même moment, la même nuit Ta mère a mis du temps à nous dire que tu t'étais engagé dans l'armée Elle avait peur qu'on te rattrape ou quoi *Tout le monde rit Selim regarde son os, le lèche un peu, admet que oui, c'était bizarre mais que c'est certain, il était pas parti avec elle, Fathia la mère le regarde Grands Yeux rigole C'est vrai, Marianne-Lalie, elle allait pas partir avec toi Elle aurait pas voulu de toi ça c'est certain Grands Yeux rigole Les filles, c'est bavard, dit Jed en s'essuyant la bouche* Alors c'était un hasard ? *Le hasard, ça existe, répond Selim Tu n'as plus de nouvelles ? demande Selim Si mais que des petites nouvelles, répond Grands Yeux Elle va bien ? Je ne sais pas, répond Grands Yeux J'ai que des petites nouvelles Je te dis* C'est bien simple, tout le monde était contre nous sur cette affaire de foulard. Les gens les plus sympathiques étaient contre nous. Les gens les plus antipathiques étaient contre nous. D'un côté, c'était angoissant. De l'autre côté, c'était excitant. Au moins, on a montré la voie *La voix de qui ? demande Selim Laisse tomber répond Grands Yeux*

VI

Grands Yeux n'avait de leçon politique à recevoir de personne, surtout pas de toutes ces féministes à la noix qui n'ont pas compris depuis leur community de bourgeoises que le foulard, c'est pas un objet d'oppression masculine mais alors pas du tout du tout, d'accord ? *Selim écoute* Grands Yeux ne parle pas de la burka imposée par les Talibans en Afghanistan, d'accord ? *Selim boit un verre d'eau en prenant son temps* Grands Yeux s'attendait, concernant la lutte menée aux côtés des voilées de Brassens, dont la sœur Drine n° 3, qui s'appelle Hajer, à être soutenue par des gens de toutes origines aux Orgues. "Le foulard islamique, c'est un problème qui touche aux valeurs de la République. Qui touche à la liberté inhérente à la République. Tous les Français sont concernés. Or, dans la rue, avec Hajer, devant Brassens, on était toutes seules !" *Une ombre passe sur le visage de Grands Yeux Selim observe attentivement cette ombre qui passe*

Grands Yeux ne se sent pas concernée par le Sida *Qu'est-ce que c'est "le Sida" ? demande Fathia Laisse tomber Omi* Mais il ne lui viendrait pas à l'idée d'imposer son mode de vie aux homosexuels. "Il y a un problème d'hygiène, et aussi un problème de civilisation peut-être. On peut avoir peur, parce que ça se refile vite, par le sang, par des pratiques mauvaises, il paraît, une petite coupure, et, hop, tu le chopes, mais nous, les Muslims, on n'est pas concernés par ce type de déviation, alors on se tait, on crie pas avec les loups. On se tait, ça veut dire : on dégaine pas. Juste, on fait attention pour notre sécurité personnelle" *Grands Yeux, elle veut devenir médecin, explique Hajer C'est des mabouls, tous ceux-là, dit Fathia* Qu'est-ce qu'ils combattent en eux qu'ils combattent en nous ? D'un côté, ils veulent consolider le modèle républicain, mais, de l'autre, dès qu'on veut être dedans en voulant existen quand même, ils attaquent. Les gays doivent pas contaminer le monde avec leur sang empoisonné. Mais nous, on peut contaminer le monde avec quoi ? Mais je vais te dire, toute cette révolte, elle va ressortir. Il y aura des émeutes. Il y en a déjà. Mais il va y en avoir plus. Et les voitures brûlées, c'est rien, tu sais. Un jour, on va se mettre vraiment à dégainer *Dégainer contre qui ? demande Selim* C'est une façon de parler, *rétorque Grands Yeux Tu veux pas te taire un peu ? tente Selim Tout le monde rit* Heu non, tu rigoles ? T'es qui pour me dire de me taire ? *Jed le père sourit* Je te dis juste ça pour que tu comprennes que les choses sont en train de changer ici *Grands Yeux s'arrête* En passant, on se demande tous ici ce qui t'a pris de t'engager dans l'Armée de France *silence* Ce que je veux te dire, c'est que, ici, c'est plus comme avant. Et je suis pas la seule à penser ça, d'accord ? *Les femmes, ça parle beaucoup, répète Jed le père* Par exemple, on songe à une campagne de délation par lettres sur les agissements de la Mairie. Avec des noms. Avec des faits précis. Pour expliquer comment ça marche, le vote, ici, chez nous, aux Orgues. Les Roses qui tiennent la Mairie, ils versent des subventions à des associes qui font que faire tourner entre elles les 7 mêmes gosses, alors qu'en fait, les autres, tous les autres, crèvent avec de la drogue plein la bouche *Selim regarde attentivement un quartier de mandarine entrer dans la bouche de Grands Yeux* À la Mairie, ce qui les intéresse, c'est que la chasse aux mariages blancs. Inutile de te dire que je ne me sens pas concernée. Le mariage blanc, c'est comme du Sida pour moi. C'est très grave *Selim sourit aux parents* À Brassens, on est passées pour des folles. Dès qu'une femme existe, on dit qu'elle est folle. Mais, moi, je sais des choses. Napoléon, il paraît qu'il a dit que les femmes, elles sont la propriété de l'homme *Tu veux devenir la propriété de l'homme ? demande Selim* Les Céfrans, ils kiffent la virilité des Arabes *Elle regarde Selim* Est-ce que tu sais que Napoléon III avait beaucoup d'admiration pour Abd el-Kader ? *C'est qui Abd el-Kader ?* Moi, je ne suis pas d'Orient. Je ne suis pas d'Occident. Moi, je suis Grands Yeux. Je suis des Orgues. Et je les emmerde ! *Oooooh dit Selim Chut, dit Jed Ooooooh dit Fathia Ça va pas de parler comme ça T'es pas bien toi* On leur demandait de respecter la loi, c'est tout. Les filles, elles avaient le droit de le porter, le foulard *Selim la regarde fixement* Et tu sais quoi ? Une femme m'a frappée dans la rue en passant. Avec son sac. Elle revenait de faire ses courses, et là, comme ça, gratuitement, elle m'a fait une chiquette sur la tête. Tout ça parce que je porte le foulard, d'accord ? Franchement, j'ai été choquée *Maboula, celle-là, dit Fathia en secouant la tête Et le thé ? demande Jed le père Grands Yeux se lève pour aller faire le thé*

VII

Brassens, c'est le collège où se rendait avec son foulard la troisième sœur Drine, la plus jeune, celle qui s'appelle Hajer. Hajer a déjà quitté la maison parce qu'elle s'est mariée. Elle fait aussi partie du tout petit nombre de celles qui n'ont pas plié devant les règlements intérieurs des collèges qui voulaient devancer la loi d'interdiction totale du foulard *Tu l'as apprise au bled Tu la connais toujours ? Qu'est-ce que tu crois, répond Grands Yeux Vas-y alors OK J'y vais Grands Yeux soupire et s'y met : Le moindre vent qui d'aventure fait rider la face de l'eau Vous oblige à baisser la tête Tout vous est aquilon ; tout me semble zéphyr Vous naissez le plus souvent sur les humides bords du Royaume du Vent Votre compassion, lui répondit l'Arbuste, part d'un bon naturel mais quittez ce souci Les vents me sont moins qu'à vous redoutables, Je plie, et ne romps pas. Grands Yeux s'arrête et regarde Selim dont les yeux gris brillent dans le noir* Après la loi d'interdiction totale, elles seraient 47 en tout à ne pas avoir plié dans la France entière.

Au pays, dans les mariages, que ça danse ! Salle pour les mecs. Salle pour les girls. Les femmes sont revêtues de 8 mètres de tissus brodés de fils dorés drapés de façon pas possible au moyen d'une écharpe en laine nouée autour de la taille et maintenus au niveau des épaules au moyen de fibules. Aux Orgues, le mari d'Hajer a interdit qu'on danse au mariage. Quand Hajer est apparue aux yeux de tous, toute harnachée comme elle était dans sa tenue d'idole à déflorer, Grands Yeux a monté à donf le son de la sono, la musique coule fort, les paroles tombent sur les têtes des mariés : "Tellement je t'aime Tellement n'brick"

À Brassens, il y avait le CPE, Monsieur Marto. Monsieur Marto est musulman. Être musulman, ça veut dire, le concernant, qu'il baisse les stores de son bureau deux fois par jour en pleine journée de travail dans un collège républicain pour faire sa prière. Monsieur Marto refuse de faire comme Jed qui appartient à la génération qui a toujours fait toutes ses prières le soir chez lui en paquet groupé avec tous les enfants qui lui grimpaient pour plaisanter sur le dos, parce que, sur un chantier, sans salle de prière, à l'ombre de la grue, et sans l'accord du chef, c'était pas pratique sinon. Le Principal du collège, à l'époque, s'appelait Monsieur Vanian et Monsieur Vanian avait décidé de pas communiquer avec la hiérarchie sur le cas de Monsieur Marto. Pourtant, les 38 – 1 enseignants du collège étaient, eux, de l'opinion que Marto dégage. Qu'il dégage, ce Musulman pratiquant explicite, tout simplement parce qu'il y a une loi qui préconise que le personnel d'une école laïque soit laïc Art. 17, loi Goblet du 30 octobre 1886 + CE, Arrêt Mademoiselle Marteaux, 3 mai 2000 Fait notable : Monsieur Vanian était en attente d'une mutation et, dans la fonction publique, si tu veux muter, t'as intérêt à écraser. Toujours est-il que Monsieur Marto disparaissait en douce deux fois par jour pour faire dans son bureau tout ce que les 38 enseignants + tous les élèves du collège Brassens savaient qu'il faisait. Monsieur Marto jetait un bref coup d'œil sur sa montre, tandis que ses yeux partaient sur le côté avec, en surface, brillante, une teinte d'absence inconsidérée, scandaleuse, selon le point de vue des 38 – 1 enseignants au collège, outrés, qui n'en revenaient pas d'une telle liberté prise avec la loi, et pas n'importe quelle loi, une loi fondamentale de notre République, fondamentale pour le sens profond de notre République, et puis, Monsieur Marto demandait d'un air neutre de l'excuser, il devait s'absenter, ça ne serait pas long, il serait très vite de retour, fidèle, présent tous les jours ouvrables du collège, et même le week-end, les vacances, en veille sécurité, en alternance avec Monsieur le Principal, Monsieur Vanian,

Monsieur Marto habitait avec sa femme dans un F2 de fonction situé juste au-dessus de la cantine, présent, toujours, pour exercer son métier de Conseiller Pédagogique : recevoir un enseignant en larmes qui vient (encore !) de se faire "traiter" en classe, expliquer à l'enseignant qu'à Brassens, se faire traiter comme ça, de temps en temps, c'est pas la fin des haricots, une histoire de rythme, surtout, il y a la nature de l'insulte à considérer avant de se mettre à désespérer, sérieusement, “T'es moche”, c'est pas pareil que “Monsieur le Professeur, je vous emmerde”, même si “Monsieur le Professeur, je vous emmerde”, c'est la Rolls en matière d'injure, jamais entendu, jamais documenté, en fait, à Brassens. Et les prières clandestines, dans ton bureau, c'est aussi une histoire de rythme, peut-être ? maugrée de son côté l'enseignant, celui qui vient de se faire insulter justement, en cours de décomposition intense derrière son rideau de larmes. Non seulement, il vient de se faire humilier par une petite racaille de la dalle, cette petite racaille de la dalle s'en est prise à son physique, pas agréable, en lui balançant devant tous les autres gosses “T'es moche”, les larmes sont venues tout de suite, vraiment un truc de gosse qui a touché le gosse en lui, mais, en plus, cet enseignant doit se taper un sermon prononcé par un CPE dont le comportement religieux ostensible en territoire de République laïque prouve que oui, coco, contrairement à ce que tu penses, la fin des haricots, elle est bel et bien déjà arrivée dans l'école de la République !

Ensuite, pour Marto, il reste à enguirlander un gosse qui a écrabouillé tous ses camarades dans la queue de la cantine ce midi, en se jetant sur eux avec son cartable, juste pour rigoler, zéro morts, ça va, ensuite enguirlander encore un autre gosse, super super pénible, celui-là, abonné aux conneries de tous ordres, tous les jours, et ce gosse commence à chauffer grave toute la communauté du collège, donc, Marto va être obligé (encore !) de lire le rapport d'incident écrit par l'enseignant, un autre enseignant, une enseignante, cette fois, un rapport maigre, désolant, en même temps, si on perçoit la péripétie de l'autre côté des murs du collège, loin des Orgues, de la galerie commerciale explosée qui y conduit, au collège, un rapport désarmant, toujours les mêmes conneries, avec des variations au sein de la routine de la connerie, et le rapport ne décrit pas pourtant moins une réalité toute fraîche à destination de Monsieur Marto, si bien que la mission de Monsieur Marto est d'apprécier avec finesse tout ça, la répétition de la connerie, et la variation dans la répétition de la connerie, mais que ce gosse arrête d'emmerder tout le monde, c'est insupportable, très vite, ça devient insupportable quand ça se répète, or, dans ce collège, comme dans tous les collèges de France et de Navarre, comme dans tous les collèges du monde, tout se répète tout le temps ! Et heureusement que ça se répète ! Sinon ça voudrait dire que tout va effectivement plus mal, d'où l'inquiétude de l'ensemble de la communauté du collège devant le comportement anomalique du CPE Marto qui s'enferme deux fois par jour pour prier dans son bureau en plein collège ! "Rapport d'incident : L'élève ***, après avoir gravement perturbé le cours, s'est attaqué à son voisin en lui enfonçant son stylo dans le derrière. Un autre élève s'est aussi plaint qu'il l'avait piqué à la cuisse avec un compas. J'ai gardé l'élève *** en classe en lui signalant que le présent rapport ferait état de ses actes et le mènerait vers une sanction méritée. Il m'a répondu « sale pute »." Gestion de l'incident : vide. Suivi d'incident : vide. Et aussi, pour Marto, il reste à organiser le planning des études du soir, organiser le planning des conseils de classe, organiser le planning des emplois du temps, organiser le planning des visites médicales. Plus humblement, il faut aussi, à répétition, débourrer la photocopieuse, plié en deux, comme un pauvre lampion de la dernière eau qu'il est, en plus de tout, dans ce collège abandonné de tous situé en sortie de galerie commerciale explosée. Le manuel papier de la photocopieuse pendouille en berne, accroché au bout d'une ficelle à la machine car sinon il disparaît toujours. Épuisés, les 38 enseignants de Brassens en ont marre de devoir débouler tous les quatre matins dans le bureau de Monsieur Marto, parce qu'ils ne peuvent pas photocopier comme il faudrait pour faire cours et Monsieur Marto, en face, lui, en a marre de les voir débouler dans son bureau tout court.

VIII

Et puis, Monsieur Vanian a été muté. Dans un gros lycée polyvalent du Sud. Une énorme machine. Une promotion. Plus tard, c'est son adjointe, Madame Figaro, une blonde, qui serait mutée. Dans le Nord. Le collège Brassens est tout petit. Tout naturellement, un autre Principal, Monsieur Stevenson, a remplacé Monsieur Vanian. Que pense le nouveau Principal Stevenson au sujet de tout ce bordel ? Qu'un foulard, c'est ostentatoire. Par principe. Que les mamans qui accompagnent les sorties avec un foulard sur la tête, c'est ostentatoire. Par principe. Que la cantinière qui fait que du hallal, parce que tous les élèves, ou presque, sont muslims, c'est ostentatoire. Ouais. Mais qu'est-ce que ça veut dire "ostentatoire" ? Ça veut dire illégal selon l'arrêté du Conseil d'État de novembre 1989. Illégal car comportemental, sensible, visible, excessif, excédant la mesure, indiscret, manifestatoire, causant par là des troubles in-dis-cu-ta-bles. Et ce n'est pas fini. En fait, pour Stevenson, c'était important pour lui d'être, conformément à la loi, le seul, le véritable responsable de l'ordre dans l'établissement cf. Art. 8, Décret n° 85-924 du 30 août 1985.

Même interprétation des absences en sport et en piscine. "Non-respect de l'obligation d'assiduité scolaire", ça s'appelle. Beaucoup de filles, voilées ou pas voilées, et certains mecs, ceux qui se trouvent trop maigres, ou trop gros, et il y en a un paquet, font tout ce qu'ils/elles peuvent pour échapper à la piscine. Jeunesse ! C'est l'adolescence. Vanian tolérait. Pas Stevenson. Convocation dans le bureau. Appel des parents. Conversations. Colles. Beaucoup de parlote. Il faut agir par la persuasion et par la médiation, plutôt que par la menace, préconisait pourtant

Jean Zay à propos du port des insignes politiques dans les écoles cf. Circulaire du 1er juillet 1936 Même recommandation à propos du foulard dans la circulaire de 1994. Jean Zay est l'idole de Monsieur Stevenson. Le grand-père de Stevenson a fait de la résistance. Sinon, en plus du grand-papa résistant, pendant le Vieux Siècle, il a eu un aïeul de la haute, du côté de sa mère, qui appartenait à la famille de Vuypes. Ce duc de Vuypes, qui était tellement énorme qu'il y avait, scié dans une table chez lui, un demi-cercle de vide pour qu'il puisse encastrer son gros ventre jusqu'à l'assiette, était une grosse bête sénateur ralliée à Napoléon. De la partie du Faubourg Saint-Germain, les légitimistes pro-Bourbons, qui avait cédé aux sirènes dorées de l'Empire. Cependant, le Duc de Vuypes avait une belle-fille qui s'appelait Ermesinde et qui était une intrigante, "presque un peu plus que bizarre", paraît-il, et cette belle-fille, avec l'accord de sa femme, qui était aussi une créature très étrange, mi-homme, mi-femme, une Amazone de salon, souvent habillée en homme, elle, tout à fait étrange, donc, avait transformé le salon de Vuypes en foyer de contestation dédaigneux et méprisant pour les Tuileries. La Greneuse, comme elle s'appelait, était un plaisir de femme qui aimait à défier par l'épigramme. La Greneuse, c'était une Anti-Joséphine. Une effrontée au visage marqué par la petite vérole. Cette ascendance Vuypes a-t-elle joué dans l'affaire du foulard à Brassens, cité des Orgues ? On ne sait pas.

Le grand-papa résistant de Stevenson, le nouveau Principal de Brassens aux Orgues, a conservé jusque dans le sang sa chevalière dans la bouche sous sa langue quand il a été torturé par les Nazis comme Jean Moulin. N'a pas gémi sous les coups, alors que la consigne, justement, c'était de hurler le plus possible, le temps d'invisibiliser les réseaux, et aussi, pour intimider le bourreau. Et la brute gestapiste lui a cassé des dents, au grand-papa résistant. Après, le grand-papa Stevenson *alias* Commandant Xavier a souffert tous les jours, toute sa vie, à en hurler, le soir, la nuit, de sa mâchoire massacrée, en raison de sa chevalière cachée héroïquement sous sa langue pendant toutes ces séances de tabassage sanglant. Commandant Xavier a participé à la libération de la ville de Monteaugon dans l'Ouest. Il y a son buste dans un square.

IX

Stevenson, ça a été un gros problème pour tout le monde à Brassens *explique Grands Yeux* On ne savait pas quoi faire avec lui. D'abord, c'était un séducteur, d'accord ? *Selim avait entendu parler de Stevenson On parlait de lui sur la dalle Il faisait ses courses dans la galerie commerciale Il vivait là Tous les petits lui disaient bonjour quand il traversait la dalle Tout le monde l'aimait beaucoup Il avait un côté acteur, rajoute Hajer avec sa petite voix Il était élégant Nous, les filles, on l'aimait beaucoup* Tu te souviens, Hajer, tout le monde disait qu'il faisait son cinéma au collège, tout le temps, en fait, il faisait son cinéma. Il ressemblait à une star américaine débarquée de son ranch aux Orgues *Charles Ingalls dit Fathia C'est qui celui-là demande Grands Yeux Plutôt Clint Eastwood ? Ah oui ! Clint Eastwood mais en un peu plus gros et en plus gentil Tout le monde parle en même temps Tout dépend, coupe Grands Yeux Car ça s'est mal terminé pour lui Pour vous, tu veux dire, risque Selim Grands Yeux répond pas* Dans sa famille, il y avait un héros de la guerre, il paraît, un vrai héros *T'avais envie de le suivre, de lui faire confiance Il avait une manière de te parler qui marchait bien, qui faisait qu'on avait le sentiment de compter, explique Hajer avec sa petite voix C'est dommage, dit Fathia Il discutait beaucoup avec nous On savait tous qu'il aimait bien les femmes Les femmes, c'était jamais les mêmes qui passaient le voir dans son logement De belles femmes* Rien d'indélicat, jamais. Une grosse rigueur. De la douceur dans l'argumentation. Il a fait des choses bien *soupire Grands Yeux Oui, c'est triste, dit Hajer C'est dommage, répète Fathia* Il a été con, c'est tout, *coupe Grands Yeux* Il a réussi très vite à stopper la mode de la djellaba chez les garçons du collège en les menaçant d'interdire le jogging. C'était comme leur interdire d'avoir des couilles *Chuuut ! dit Jed le père Fathia dit aussi quelque chose Au commencement, il était vraiment bien, répète Hajer* Il a aussi été très bon quand les mecs ont eu l'idée de faire concours de barbe. Un concours de barbe ! C'est vrai qu'ils en avaient pas beaucoup de la barbe *Grands Yeux sourit petit coup d'œil à Selim* Et c'était très moche Mais enfin, la barbe poussait, poussait, poussait, et les profs étaient pas contents, parce qu'il faut dire que les garçons passaient aussi toute la journée à se les comparer, leurs poils de barbe, les mecs ! Ce qu'il a fait, Stevenson, c'est qu'il a repéré qu'il y avait des petits durs, des racailles de la dalle, qu'étaient encore que des collégiens donc, aussi, qui avaient juste zéro poil qui poussait *Ça les empêchait pas d'être aussi méchants que les autres, dit Hajer Tous les soirs, en larmes, au 3ᵉ étage de la Tour J, raconte Fathia Tous les soirs, Hajer pleure Elle se fait pousser dans l'escalier, cracher dessus, bousculer à la cantine, insulter, arracher sa chaise Jamais elle se défend Selim écoute Il se souvient bien du collège Brassens avec Angelo Rien de personnel Mais quand même la brutalité, ça casse, ça casse tout le monde, même nous, ça nous cassait, même les petites Hajer, douces comme elle, inflexibles de douceur comme elle, ça les casse* Même Jeanne d'Arc dans sa Tour, elle craque *s'énerve Grands Yeux* Elle essaye de s'évader en faisant une corde avec ses draps mais la corde est trop courte et elle tombe dans le fossé. Et puis elle tombe malade *Jeanne d'Arc ! s'étonne Selim* Enfin, elle cède. Elle accepte de retirer son habit d'homme. Parce qu'au final, ils avaient trouvé que ça pour l'attaquer. Mais, si elle s'habille en homme, c'est aussi parce qu'elle est sécurisée dans ces habits-là avec tous les coups, toutes les humiliations sur elle *Tu remontes loin, là, dit Selim en regardant Hajer Hajer ressemble pas du tout à Jeanne d'Arc, il trouve, ça non, elle est toute petite, Hajer, et elle parle avec une toute petite voix, toujours c'est le contraire de Grands Yeux*

Mais Grands Yeux aimait Jeanne d'Arc manifestement beaucoup, 19 ans, Jeanne d'Arc, quand elle finit sur son bûcher en criant Allah-Jésus-God Jésus-God Jésus-God. Elle crie Jésus-God pour se donner du courage. Elle veut pas brûler. Elle fera tout pour pas brûler. Mais elle craque une seconde fois. Elle remet ses habits d'homme à l'abri dans sa Tour. Des habits de chef de guerre. Relapse d'armure, ça s'appelle *précise Grands Yeux* Un crime *À l'âge de Grands Yeux, d'Hajer et de Jeanne d'Arc, les vêtements, ça compte, se dit Selim Pour moi aussi, ça compte l'uniforme Quand je porte l'uniforme, je me sens plus fort* Il y a de tout à Brassens, explique Grands Yeux *Je sais, j'y étais, essaye de dire Selim Mais personne ne l'écoute*

Il y a aussi des filles très dures à Brassens. Elles parlent fort. La faille, c'est la douceur. À Brassens, t'as le choix entre la dureté et la dureté *Que du tactique, pense Selim* Il faut rien laisser passer. Dès que quelqu'un franchit la ligne, tu parles fort. Manque de chance, la ligne, elle est partout *explique Grands Yeux* Résultat, tout le monde parle très fort tout le temps *Ces filles, elles sont aussi épouvantables que les garçons, dit Hajer Elles sont aussi violentes, aussi injustes que les autres tout le temps Toute cette histoire, c'était il y a que deux ans, rétorque Grands Yeux C'était comment le collège au bled ? demande Selim* C'était pas comme ça que ça se passait. Oh non ! La paix sociale c'était autrement là-bas ! *répond Grands Yeux* Si une fille venait avec un foulard, je peux te dire que, fissa, elle était matée, même si, parfois, ils toléraient les petits fichus chez certaines enseignantes, car c'était le Sud, et le Sud, c'est très rural et, quand c'est très rural, très traditionnel, les femmes, elles portent souvent un petit fichu sur la tête mais ça veut rien dire, d'accord ? *Comme ma mère, commente Selim Mais tu voudrais retourner là-bas, Hajer ? Bien sûr que non, elle n'est pas idiote ! Selim tourne la tête en direction de celui qui a parlé : celui qui a parlé, c'est Ali. Ali, le grand frère, le frère Drine n° 1* Pour revenir à cette histoire de barbe *poursuit Grands Yeux* Tout ça, c'est pour te dire que Stevenson s'est appuyé sur tous ceux qui n'avaient pas de poils, pour défendre que la virilité spirituelle, ça repose sur quelque chose de plus fondamental que le poil. Personnellement, je n'aime pas la barbe chez les mecs *Grands Yeux le regarde*

X

Un jour, en plein examen du Brevet, il y a eu un élève, un très grand, un qui venait d'un autre collège, qu'avait été expulsé et qui avait atterri chez nous, on ne sait pas pourquoi, que personne ne connaissait, en fait, puisqu'il était arrivé assez tard dans l'année. Ce mec était tellement grand et, en même temps, il parlait pas beaucoup. Il s'appelait Nordine. Il souriait tout le temps. Il devait quand même avoir beaucoup d'années de retard, Nordine. Tellement qu'il était grand en taille, il était comme un adulte. Or, tous, on était en plein examen de français du Brevet et c'était pas drôle, 47 % environ de réussite au Brevet, chaque année, pas plus, à Brassens *soupir de Grands Yeux Elle aime les chiffres Elle veut devenir médecin, dit Hajer* Parce que c'est le destin des Orgues et de Brassens, qu'on soit en difficulté presque tous *Pas elle, dit Hajer Non, pas moi, dit Grands Yeux et Selim la regarde* et il y avait des tas de questions pointilleuses et sur les attributs dans lesquelles nous tous on était en train de souffrir, avec nos stylos de sous-marque et, tout à coup, il paraît que Nordine s'est levé et qu'il s'est mis dans le couloir, au milieu de la salle d'examen, enfin, pas exactement au milieu du couloir, mais un peu sur le côté, collé à une des rangées, comme pour pas déranger, et un peu de biais aussi, et puis il a étalé sur le sol un petit tapis. Ensuite, direct à genoux, comme ça, sans que la surveillante ait eu le temps de faire ouf, il a commencé à dire les prières, d'accord ? *pause* Tu imagines ? Je ne sais pas si tu imagines. C'est un type, on n'avait jamais entendu le son de sa voix. Jamais. Jamais il s'était fait remarquer en classe et dans la cour, et là, tout à coup, il disait les sourates en arabe à mi-voix devant tout le monde, sans qu'il ait honte et en plus pendant un examen du Brevet ! Alors que tous on flippait grave car l'enjeu, c'est le passage en seconde, le Lycée ou la Mort, ça s'appelle l'orientation. Si tu chopes que l'orientation, t'es juste mort. Disparaître en apprentissage Chaufferie au CFA, ça mène à rien. Et ça arrive plus vite que tu ne le penses, l'orientation, surtout si t'es du type agité. Du coup, donc, t'as intérêt à avoir des résultats pas trop nuls au Brevet. Enfin, je te passe les détails de toutes les magouilles pour réussir à aller au lycée quand t'es élève à Brassens aux Orgues et que, pourtant, t'es nul mais, mais… *Je suis au courant Merci, dit Selim Tout le monde rigole* Nordine, genre 22 ans *Fathia dit : Oh le pauvre ! Tout le monde rit* pendant l'épreuve de français du Brevet, il fait tranquille sa prière en arabe, comme ça, genre, c'est normal, et tout et tout, de faire sa prière en arabe en plein examen national de France, tout ça, d'accord ? La surveillante, elle s'est figée. Panique. Elle est devenue toute rouge. On savait pas de quoi. De colère ou de gêne, ou quoi. Mais quand elle a ouvert la bouche, ça a été pour lui demander s'il était pas malade, Nordine. Et elle a sorti en même temps un paquet de mouchoirs de son sac. Parce qu'elle était du type compréhensif, cette surveillante, genre faut nous respecter, et tout et tout. Et donc, elle avait le bras tendu vers Nordine avec au bout, dans la main, un petit mouchoir en papier blanc qui lui faisait signe, petit drapeau blanc qui disait : "S'il te plaît, Nordine, arrête de déconner, fous pas toute l'épreuve en l'air, s'il te plaît, reviens parmi nous, tu retournes aux épithètes et aux attributs, d'accord ?" Et nous, on a tous arrêté de travailler. On regardait la scène. Nos yeux, ils faisaient juste que l'aller-retour entre Nordine à genoux et le petit mouchoir blanc qui tremblotait au bout du bras de la surveillante, loin *Elle raconte bien, dit Hajer* C'était le vide dans le règlement et dans les circulaires à ce propos. Qu'allait-il se passer ? Il allait se passer que là, y a quelqu'un qu'a dit tout fort *Grands Yeux rigole* "Eh Nordine, t'es devenu ouf ou quoi ?" Et là, tout le monde est parti dans un fou rire terrible. Même Nordine, il riait ! Oui, ça pouvait pas être sérieux tout ça. C'était pas possible. On pouvait pas prendre ça au sérieux, même si, faire sa prière et tout et tout, vouloir ressembler au prophète Mohammad, c'est vraiment hyper-respectable mais là, l'envie de rire était trop forte. Vraiment, là, on se serait cru dans *Le Petit Nicolas* chez les Rebeu des Orgues. On se gondolait tellement que la surveillante, elle s'est mise à rire aussi *pause* C'est la seule chose que nous, on regrette à Brassens, c'est le rire. C'était du rire dur comme tout le reste mais, dur ou pas dur, le rire, c'est le rire. J'ai plus ri en deux ans à Brassens que toute ma vie en Tunisie *Jed hoche la tête* On n'a jamais compris ce qui lui avait pris à Nordine. Peut-être que c'était un pari qu'il avait perdu, un défi avec lui-même, ou que, tout simplement, il était sincèrement religieux. Peut-être qu'il avait été viré de son autre collège en raison de sa pratique du tapis de prière ? *Grands Yeux rigole* On ne sait pas. On suppose. Mais on s'est tous dit que ça allait barder grave pour lui avec Stevenson *Tout le monde rigole* Eh bien, pas du tout ! Nordine, il est ressorti tranquille du bureau de Stevenson. Et il l'a eu, son Brevet. Tranquille, le mec. Non, ce qu'il a pas toléré, Stevenson, c'est quand Marto le CPE a refusé de serrer la main à l'agente comptable et à la secrétaire de Monsieur Stevenson. Ça oui, Stevenson a pas toléré, et ça a foutu grave une mauvaise ambiance.

XI

En plus, ce nom, “Stevenson”, c’était mystérieux. Un résistant français et patriote qui porte un nom pareil ? Jamais, non, jamais, il a répondu à nos questions sur son nom *Il était vraiment bien au commencement, répète Hajer* Il disait toujours que l’école, c’est la garantie que l’intimité, l’histoire individuelle, tout ça, ça ne soit pas utilisé contre l’enfant. Il disait aussi que l’école, ça doit aussi être un lieu de prise de conscience par rapport à soi-même. Et nous, on était d’accord avec ça. Il voulait nous soustraire à l’emprise des préjugés et des déterminismes de naissance. Il voulait nous mettre à l’abri du patriarcat. Nous, on était d’accord avec ça. Il fustigeait les clans, et, particulièrement, les fédérations de clans. Nous, on était d’accord avec ça, surtout pour les Juifs à Brassens qui étaient obligés de cacher leur petite étoile *On va pas parler des Juifs, dit Fathia* Les Juifs n’osaient pas dire qu’ils étaient juifs. Nous, quand on le savait, on ne le disait pas devant eux. Pour ne pas les gêner. Eux, par nécessité, ils se faisaient discrets *Il n’y a pas de Juifs ici, dit Fathia* Les Juifs, ils étaient très peu. Ils se faisaient oublier pour ne pas se faire emmerder *Il n’y en a pas beaucoup chez nous Mais quand même, il y en a, dit Selim Chez vous ? Où chez vous ? demande Grands Yeux Au 7e étage ? Tout le monde rigole Oui, c’est ça Si tu veux, au 7e étage, répond Selim* Et pourtant on parle pas d’eux comme on parle de nous parce que je crois qu’ils essayent pas d’exister comme nous dans les collèges et les lycées publics. Il faut dire, ils ont la possibilité de se regrouper dans des écoles à part. Pas nous. Nous, ça se passe sur place. Forcément, c’est plus visible *C’est compliqué La question des Juifs aux Orgues, dit Selim C’est compliqué aussi chez nous Au*

Rep Tout le monde écoute mais il ne dit rien de plus Avec eux, c'est toujours compliqué, dit Fathia C'est compliqué avec tout le monde, dit Jed Tout le monde ensemble Il faut pas juger, dit Hajer Les frères Drine, eux, se taisent Ils mangent en silence

Stevenson, il nous expliquait que Jean Moulin avait été trahi par des agents doubles depuis l'intérieur de la Résistance *elle insiste* et que les plus grands adversaires des Résistants pendant la guerre, c'étaient eux-mêmes, les Résistants, tellement ils se déchiraient entre eux. Il paraît que c'était horrible, et que c'est comme ça que Jean Moulin, il est mort torturé par des SS qu'on aurait dû pendre haut et court. Peut-être qu'il aurait assuré, lui, Moulin, *Pas certain, dit Selim* ça doit être une résistance unie, unie comme les doigts de la main", nous répétait Stevenson. Nous aussi, on était d'accord avec ça. En plus, je n'ai pas honte de le répéter, mais nous, on le trouvait tous très beau, le petit-fils du Commandant Xavier qui a libéré la ville de Monteaugon *Petit regard Selim reste impassible Chuuuut ! dit Jed le père. J'ai du mal à imaginer ce qui a pu tourner mal avec Stevenson Vous aviez la loi pour vous, non ? lance Selim Attends, tu vas voir Tu vas comprendre, répond Grands Yeux*

Stevenson, il l'a fait dégager, Marto. Il a fait en douce ouvrir une fenêtre à l'étage en plein exercice Alerte incendie. Négligence. Convocation. Faute professionnelle. Et puis, la défaveur *On se bat comme on peut, dit Selim* Surtout, l'appartement de fonction occupé par Marto a été réattribué à un autre administratif de l'établissement, et qui était une femme, en fait *Oui C'était une femme toute maigre Avec une fille bizarre aussi, se souvient Selim* Cette réattribution a forcé Marto, avec sa femme et son fils à déménager. Et tout le monde a été scandalisé de ça aux Orgues. Tous sauf les profs. Il y a eu une prof aussi qui a dit quelque chose, une dame, prof d'histoire-géo. Mais chez les élèves, sur la dalle, aux Orgues, ça n'est pas passé. Le bruit a couru partout que Stevenson l'avait castré dans sa religion *C'est quoi castré demande Fathia* Et Stevenson est devenu super dark. Tout le monde s'est mis à le haïr *C'était ouf, dit Hajer Tout le monde rigole en entendant Hajer dire "ouf"* Des ondes de haine comme des ondes de chaleur, quand il se déplaçait sur la dalle, Stevenson. C'était guedin *s'enflamme Grands Yeux Guedin ?*

demande Selim en souriant Oui, Guedin, *affirme sans peur du ridicule Grands Yeux* C'est devenu pénible pour Stevenson *C'est vrai, dit Hajer* Quand il sortait faire ses courses, il recevait des pierres *C'est vrai, dit Hajer* Il se faisait insulter par des petits *C'est vrai, dit Hajer* Dans son caddie, un jour, Stevenson a trouvé un rat mort *Sifflement d'admiration de la part de Selim Déjà, arriver à attraper la bête, ensuite la tuer… Personne n'écoute* Quelqu'un l'avait balancé sur ses yaourts. Un rat mort, c'est pas grand-chose pour un petit-fils de résistant, mais enfin, c'est quand même un rat mort qui arrive là, en temps de paix, comme ça, dans ton caddie. Une charogne, quoi, et une charogne sur des yaourts, c'est pas super. Pour les yaourts non plus, c'était pas super *Grands Yeux n'est pas tendre en règle générale, se dit Selim* Et Stevenson est allé au commissariat avec l'enfant qu'il avait attrapé tout de suite, juste après avoir découvert le rat mort. Il l'avait attrapé au niveau des aliments pour chiens, juste avant la sortie, tu vois où c'est ? *Selim hoche la tête Les yeux de Grands Yeux brillent en se rappelant la fièvre de la bataille du foulard sur la dalle des Orgues Tu nous sers le thé ? demande Jed le père*

XII

Au temps de la bataille du foulard, bien avant l'accélération de tous les vents, il se passait aussi bien d'autres choses à Brassens à distance de la sagacité des grands yeux de Grands Yeux. Monsieur Stevenson, il recevait systématiquement tous les parents de tous les gosses entrants. Il refusait aussi systématiquement toutes les inscriptions de voilées. Mais le gros du fromage, c'était pour lui de s'attaquer d'un coup aux 7 gosses voilées déjà dans la place. 7 d'un coup ! Avec le soutien fort, inconditionnel de trois associations locales ayant pignon sur la dalle, Monsieur Stevenson a organisé un forum d'information dans le collège. Obligation de présence pour tous les élèves. Pression par infusion ? Monsieur Stevenson a aussi pondu tout seul le fameux article 13 du règlement intérieur du collège Brassens, article inique selon lequel, en contradiction formelle avec l'arrêté de 1989, le port du foulard au collège a été rendu définitivement illégal. À cette fin, il a transformé l'ostentation en qualité insuppressible de l'objet foulard cf. Art. 3, Décret du 30 août 1985 et Art. 4, Décret du 31 janvier 1986 + Circulaire n° 1649 du 20 septembre 1994 Monsieur Stevenson voulait réussir à créer du droit local, un droit, dans l'histoire, toujours super intense, super fort, contre les apôtres de la bien-pensance outrageusement favorables par culpabilité aux voilées. Monsieur Stevenson s'est donc mis à afficher sous plastique devant le collège l'ensemble des arrêts du Conseil d'État qui justifiaient, après recours déposé par les familles qui soutenaient leur voilée, que la gosse soit expulsée et mise au CNED CE, Affaire Ligue du Nord, 27 novembre 1996 ; CE, Affaire Aoukili, 10 mars 1995 ; CE, Affaire époux Wissaadane,

27 novembre 1996 Avec audace et perversion, Monsieur Stevenson stabilotait les phrases qui, sans ambiguïté, dégainaient contre les voilées qui allaient jusqu'au tribunal pour défendre leur foulard. Mais jamais, ô grand jamais, Monsieur Stevenson n'affichait les arrêts qui, dans l'autre sens, légitimaient les réintégrations, parce qu'il y en a eu aussi ! CE, Affaire Kherouaa, 2 décembre 1992 ; CE, Affaire Khalid, 27 novembre 1996 Toutes les nuits, le panneau était maculé de graffitis obscènes. Le panneau, c'était les rostres de la dalle. Pour. Contre. Contre. Pour. Tous les matins, Mamadou, lampion du collège, il s'abîmait les mains au dissolvant pour nettoyer. Ça puait fort quand on montrait son carnet pour rentrer. Des fortunes en dissolvant ménager, ça a coûté à la planète. Enfin, les 38 – 1 enseignants du collège ont fait grève. Et les Orgues n'avaient pas vu ça depuis des années. Des congés maladie, ça oui, les Orgues en voyaient, car les microbes, ça se refile vite dans les salles de classe bondées. Le secret, pour pas tomber malade, c'est ouvrir la fenêtre en plein hiver, mais après, les élèves, qui sont assis, râlent parce qu'ils caillent et qu'EN PLUS, en dépit du léger courant d'air qui maintient l'oxygène en vie dans leur bocal, ils n'ont pas droit de rester en blouson. Difficile. C'est comme montrer ses pieds au collège. Allez demander à une classe de collégiens et collégiennes aux Orgues de montrer leurs pieds, pour faire de la danse, ou autre ! La nudité des pieds, c'est sacré. Tout ça, c'est de l'énergie. Tout ça, c'est du temps. Des heures de palabres pour convaincre les élèves d'accepter de se mettre pieds nus dans le gymnase. À chaque instant, tous ces gens devaient réinventer comment vivre ensemble dans la même petite pièce. Oui, les enseignants, ils en bavent. Les enseignants, ils s'escriment. C'est des saints laïcs, les enseignants. Ils font aussi plein d'heures sup pour joindre les deux bouts parce que, s'ils sont riches par rapport aux habitants des Orgues, cette richesse qu'ils ont, c'est pas grand-chose tout de même. Une grève suivie à ce point-là, ça, non, jamais, de mémoire de la dalle des Orgues, on n'en avait jamais vu.

Liste des associations Anti-foulard à Brassens :

1/ L'Observatoire de la Laïcité des Orgues (= les 38 – 1 profs de Brassens + quelques adhésions d'honneur en provenance de la Région Nord). Très vite, l'association reçoit le soutien de Bruno

Mégret de la cause civilisationniste Anti-Huns qui grimpe fort en France. Bruno Mégret se rend spectaculairement à la grève organisée en plein Ramadan par les enseignants contre le port du foulard. Les adhérents de l'assoc ne gravitent pas dans la mouvance antihuniste mais, aveugles à eux-mêmes, ils flirtent avec elle, en même temps qu'ils invoquent Simone de Beauvoir, Sartre, Voltaire.

2/ L'Association des Orgues. Tout le temps de l'affaire, jour après jour, le porte-parole de l'association serine aux journalistes que "c'est la première fois en 30 ans que des concitoyens locataires des Orgues se font remarquer". Tout de suite après, le porte-parole rajoute toujours : "Et l'Association le déplore."

3/ L'Aumônerie du collège, ou plutôt "le Club de discussion du collège", comme l'appelle le prof de SVT (Sciences et Vie de la Terre), qui est le soutien le plus solide du Principal.

Pour Hajer Drine, et ses six petites camarades, c'est de l'extérieur que sont venus les soutiens. Un père, de confession juive, s'est pointé, qui a voulu régler ses comptes avec les Roses du coin qui comptaient beaucoup de gens parmi les profs. Et puis aussi, une avocate de l'Ouest, une dame de la haute qui est devenue un peu comme leur représentante juridique. Elle a tenté quelque chose pour elles mais ça n'a pas marché. Et puis, surtout, il y a eu un théologien blanc. Beaucoup d'arguments, le théologien blanc. Le théologien blanc disait, entre autres, que le port du foulard, l'expérience qu'est le port du foulard, ça développe l'esprit critique.

Et alors, ça s'est mis à aller tellement mal au collège Brassens des Orgues pendant que Selim, lui, essayait de fuir loin, dans le Nord, mal, tellement mal que c'est difficile de raconter aujourd'hui sans avoir le sentiment de raconter n'importe quoi, surtout depuis l'accélération de tous les vents.

La Mairie ou le Rectorat, on ne sait plus, a fini par faire appel à Madame Zorhora, la médiatrice de la République concernant le foulard. Et un jour, elle a débarqué, Madame Zorhora, en berline TGV, Première classe, Direction Sud, Direction Orgues. À toute berzingue, elle l'a prise, Madame Zorhora, la diligence de l'excellence française. Le collège Brassens était devenu national. Hajer et ses camarades étaient déjà dépassées par le Waterloo du foulard qui se profilait telle une tempête triste au-dessus de leurs têtes, alors que rien, rien, n'était joué, en apparence, encore. Pas certain qu'elles perdent. Pas certain qu'elles gagnent. Les nuits étaient très courtes et c'était la tempête violente dans les têtes, foulard ou pas foulard.

Madame Zorhora, un à un, a rencontré tous les parents des voilées. Il y en avait 7, de voilées, qui s'accrochaient à la rage à leur foulard, 7 voilées, ça faisait 14 parents à qui parler. Et Madame Zorhora a réussi à faire tomber le nombre des foulards à 4.

7 – 3 voilées défiaient désormais le Principal.

Arguments-choc de la médiatrice ? 1/ Comment parler de pudeur quand il s'agit d'une petite fille de 12 ans ? "Allons, ce n'est pas sérieux, Monsieur." 2/ Impossibilité plus tard de travailler dans l'administration française ou alors c'est le destin du feu Marto qui guette la petite, c'est-à-dire une exclusion par principe, et encore, je ne parle pas de tous les métiers qui nécessitent un vêtement particulier. "C'est ça, que vous voulez pour votre fille, Monsieur ? La placer dans un ghetto alors qu'elle est encore qu'une enfant ? Ce n'est pas sérieux, voyons, Monsieur. Qu'en pense votre femme ?" Et là, souvent, Madame Zorhora passait la parole à la mère de la voilée. Et c'était pas un mauvais calcul, de passer le bâton de parole à la mère, parce qu'il y a des ententes secrètes qui se tissent, parfois, entre les femmes, d'un côté à l'autre des tables de négociation.

Ensuite, les enseignants.

Avec eux, réunion dans le collège. Et Madame Zorhora arrive à faire voter la suspension du préavis de grève, Ah ! Zorhora ! Que tu parlais à notre cœur en ce temps-là ! Et puis, Madame Zorhora a mené aussi la chasse contre les journalistes qui n'aiment qu'une chose pour faire de l'audience : c'est le ketchup. La bataille d'Eylau, s'il y avait eu que 10 morts, on n'en aurait jamais entendu parler, avait coutume d'expliquer Madame Zorhora en séminaire de formation. Mettre de côté tous les dingues qui voulaient exister en puissance des petites filles. C'était ça qu'elle voulait, Zorhora. Notamment ; une amie de l'enseignante d'histoire-géo qui avait organisé un entretien avec trois des petites filles pour un canard à audience limitée qui s'appelle *Tumulte*.

Dans *Tumulte*, Zorhora avait lu qu'il y en avait une, de petite, qui disait que, plus tard, elle irait vivre sa vie de femme en Arabie Saoudite avec son foulard. L'amie de l'enseignante, elle était aussi allée rencontrer les Saoudiens du quartier, ceux qui parlent aux gosses pour les inciter à parler que foulard dans ce pays. Celle-là, il fallait absolument la neutraliser, avait pensé Zorhora. Oui, mais comment ? La hantise de la médiatrice, c'était bien les associatifs, les tiers, les locaux, qui veulent pas lâcher leur petit pouvoir en prise avec les petites. Ceux-là tenaient parfois des discours bizarres. En plus de vouloir vivre en Arabie Saoudite, certains étaient contre les mariages mixtes, par exemple. Ils voulaient que des mariages dans la communauté des indigènes, c'est tout. C'était contre la colonisation aujourd'hui. On entendait de tout, a raconté par la suite Zorhora.

Toujours prendre de face les protagonistes. Pour les retourner. C'est la règle. Trois heures de discussion serrée en huis clos entre Zorhora et les enseignants du collège. Stevenson interdit de réunion. Des cris. Des pleurs. Des professions de foi inspirées par l'ambiance antihuniste. "Si les Boches s'étaient pointés sans casques à pointe, vous les auriez aussi acceptés dans notre pays ? – Depuis quand on a le droit d'avancer masqué dans l'espace public ? – Ces pauvres petites, elles me font peine." Des tribunes. Des menaces de blâmes, aussi, proférées, par la Zorhora :

— Parce que les petites, elles ont la loi pour elles ! Si vous ne comprenez pas ça Vous ne comprendrez jamais rien Mesdames Messieurs La République a autre chose à faire que de se faire matraquer publiquement par des arrêts du Conseil d'État qui sont contre nous Si vous ne comprenez pas ça, on va droit dans le mur !

Le foulard, c'était pas sa tasse de thé du tout à la Zorhora de la République. C'était pas son genre. Elle n'aimait pas du tout le paysage qu'il y avait derrière le foulard, paysage que tout le monde discernait mal à l'époque.

Au bout de 7 heures de discussion, dans la sueur et dans les larmes, les enseignants finissent par retirer leur préavis de grève. En face, les 7 – 3 voilées, dont Hajer, la sœur Drine n° 3, ont de leur côté accepté de transiger. Désormais, elles viendront TOUTES sans foulard mais elles mettront un petit bonnet en cours d'Éducation physique, et aussi, elles laisseront de côté la tunique serrée et longue qui n'est pas pratique du tout pour sauter à califourchon sur le cheval d'arçons. On est en plein hiver. On verra bien au printemps. Rien, sinon, rien ne devra différencier les anciennes voilées de leurs autres petits camarades, sinon ce sera l'exclusion, directe, sans états d'âme.

— C'est compris, les filles ? *lance Zorhora*

Le coup du petit bonnet, c'était une idée de la représentante juridique de la haute, qui vient de l'Ouest, qui s'appelle Louise-Désirée de Vigée, qui avait surgi de nulle part, pour aider les petites, et qui pensait, elle, que l'enjeu pour les adversaires, c'était pas d'être coiffée, c'était que le foulard. Purement le foulard. Alors, le petit bonnet, c'était un peu une manière de les tromper un petit peu tous donc ?

— C'est compris ! *elles répondent toutes en chœur à Zorhora, les 7 – 3.*

Et toutes, les 7 – 3, elles réfléchissent déjà au futur, elles réfléchissent au joli bonnet seyant, à sa couleur possible, à sa forme… La prof d'histoire-géo, la dame, saute de joie au plafond en apprenant les termes du compromis. Pour elle, l'essentiel, c'était de pas pénaliser les études à cause d'une histoire de foulard religieux.

— Je préfère Montaigne avec le tchador que le tchador sans Montaigne *répétait sans cesse l'enseignante d'histoire-géo.*
— Ça ne se passera pas comme ça ! Oh ça, non ! Ça ne se passera pas comme ça ! *ruminait Stevenson*

4 petites avec foulard acceptent le bonnet mais, malheur, 4 – 2 négocient en retour les gants. Ces gants, c'est vraiment anecdotique dans cette histoire, c'est vraiment qu'un détail qui n'avait vraiment aucun sens, tout le monde était bien d'accord là-dessus,

et même, tout le monde se demandait même si ces gants s'étaient véritablement manifestés au cours de la négociation qui était en cours au collège Brassens, sur la dalle des Orgues.

— Des gants ! *Stevenson s'étrangle de rage* La République, c'est pas l'Arabie Saoudite. Merde ! *c'est Stevenson qui parle* C'est du fascisme vert Voilà ce que c'est ! De l'islamo-fascisme qui manipule des gosses C'est lamentable ! C'est d'une ignominie sans nom ! Des mineures, Merde ! De la tentation obscurantiste quality ++++. Avant, on avait les staliniens qui justifiaient le goulag Maintenant, on a les gauchistes qui justifient l'opium du peuple ! Mais vous allez voir, Madame Zorhora, on ne va en rester là. J'ai l'opinion publique pour moi. L'opinion publique et aussi l'ensemble des collègues du bassin. Toute la hiérarchie au Rectorat, et même au Ministère, tout le monde est pour moi *Madame Figaro hopine*. Tout le monde suit avec attention la montée des fondamentalismes dans les téci. Les RG travaillent à l'ancienne. Ils envoient des éléments à eux écouter les prêches et ensuite se mêler à la conversation. Les prêches, il n'y a rien à dire. Ceux qui les disent, les prêches, connaissent la loi. Ils la respectent. Mais les jeunes, à la sortie, ils parlent, et je peux vous dire que le foulard, c'est seulement la partie émergée de l'iceberg. Maintenant, soit t'es dans le crack, soit t'es dans la barbichette. Je ne veux ni de l'un ni de l'autre à Brassens, c'est compris ? Vous êtes en minorité, Zorhora ! *Stevenson respire fort Il passe sa main dans ses cheveux Il fixe aussi durement dans les yeux Zorhora qui est beaucoup plus petite que lui mais qui soutient sans cligner son regard De son côté, la secrétaire de Stevenson, recroquevillée derrière l'écran de son ordinateur, ne sait plus où se mettre Elle ose à peine respirer Si maintenant, "ils" sont pas d'accord entre eux, alors qu'est-ce qu'on va devenir, nous, les petits subordonnés de la République ? La secrétaire de Stevenson tremble Elle tremble pour Monsieur Stevenson, et aussi, elle tremble pour l'avenir du collège, et enfin, elle tremble pour l'avenir des petites... Madame Figaro, première adjointe, ne tremble pas, elle : elle se réjouit.*

La médiatrice, jusqu'ici restée très calme, très sûre d'elle, se lève. Et elle se déchausse. Inimaginable. Elle se déchausse et elle attrape sa chaussure pour frapper avec elle un grand coup sur le bureau du Principal qui prend affreusement peur au spectacle de cette violence féminine hystérique et imprévue *Encore une folle, se dit Stevenson, qui pense aussi qu'il va téléphoner vite à son syndicat pour prendre conseil et qu'il va aussi passer un coup de fil crypté à sa taupe au ministère de l'Éduc, parce qu'il va falloir qu'on la neutralise très vite, celle-là, sinon… Le fantôme du Commandant Xavier, furtivement, passe dans le bureau La secrétaire de Stevenson se lève et ferme la porte* Le Principal sursaute si fort qu'il s'en mord la lèvre. Du sang, maintenant, ourle sa lèvre, et perle sur son menton mâle, ce qui fait sale et, insidieusement, le défavorise dans l'affrontement ultime qui est sur le point d'advenir entre ces deux représentants de l'État. Tous les deux se font face dans ce bureau de collège des Orgues très pauvre. La médiatrice hurle :

— Stevenson, je vais te faire sauter le pruneau si tu fais pas un effort ! Tu as la loi contre toi, Stevenson *avec une grande énergie* Tu entends ça, merde ! Depuis peu, JE, MOI, la Zorhora, je maîtrise la situation. Oui, le nombre de voilées est en baisse sur le plan national. C'est des chiffres officiels. C'est le résultat d'un travail de terrain incessant, mon travail incessant qui est en train de porter ses fruits, voilà *Sourire de triomphe chez la Zorhora* C'est que l'adolescence. C'est que la jeunesse, Stevenson !

— *Stevenson se lèche le sang qui coule sur son menton* Je vois pas le rapport, Zorhora. Tu sais aussi bien que moi que la loi, ça se change ? Et on va s'y atteler le plus vite possible, tu peux en être certaine ! Ceux qui n'aiment pas la République : qu'ils la quittent ! Morts ou vifs, qu'ils la quittent ! *Il fait sombre. L'ombre des tours des Orgues pèse comme un couvercle sur les baraquements du collège Brassens. Comparé à tous les étages des Tours, Stevenson paraît tout petit, tout fragile. C'est la République en danger. C'est les Lumières en danger. Voltaire ! Au secours ! Ils sont devenus fous !* Des gants ! DES GANTS ! Mais pourquoi pas la burka des Talibans, pendant que vous y êtes, Madame ? Vous avez perdu le sens commun *Stevenson éructe en postillonnant gros* Je suis le dernier rempart dressé contre une civilisation barbare et obscurantiste qui veut à tout prix la mort de la liberté de la femme. Tout le monde est parti. La Poste, elle est partie. Le local social de la dalle, c'est qu'un trou misérable. Le supermarché, ça fait mal aux cheveux d'y mettre le pied, surtout, pour y aller, faut passer par la galerie commerciale sans lumière et, je peux vous dire que, passer par là, c'est la dépression. Et c'est pas le chantier de rénovation urbaine qui va changer quoi que ce soit à l'impérialisme de l'Arabie Saoudite dans les quartiers. Ils veulent détruire les Tours ? Mais qu'ils les détruisent toutes, les Tours ! Pfff *Stevenson crache par terre Stevenson respire fort* J'ai de plus en plus de mal à ramener mes maîtresses chez moi. Vous voyez. Je suis honnête. Je vous dis tout. Alors si, en plus, pour traverser la dalle, faut maintenant que mes maîtresses enfilent des GANTS, c'est la fin de tout ! Les collégiennes que vous chérissez tant, Madame Zorhora, elles ont qu'à se faire seppuku républicain avec leurs gants et leurs foulards. Il n'y a plus que moi et l'antenne de police dans ce quartier. Ilan Halimi, ça aurait pu se passer ici. Ouvrez les yeux ! C'est la misère ! LA MISÈRE. À côté des Barbus qui règnent, perchés dans les tours, les adversaires de l'IVG qui s'enchaînent aux grilles, c'est vraiment que du pipi de chat *silence* Et là, je ne vous parle pas des crèches musulmanes clandestines qui s'organisent dans les appartements dans les Tours. Gros tabou sur les crèches clandestines qui s'organisent dans les Tours, vous savez ? Tant de gens ne vivent plus comme nous en France. Je n'ai plus rien à vous dire, Madame *Muette, Zorhora le regarde*

— À demain, Monsieur Stevenson *Zorhora sort*

Le lendemain matin, les filles étaient photographiées en douce par le prof de gym avec leurs bonnets. Ça s'est passé pendant le cours de gym. L'alibi, c'était pour étudier "le mouvement des corps en motricité". 7 rapports d'exclusion de cours sont rédigés à la suite des 7 photographies. 7 rapports rédigés comme 7 filles voilées. Aussi sec, les 7 photographies des filles en bonnet sont agrafées aux 7 rapports. Du côté du ministère de l'Éduc, on dépêche pas un ministre mais quelqu'un qui est quand même largement au-dessus de Zorhora. Ce quelqu'un fait des déclarations définitives à la presse sur la dalle des Orgues. Ces déclarations traitent en désordre : de la juridiction contre le foulard en Turquie et en Tunisie, du souvenir d'un petit camarade autrefois de celui qui parle, qui était religieux, mais qui ne faisait pas parler de lui à l'école républicaine laïque, sauf qu'il manquait les cours, le samedi, mais c'était pas la mer à boire, enfin, passons, c'était une autre époque, il n'y avait pas contentieux à cette époque, ça faisait pas de vague. Une déclaration traite aussi de la prise en compte des fêtes religieuses dans le calendrier républicain : "Je peux vous dire que les fonctionnaires s'arrachent les cheveux pour réussir à caser tous les examens entre toutes les fêtes." Et enfin, une autre déclaration, très mystérieuse, cryptique même, mentionne un certain "Munich de l'école Républicaine". Aux côtés de l'administratif qui pérore, Zorhora se tient, sur le côté gauche *Zorhora se tait* Tout le monde scrute son visage fermé, impassible, mais personne n'arrive à percer le masque impénétrable qu'est ce visage pour savoir un peu de ce qu'elle pense du rapport de force qui est en train de s'inverser en faveur de Stevenson. Le prof de SVT, sans procéder à un vote, n'importe quel vote, redépose le préavis de grève. Personne ne proteste, surtout pas l'enseignante d'histoire-géo, qui vient d'écoper d'une plainte par Stevenson qui lui reproche d'avoir manipulé 2 des 7 voilées en les enfermant dans sa salle de classe pendant la récréation. Effondrée, elle sort en larmes du bureau de Stevenson. Parallèlement, vers midi, elle reçoit une convocation du Rectorat. Car, qui dit convocation, dit menace de sanction. Si bien qu'elle ne sait plus quoi faire sinon pleurer comme une gosse dans la salle des profs. On la regarde sans passion avec le regard en surplomb de vainqueurs virtuels, mais on lui dit que des mots qui engagent pas, parce qu'il y a toujours bataille en cours. Quelques-uns des 38 – 1 lui tendent un mouchoir en papier façon Convention de Genève, pour qu'elle puisse se moucher.

XIII

Et après ? demande Selim À partir de là, ça se complique *répond Grands Yeux Oui, dit Hajer* Jamais les parents ont imposé le foulard Jamais Vous, les parents, c'est le mariage, votre priorité, je vous ai bien compris ? *dit Grands Yeux en regardant Jed et Fathia, et Hajer, et aussi Wafa qui écoute en faisant le service du repas* Pas le foulard Mais le mariage *On veut que nos filles, elles fassent un beau mariage avec quelqu'un de notre village, pour qu'on puisse les avoir auprès de nous quand on sera vieux, explique Fathia* Si maintenant, pour se marier, on doit penser à la colonisation ! *s'exclame Grands Yeux Selim regarde la bouche de Grands Yeux De quoi tu parles "La colonisation" demande Fathia Je m'en fous de "la colonisation" dit Fathia* Les parents, ils ont peur qu'on perde nos origines *Grands Yeux regarde Selim Tout le monde se tait sauf Fathia qui explique pourquoi c'est pas bien pour les filles de perdre les origines Selim hoche la tête Un jour, un prof m'a touché le foulard, dit Hajer tous les Drine soufflent en chœur* Le prof pense que Hajer est une idiote ou quoi ? *C'était il y a que 2 ans, souffle Grands Yeux* Pour nous défendre, la prof d'histoire-géo s'est mise toute nue dans la cour *Toute nue ? demande Selim avec ses yeux gris posés sur elle Maboula, dit Fathia* Ils ont dit à Hajer qu'ils craignaient la contagion, qu'il y allait aussi avoir des kippas, qu'on allait se battre entre foulards et kippas, que ça allait devenir comme en Algérie. N'importe quoi. Je ne sais pas, moi. Je ne connais pas l'Algérie, d'accord ? *Alors ? demande Selim* Alors, on a devancé la grève. On a fait un rassemblement. Devant. Avec des pancartes. Des télés. Des radios *Et ils ont brûlé un code pénal, dit Hajer* On a vu ensuite à la télé, la télé a beaucoup filmé les flammes *Forcément, dit Hajer Moi, je pleurais, dit aussi Hajer* Manquait plus qu'on brûle un drapeau français sur la dalle des Orgues et le tableau aurait été parfait. On était en mesure de gagner, on y était presque et, au lieu de garder notre sang-froid, on a foncé toutes dans le piège qui avait été tendu par Stevenson, ce diable, ce Sheitan *Ceux qui n'aiment pas notre République, ils la quittent. Ceux qui n'aiment pas notre République, ils la quittent. Ceux qui n'aiment pas notre République, ils la quittent, c'est Grands Yeux qui répète C'était pas bien, dit Jed Oui, on n'était pas d'accord, rajoute Fathia Il y avait beaucoup de voyous dit Hajer* C'est pas vrai, *crie Grands Yeux* Tu mens ! *Et ils se mettent tous à parler en même temps, les frères Drine parlent eux aussi maintenant Tout le monde parle ensemble c'est confus Plus personne n'écoute personne Surtout, plus personne n'écoute les parents Même en arabe, Jed peut pas en placer une Grands Yeux fond en larmes Tout ça, c'est de ma faute Si on n'avait pas fait tout ça, Hajer, aujourd'hui, elle serait à Diderot au lieu de faire que de la cuisine et de s'occuper que de Qu'est-ce que tu racontes, crie Hajer, indignée De quoi tu te mêles ? Tu racontes n'importe quoi C'est le problème avec toi Tu exagères toujours ! Tu déformes ! C'est des conneries Tout ça, dit Selim Personne n'écoute* Le conseil de discipline a duré toute la nuit. Toutes, elles ont été exclues. Toutes ! *Non, pas toutes, dit Hajer Le problème avec toi ? Tu exagères toujours répète Hajer C'est chiant Ooooh dit Jed* Presque toutes *Tu admets que mon mariage, ça n'a rien à voir avec le foulard ou pas ? dit Hajer Réponds ! Elle est jalouse, dit Fathia Comment va le petit ? demande Selim Un sourire illumine le visage d'Hajer* Il y a une vraie dignité à perdre un combat qui est juste *déclare Grands Yeux* La loi est toujours pour nous *dit Hajer* Jusqu'à quand ? *demande Grands Yeux Si on parlait d'autre chose ? dit Fathia Le thé ! dit Jed Grands Yeux se lève pour aller chercher le thé*

XIV

Pour l'instant, le 11 Septembre était toujours advenu depuis 100 jours. Selim et tous les Drine sont assis devant la télé à regarder des images qu'ils connaissent tous par cœur parce que ce sont toujours les mêmes qui tournent. Comme tout le monde, ils sont fascinés par l'horreur de cet attentat dément. Dans le salon des Drine chutent les virgules noires, les virgules noires qui sont des corps, qui chutent à une vitesse atroce des Tours du WTC. Les virgules noires chutent dans le cosmos mondial alors que les brasiers crépitent haut, très haut, dans le ciel. À l'écran, les Tours embrasées ne paraissent pas plus hautes que les Tours des Orgues au-dessus de la dalle, mais il faut débouler en voiture sur la 4-voies pour les voir si grandes que ça. Au-dessus des Tours, un champignon noir gonfle dans l'espace. Tous, ils ont fini de dîner en touillant le fond de sauce dans les deux plats. Beaucoup de piquant. Le piquant tire dans la bouche du Selim. Ça tire aussi beaucoup à coups de répliques entre eux, des filles aux garçons, et des garçons aux filles, et aussi entre eux tous, tous genres confondus, depuis que l'affaire de Brassens et du foulard est sur le tapis. Il semble à Selim que Hajer soit fâchée mais ce n'est pas certain. La position des frères Drine n'est pas claire non plus. Il se demande aussi si leur régime alimentaire, pauvre et répétitif, n'est pas à l'origine du Parkinson trop précoce de Fathia. Il chasse l'idée. Grands Yeux se tait. Elle s'occupe des papiers dans la famille et elle a découvert que le frère aîné, le n° 1, celui qui s'appelle Ali, celui qui est outrageusement favorisé par Fathia la mère, stagne depuis 3 ans en Première année à la fac. Depuis son retour en France, il fait du surplace. C'est le Jean-Claude Romand des Orgues, Ali. Grands Yeux pense à ça en regardant l'écran et elle se tait

L'actualité française, depuis 100 jours, c'était devenu compliqué. Il y avait un Tunisien soupçonné d'être impliqué dans l'attentat contre Massoud en Afghanistan, à Khwājah Bahā ud Dīn, qui avait été arrêté à Bruxelles. Il y avait deux nouveaux mouvements pakistanais inscrits par les Américains dans la liste des organisations terroristes à combattre. Il y avait eu un attentat taliban à Mazar-y-Charif, la quatrième ville la plus grande d'Afghanistan. La FIAS mandatée par les Nations Unies était arrivée à Bagram près de Kaboul. Dans la province de Paktia, un bombardement américain avait fait 65 morts, des femmes et des enfants, mais aussi des terroristes. Tout à fait ailleurs, ou presque, 6 morts aussi, au cours d'un affrontement à Gaza. Et bientôt, le 22 décembre, la chaussure piégée de Reid, dans un vol Paris-Miami. Le proche était devenu le loin et le loin était devenu le proche et ça commençait à devenir difficile pour tout le monde de situer les Orgues sur la carte.

Grands Yeux regarde Selim qui la regarde en retour avec ses yeux gris. Quand il est entré, il n'a pas eu le droit de l'embrasser sur la joue. À la place, elle lui a tendu la main et il s'est regardé en train de lui serrer la main comme dans un film. Le foulard entraîne des choses comme ça. En même temps, pendant qu'il lui serrait la main avec un air stupide, sans cheveux comme il était, lui, de son côté, le crâne rasé très court, il avait noté que son corps à elle avait changé, aussi. Il y avait des grâces naïves et aussi des formes charmantes qui s'étaient combinées avec le temps, en deux ans, de façon à ce qu'il le remarque *Les yeux gris de Selim regardent* C'est surtout le regard, foulard ou pas foulard, qui a changé. Il n'y avait rien et maintenant il y a tout. Ça faisait beaucoup de choses nouvelles chez une jeune fille pour un jeune homme, qui galère avec sa Capacité en Droit, qui dort exclusivement en dortoir avec des mecs, qui n'y a pas pris goût ou seulement occasionnellement. C'était idiot parce que ce foulard, indépendamment du travail de la nature sur le corps de Grands Yeux, ce foutu foulard avait mis quelque chose entre Selim et elle en évacuant un rien qui existait pas avant mais qui existait beaucoup plus maintenant. C'est pas grave. C'était gêné de la part de Selim maintenant. Pourtant, rien n'était possible entre Grands Yeux et lui, parce que Selim ne venait pas de leur village, si bien qu'il savait qu'il était exclu définitivement de l'amour pour Grands Yeux. La coutume est implacable. Si tu viens pas du bled, tu peux pas prétendre. Que ce groupe d'immigrés villageois archi-pauvres en provenance du Sud de la Tunisie refuse de faire alliance avec quiconque n'appartient pas à ce groupe, alors que, tous, ils vivent depuis 20 ans en France, et pas au fin fond de la brousse, mais en ville, aux Orgues, et que leurs enfants ont tous des papiers, sont tous scolarisés avec, pour Grands Yeux, d'excellents résultats, c'était difficile à accepter pour Selim. Selim avait souri dans sa tête en écoutant Fathia expliquer le truc, tellement il trouvait ça débile. Ils franchissent des déserts et des déserts, et aussi des mers et des mers et, enfin arrivés, perchés comme ils sont dans leur Tour, ils veulent faire comme s'ils n'avaient pas bougé d'un centimètre. Grands Yeux, seul un mec du bled hyper-local de la Tunisie pourra la choper pour la marier, et c'est comme ça. Et si elle est pas contente, c'est le même tarif. Si elle refuse, elle crèvera vieille fille comme sa sœur aînée, à cuisiner et à verser le thé pour son père handicapé de la grue jaune et noir sur le chantier perpétuel, grue qui a disparu en plus. Le prix Nobel de médecine n'y changerait rien. Hajer, la gentille tourterelle inflexible, en se mariant avec son bouffon blédard, au final, elle a bien joué. D'une certaine manière, elle a réussi à se casser des Tours, comme Selim.

Quand Grands Yeux ne parle pas, Selim n'ose pas la regarder vraiment comme il aimerait la regarder mais elle, elle, on peut dire qu'elle se gêne pas. Elle le regarde en face. Elle se dit qu'il lui plaît et ça l'amuse qu'elle se dise ça aussi facilement à l'intérieur d'elle-même, alors elle sourit. C'est joyeux. C'est simple. C'est facile. C'est parce que rien n'est possible qu'elle se dit ça. Depuis qu'elle a le foulard, elle est différente. Elle plaisante avec les garçons. Selim n'a pas le droit de la toucher mais elle, parfois, elle le touche. C'est plus fort qu'elle. Elle lui effleure l'épaule, elle lui caresse les cheveux, ça ne se voit pas. En fait, peut-être que sa main se rapproche, juste, et que c'est lui, ou elle, qui imagine ça, que sa main lui touche les cheveux qu'il a plus, devant tout le monde. Avec le foulard, c'est comme si c'était devenu possible de s'aimer sans ambiguïté. Elle ne comprend pas pourquoi parce que, normalement, ça devrait la contraindre et, d'une certaine manière, c'est vrai qu'elle est plus contrainte la tête enserrée dans un tissu dans sa vie de tous les jours. Mais, depuis qu'elle n'apparaît plus du tout "libre" ou encore "disponible", comme elle apparaissait avant à tous les mecs, quand elle était sans foulard, elle a trouvé une autre forme de liberté. C'est Grands Yeux qui règle le regard maintenant. Le foulard, il a une fonction de triage pour elle *Il y a ceux qui ne me regardent plus du tout Il y a ceux qui me regardent toujours Il y a ceux qui me regardent plus qu'avant* Les filles à foulard sont des spécialistes du regard *Les yeux de Grands Yeux se moquent de Selim en le regardant*

Grands Yeux n'a pas peur. Elle n'a peur de rien, ou presque. Par exemple, elle a passé en secret son permis dans une agence située à l'autre bout de la ville. Elle a rien dit à personne. Elle a tout financé toute seule. Pour toutes ces raisons, c'est peut-être aussi sur sa tête que tout s'écroulera plus tard ? Grands Yeux balance à Selim qu'il a fait le choix d'être avec les Céfrans les plus cons de tout le pays. Des militaires ! En plus porter des armes pour tuer des gens, c'est vraiment horrible, ça sert à rien dans le monde, d'accord ? Elle lui demande devant tout le monde pourquoi elle lui adresse encore la parole parce qu'elle déteste ça, d'accord ? Le foulard, c'est qu'un drapeau de paix pour Grands Yeux *Selim la regarde* Mais pourquoi t'as fait ça ? En plus, tu laisses ta mère toute seule C'est pas bien *Selim essaye de dire Passe ton bac et je t'expliquerai Mais tout le monde crie : Mais elle l'a eu l'année dernière, son bac ! Tu suis rien ou quoi ?*

Grands Yeux, c'est le cerveau de la famille. Elle fait médecine. Juste en dessous d'elle, il y a Lazhare. Lazhare, c'est le frère Drine n° 2. Lui, il est encore qu'en terminale. Il a passé en juin dernier le bac français. Extrait : Groupement de texte, "Première rencontre", *Princesse de Clèves*. Tac, Nemours arrive d'Angleterre où il avait été envoyé par Henri en mission diplomatique secrète. Il ne l'avait jamais rencontrée avant, la princesse, elle, qui vient de marier Clèves sur les conseils d'une mère inquiète. Tac, Nemours saute par-dessus une rangée de chaises et il se retrouve en face d'elle. Tout de suite, ça semble étrange à tous qu'ils ne se soient pas rencontrés sérieusement plus tôt, avant, alors que l'histoire est super avancée, déjà *Selim mate Grands Yeux qui lui explique que Lazhare n'a communiqué ses notes du bac français à personne, que personne n'a osé lui demander Pourtant, les infos finissent par circuler, toujours, à un moment, dit Grands Yeux avec un sourire narquois Lazhrare fait comme s'il n'entendait pas*

Oui, les infos finissent par circuler par-derrière, dans le bout de couloir qui relie la chambre des frères à la chambre des sœurs. Des lits superposés pour enfants dans lesquels tous ces jeunes adultes se couchent tous les soirs dans deux chambres bien séparées comme deux wagons couchettes à l'arrière d'un appartement des Orgues. Les parents, eux, dorment dans le salon. Avant, ils vivaient tous dans une seule pièce, du locatif privé ultra humide loué par un marchand de sommeil et c'était l'enfer. Et il avait fallu pourtant à l'époque trafiquer les fiches de salaire de Jed pour que le gars consente à leur louer son studio marécageux. Dans les Orgues, c'est une vraie cuisine qu'ils ont. Dans le studio d'avant, c'était qu'un fourneau-placard. Mais les deux adolescents étudient dans deux lycées différents. Une histoire de carte scolaire et aussi de choix personnel. Lazhare a choisi un lycée qui est situé tout à l'est de la ville parce qu'il est près d'une très bonne mosquée où l'imam apporte des réponses. Lazhare Drine est un garçon très pieux. Lazhare est un saint. Aliocha Karamazov transformé en Drine de la Tour J, voilà qui est Lazhare. Tout le monde le respecte. Tout le monde l'estime. On vient chercher son avis comme auprès d'un officier qui aurait fait toutes les campagnes d'Italie sans prendre un seul boulet et que cet état de miraculé aurait transformé en conseiller zen 3e génération. Il a 3 poils au menton, et pourtant, il gouverne déjà toute la famille par sa claire-vue. Seul l'aîné, Ali, le frère n° 1, s'approche pas de lui. Dans la vie normale, sinon, Lazhare, le frère n° 2, est un taiseux bon en sciences, tendu en présence des filles, jamais agressif avec personne, camarades ou enseignants. Il ne participe jamais en cours. Pour ne pas prendre le risque de se tromper devant des gens *Selim s'excuse Il félicite Grands Yeux Mais Jed dit qu'il y a aussi Ali à féliciter Ali a réussi sa licence d'informatique dans l'Ouest ! Au printemps dernier Selim le félicite Grands Yeux détourne ses yeux*

Les voisins ont dit à Grands Yeux que Selim se repentirait toute sa vie d'être entré dans l'Armée de France. Elle balance,

Grands Yeux, en souriant. Grands Yeux est une pacifiste brutale. En face, Selim pense que, lui, au moins, il a réussi à se casser de la Tour J, comme Marianne-Lalie, comme le blédard qui est parti avec, comme Hajer, aussi, peut-être, et c'est déjà pas si mal, surtout à les regarder tous, les enfants Drine qui restent, bien rangés comme ils sont, toujours sur leurs carpettes en mousse dans la pièce, eux, les petits Ewoks qui ont bien grandi et leurs corps de jeunes adultes paraissent si décalés maintenant *Selim essaye en deux-trois mots de suggérer très subtilement à la famille Drine qu'il a d'autres plans pour plus tard que la Légion mais ce qu'il dit se perd dans la conversation*

Et là, à l'écran, soudain, Ben Laden. Dans le salon des Drine. Ben Laden, avec sa chetron planétaire. Tout le monde s'arrête de parler sauf Grands Yeux qui continue de dire à Selim qu'il est un nul de s'être engagé. Elle dit aussi qu'elle s'en fout de Ben Laden. Elle dit qu'elle s'en fout de la politique internationale, d'accord ? *La famille raconte maintenant à Selim que Grands Yeux a été présentée l'année dernière au Concours général d'arabe. Et elle a eu un prix. Oui ! C'est pas une blague !* Selim ne sait pas trop de quoi il s'agit. Il est concentré. Il jette des petits coups d'œil à Ben Laden sur l'écran. Les Forces du Bien sont toutes après lui, et lui, Selim, il s'est transformé en un microscopique membre de ces Forces du Bien, alors, tout en les écoutant tous, sans cesser de penser à eux, par en dessous, il affronte mentalement Ben Laden. C'est presque comme un secret, ce face-à-face entre Ben Laden et lui.

XV

Les yeux bleus de Grands Yeux sont de plus en plus bleus. Ils rayonnent. C'est presque rien ce qui se passe mais il y a que, tout à l'heure, elle a posé son regard sur Selim. Là, elle dit à tout le monde que, plus tard, elle va se marier avec un homme qui a fait des études. Statistiquement, ils sont mieux. Plus ouverts. Plus serviables *Fathia la regarde Oui Et il viendra de chez nous aussi* Ça va être compliqué de trouver un mec qui vient de "chez nous", qui habite pas loin aux Orgues, et qui, en plus, a fait des études *pense Selim*

C'est sa prof d'arabe qui voulait la présenter au Concours général. Elle, elle n'était pas d'accord. Trop humiliant si elle échouait. Et puis, tous les profs lui ont parlé, un à un, alors elle a fini par céder et elle y est allée. Et elle a tiré le 3e prix. Le numéro 3 après deux Libanaises de Lycée Français à l'étranger *On habite au troisième étage alors ils lui ont donné le numéro 3, dit Fathia Tout le monde rit* Les voies d'Allah-God sont impénétrables. Au moment de la remise du prix, dans le grand amphithéâtre, Grands Yeux s'est levée, comme au cinéma. Ses jambes tremblaient si fort qu'en se cognant, ses genoux se faisaient très mal l'un à l'autre avec l'os. Sa prof d'arabe lui a dit plus tard qu'elle avait pensé : "La seule chose qui compte, c'est qu'elle ne tombe pas."

Tous les Drine parlent tous en même temps pour raconter que, concernant Grands Yeux, c'est vraiment excessif qu'une mi-blédarde/mi-beurette habitant aux Orgues chope un prix de Concours général d'arabe en France. Les deux familles libanaises + les proviseurs + d'autres officiels, tous, ils avaient pris l'avion jusque dans le Centre pour la remise du prix des numéros 1 et 2 *Tu imagines tout l'argent que ça représente, d'accord ? Grands Yeux tourne la tête vers Ali Ali mange Lazhare sourit*

Donc, on m'a appelée, raconte Grands Yeux, et j'ai eu mon prix, et c'est tout. Mais c'était quelque chose, c'était vraiment, c'était l'instant le plus beau de ma vie. Je ne sais pas si c'est dans ma vie ou dans mon parcours scolaire. En Tunisie aussi, j'avais eu un prix. Le seul prix local. Donc, il y a des instants dans mon parcours scolaire qui vraiment me font très plaisir. Je retrouvais la même ambiance – c'est ce que j'ai dit à la maison – d'un prix à l'autre. L'amphi, il était plus grand en France, le décor et tout ça, aussi, mais sinon, l'ambiance en elle-même, les ministres, les discours, c'était pareil. Sauf que la proviseure de Diderot, mon lycée, n'est pas venue. Soi-disant qu'elle s'occupait des corrections du bac, chose que je n'ai pas comprise. J'ai découvert ça le jour où j'ai reçu le prix. Des journalistes m'ont dit qu'elle voulait supprimer l'option arabe langue vivante 1 au lycée Diderot. Il y a eu un entretien avec elle dans un journal. La proviseure, elle a dit que les élèves langue vivante arabe sont responsables de l'échec à Diderot et que la plupart n'ont pas eu leur bac. Elle dit aussi que les arabophones de Diderot considèrent l'anglais comme la langue de l'ennemi. Ce n'est pas du tout ça. Ce n'est pas du tout ma conception de l'anglais. Ce n'est pas du tout ça que je vois. Pour moi l'ennemi, c'est une chose. Et la langue, c'est autre chose. Même si, un jour, j'avais un ennemi, j'aimerais bien apprendre sa langue. Je pense que c'est le meilleur moyen pour lutter contre lui *On parle d'autre chose, dit Fathia*

Parlons de Ben Laden. Ah ! Et puis non ! On parle pas de Ben Laden ! Non, c'est encore trop tôt, pour parler en famille, dans ce salon des Drine, de l'assassin le plus célèbre du monde. À la place, on repart sur cette histoire de foulard *Selim soupire Hé les filles, il y a quand même autre chose dans la vie que le foulard ? Grands Yeux se met à rire Quoi ? Tu veux dire que dans la vie, il y a aussi les meufs et les mecs ? C'est ça ? Chuuut, dit Jed le père On peut le dire comme ça, répond avec un ton très neutre Selim*

L'image de Ben Laden accompagne tout un commentaire sur un plan Biotox antiterroriste chimique. Après Ben Laden, c'est Jospin. Et puis après Jospin, c'est à nouveau Ben Laden. Toujours les mêmes yeux globuleux, presque tout comme ceux de son chef de patrouille dans le Nord *se dit Selim en le regardant Toujours le même fichu enturbanné sur la tête de combattant Selim s'anime*

— Un jour, ils vont le choper ! Ils le choperont ! Le Nouveau Monde, vous pouvez pas imaginer la puissance militaire que c'est par rapport à la France ! Nous, on n'est rien à côté *petit silence*

— On va pas commencer à parler politique *dit prudemment Grands Yeux en regardant Ali et Lazhare*

— Oui *dit Jed*

— Tout le monde dit des conneries *insiste Grands Yeux repetit silence Selim boit Ali s'épluche une mandarine*

— La seule chose que je peux dire et qui est vrai *dit Fathia* C'est qu'il a les yeux beaux *Selim s'étrangle Tout le monde rit*

— Qui a les yeux beaux ? Qui ? Qui ? Qui ? *demande Selim*

— Ben Laden *répond en riant Fathia Jed rit aussi Mais il se lance en même temps dans un grand discours et, à chaque fois qu'il commence une nouvelle phrase, tout le monde rit De son côté, Selim explique que, oui, Jed a raison, c'est vraiment un grand assassin que ce Ben Laden, et aussi, oui, quand même, dire qu'il a des yeux beaux, ça lui paraît totalement guedin après autant de morts*

— On revient au foulard s'il vous plaît *coupe Grands Yeux*

— Oui, oui, parlons du foulard *dit Fathia*

— Pourquoi maintenant tu veux parler du foulard Omi ? *Selim regarde Grands Yeux qui tourne la tête à droite à gauche qui n'arrête pas de regarder tout le monde*

— Ne te fâche pas, cet homme, il a vraiment les yeux beaux, et c'est tout *répond calmement Fathia*

Tout à coup, de derrière, du couloir, Selim entend une voix qui dit que, qui dit que, qui dit que "Ça va leur apprendre aux Juifs qu'ils sont pas les maîtres du monde et qu'ils doivent savoir QUE NOUS AUSSI ON A DES CHOSES À DIRE". D'autres choses sont dites, tellement délirantes que c'est même pas la peine de relever, pense Selim. On nage en plein délire avec les fils Drine, c'est encore un autre délire des Orgues, et puis voilà *Ali dit quelque chose sur Hitler et les Juifs, quelque chose comme "il faudrait s'en débarrasser tous" mais personne n'entend Sauf Selim qui le regarde et qui lui demande s'il est devenu "ouf ou quoi" Les yeux de Grands Yeux Tu vois ce que j'avais dit ? dit Grands Yeux Il faut pas écouter, dit Fathia* Les mots, un à un, atteignent Selim, qui, en même temps qu'il les entend, tourne tout de suite la tête dans leur direction, comme si regarder celui qui dit ces mots, regarder la bouche qui articule ces mots, ça pouvait lui servir à quelque chose pour comprendre. Il n'entend plus rien d'intelligible ensuite, mais il observe le petit, le frère n° 3, celui qui s'appelle Jalil, celui qui est encore au collège et qui est en train de débouler de la double chambre wagons couchettes de l'arrière au bout du couloir. Le petit a encore la bouche ouverte avec le poing levé. Tout de suite, sa voix est passée à l'arabe, est devenue très rapide. Il crie. La voix part ensuite dans les aigus, parce que Jed est parti chercher le balai de la cuisine pour le sortir du salon, et c'est exactement ce qui est en train de se passer, il est en train de chasser le petit qui hurle toujours à coups de balai sur le dos et sur les fesses, sur les jambes, sur la tête en hurlant lui aussi en arabe, très sérieusement, et ça rit tout autour. Pendant ce temps, les deux autres frères ne bougent pas. Ils font comme si, juste à côté, le père et le fils n'existaient pas. Et pourtant le petit déguste. Jed ne fait pas semblant, se dit Selim. Il tape. Enfin, Jed tape fort et en même temps Jed ne tape pas trop fort non plus. Juste ce qu'il faut. Autour, ça rit. En solidarité surtout. Ils rient juste ce qu'il faut.

— Il est jeune *dit Fathia*
— Ils sont tous comme lui dehors *dit Grands Yeux*

Le thé à la menthe revient. C'est le 3e tour. Après le 3e tour, normalement, c'est la fin, et la fin, c'est les poubelles à descendre, et après, on se couche. On n'utilise pas le vide-ordures chez les Drine car le frigo est posé devant. Ce soir, pour les poubelles, c'est aussi Grands Yeux.

XVI

Laisse-moi te parler du foulard *Selim descend l'escalier derrière elle* Tu vois l'avion qui fonce vers toi. Il se rapproche de plus en plus. Tu le vois qui va se fracasser sur toi. Tu ne peux rien faire. Tu ne peux pas courir. Tu ne peux pas te cacher derrière un buisson. Tu ne peux pas sauter de la Tour. Tu ne peux pas t'envoler ailleurs. Tu ne peux pas disparaître dans le sol. Tu es obligée d'être là et de le regarder, seconde après seconde, se précipiter sur toi. Tu es obligée de vivre tout jusqu'au bout. Même si tu fermes les yeux, tu le vois. Même quand tu dors, tu le vois. Même quand tu es amoureuse. Tu peux pas t'échapper *C'est normal, dit Selim* Cet avion, aujourd'hui, pour des tas de gens, c'est un drone qui te suit partout. Tu le vois et tu le vois pas, mais t'entends toujours sa petite musique et, même quand il se met du bon côté du soleil, tu le vois, puisque tu l'entends qui grince en haut pour se jeter sur toi et te dévorer alors que tu prends le bus, que tu vas à l'école. Tu ne peux pas lui échapper et tu vas pas lever tes bras avec un petit fanion blanc pour faire la paix, pour dire "Pitié, s'il te plaît, c'est pas comme ça qu'on fait, et c'est pas moi qui devrais te dire ça, moi je suis que Grands Yeux, je suis qu'une ancienne lycéenne, qui a pris du retard en changeant de pays. En plus, comme je ne suis pas en avance, je n'ai pas le droit à l'erreur, ce n'est pas à moi de te dire d'arrêter de foncer comme ça sur moi, tu devrais le savoir. Ceux qui te pilotent de là-haut devraient le savoir, non ? Vous devriez tous le savoir." Tu n'as pas droit à cette option-là. Tu as droit à quoi ? Tu as toujours droit au combat. Toujours. Même, quand on te fonce dessus en continu sans espoir de survie aucune. Peut-être même quand c'est l'extermination, peut-être, d'accord ? Il y a toujours ça, qui reste. J'ai lu des textes sur des combats qui étaient menés par des enfants qui n'avaient absolument aucune chance de s'en sortir mais qui se sont battus désespérément quand même, et souvent, je pense à eux. Quand je marche dans la rue. Quand je bois. Quand je m'allonge. Je ne peux le dire à personne parce que personne ne comprendrait que je pense à eux dans ces moments-là. Je garde. Je dis rien. Je sais que c'est excessif. Même à toi, alors que c'est une conversation entre nous, j'ai honte de le dire. Et, en plus, tu sais quoi, là, je te raconte n'importe quoi, juste n'importe quoi, en parlant de ça, d'accord ? Tu oublies, s'il te plaît ? D'accord ? Tu oublies *Ne t'inquiète pas, dit Selim toujours derrière* Je ne sais même plus ce que je voulais dire. Tu vois l'intensité qui est en moi quand je te parle. Je ne parle qu'à toi. C'est à toi que je parle. Toi. Rien qu'à toi. Tu m'entends ? C'est même pas la paix romaine ; parce que, la paix romaine, c'est ce qui vient quand tout le monde est mort. Non, non. Alors tu vas essayer de trouver quelque chose. Une ruse. Tu vas trouver une ruse. Mais une ruse, ça doit être comme du théâtre. Or, le théâtre, il faut jamais que ce soit que du théâtre. Une ruse, pour qu'elle soit bonne, tu dois la pousser jusqu'au bout d'elle. Elle doit être toi. Tu dois être la ruse. Pour combattre ou pour aimer *oui, dit Selim* Tu es la ruse, oh oui, c'est ça, tu es la ruse. Tout le problème des luttes nucléaires en Allemagne, c'est que c'est que du théâtre. En France, aussi, les gens sont trop éduqués. Ils n'ont pas assez à perdre alors ils s'épargnent dans la lutte et ils perdent. Toi, tu vas prendre la bête par-derrière pour de vrai *Selim descend les escaliers au même rythme qu'elle Il regarde le haut de son crâne qui glisse avec la nuque derrière le tissu et ensuite les deux épaules fines, le dos qui descend, descend beaucoup plus bas que les fesses avec la tunique, mais la tunique noire fait tout de même un bond en arrière juste au bon endroit, et ensuite les deux jambes fines qui descendent en pantalon noir un peu serré avec deux petites chaussettes dont il aperçoit les éclats de blancheur après le noir du pantalon et qui bougent au rythme du pas de Grands Yeux* Pour les drones, ils se couchent par terre et ils font les morts. Tu thermorégules toujours vivant mais comme les cadavres continuent de chauffer encore un peu, toujours, avant de devenir froids, alors, avec la caméra thermique qu'ils ont, ils te voient vivant mais ils se disent par la pensée que tu es juste un mort chaud. Alors que non, tu n'es pas un mort chaud, tu es vivant ! TU ES VIVANT TU EXISTES DANS LE MONDE Tu vas faire quoi ? Ah, le drone te regarde *Elle s'arrête, elle se tourne, elle le regarde et elle regarde aussi la descente des escaliers en levant la tête* Tu vas piloter des drones ou quoi ? Qu'est-ce que tu vas faire dans l'armée, en plus que tu n'as aucune qualification, rien pour grimper dans la hiérarchie ? Tu vas tuer des gens ? *Donne, c'est moi qui vais porter, dit Selim en tendant les deux bras, vers elle qui porte les poubelles* Tu rigoles, ou quoi ? Tu crois que je peux pas porter nos poubelles ou quoi ? *Selim regarde les deux poubelles qui se balancent de chaque côté d'elle Il regarde aussi tout autour la cage d'escalier qui les casque en dur en aveugle Les marches s'enroulent, montent en descendant autour de Grands Yeux Très vite, les repères de hauteur disparaissent Elle et lui sont enroulés ensemble sans fin pour toujours par la rampe d'escaliers Quantité de graffitis d'avant les graffitis Son regard s'attarde un peu sur un petit père Noël avec des moustaches De quand il date celui-là ? Il avait quel âge quand il a dessiné ça ? Mais 17 étages de murs tournants dans un noir de minuterie font que les inscriptions, les dessins, les graffitis sont beaucoup moins denses là qu'en bas, dehors, sur la dalle Il reste du blanc Le blanc les enveloppe aussi* Je prends pas l'ascenseur, parce qu'il est pas fiable. La dernière fois, on était 5 à l'intérieur et on est restés bloqués à 5 comme ça, comme des sardines pendant 4 heures entre 2 étages *Selim rit* Et comme ça, aussi, je suis tranquille.

— Tu sais pour Belabed ?
— Oui
— C'est ta mère qui te l'a dit ?
— Oui
— Elle en pense quoi ?
— Comme tout le monde
— On n'en parle pas s'il te plaît
— Oui

C'est comme la bête féroce. Elle est grosse. Moi, je suis toute petite mais, si j'ai le foulard, j'étends les bras de chaque côté et, tout de suite, je fais plus grande. Je fais plus grosse. Je fais fuir un léopard comme ça. Je fais fuir un tigre *Tu me fais pas fuir, moi, dit Selim avec ses yeux gris sur elle* C'est que comme ça que tu survis dans une forêt sauvage. En étendant les bras et en paraissant plus grosse que tu n'es. Tu regardes en face. Autrefois, il y a eu aussi d'autres gens qui ont étendu les bras comme moi. Avec des drapeaux et des cocardes. Malheureusement, ils pratiquaient aussi de la lutte illégale tous azimuts. Mais nous, c'est que du légal. Et le légal, c'est pour la paix forcément. Tu sais, pour qu'il y ait la paix, il faut qu'il y ait l'égalité, sinon, c'est jamais la paix, c'est autre chose. Moi, je suis en paix maintenant. Je vais à la fac. Je suis en paix. Je vais au supermarché. Je suis en paix. Je traverse les Orgues. Je suis en paix. Je marche dans la rue. Je suis en paix. Tout peut arriver. Je suis en paix. Tout peut arriver, d'accord ? *Tout tout tout ? demande Selim*

XVII

Selim kiffe cette idée de son corps à Grands Yeux qui lui arrive dessus par petits éclats sans qu'elle s'en rende compte. Son bras frôle le sien. Il regarde son pied effilé au bout de sa cheville qui se soulève. Ensuite, c'est son autre pied qui se soulève. Sur les deux yeux gris du Patrouilleur, les paupières tombent. Un bref instant, le Patrouilleur fait son hussard légionnaire dessous ses yeux gris cachés, il sent qu'il est au bord d'être capable de tout, dans cet escalier, entre chez sa mère et chez ses parents à elle, justement, ce serait que justice, que tous les deux, ils les trahissent tous, ensemble, en même temps, qu'ils s'échappent tous les deux, comme Marianne-Lalie et son blédard en jogging se sont échappés en même temps, ensemble, et maintenant ils sont loin. Mais il n'a jamais pratiqué le regard qui sait, et il s'est aussi toujours gardé des filles de la dalle parce qu'il était trop jeune. Les grands yeux de Grands Yeux qui ne se détournent pas de ses yeux en lui parlant le déconcertent aussi. Et puis il oublie tout.

Grands Yeux est étonnée du monde. La chaleur soulève Selim moins doucement, elle soulève moins doucement les formes, moins doucement, les formes se détachent, les marches s'écartent, la nuit dehors se détache de lui, les formes s'enfuient de lui, le monde de la Tour s'enfuit de lui. Une Tour allongée qui s'étire. Une Tour qui s'enfonce dans la dalle. Le Patrouilleur regarde Grands Yeux dans la gigantesque forme informe explosée que sont devenues les Orgues à cause d'elle. Il regarde son visage de psychotique pâle qui accompagne la chaleur en lui. Jusqu'au local poubelles, jusqu'en bas de la Tour, les murs écrits s'enroulent pour rien, maintenant. Le Patrouilleur, un instant, se maintient toujours devant Grands Yeux soulevé avec étrangeté comme il est devant elle qui s'envole avec lui, il sent son corps comme il ne l'a encore jamais senti, il sent le sang qui bat en lui et il sent aussi tous ses muscles qui se tendent et se relâchent en même temps, il souffle.

Et puis, un bruit résonne bizarrement dans la cage d'escalier, on entend des voix, les granulés de peinture salie sur les murs réapparaissent. Habitué aux changements de situation rapides, je rampe, j'arme, je charge, je décharge, je rampe, j'arme, je charge, je décharge… aussitôt, Selim, sans plus regarder Grands Yeux, décolle son jean de ses fesses. Il le décolle aussi devant. Il remet tout en place en lui dans ses vêtements. Il s'ébroue et il se redresse en la fixant avec les yeux absents. Et puis, à nouveau, il se penche vers elle. Des images de Marianne-Lalie. Des images de sa mère aussi. Des images des autres gars du Rep. Ben Laden. Même Belabed est là avec ses grosses mains et son visage froissé rouge, qui le regarde. Le Patrouilleur timide a les yeux gris tout à fait normaux maintenant. En face, Grands Yeux est immobile. Elle attend, mais il ne dit rien, il ne fait rien, juste, il la regarde, penché comme il est vers elle, avec un air grave.

— Tu crois que tu vois quand tu me vois mais tu vois rien, d'accord ? Qu'est-ce que tu vois quand tu me vois ? *dit Grands Yeux La Tour s'échappe, vole dehors, tout autour des autres Tours Selim remonte jusqu'à la galerie commerciale explosée, le collège, le local social, le chantier perpétuel Il voit une chambre Il voit un lit Une lampe est posée sur le sol à côté du lit Les murs sont nus La fenêtre est noire Des bruits de voix derrière la porte Le paysage de la chambre est flottant Il flotte dans l'air comme la Tour Elle est entrée après lui, elle a fermé la porte derrière elle et puis elle a hésité, elle a fait une petite pause, debout, au milieu de la chambre, et puis elle a marché courageusement en direction du lit et maintenant elle est assise dessus, tout au bord, un peu raide, et elle le regarde Il se dit qu'elle n'a jamais été aussi belle Il tremble Des trucs anciens arrivent Des trucs anciens qui finissent par arriver un jour à tout le monde Il bouge pas Il lui demande avec une voix bizarre s'il peut s'asseoir à côté d'elle Il marche Il sent très fort son corps en s'avançant vers elle Pendant qu'il avance, ses yeux gris sous ses paupières baissées la regardent, ne cessent de la regarder*

— Alors ?
— Alors quoi
— Qu'est-ce que tu penses quand tu me vois ?
— J'aime beaucoup *répond Selim*
— C'est tout ?
— C'est déjà pas mal
— Tu crois que ça suffit ?
— Tu veux quoi d'autre ? *il demande*
— Je ne sais pas Tu veux quoi Toi ?
— Tu sais très bien ce que je veux *il baisse les yeux*
— Alors Dis-le
— Non
— Pourquoi ?
— Parce que
— Parce que tu es bête
— Moins bête que toi Avec ton foulard de merde *ses yeux s'allument*
— Comment tu parles ! Mon foulard Tu sais quoi ? Il t'emmerde !
— Je ne crois pas
— Comment tu sais ?
— On s'en fout de toutes ces histoires *elle sourit Il repart vers le haut*
— Tu vas où ?
— À ton avis ? *sans se retourner, il grimpe Il va se retourner ou pas Il va l'abandonner ou pas Grands Yeux le suit des yeux Elle attend Il disparaît*

XVIII

Après 15 ans de mariage, le Préfet du Nord et la femme du Préfet du Nord sont devenus bien plus proches sur les questions sensibles de politique nationale que lorsqu'ils sont allongés tous les deux dans le noir ou qu'ils s'affrontent durement sur la question de la déco à l'occasion de la réfection de leur appartement de fonction dans la Préfecture du Nord. Heureusement, pour leur couple, la réfection de l'appartement de fonction s'est achevée, ce qui n'est pas le cas du tout du chantier de rénovation des Orgues, à l'autre bout du pays, dans le Sud, qui est parti pour durer longtemps, lui, c'est certain, parce que les échelles, le contexte, les enjeux, des Orgues du Sud à la Préfecture du Nord, c'est pas pareil. Et, ces derniers jours, aussi, tous les deux, le Préfet du Nord et sa femme, ne parlent plus que de la mutation prochaine qui va leur tomber sur la tête. Les signes annonciateurs de cette nouvelle étape de leur existence se sont accumulés par courrier et dans les astres. Le démantèlement du Grand Camp des Clandos, cela ne sera pas eux, et ils s'en réjouissent. En attendant, pour se distraire de la tension engendrée par tous ces signes qui foisonnent en direction de l'avenir, le Préfet du Nord a décidé de prendre des initiatives. Il a décidé de plancher sur un projet d'intégration à destination des non-nationaux. Il compte présenter ce projet au futur Premier ministre en poste, une fois que la majorité aura tourné, ce qui ne va pas manquer, c'est certain, il se répète, ça va tourner, ça va tourner, il croise les doigts, oh que j'aimerais que ça tourne. Malheureusement, c'est jamais certain, le *sens* dans lequel le vent va tourner. D'autres signes en direction de l'avenir. Des tas de signes. Heureusement, quel que soit le *sens*, les problèmes vont demeurer et le Préfet du Nord planche avec intensité sur ce projet encore confidentiel qui a à voir avec des tests, des questionnaires, afin d'évaluer le degré de fiabilité des candidats à la super-légalité *alias* la nationalité. Le Préfet du Nord travaille sur son projet à la lumière d'une lampe de bureau en design du vrai Nord, design épuré et chaleureux.

Et bientôt, les élections. Mai 2002. Tout le personnel administratif un peu gradé ou placé à des postes un peu sensibles réfléchit comme le Préfet du Nord à une reconversion possible : Monsieur Stevenson dans le Sud, Madame Figaro, son ancienne adjointe, la meilleure amie de la femme du Préfet du Nord, dans le Nord. Madame Figaro est en attente d'une proposition de poste pour passer à l'échelon national parce qu'elle a les crocs qui poussent dans la bouche, c'est pas fini pour elle. Il paraît qu'un jour, on cherchera des gens de terrain, comme elle, pour faire partie d'une commission publique qui doit traiter de la question du foulard et, plus largement, de la religiosité musulmane dans la société civile.

De leurs côtés, Madame Valsini, Madame Dabritz et Blanche réfléchissent aussi à leur avenir. Pour Madame Valsini, il est surtout question de renoncement. Pour Madame Dabritz, les échelles, le contexte, les enjeux, c'est pas comparable non plus avec la Valsini. Pour Blanche : elle a fini par apprendre que son Elvis Presley du Nouveau Monde avait fait paraître un nouvel album, 7 jours après l'accélération de tous les vents, une compilation de morceaux solo dont "Happiness Is a Warm Gum" des Beatles. Cette nouvelle ne lui a pas fait du bien, à Blanche, parce que cela veut dire que la vie, ça continue d'aller pour Elvis, ce qui n'est pas tout à fait le cas pour elle, pour l'instant, pourtant, peut-être, rien n'est perdu, jamais ?

Au chapitre de l'avenir, il y a aussi celui du Patrouilleur timide. Le Patrouilleur timide piétine pas mal, comme toujours. Sa mère ne sait pas qu'il fatigue sur ses manuels de Droit Constitutionnel glissés sous sa paillasse. Elle ne sait pas non plus qu'un stage d'aguerrissement ultra-coton est prévu pour ses camarades et lui. 4 mois de reptations dans la boue à l'autre bout du monde. Une plongée brutale dans les profondeurs humides de forêt guyanaise, le seul et unique massif forestier tropical à jamais répertorié dans l'Union Européenne. 8 millions d'hectares. Et il y en a, de l'aventure en attente, qui croupit dans l'eau noire par là, dans ces 8 millions d'hectares, pour les aspirants-légionnaires, et, toute cette aventure en attente, ça va le changer de l'esplanade de la Préfecture du Nord, le Patrouilleur timide, ça va le changer aussi de la dalle des Orgues du Sud et des maigres arbrisseaux qu'ils ont prévu de planter au cours de la phase IV du chantier de rénovation des Tours, pas avant 2009.

720, et des bricoles, espèces d'oiseaux dans la forêt guyanaise, pas mal d'araignées géantes en mesure de liquéfier et d'ingérer des mammifères à poils 4 × plus gros qu'elles. Faudra surtout surtout pas plonger un doigt dans les ruisseaux du coin qui ondulent sous la ramée luisante, en raison de tout un tas de saloperies en mesure, *easy*, de passer la barrière dermique. Climature équatoriale humide intense. Évapotranspiration des végétaux. Auréole luminescente, avec des larmes, larmes, larmes, toujours, de Belabed père mort, qui flottent dans l'air, se mêlent aux 519 mm de pluie, toujours, au mois de mai, fourchette haute.

Le Patrouilleur timide n'en finit pas de récolter partout des infos sur la forêt guyanaise, toutes ces infos sont très accessibles – n'importe qui peut tomber dessus – mais ce qui compte, pour lui, et aussi pour tous ses camarades, c'est que toute cette géographie, toute cette animalerie, si accessibles, dans des vieux magazines, dans les grosses machines grises à écran qui sont mises à disposition dans les bibliothèques, qui soufflent quand on les allume, devant lesquelles les gens au chômage font la queue, coïncident étrangement avec le temps électoral qui vient, un temps au cours duquel prospèrent crocodiles et araignées géantes qui piquent en venimeux, mordent et tuent avec une férocité bien plus grande que toutes les araignées de la Guyane française réunies dans une même pièce, grossies 50 × et dopées à la poudre blanche. Hasard du calendrier, c'est au mois de mai 2002 qu'ils s'envoleront tous là-bas ! Quand la petite musique du western antihuniste roulera fort dans les airs, quand les Roses, le gun pointé sur la tempe, glisseront dans l'urne le bulletin qui transformera leur ennemi en chef en gardien de la démocratie, quand, enfin, sous les huées, Jospin roulera au sol, plexus enfoncé jusqu'à la colonne sous l'effet de l'uppercut fatal, les aspirants-légionnaires, eux, apprendront à survivre dans l'enfer de la jungle de France, température réglée aux alentours de 25 °C, banditisme en tous genres, on cherche toujours de l'or, là-bas, du côté des villes éphémères en Guyane, et ça, ça va bien changer aussi des chewing-gums séchés et des mégots qui rythment au sol le paysage des patrouilleurs Vigie en France. À chaque stage, il y en a qui disparaissent dans la jungle, déplorent les chefs. On les coche "Disparus" avec un peu de mauvaise conscience dans le registre en croisant les doigts pour qu'en mangeant du serpent et de la viande humaine ils aient survécu et rejoint une des bandes qui essaiment dans le massif, une gigantesque zone de non-droit spécialisée en mixité sociale absolue : en vue d'une nouvelle opportunité d'embauche et d'engagement possible ? Vigie Pirate, c'est fini pour eux, pour les aspirants-légionnaires, mais, Vigie, attention, c'est pas fini pour tout le monde, pas pour les autres, les surveillés, les protégés, les habitants normaux de ce cher pays ! En revanche, c'est indéniable, pour les 4 patrouilleurs du 12 novembre 2001 sur l'esplanade de la Préfecture du Nord, pendant 4 mois au moins, les 4 mois du stage, ça va être la pause.

Dans le fond, le Patrouilleur timide s'en fout du stage de survie tropicale en Guyane. Et même, il s'en contrefout. Comme il se contrefout à mort des caïmans, de l'eau noire et des araignées. Il est est absorbé par tout autre chose, ces derniers temps, et ce quelque chose est quelque chose d'important qui arrive dans sa vie et qui tempère donc beaucoup l'excitation et l'angoisse du départ qui se rapproche. Tous, tout de même, ils se préparent en rampant de plus en plus vite sous des sacs de sable suspendus de plus en plus près du sol, qui figurent les énormes racines entre lesquelles il faudra se faufiler dans la jungle en traversant une boue qu'ils espèrent tous plus chaude que celle du Nord.

L'avenir de Guillaume, loden ou pas loden, ça reste flou comparé à celui du Patrouilleur timide. Pour lui, le stage ultra-coton risque de durer bien plus que 4 mois. Tout dépend de la capacité de Madame Dabritz à traverser la rue, ou pas, pour trouver un nouvel emploi.

Enfin, il y a en cours, toujours, l'avenir de Joséphine, ça fait des années que ça dure, ça remonte loin, ça remonte jusqu'au

Grand Est. Joséphine n'est plus étudiante au Département FLE de l'université du Nord, et, pour elle aussi, comme pour son mari, l'ambiance est confuse. Joséphine s'interroge sur l'intérêt ou non pour elle de traverser la mer jusqu'à l'Angleterre, maintenant que les vagues grises se soulèvent, de ce côté où elle habite avec Guillaume. Quantité de sommets pointus sont réapparus comme sous le coup d'une baguette magique un peu spéciale, la bonne vieille baguette de Sheitan qui, heureux, toujours heureux, de se réincarner à l'infini pour éprouver tout le temps tout le monde, est décidément en forme en ce moment, en dépit d'un certain nombre de tentatives de tous ordres et de tous bords pour conjurer son hyperactivité maléfique, au rang desquelles il faut compter l'action de President Bush. Le Conseil de Sécurité renâcle. Bientôt, l'Afghanistan, ce sera presque du passé. Bientôt, ce sera l'Irak.

Il paraît que, là-bas, en face du Nord, Région Nord, France, de l'autre côté des vagues grises, la vie est plus simple, on boit du thé, on trouve du travail. Peut-être pas aussi rapidement qu'en Guyane, cela dit, dans ces villes éphémères constituées de roulottes garées en rond autour d'une clairière improvisée à la machette. Et la végétation pousse, pousse, repousse. Là-bas, il y a toujours un manque de main-d'œuvre pour repousser la forêt qui pousse, qui pousse, qui force de tous côtés, par le haut, par le bas, par tous les flancs. Sur le rivage de Perfide Albion de Buonaparte, la repousse végétale est plus calme en dépit de la pluie, abondante mais froide, malheureusement, ça ne favorise pas le bourgeonnement, il paraît aussi que c'est très embouteillé par là-bas, pas mal de monde, en définitive, arrive à débarquer sur les côtes anglaises qui patientent au loin dans la brume pour qu'on les rejoigne. Les ombres du Nord accostent sur des bateaux pneumatiques à gros boudins qui filent rapide pof pof pof Direction Liberté. Pour monter à bord des bateaux pneumatiques, faudra malheureusement reprendre contact avec les réseaux obscurs, et ça, ça fait chier, se dit Joséphine. Joséphine a pas du tout envie de se retremper en plein dans les réseaux obscurs, elle sait mieux que quiconque qu'on n'y croise pas beaucoup de gens recommandables, dans les parages des réseaux obscurs, en comparaison de tous les gars qui y broutent artistiquement l'herbe sur le dos des aspirants-voyageurs, la Valsini, c'est rien, la Valsini, c'est qu'un poil de cheval de Huns qu'aurait tourné malade. D'autant plus que Guillaume ne veut pas que Joséphine parte en dépit de l'Obligation de Quitter le Territoire qui arrive à grands pas, pas de géants, pour se saisir d'elle, si elle n'agit pas. C'est normal. Tu ne te maries pas que pour le pire. Tu te maries pas pour laisser partir ton épouse seule à bord d'un rafiot qui prend la flotte. Parce que ça peut souffler fort sur le Channel, pas l'Atlantique, pas les quarantièmes rugissants, mais pas tout à fait non plus une promenade d'enfant un soir de printemps non plus, 33 bornes à tout casser entre le cap Gris-Nez et la ville de Douvres, mais faut slalomer juste, éviter de se fracasser contre les grands tankers qui empruntent un couloir maritime parmi les plus saturés de la planète, tout ça pour atterrir, pour se fixer enfin, apprendre une nouvelle langue, chercher du travail, trouver un nouveau logement, reprendre les études, se faire de nouveaux amis, affronter une antipathie ambiante nouvelle, souffler, en somme.

Depuis qu'a été signalée au Procureur l'imposture manifeste de la candidature de sa femme au statut d'étudiante étrangère à l'université du Nord, la légalité du mariage de Joséphine et Guillaume bat de l'aile. C'est compliqué à comprendre, rien à voir avec les histoires de récépissé aux guichets de la Préfecture du Nord au fond desquelles se noyait Blanche dans la cafétéria orange entre 2 gobelets vides autrefois. Très vite : s'il est avéré qu'un mariage a été contracté dans le but secret d'obtenir des avantages liés à ce mariage, quand bien même les deux époux se sont accordés sur la tromperie, il y a fraude. La conséquence, c'est l'annulation du mariage. Or, il se trouve qu'un gros doute plane sur la véracité de l'intention maritale pour Joséphine et Guillaume, parce qu'au moment où l'union a été contractée, Joséphine déposait parallèlement, ou plutôt Madame Dabritz déposait pour elle, un dossier pour un statut étudiant qui, outre sa nature "fabriquée", démentait les informations juridiques d'état civil fournies en amont pour contracter le mariage en question, et c'est ce qu'avait justement découvert la Valsini dans son bureau gris au-dessus de la cafétéria orange en se plongeant dans les deux dossiers de Joséphine qui avaient été convoyés jusqu'à elle par l'émissaire de la Préfecture la veille de la garden-party au cours de laquelle le Préfet avait risqué l'empoisonnement sanitaire en buvant au goulot l'eau tiède d'une bouteille plastique déjà ouverte. Les deux tourtereaux du canal pourront toujours plaider la bonne foi, d'autant plus qu'ils vivaient, vivent toujours, pour l'instant, dans le même foyer au bord du canal du Nord, ce qui est un gros argument pour plaider la véracité d'un engagement marital entre deux époux. Pour l'instant, Guillaume et Joséphine partagent toujours bien la même couche dans l'unique chambre du F2 situé au deuxième étage d'un immeuble déshérité planté au bord du canal du Nord, difficile, donc, de les accuser de connivence en vue de détourner frauduleusement l'institution du mariage. Entre eux deux, indiscutablement, la communauté de vie est avérée. Mais, malheureusement, cette communauté de vie est avérée au domicile de la belle-mère de la mariée ! Qui n'est autre que Madame Dabritz ! Madame Dabritz est formellement accusée d'avoir "arrangé" le dossier de l'épouse de son fils. Ladite épouse de son fils qui n'est autre que sa bru ! Un vrai casse-tête, cette affaire. Pour autant "une escroquerie sentimentale à caractère migratoire" ? Pas certain. Enfin, tout dépend. Pour le futur adjoint du shérif de l'Intérieur, le Ministre de l'Immigration, de l'Intégration, de l'Identité nationale et du Développement solidaire, ça ferait pas photo. Dans le mauvais sens évidemment, pour le pire. Nom : Besson. Prénom : Éric. Surnom : le Traître. Le surnom, c'est tous ses anciens camarades roses qui le lui ont donné. Un bon ami de Péko, il paraît, le Traître. Ils se tutoient. Péko, Péko, il n'en peut plus, Péko, ça lui sort par les trous de nez tous ces mariages frauduleux, détournés, malhonnêtes, gris, blancs, toutes les couleurs sauf les bonnes, bleu-blanc-rouge, qui sont contractés dans le territoire qu'il administre et qui comprend, entre autres, les rives du canal du Nord.

— Tu comprends, Éric *larmoyait l'autre jour Péko en reniflant* maintenant, ils appellent le standard de la Mairie pour demander quelles sont les formalités à accomplir pour contracter un mariage en vue de choper un titre de séjour !

— Les bras m'en tombent, François *répondait Éric en solidarité totale avec son ami Péko*

En février 2002, c'est vrai, Péko n'était pas encore devenu Ministre, Éric n'avait toujours pas trahi les Roses et tous, on n'en était encore qu'au stade de la stupéfaction et de l'étonnement devant cette avalanche de faux amours frauduleux, stupéfaction et étonnement qui allaient se cristalliser un peu plus tard en la création d'un nouveau délit. "Mariage de complaisance", ça s'appelle aujourd'hui. Ce nouveau délit punit les époux frauduleux de 5 ans de prison et de 15 000 euros d'amende. 10 ans de prison et de 75 000 euros d'amende, même, s'il est avéré qu'une bande crapuleuse organisée, sur le modèle de celle du Master des Orgues, est à la manette d'une brochette criminelle et scandaleuse de mariages faux.

Heureusement, une bonne petite déforestation des familles est programmée aux alentours du tunnel du Nordaisis. Plus d'arbres. Ça va rendre toutes ces traversées clandestines de la Manche pour l'Angleterre beaucoup plus compliquées, et ça, ça arrange Guillaume, qui n'a pas du tout mais alors pas du tout envie de voir partir Joséphine. La déforestation, c'est encore confidentiel, tout le monde a peur que les associations de sauvegarde écologique du littoral en appellent aux citoyens pour résister. Dans la jungle du Nordaisis, il y aura toujours autant d'humidité qu'hier mais beaucoup moins de têtes feuillues pour s'abriter qu'aujourd'hui. Joséphine n'a pas peur de la pluie. Et elle n'est pas la seule.

— Et c'est bien ça qui m'inquiète ! *s'angoisse Péko* Plus personne n'a peur de rien dans ce bled ! Les naufrages, les noyades, les asphyxies, les ratonnades, rien n'y fait ! Il n'y a plus de peur. La peur a disparu. Ou alors elle est encore là au fond des cœurs, mais bien combattue, ce qui revient au même.

Tous les Péko du monde peuvent bien s'indigner du western continu en cours dans le Nord, pense un certain avocat spécialiste en droit des étrangers qui a pris l'habitude de travailler par téléphone à la maison, mais quelle politique sécuritaire inventer contre une hémorragie d'apprentis voyageurs d'origine multi-continentale ? Tous ces shérifs me font rire, ricane l'avocat, ils peuvent bien s'agiter et larmoyer, dans ma branche, c'est certain, zéro récession économique en vue, rien, aucune épidémie, pandémie, autre catastrophe, n'aura jamais assez de puissance pour affronter les flux à venir. Les frontières exploseront ! Les Pharaons s'en sortaient déjà pas contre les Peuples de la mer, autrefois, alors ? Moi, j'ai décidé de rester bien tranquille, les pieds bien au sec, à attendre que le téléphone sonne. Du côté de l'ASED, on s'inquiète tout de même pour le sort de toutes les ombres sous la pluie. En attendant d'autres inquiétudes sont en cours. Parce que s'il fait 50 °C dans le Nordaisis dans 50 ans, on ira où ?

Il faut le reconnaître, cette absence de peur, c'est un vrai souci. Chez Joséphine, cette volonté intraitable d'aller de l'avant, d'affronter toutes les tempêtes, d'escalader toutes les montagnes, est tout à fait inquiétante pour un Guillaume qui, depuis sa naissance, a seulement appris à arpenter en long les mêmes deux rives du canal du Nord, rives au relief terriblement plat, excepté les grilles de sécurité élevées autour des ruines noircies du hangar napoléonien brûlé.

Ça y est, c'est tranché. Joséphine a pris sa décision. Elle part. Le bruit de la mer enveloppe l'obscurité tout autour d'elle. La mer, cette grosse chose impressionnante aquatique, vivante, qui lui est si étrangère, va l'emporter. Joséphine vient des terres montagneuses de l'Est. Là-bas, l'immersion marine remonte à 4 milliards d'années.

Ils sont avec elle presque une dizaine. Tous allongés comme elle dans le sable derrière les rochers, certains sur le ventre, d'autres sur le dos. Tous, ils sont immobiles. Ils attendent le signal. Ils sont prêts à bondir en furtif pour passer la vague qui avance, qui recule, qui avance, qui recule, voilà qu'ils vont s'agripper bientôt aux gros boudins, et ensuite, rugissement des moteurs à coups de poussées accélératrices super-puissantes, bam, bam, déferlante, déferlante, déferlante, après la pataugе du départ, vague, vague, et ensuite, on escalade très vite les gros boudins en gigotant des pattes, en face, les réseaux obscurs les tirent en avant, par les bras, par les cheveux, tout ça est sportif, tout ça très bien organisé, mais là, juste avant la course dans le sable, avant l'embarquement, avant le départ, avant les embruns, au-dessus d'eux, c'est seulement le grand voile argenté de la nuit qui tombe.

Elle est allongée sur le dos. Elle ouvre grand les yeux. Tout en haut, sur la gauche, elle perçoit la masse sombre de la falaise qui les couvre sur leurs flancs et, encore plus haut, c'est le rien de la nuit qui dure. Des bruits de pas. Des masses glissées sur le sable. On déterre les effets personnels. Les effets personnels ont été enfilés dans des préservatifs, étanches, assez extensibles pour protéger menues monnaies, liasses, téléphones, papiers d'identité. Devant, elle entend la houle qui, très bientôt, va les tremper tous. Le loden de Guillaume a bien travaillé tous ces mois d'avant pour payer les réseaux obscurs. Tout est prêt. La mise à l'eau est prévue sur la commune de XXX, près de XXX, localisée sur XXX kilomètres de bord de mer sur un littoral praticable qui en compte XXX jusqu'au bout du bout, tout au Nord du Nord, au Nord de la Région Nord. Un territoire immense. Impossible à quadriller. Dans l'air, le puissant faisceau lumineux d'un hélicoptère a balayé tout à l'heure mais il n'est passé qu'une seule fois et il les a manqués parce que Joséphine et ses compagnons de voyage sont arrivés après son passage, parce que le faisceau était guetté comme il fallait depuis le large. Guillaume ? Guillaume rejoindra Joséphine plus tard. Il n'a pas encore osé aborder le sujet avec Madame Dabritz mais ça y est, c'est programmé dans sa tête, plus qu'une question de jours, c'est sûr, il va réussir à parler de son départ du F2 à sa mère, et après, il prendra le ferry comme tout le monde légal.

À 40 km environ de la planque sableuse, un chef d'unité du peloton de surveillance et d'intervention de la gendarmerie se prépare à affronter la nuit en opérationnel. Lui aussi, il guette. Tout son corps est penché au-dessus d'une grosse caisse en bois. Avec une petite lampe de poche, il inspecte minutieusement l'intérieur de la grosse caisse. Une livraison de matériel. Il passe en revue les lots. Des jumelles thermiques. Du matériel de laboratoire en cours de finalisation technique, en mesure supposément de détecter jusqu'à 1,3 km de distance dans la nuit noire la présence d'êtres vivants qui, tout aussi furtifs qu'ils sont, ne peuvent pas se débarrasser de leurs corps chauds, même quand la thermogenèse humaine à l'intérieur d'eux entre en lutte sévère contre le froid et la pluie. Le chef d'unité l'admet volontiers en souriant. Le plus souvent, le peloton de surveillance et d'intervention découvre les lieux de mises à l'eau *après* la mise à l'eau. "C'est bien simple, sauf cas exceptionnel, au mieux ce qu'on distingue, c'est un petit tas de silhouettes thermiques réduites à des points minuscules vacillants qui montent et qui descendent sur la crête sombre à l'horizon, et alors, c'est trop tard..." raconte pour la énième fois le chef d'unité à sa femme, tout fourbu qu'il est de sa veillée de guetteur inutile, de retour au bercail, c'est l'aube, et il a réveillé sa femme endormie pour bénéficier d'un peu de réconfort physique et moral.

Le chef d'unité tripote le matériel. Pas tout à fait encore la puissance du matériel utilisé au cours de la conquête de l'Afghanistan, c'est sûr. De toutes les manières, matériel ou pas matériel, on restera toujours limité par les conditions matérielles du réel, se dit le chef d'unité, et ça, ça vaut pour tous. Le chef d'unité regarde sa montre. On va bientôt y aller.

Du sable mouillé, des rochers, des galets, des nœuds noirs de varech abandonnés qui sèchent, des crabes minuscules qui vont et qui viennent. Là où Joséphine était allongée, plus personne, presque rien, des inclinaisons de sable mouillé qui ont épousé son corps, difficilement décelables à l'œil, à la jumelle thermique, surtout à la jumelle thermique, par principe atrocement impuissante sur les surfaces froides et mouillées. La chaleur du corps vivant de Joséphine est partie, elle s'est déplacée, elle file désormais tout droit sur la grande flotte en avant dans l'ombre, elle est mouvante fluorescente verte, des dégradés de verts, kaki sombre en rayons qui forment un bras, deux bas, un torse, une tête, une jambe, deux jambes, mais pas la chevelure, la belle chevelure sombre de Joséphine ne brille pas sous le rayonnement des ondes thermiques des jumelles Direction Angleterre, elle reste invisible, elle a disparu.

XIX

De l'autre côté du pays, dans le Sud, Grands Yeux vient d'enfiler le jogging qui est sa tenue d'intérieur en famille. Le temps passe vite. Dehors, il fait noir, car c'est déjà la nuit d'un mois de février de l'année qui suit toujours l'année qui vient de passer. Le temps avance vite depuis que les vents soufflent, et ce temps vif, accéléré, avance particulièrement rapidement pour elle qui galope dans un état bizarre en direction de ses examens de fin de Première année de médecine. Ce n'est pas à la reconversion que Grands Yeux pense en regardant le noir des Orgues qui a déjà aspiré avidement, goulûment, Marianne-Lalie, Mohammed, le blédard de Marianne-Lalie, Belabed, les frères Belabed, Rachid, Selim, le Petit Richard, Master et le fauve canin, c'est à l'émancipation qu'elle pense. Sujet pas facile. Heureusement qu'elle est pas tombée là-dessus au bac, elle se serait énervée par écrit et elle aurait gratté une mauvaise note, c'est sûr.

Au passage, depuis la nuit noire derrière la fenêtre, au-delà du balcon, zéro nouvelles du Petit Richard et du Master. Zéro nouvelles aussi de Rachid en Afghanistan. Zéro nouvelles de tous, ou de presque tous. En revanche, beaucoup de nouvelles de gens qui, jusqu'il y a peu de temps, étaient de parfaits inconnus aux Orgues. Des nouvelles de Zacarias Moussaoui, qui a remplacé le Khaled Kelkal de l'ancien temps. Ces nouvelles pleuvent sur les têtes. Qui se souvient de Zacarias Moussaoui ? Et aussi, depuis la télévision, des nouvelles de Daniel Pearl sont tombées. De bien mauvaises nouvelles. Des nouvelles désespérées, même. Tous les Drine, à l'image de tous, ont contemplé avec une grande consternation l'image immobilisée du journaliste en jogging gris, noir et rose, sur le seuil de basculer de l'autre côté, l'*autre* autre côté, celui dont on revient jamais, celui dans le trou duquel sont tombés Belabed et Julien Sorel. Surtout, les Drine ont contemplé l'écran en silence, parce que, l'affreux, quand ça devient ça, en plus de tout ce qu'il y a eu déjà avant, ça finit peut-être par empêcher de raconter n'importe quoi, au moins pendant 5 minutes, d'accord ? Est-ce que c'est possible ? Chez les Drine, c'est possible.

À nouveau, dans le Nord. Dans ce coin-là, l'émotion et la consternation sont à leur comble. Pour lutter, Péko fait le choix du local, c'est-à-dire, à son niveau déjà avancé dans l'appareil, le choix du national. Oubliés l'Atlantique et l'Afghanistan, et aussi, oublié l'Irak, autre Waterloo, autre Bérézina. Tous les soirs, Péko fait le point sur les affaires de corruption qui touchent sa formation politique dans tout le pays. Parce que, funestement, n'y a pas que les Roses qui, dans le Nord, font face à des tas de petits problèmes, il y a tous les autres aussi ! Tout le monde, ou presque, est concerné, par toutes ces affaires. Comme si on en manquait, de problèmes ! *rumine Péko face à la nuit du Nord* L'hiver est déjà archi en place. Les Antihunistes se frottent les mains. De ce côté, on stagne vraiment. C'est toujours la même chose. Les Antihunistes ont le vent en poupe. Année après année, mois après mois, c'est fou comme ils surfent avec constance sur les vagues qui tapent, qui tapent, qui tapent, sur toutes les côtes, sur tous les rivages, contre toutes les falaises, qui s'effritent partout, dans le monde entier, et qui sapent en profondeur tout. Ces vagues sont comparables aux vagues énormes qui firent échouer autrefois les trières au cours de la célèbre bataille des Arginuses qui a opposé les Athéniens à Sparte. Et ça ne risque pas de s'arranger avec les ouragans, les tsunamis, les tremblements de terre, les sécheresses, les cyclones, les incendies qui s'annoncent en douce pour prendre la relève de la tempête en cours !

Grands Yeux secoue la tête. Elle détache son regard du noir hypnotique du monde qui vibrionne dans l'air de la nuit des Orgues jusqu'à elle. Elle se prépare à une énième traversée nocturne dans le massif de ses polycopiés de Première année de médecine qu'elle s'est procurés à prix d'or auprès d'un Deuxième année tout aussi pauvre qu'elle mais qui a trouvé un moyen de se faire un peu d'argent en transformant une liasse de cours en marchandises. Le Concours général est loin maintenant. Le succès lui paraît plus qu'un lointain souvenir. Désormais, quand elles sont en situation d'écrire, les mains de Grands Yeux tremblent. Plus grave : une fois saisi par l'une de ses deux mains tremblantes, le stylo se transforme en savonnette et fuit les cinq doigts humides qui le serrent. Grands Yeux est gauchère. Une fois, pour rattraper le stylo, elle a tenté de s'aider de "la troisième main des Néanderthaliens", et qui s'appelle la bouche, et elle s'est trouvée ridicule. Les profs en amphi vont trop vite. "Si tu t'accroches pas à la branche, tu tombes" *explique Grands Yeux à toute la famille* Et il y a aussi la bourse d'étude qui, très vite, aussi, va se décrocher, si elle tombe de l'arbre. Grands Yeux travaille. Elle travaille énormément. Elle impressionne toute la famille. Elle est devenue toute jaune. Grands Yeux endure tout, le stylo qui glisse, les travaux de mémorisation forcée, la peur au ventre de pas passer le barrage de la Première année, parce que tout ça, aussi affreux que c'est, ça va avec le projet de vie qu'elle s'est fixé, celui qu'elle a exposé à Selim dans l'escalier quand ils s'étaient revus après sa visite à la famille, un projet de vie qui est tellement différent au même âge de celui de la femme du Préfet du Nord, de Madame Zorhora, de la Valsini, de Blanche, de Madame Dabritz même.

Dos à la fenêtre, Grands Yeux prend une grande bouffée d'air dans ses poumons, et puis, d'un coup, avec courage, elle se pince le nez et elle se plonge dans un grand verre de solution effervescente à la caféine. Ça + 3 tours de thé, et elle circule une bonne partie de la nuit éveillée comme il faut dans le massif flottant de ses polycopiés dont elle pense qu'ils vont lui sauver la vie, un peu comme une bouée peut sauver la vie d'un naufragé. Depuis la dalle des Orgues, si on lève la tête, on peut apercevoir très facilement sa fenêtre qui brille tard dans la nuit, juste en dessous de celle toute noire de feu Belabed. À ses pieds, au pied du petit bureau que la famille lui a installé devant la fenêtre du balcon, Jed et Fathia dorment sur les carpettes rapprochées pour l'occasion avec, pour Fathia, un foulard (un autre type de foulard que le "foulard", pas d'affolement) autour des yeux pour pas être dérangée par la lumière dont Grands Yeux a besoin pour travailler, forcément, parce qu'étudier la nuit comme Grands Yeux n'a jamais transformé personne en oiseau nyctalope heureux de s'ébattre dans les sombres cieux à distance de toute vie humaine.

Face à la nuit, tout en marmonnant des catalogues de formules chimiques à la manière d'un orateur qui se prépare à plaider pour faire condamner un monstre, Grands Yeux pense au Patrouilleur timide. Elle s'imagine que, pendant qu'elle travaille, il dort, ou qu'il veille pour la paix et pour la sécurité de nos concitoyens. Elle pense qu'elle fait partie de "nos concitoyens". Elle pense qu'elle fait partie de son sommeil.

Au commencement, Selim l'appelait aléatoirement. Il l'appelait pour rien. Le soir. Le matin. Il demandait des nouvelles. Peut-être qu'il appelait pour passer le temps, parce qu'il ne semblait jamais avoir grand-chose à lui dire quand elle décrochait son petit téléphone pour lui répondre. Elle n'était pas certaine de savoir comment justifier ces coups de fil du Patrouilleur timide. Peut-être que la Tour lui manquait ? Progressivement, le Patrouilleur timide s'est mis à l'appeler tous les jours. Tranquillement. Comme ça. C'est devenu normal. Enfin, pas exactement normal. C'était anormal, mais aussi inévitable, qu'ils se parlent tous les jours comme ça, tous les deux. Ce qui se passait, c'est que ces conversations journalières, c'était devenu un rendez-vous entre Grands Yeux et lui. Et, un matin, il s'est passé encore autre chose. Un matin, il l'a appelée pour la prévenir qu'il ne pourrait pas l'appeler le soir. Une histoire de garnison, d'entraînement, ce n'était pas très clair. Sur la messagerie, sa voix était différente. Elle avait écouté plusieurs fois le message puis elle avait éteint le téléphone, avait regardé la petite machine noire téléphonique serrée dans le creux de sa main, et elle avait souri. La terre pouvait s'arrêter de tourner maintenant. Il pouvait y avoir toutes les guerres. Il pouvait y avoir toutes les tempêtes. Il pouvait y avoir en continu jusqu'à la fin du monde toute la nuit noire des Orgues en pluie sur leurs têtes à tous. Elle savait. Le lendemain soir, quand il avait appelé, très précisément à l'heure, tout à fait conformément à son annonce de la veille, elle ne lui avait pas dit gentiment "Allo ?" comme les autres fois. Elle avait éclaté de rire. Et pour la première fois depuis qu'ils s'étaient quittés dans l'escalier, elle avait badiné. Elle avait aussi recommencé à "envoyer". Elle avait recommencé à être un peu piquante, un peu méchante, mais avec, audible, en plus, dans toute cette méchanceté des Orgues si curieuse, si singulière pour les gens qui ne connaissent pas les Orgues, un petit gloussement, presque un sanglot, qui perçait dans sa gorge serrée et qui faisait malgré elle son chemin jusqu'à sa gorge, jusqu'à sa bouche *Je m'affaiblis* À l'automatique, le gloussement-sanglot cristallin sortait d'elle et tombait dans les petits trous du téléphone pour filer ensuite sur les ondes jusque dans le Nord, entre deux vannes atroces sur l'ignominie que c'était aux yeux de Grands Yeux d'être engagé dans l'Armée de France, de lécher des bottes de gradés infects, d'être qu'un sale métèque originaire des Orgues jamais promis à un bel avenir parce qu'il n'avait pas fait d'études. "Tu n'as donc pas de fierté ?" qu'elle lançait et, tandis que le Patrouilleur timide frémissait sous les insultes, dans le combiné, à l'autre bout du monde, jusque dans le froid du Nord, elle gloussait. Désormais, le Patrouilleur timide pouvait tout aussi bien décider de revenir aux Orgues avec le projet de tenir à crédit un camion pizza sur la dalle et lui foutre la honte avec, ou ramper sur la dalle entre deux tranchées terreuses de la rénovation avec de la poudre grise qui lui vomit plein la bouche, elle lui aurait balancé sans pitié qu'il était "qu'un minable de faire ça", alors qu'il bénéficiait désormais dans son cœur, pour la vie, d'un sauf-conduit intégral pour tout, absolument tout. Rien à voir avec la dernière visite dans la Tour, au cours de laquelle elle avait ressenti jusqu'au bout un petit peu de mépris, en plus de tout ce qu'elle éprouvait de mélangé à son sujet. Le Patrouilleur timide avait répondu en riant lui aussi à son éclat de rire étonnant et, dans les romans qu'elle lisait dans le bus pour oublier qu'elle allait à la fac, elle aurait pu lire que "son rire sonnait comme un aveu". Ça y est, elle "fréquentait", elle se disait. Elle marchait le matin jusqu'au bus et elle se répétait, à chaque fois qu'elle levait la jambe pour engager son corps à faire un pas en avant dans le magma angoissé des études : "Je fréquente *un pas* Je fréquente *un pas* Je fréquente *un pas* Je fréquente…" Elle n'en revenait pas et, en même temps, c'était naturel. Naturel et prodigieux. Mais toute cette puissance qui était de retour en elle, après qu'elle avait fait preuve de tant de faiblesse au début, au cours de la première vague de coups de fil, quand elle ne savait pas quoi répondre à toutes les questions étranges, banales, qu'il lui posait sur sa vie à elle, sur sa vie dans la Tour, dans la famille, à l'université, et qu'elle en avait eu parfois mal jusque dans les muscles de ses cuisses d'enfoncer son oreille contre la petite machine noire du téléphone, pour l'entendre, parce qu'en même temps qu'elle l'écoutait passionnément, elle triait à toute allure dans sa tête la totalité confuse des signes qui composaient sa voix à lui, son timbre, ses silences, ses mots anodins, froissements, bruits du dehors, toute cette puissance n'empêchait pas qu'il y avait eu aussi d'advenu en elle, sans qu'elle s'en rende compte, un complet et magistral écroulement des fondations. Toutes les folies étaient désormais possibles, même qu'elle réussisse sa Première année dès la première année.

Et, ainsi, très vite, Grands Yeux, en total et irresponsable détachement de l'actualité internationale, de l'actualité nationale, et de l'actualité familiale, s'était mise à attendre de plus en plus tôt dans la journée le coup de fil du Patrouilleur timide, il n'y avait plus que ça qui comptait pour elle. En vérité, c'est à peine éveillée, même, qu'elle commençait à attendre qu'il appelle et elle attendait en lui parlant toute la journée dans la tête avant de lui parler en vrai, le soir, avant le verre de caféine infect avalé face à la fenêtre noire des Orgues et qui l'aidait à traverser la nuit sans se noyer. Ce qui était intrigant, c'est que, de tout ce qu'elle inventait avec minutie, de paroles, de répliques, d'inflexions, dans sa tête pendant la journée, et qui avait remplacé à l'aise le roman du bus, le soir, rien, ou presque, ne sortait de sa bouche, une fois qu'elle l'avait, sa voix à lui capturée pour elle en vrai dans la petite machine noire. C'était toujours d'autres mots qui surgissaient d'elle quand c'était sa vraie voix à lui. Elle ne vivait donc plus ses journées que dans une grande conversation imaginaire ininterrompue au cours de laquelle elle faisait les deux voix, la sienne et la sienne, les modulant, tour à tour, pour son plus grand ravissement, en attendant, que sa vraie voix à lui surgisse dans la nuit aveugle avec d'autant plus de fracas qu'elle était matériellement affaiblie par la petite machine de mauvaise qualité avec laquelle elle dormait désormais, qui leur servait à tous les deux de tonnelle, rivière ombragée, ruisseaux riants, terrasse, balcon, chant du rossignol, bords de mer, soirs qui tombent, figuiers de Barbarie, croisée des chemins *J'ai succombé* Et elle pensait ça en continu. Cette chute ininterrompue vers elle ne savait où, elle était délicieuse car elle ne s'arrêtait jamais et surtout elle n'allait jamais dans le mauvais sens, elle la soulevait, plutôt, de l'autre côté du noir, de l'autre côté des oiseaux de Belabed, dans l'air, haut, haut, haut, jusqu'au-dessus des Tours. Cette voix qui lui parlait était le gage de son amour à lui pour elle, qui faisait que tout le flux de paroles imaginaires dans lequel elle vivait enserrée toute la journée, en attente de lui, éperdument, comme elle était, en plus de vivre sa vie d'étudiante pauvre, devenait vrai.

La grande conversation imaginaire de l'amour vécue par Grands Yeux, le Patrouilleur timide ne devait jamais en soupçonner l'existence. Mais, peut-être qu'il avait lui aussi vécu toutes ces journées comme elle, en attendant sa voix à elle comme elle attendait sa voix à lui, dans le même grand et fantastique théâtre de l'amour qui pouvait, au hasard de visions fugitives, banales, s'incarner dans la forme d'une baie trempée de soleil au pied d'une ville ancienne à flanc de colline, et alors, peut-être, entre les exercices militaires – je charge, je décharge, je rampe, je rampe et je rampe encore – le Patrouilleur timide avait, lui aussi, parlé en continu à Grands Yeux ? La voix du Patrouilleur timide faisait oublier à Grands Yeux tout.

Les conversations vraies, celles du soir, celles qui nécessitaient qu'elle se retranche sévèrement dans la salle de bains au cas où Fathia, sous son foulard, conserverait une oreille à l'affût, au cours desquelles la vie recommençait à neuf, magiquement, comme si rien de saillant n'était advenu de toute la journée, Grands Yeux savait qu'elles comptaient autant pour lui que pour elle *Je suis captive* Ils apprennent à se connaître. Elle se moque de ses dégoûts alimentaires. Il rit. Elle lui raconte tout ce qu'elle apprend, c'est énorme, et ça l'intéresse vraiment, le corps humain, comment ça fonctionne chimiquement à l'intérieur. On ne se doute pas de tout ce qui se passe dans notre corps quand on avale une gorgée de thé ou une gorgée infecte de caféine mélangée à de la vitamine C, tu sais ? Le Patrouilleur timide écoute. Quand Grands Yeux mémorise maintenant, elle mémorise pour lui. C'est à lui, à lui seul, en bibliothèque, qu'elle récite le squelette. Parfois, ils font des blagues. Jeunesse ! Le Patrouilleur timide apprend à connaître la vie intime de la famille de Grands Yeux. Tant de monde dans un si petit espace, ça lui change de sa mère, parent isolé, 4 étages plus haut. Très vite, Grands Yeux comprend que l'amour total absolu voué par le Patrouilleur timide à la vieille femme du 7e étage qui ne parle à personne dans la Tour, qui ne prend jamais l'ascenseur, c'est le même qu'il lui voue, et ce n'est pas donc la peine qu'elle exige son reniement, ce serait contre-productif pour l'exclusivité amoureuse dont elle a terriblement soif comme lui. D'autres conversations, aussi. Des conversations du type questions/réponses. Des conversations inédites pour Grands Yeux. Elles sonnent à leur sauce à eux comme du cinéma. Rien qui filtre. Intranscriptible. Initiatique. Questions : lui. Réponses : elle. Tout, très bref. Et beaucoup de silence par-dessus. Et encore par-dessus, ensuite, on raccroche rapide. Après, c'est à nouveau les polycopiés dans lesquels Grands Yeux se plonge avec le cœur qui bat *Je suis chimique* Distraitement, face à la nuit, Grands Yeux repositionne son foulard. Elle essaye parfois d'autres manières, comme lorsque le foulard est un peu en arrière avec une bande de cheveux qui apparaît entre le tissu et la peau nue du front, par exemple. Elle regarde son reflet. Elle aime ses cheveux. Elle aime son visage. Elle aime ses yeux. Tout est possible.

D'un commun accord, tous les deux décident de ne pas aborder le versant pratique de leurs relations, se voir, se revoir, comment, quand, etc., tant qu'elle n'aura pas passé ses examens, parce qu'il est inutile de s'attaquer au réel tant qu'un certain nombre de choses comme les études, ça n'est pas réglé. Ensuite, il leur faudra à tous les deux être aussi habiles que les singes, rusés que les chats, tenaces que les chiens, féroces que les léopards, sournois que les araignées de la Guyane, et elle ne sait pas combien d'autres qualités encore, pour arriver à surmonter tous les obstacles qui s'annoncent en quantité énorme pour empêcher le Patrouilleur timide et Grands Yeux, un jour, pour de bon, de "réunir leurs destinées". Pics, crevasses, ravins, rochers, rivières, tourbillons, remous, courants, banquise qui fond, surtout dans le cœur et dans l'esprit de Grands Yeux, la grande prêtresse du foulard rebelle aux Orgues qui n'imagine rien faire dans sa vie contre l'avis de sa mère, Fathia, dont l'horloge mentale s'est bloquée au midi du Sud tunisien, et c'est pas de chance pour Grands Yeux, c'est "la tragédie de l'exil", pense-t-elle. Grands Yeux se sent tout comme Zaza dans les *Mémoires d'une jeune fille rangée*, qui aime tant sa mère qu'elle se brime à l'excès pour lui plaire, et Simone paye sa liberté à elle de la mort de sa meilleure amie Zaza. Ce qui se passe ? *se souvient Grands Yeux* Zaza ne peut pas épouser celui qu'elle aime en raison de conventions bizarres qui oppriment très cruellement toutes les jeunes femmes à l'époque. Tout se mêle pour désespérer Zaza, qui n'a pas l'âme d'une pétroleuse, n'a jamais porté le foulard comme Grands Yeux contre l'avis d'une société entière, si bien que toute cette géographie d'obstacles infranchissables finit par provoquer en elle une fièvre mortelle qui dégrade totalement les fins circuits nerveux qui irriguent la matière douce de son cerveau. Au cours de la dernière nuit d'agonie passée dans une clinique privée, très chère, dans l'ordre, Zaza réclame son amant, Simone, et du champagne. "Je me passerais volontiers du champagne, d'accord ?" se disait Grands Yeux en y repensant et tout en se replongeant la tête dans la masse de ses polycopiés.

C'était l'année dernière qu'elle lisait ce livre. Pour le bac. Maintenant, elle est en train de devenir une scientifique. Maintenant, elle est passée à autre chose. Loin des romans. Loin de la Tour. "Combattre à son choix Jamais à la volonté de l'ennemi", se murmurait Selim en réponse, loin, loin, à l'autre bout du pays, chaque fois qu'il se glissait dans sa paillasse du Rep pour s'endormir vite, avant la nouvelle journée qui allait arriver, vite, vite, aussi, il espère, car toute nouvelle journée passée le rapprochait de la nuit qui le mettait au bord de toucher Grands Yeux.

En cette nuit de février, cette année-là, cette année 2002, de grandes vagues crêtaient donc sur les sommets pointus qui saillaient dans l'avenir de tous, des vagues aussi énormes que celles de l'Atlantique, de la Manche, celles de la Méditerranée en colère, quand c'est tempête, quand c'est coton, quand les vents soufflent tant et tant qu'il est impossible d'aller repêcher les naufragés qui sombrent, condamnés après le grand bouillon à jouer les ombres errantes sans sépulture, ce qui n'est pas bon pour les vivants jamais, qui naviguent ensuite à vue entre toutes les ombres qui cherchent désespérément à prendre racine et donc, qui vont, qui viennent, qui disparaissent, qui reviennent. Zéro Styx. Zéro Charon. Zéro Perséphone. Zéro Orphée. Zéro Eurydice. Et aussi, en plus de tout, il n'y a pas d'autres possibilités que d'aller voter, car c'est bientôt, c'est en avril, et c'est aussi en mai, si on est autorisé, bien sûr, si on est au bon endroit au bon moment, ce qui n'est ni le cas de Belabed, ni le cas de Joséphine, Selim, Rachid, mais ces ultimes reliefs qui les séparent de ce foutu vote ne les empêchent pas de continuer à filer à grande vitesse dans les airs, chacun dans leur couloir, et puis, Rachid, Selim, et même Joséphine, Belabed, de là où ils sont, ne sont pas du genre à laisser aller, jamais, car les voies d'Allah-Dieu-God sont impénétrables, d'accord ? Grands Yeux croit en la puissance du raisonnement, elle n'est pas mauvaise en raisonnement, oh non, elle le sait, ils le lui avaient tous dit, les profs à Diderot, quand elle était encore lycéenne, et il y avait eu aussi une petite voisine de l'époque, au 1er étage de la Tour J, une petite voisine pas grosse qui le lui avait dit. Quand Fathia et Jed n'auront plus d'arguments à opposer à leur mariage, Selim et Grands Yeux auront gagné.

À Désiré-Louis-Liberté,
6 novembre 2020.

L'épigraphe *"Idiote, il est trop tard ! Tu appartiens au sinistre sombre seigneur vêtu de noir"* est extraite de la chanson "L'Empire du côté obscur", sur l'album *L'École du micro d'argent* d'IAM, 1997.

"Enfant, souviens-toi de ceci : avant tout, la liberté." est issue du "Droit et la Loi", introduction à *Actes et paroles, I, Avant l'exil* de Victor Hugo, 1841-1851.

TABLE

OUVRAGE RÉALISÉ
PAR L'ATELIER GRAPHIQUE ACTES SUD
REPRODUIT ET ACHEVÉ D'IMPRIMER
EN NOVEMBRE 2020
PAR NORMANDIE ROTO IMPRESSION S.A.S.
À LONRAI
POUR LE COMPTE DES ÉDITIONS
ACTES SUD
LE MÉJAN
PLACE NINA-BERBEROVA
13200 ARLES

DÉPÔT LÉGAL
1re ÉDITION : JANVIER 2021

N° impr. : 2004815

(Imprimé en France)